위구르 유목제국사 744~840

막북 초원에 고립된 위구르의 발전 모색

막북 초원에 고립된
위구르의 발전 모색

위구르 유목제국사

744~840

정재훈 지음

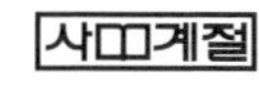

책머리에

위구르(회흘回紇·회골回鶻)는 필자가 유목제국사 연구를 본격적으로 시작한 출발점이었다. 박사 과정에 있을 때 김호동, 유원수 선생님과 함께 르네 그루쎄의 『유라시아 유목제국사』(사계절, 1998)를 번역하면서 고대사의 한 영역으로서 위구르 부분을 맡았고, 이 무렵 위구르에 관한 박사학위 논문 「위구르 유목제국사(744~840) 연구 — '카간권'의 성격과 그 추이」(서울대학교, 1999)를 작성하기도 했다. 이후에 이 논문을 수정하고 보완해 『위구르 유목제국사 744~840』(문학과지성사, 2005)을 출간했다. 이 책은 그전까지 위구르 유목제국의 사적 전개를 계기적으로 추적해 전체적으로 다룬 연구가 없어 출간 당시 세계 최초의 연구서라는 평가를 받았다. 그 이후에도 자료 부족으로 단편적인 연구들만 나왔을 뿐 이런 방식의 통사 저술은 없었다. 필자 역시 일부 보강 연구만을 했을 뿐이다.

이후 연구 범위를 '돌궐突厥'과 '흉노匈奴'로 확대해 『돌궐 유목제국사 552~745』(사계절, 2016)와 『흉노 유목제국사 기원전 209~216』(사계절, 2023)을 출간하며 고대 유목제국사 3부작을 완성했다. 이 작업은 기원전 3세기 중반부터 9세기 중반까지 북아시아사의 전개 과정에서 가장 중요한 역할을 했던 유목제국의 역사를 복원하고, 그 성격을 이해해보려는 시도였다. 비록 한계는 있었지만 이를 통해 유목민이 활약했던 무대인 북아시아 '초원草原'을 온전한 하나의 역사 단위로 자리매김할 수 있었으며, 세계사의 전개에 끼친 유목제국의 영향 역시 확인할 수 있었다.

고대 유목제국사 3부작을 체계적으로 연결하기 위해서는 위구르에 대한 기존 저술을 대대적으로 수정할 필요가 있었다. 그동안 축적된 연구 성과를 반영하고, 새로운 접근 방법을 소개하면서 앞서 출간한 돌궐, 흉노와 형식적 통일성을 갖추어야 했다. 그래서 기존의 체제를 완전히 바꾸고, 후속 연구를 반영해 국가의 성격을 새롭게 재조명했다. 또한 이해하기 어려웠던 표현이나 용어도 학계 바깥의 일반 독자가 읽기에 어려움이 없도록 수정하고 정리했다. 이렇게 해서 사계절출판사에서 고대 유목제국사 3부작 시리즈를 펴내게 되었다.

이 책은 필자의 유목제국사 연구의 시작이자 마무리이기도 하다. 몽골 초원이라는 역사의 무대에 지금은 살지 않는 투르크 유목민에 관한 연구로서 '사실史實'을 좀 더 객관적으로 이해하려는 노력의 하나였다. 이를 위해 유목민의 입장이 되어 생각해보기도 하고, 제삼자의 시각에서 그들의 역사에 접근하는 길을 고민하기도 했다. 다른 한편으로 이 작업은 중국의 왜곡된 거울에 비친 초원의 유목 세계를 재구성해보려는 시도이기도 했다. 이 과정에서 누구의 편도 들 수 없는 역사학자의 '숙명'을 느끼기도 했고, 중국사를 새롭게 이해해볼 수도 있었다. 이 3부작의 경험을 바탕으로 이후에는 더 중립적이고 객관적인 입장에서 '장성長城을 넘어 중국사 바로 보기'를 새롭게 시작해보려고 한다. 이는 장성으로 구분된 두 세력의 갈등과 융합만을 강조하는 '이분법적' 인식이 아니라, '다원적多元的' 성격의 '공존'에 초점을 맞추는 방향이 될 것이다.

이 책은 또한 현재 '주뢰중화민족공동체의식鑄牢中華民族共同體意識'이라는 중국공산당의 민족 정책 기조에 맞춰 위구르뿐만 아니라 이른바 '민족사' 연구가 크게 위축된 것에 대한 나름의 대응이다. 지난 2012년 가을 중국 중앙민족대학 위구르언어문학과의 초청으로 강연을 한 이후, 2005년에 출간한 『위구르 유목제국사 744~840』의 중국어판을 중국사회과학문헌출판사에서 출판하기로 계약하고 모든 작업을 마무리했다. 그 결과물을 검토하고 수정하는 과정이라고 연락이 온 뒤로 출간 소식을 듣지 못했다. 아마도 책의 논지가 중국의 민족 정책과 맞지 않기 때문일 것이다. 이번에 새롭게 개정해서 나오는 이 책이 다시 중국어로 번역되어 출간되기를 기대해본다.

이 작업은 주변 분들의 도움에 힘입은 바가 크다. 먼저 2002년부터 경상국립대 사학과에서 동고동락한 동료 교수님들의 배려와 협조가 있었다. 유목제국사를 계속 공부할 수 있도록 지도와 격려를 아끼지 않은 김호동 선생님을 비롯한 여러 선생님과 학계 선후배들의 관심과 지원, 그리고 그동안 축적된 자료가 큰 힘이 되었다. 또한 3부작의 출간을 함께한 사계절출판사 강맑실 대표님과 이진 편집자님을 비롯한 출판사 모든 분의 수고에 깊은 감사의 말씀을 드린다. 끝으로 과분하게도 어린 시절부터 좋아했던 역사 공부를 40년 넘게 지속하면서 세 권의 연구서를 묶어 출간한 것을 자축하며, 늘 필자를 존중하고 응원해주는 아내와 두 아들, 그리고 가족들에게 고마움을 보낸다.

진주 해우재에서

정재훈

차례

제4편 이산과 기억: 빅뱅과 위구르 후예의 과거 기억(839~848)

일러두기

- 이 책의 외래어 표기는 국립국어원 외래어표기법을 따랐다. 단, 몽골어는 표기 세칙이 마련되어 있지 않아 관습적으로 사용하는 표기를 따랐다. 중국어의 경우 전근대 시기의 인명, 지명, 족명, 전문 용어 및 성省, 군郡, 현縣, 진鎭, 기旗 등의 행정 단위는 한국 한자음으로 표기하고 처음 등장할 때 한자를 병기했다. 현대의 지명 가운데 일부 한국에서 관용적으로 사용하는 지명도 한국 한자음으로 표기했다.

- 표기 세칙이 없는 고대 투르크어 역시 비문에 표기된 문자를 알 수 있도록 음을 전사하는 것을 원칙으로 했는데, 일부 관습적으로 익숙해진 용어는 원칙을 벗어나더라도 혼용했다. 이는 고대 투르크어를 한글로 변환할 때 양성모음 'ï(한글의 '으'에 해당)'의 표기에서 비롯된 문제이다. 고대 투르크어는 모음조화가 분명해 양성모음에는 'ï(으)'를, 음성모음에는 'i(한글의 '이'에 해당)'를 썼는데, 양성모음 '으'를 원음과 달리 관습적으로 '이'로 표기한 시기가 있었다. 예를 들어 테미르 카피그Temir Qapïγ는 본래 테미르 카프그로, 키르기스Qïrγïs는 크르그스로 읽어야 하는데, 이 책에서는 관습적 용례를 따랐다. 이처럼 표기가 원음과 다를 경우 괄호 안에 원음을 알 수 있도록 전사했고 반드시 '으'로 읽어야 할 때는 '으'로 표기했다. 전사에 사용한 'q'는 'kh'를, 'γ'는 'gh'를 대체한 것으로 모두 고대 투르크어 양성자음 표기이다.

- 이 책에 나오는 고대 투르크어 고유 명사 가운데는 한자어로 표기한 것이 많다. 최대한 고대 투르크어로 복원하여 표기하려 했으나, 어려운 경우 한국 한자음으로 읽고 한자를 병기했다.

- 인명 가운데 군주(황제 내지는 카간)는 괄호 안에 이름 또는 묘호, 생몰년과 재위 기간을 제시했고, 그 밖의 인물은 괄호 안에 생몰년을 제시했다. 생몰년이 모두 확인되지 않는 경우는 표기하지 않았다.

  예) 무종武宗(이염李炎, 814~846, 재위 840~846)

- 연도 표기는 서력 사용을 원칙으로 하고, 필요한 경우 중국 연호를 같이 표기했다. 월과 일은 모두 음력이다.

- 본문에 인용한 중국 정사 『신당서新唐書』(1975)와 『구당서舊唐書』(1975)는 중화서국 표점교감본이다. 『자치통감資治通鑑』은 중화서국 표점교감본인데, 1956년 간본과 1990년 간본을 비교해 인용했다. 『당회요唐會要』(1990)는 중화서국 점교본, 『책부원구冊府元龜』(1982)는 중화서국 영인본, 『통전通典』(1988)은 중화서국 표점교감본을 이용했다. 그 외 문헌은 각주에서 판본을 밝혔다.

- 이 책에는 필자의 연구 성과 중 일부를 참고하거나 수정해 수록한 부분이 있다. 이를 정리하면 다음과 같다.

1995, 「唐初의 民族政策과 西北民族의 中國 認識 — '羈縻支配體制'의 成立 過程과 관련하여」, 『동양사학과논집』 19.

1998, 「위구르의 北庭地域 進出과 에디즈 위구르(795~840)의 成立」, 『동양사학연구』 64.

1998, 「唐朝의 突厥 降戶 羈縻와 安祿山의 亂 — 突厥 第二帝國(682~745) 崩壞 以後 遊牧世界의 再編과 關聯하여」, 서울대학교 동양사학연구실 (편), 『分裂과 統合 — 中國中世의 諸相』, 지식산업사.

1998, 「야글라카르 위구르(744~795) 初期 葛勒可汗(747~759)의 世界觀 — 突厥第二帝國 빌게 카간(716~734)과의 比較를 中心으로」, 『중앙아시아연구』 3.

1998, 「위구르 遊牧帝國時期(744~840) 古代 튀르크 碑文의 硏究와 展望」, 『역사학보』 160.

1999, 『위구르 유목제국사(744~840) 연구 — '카간권'의 성격과 그 추이』, 서울대학교 박사학위 논문.

1999, 「위구르 初期(744~755) '九姓回紇'의 部族 構成 — '토쿠즈 오구즈(Toquz Oγuz)' 問題의 再檢討」, 『동양사학연구』 68.

2000, 「위구르의 摩尼敎 受容과 그 性格」, 『역사학보』 168.

2001, 「위구르 遊牧帝國(744~840)의 崩壞와 遊牧世界의 再編」, 『동양사학연구』 76.

2003, 「고대유목국가의 사회구조」, 가락국사적개발연구원 (편), 『강좌 한국고대사 3 — 고대국가의 구조와 사회 2』, 가락국사적개발연구원.

2003, 「遊牧 世界 속의 都市 — 위구르 유목제국(744~840)의 수도 카라발가순」, 『동양사학연구』 84.

2005, 『위구르 유목제국사 744~840』, 문학과지성사.

2006, 「위구르 카를륵 카간(747~759)의 季節的 移動과 그 性格」, 『중앙아시아연구』 11.

2007, 「唐 德宗時期(780~805)의 對外政策과 西北民族의 對應」, 『중국고중세사연구』 18.

2008, 「북아시아 遊牧民族의 移動과 定着」, 『동양사학연구』 103.

2009, 「突厥 初期史의 再構成 — 建國 神話 研究의 再檢討를 중심으로」, 『중앙아시아연구』 14.

2010, 「위구르 유목제국(744~840) 시기 비문 解題」, 『중앙유라시아 2009년도 문명 아카이브 해제 프로젝트』, 서울대학교 중앙유라시아연구소(온라인 출간).

2011, 『譯註 中國 正史 外國傳 10: 舊唐書 外國傳 譯註』, 동북아역사재단(공역).

2011, 『譯註 中國 正史 外國傳 11: 新唐書 外國傳 譯註』, 동북아역사재단(공역).

2011, 『譯註 中國 正史 外國傳 12: 舊五代史 新五代史 外國傳 譯註』, 동북아역사재단(공역).

2011, 「突厥 阿史那氏 原住地 再檢討 — 阿史那氏의 發生과 移住, 그리고 勢力化 過程」, 『중앙아시아연구』 16.

2012, 「14세기 高昌 위구르 후예의 과거 기억 복원 —《亦都護高昌王世勳碑》의 시조 신화 재검토」, 『중앙아시아연구』 17-2.

2013, 「북아시아 유목 군주권의 이념적 기초 — 건국 신화의 계통적 분석을 중심으로」, 『동양사학연구』 122.

2015, 「唐 玄宗(712~756) 初期의 北伐과 突厥의 對應」, 『중국사연구』 98.

2016, 『돌궐 유목제국사 552~745』, 사계절.

2016, "Succession of Dynastic Legitimacy in North Asian History", *Journal of Central Eurasian Studies* v.4.

2018, 『유라시아로의 시간 여행: 새롭게 쓴 실크로드 여행가 열전』, 사계절(공저).

2019, 「중국의 신장 실크로드사 연구」, 박장배 (편), 『중국의 변경 연구 3: 신장 개발과 역사 해석』, 동북아역사재단.

2020, 「司馬遷이 그린 匈奴의 '眞相'과 후대의 이해 — 『史記』「匈奴列傳」冒頭의 先祖와 遊牧 관련 기록의 재검토」, 『중앙아시아연구』 25-2.

2022, "Seasonal Migration of the Early Uighur Rulers, 747~780", *Journal of Northeast Asian History* v.19-1.

2023, 『흉노 유목제국사 기원전 209~216』, 사계절.

2024, 「중국 중앙민족공작회의와 민족 정책의 추이」, 『비교중국연구』 5-2.

1. 무대: 막북 초원과 초원 속의 도시 네트워크

위구르Uyγur(회흘回紇·회골回鶻)[1]는 동쪽의 만주滿州 평원부터 서쪽으로 러시아 남부까지 아시아 내륙을 가로질러 거대한 벨트를 이루며 뻗어 있는 스텝steppe 초원 중에서도 **'몽골 초원蒙古草原'**을 중심으로 약 100년간 국가를 세우고 발전했다.[2] 이곳은 지형적으로 동쪽의 싱안링興安嶺산맥과 서쪽의 알타이(금산金山)산맥 사이에 있는 고위 평탄면, 즉 고원 지대로서 고비(대막大漠)를 중심으로 크게 남쪽의 **'막남漠南**(내몽

---

1 '위구르'는 고대 투르크 비문의 𐰆𐰖𐰍𐰆𐰺, 즉 WY^{1}G^{1}WR^1 = Uyγur를 전사한 것이다. 문자 그대로 읽으면 '우이구르'라고 해야 맞지만, 관습적으로 '위구르'라고 읽었다. 그 의미는 '연합聯合', '결합結合' 등으로 해석하기도 하는데, 근거가 충분한 것은 아니다(劉義棠, 「Uiĝur名稱及其漢譯演變考, 『維吾爾研究』, 臺北: 正中書局, 1977, pp. 3~60). 위구르는 남북조시대에 고차高車의 일원인 원흘袁紇로 처음 기록되었다(『魏書』 卷103 「高車」, p. 2307). 이후 수당隋唐시대에는 투르크계 유목민을 총칭하던 철륵鐵勒의 일원으로 회흘回紇(『구당서舊唐書』에는 회흘廻紇)이라고 했고, 788년 국호 변경 이후에는 회골回鶻(『신당서新唐書』에는 회골廻鶻)이라고 했다. 현재 중국에서는 '웨이우얼維吾爾, 维吾尔'로 표기한다. 이 글에서는 '위구르'로 통일해 표기했다.

2 아시아 대륙 중앙부의 건조 지대에는 연평균 강수량이 500밀리미터 이하인 초원, 즉 스텝과 강수량이 250밀리미터 이하인 사막沙漠(또는 사막砂漠)이 있다. 이곳은 대륙의 서부와 달리 원래 여름철 계절풍Monsoon의 영향을 받는 지역인데, 세계의 지붕이라고 불리는 파미르고원을 중심으로 서남쪽의 힌두쿠시산맥, 동남쪽의 히말라야산맥과 쿤룬崑崙산맥, 동북쪽의 톈산天山산맥 등 거대한 산맥이 인도양에서 발달한 여름철 계절풍의 습기를 차단해 형성된 건조 지대이다. 같은 위도의 다른 동아시아 지역이 계절풍의 영향을 받아 습윤한 기후를 보이는 것과 비교된다. 이곳은 북쪽의 삼림 지대인 타이가Taiga와 동토凍土 지대인 툰드라Tundra, 남부의 극단적 사막 등과 비교하면 상대적으로 거주 여건이 나은 편이지만, 겨울철 북극에서 밀려 내려온 차갑고 건조한 북서풍의 강력한 영향을 받기 때문에 온대 계절풍의 영향을 받는 정주 농경 지역에는 미치지 못한다.

골)'과 북쪽의 '**막북漠北**(외몽골)'으로 나뉜다. 정치적으로는 현재 세 나라에 걸쳐 있는데, 중국의 네이멍구자치구內蒙古自治區, 몽골공화국, 그리고 러시아연방의 부랴트공화국에 속해 있다.

이전에 명멸했던 흉노와 돌궐 같은 유목제국에 비해 위구르는 그 범위가 좁아 몽골 초원 중에서도 고비 이북의 '**막북 초원**'을 주요 무대로 삼았다. 이곳은 북쪽으로 갈수록 강수량이 많아져 남에서 북으로 고비(반사막)-스텝(초원)-항가이(풍부한 삼림초원)-타이가(삼림) 순서로 식생이 펼쳐진다.[3] 동에서 서로 갈수록 더 건조한 쪽으로 식생이 바뀌는 막남과 비교된다.[4] 또한 막남 초원의 중심지인 후허하오터呼和浩特가 해발 900미터 중반인 것에 비해 막북의 중심지인 울란바토르는 해발 1300미터 중반쯤으로 상대적으로 고도가 높다. 이곳에서 다시 북쪽으로 가면 고도가 서서히 낮아지면서 해발 400미터 중반 정도의 바이칼호로 이어진다. 대부분 고위 평탄면이고 서쪽의 항가이산맥과 동쪽의 헨티산맥을 중심으로 구릉 형태의 '**평지 초원**'이 펼쳐지며 연평균 강수량이 300~500밀리미터 정도이다. 삼림 지역의 강수량은 이보다 더 많다.

위구르는 막북 초원을 가로질러 흐르는 셀렝게강의 여러 지류를 따라 발달한 초원을 중심으로 **유목遊牧**을 했다. 유목이란 계절의 변화

---

3 Michael D. Frachetti, *Pastoral Landscape And Social Interaction in Bronze Age Eurasia*, Univ. of California Press, 2009, pp. 98~99; 後藤富男, 『內陸アジア遊牧民族社會の硏究』, 吉川弘文館, 1968, pp. 27~28.

4 막남은 북쪽에 고비 사막이 있고, 그 중간에 음산陰山산맥이 있다. 이곳 주민은 산맥의 남북 주변을 따라 발달한 '**산지 초원**'에서 목축을 하며 살았다. 이 일대는 서쪽으로 갈수록 강수량이 줄어들어 경초원輕草原 - 중간초원中間草原 - 중초원重草原 - 산지山地의 다른 식생 환경이 동에서 서로 경도를 따라 펼쳐진다. 막북보다 환경이 더 풍요롭고, 중국과 인접해 물자 획득이나 교역에 유리했다(주2 참조).

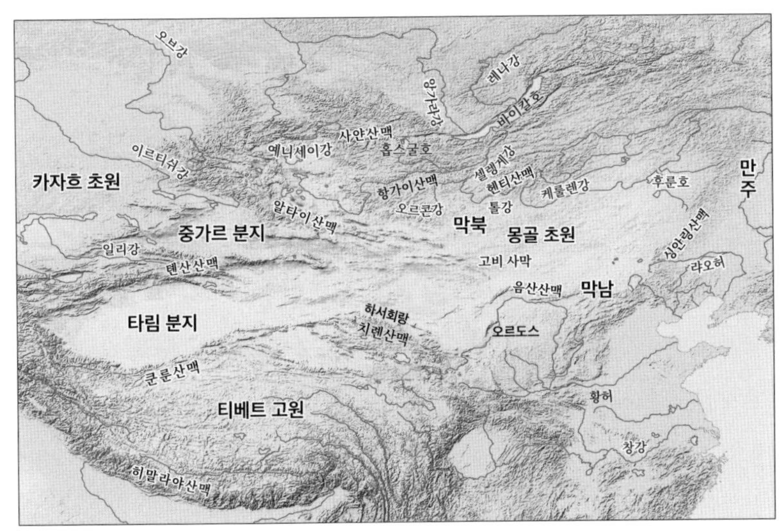

(그림 1) 몽골 초원의 지형도

에 맞춰 일정한 범위인 분지分地를 '맴돌며 옮겨 다니면서(전이轉移)' 가축을 기르는 생활양식을 말한다.[5] 목축牧畜의 보완 수단으로 주변에 있는 산지 등에서 채집과 사냥(수렵狩獵)을 하여 생활에 필요한 임산물 및

5 초원의 주민들은 쉽게 길들일 수 있는 말, 소, 양, 염소, 낙타 같은 발굽을 가진 초식동물(유제류 동물有蹄類動物)을 사육해 필요한 자원을 얻는 목축을 했다. 일반적으로 건조 기후를 보이는 초원에서는 충분한 초지를 확보하고 유지하기가 어렵기 때문에 이곳의 주민들은 계절의 변화에 따라 '**순환 이동[轉移]**'을 하여 초지 환경을 보존해야 했다. 이런 방식으로 재생산 구조를 유지하는 것을 '**유목遊牧, nomadism**'이라고 한다. 초원의 양상이 지역마다 달라 유목의 성격 또한 다양하게 규정할 수 있으나 일반적으로 다음과 같은 특징이 있다. ① 목축의 하나로 경제 행위의 한 형태, ② 광역적 성격은 축사를 갖지 않고 연중 거리의 제한 없이 방목하는 가축 사육 방법에서 시작, ③ 주기적으로 목축 경제의 욕구에 따라 일정한 목지 범위 안에서 또는 지역 사이를 왕복 이동, ④ 목축 이동에는 성원의 전부 또는 대부분 참여, ⑤ 생존을 위한 여러 요구를 기본적으로 충족하는 정도의 생산 가능. Anatoly M. Khazanov, *Nomads and the Outside World*, Univ. of Wisconsin Press, 2nd edition, 1994(하자노프, 김호동 (역), 『유목사회의 구조』, 지식산업사, 1990, p. 50).

보조 식량을 확보하고, 모피 등 교역이 가능한 고가의 물자를 얻곤 했다. 다른 유목민들과 마찬가지로 위구르도 말[馬] 사육에 적합한 건조한 초원이라는 생태적 여건을 활용해 고유의 장점을 발전시켰다. 유목민들은 양질의 말을 생산하며, 말을 다루는 특화된 기술과 도구를 생업에 이용했을 뿐만 아니라 군사적으로도 활용했다.[6] 이는 정주 농경 세계에서 말을 길들여 수레에 연결해 사용했던 것과는 다른 차원이었다. 기마騎馬의 '기동성機動性'을 바탕으로 한 **'기마궁사騎馬弓士'**의 특기를 발휘해 자급자족도 어려운 열악한 초원에서 정주 농경 세계를 압도하는 세력으로 성장하기도 했다.[7] 위구르 역시 **"말을 타고 활을 쏘는 것에 뛰어나**(善騎射)"[8] 점점 더 큰 세력을 확보해 국가를 건설했다.

위구르는 5세기 중반 막북 초원을 중심으로 활동하던 고차高車의 일원으로 **'원흘袁紇'**이라는 이름으로 처음 등장했다.[9] 이후 552년에 건국된 돌궐의 지배를 받다가 630년에 동돌궐이, 646년에 설연타薛延陀가 붕괴하자 막북 초원에 있던 '투르크계'[10] 종족의 총칭인 '철륵鐵勒'[11]의

---

6 Marsha Levine·Colin Renfrew·Katie Boyle (ed.), *Prehistoric Steppe Adaptation and the Horse*, McDonald Institute for Archaeological Research, 2003; 諫早直人·向井佑介 (編), 『馬·車馬·騎馬の考古學』, 臨川書店, 2023, pp. 30~32.

7 David W. Anthony, *The Horse, the Wheel and Language: How Bronze-Age Riders from the Eurasian Steppe Shaped the Modern World*, Princeton Univ. Press, 2007(데이비드 W. 앤서니, 공원국 (역), 『말, 바퀴, 언어』, 에코리브르, 2015); Pita Kelekna, *The Horse in Human History*, Cambridge Univ. Press, 2009, p. 73.

8 『舊唐書』 卷195 「廻紇」, p. 5195.

9 『魏書』 卷103 「高車」, p. 6111.

10 '돌궐'은 '투르크Türk'를 한자로 표기한 것인데, 주로 돌궐 유목제국과 이를 건설한 집단을 가리킨다. 이 책에서는 투르크어를 사용하는 다양한 유목민을 돌궐과 구분하여 '투르크계'라고 표기했다. 돌궐과 투르크계 종족을 모두 포함할 경우에는 '투르크'라고 달리

(그림 2) 기마궁사의 파르티안 샷(투르판 아스티나 191호 묘 출토 직물)

일원으로 당의 기미羈縻 지배를 받았다. 이후 당의 서돌궐 및 고구려 원정에서 군사적으로 봉사하며 세력을 유지했다. 687년 돌궐이 부흥해 막북 초원으로 돌아오자(돌궐 제2제국, 682~745) 막북 초원에서 쫓겨난 위구르는 하서河西의 감주甘州(지금의 간쑤성甘肅省 장예시張掖市)와 양주涼州(지금의 간쑤성 우웨이시武威市) 사이 지역으로 이주해 당의 기미 지배를 받다가 727년에 당의 견제에 반발해 다시 막북 초원의 돌궐로 귀순했다. 이를 통해 위구르가 초원과 오아시스가 공존하는 치롄산맥祁連山脈 이북에 있는 하서 지역에서 약 40년 정도 살며 이를 경영했던 '**경험**'이 있었음을 알 수 있다.[12]

표현했다.

11 『隋書』 卷84 「北狄 鐵勒」, pp. 1879~1880.

12 『新唐書』 卷217上 「回鶻上」, p. 6114; 黃兆宏·劉玉環, 「回鶻入遷河西及其影響」, 『石河子大學學報』, 2011-6.

(그림 3) 7세기 후반 당의 기미 지배를 받던 몽골 초원, 그리고 위구르의 이주

744년 건국 이후에도 위구르는 '**군사적 특기**'를 발휘해 당에 적극 협조했다. 그 결과로 얻은 당의 경제적 지원을 바탕으로 교역을 확대해 국가를 발전시켰다.[13] 787년에는 토번吐蕃(티베트Tibet)의 방해로 가로

13 『舊唐書』卷195「迴紇」, p. 5196.

막힌 교통로를 대신하는 **회골로回鶻路**'[14]를 연결했다. 이는 당에서 막북 초원을 거쳐서 북정北庭(베쉬 발릭Besh Baliγ, 지금의 신장위구르자치구新疆維吾爾自治區 짐사르현吉木薩爾縣)으로 가는 길로, 위구르는 이를 바탕으로 790년대 초에 막북 초원을 벗어나 서방의 오아시스까지 영역을 확장했다. 이 과정에서 경쟁하던 토번과의 대결에서 승리해 북정을 비롯한 오아시스를 차지하고 경영하였으며,[15] 이 일대의 주민들에게서 공납**貢納**을 받아내고 당과의 교역을 확대해 동서 교역을 크게 발전시켰다. 이를 통해 위구르는 중가리아에서 카자흐스탄으로 이어지는 이른바 '**초원로Steppe route**'를 활성화했고,[16] 아울러 그 활동 무대를 서방으로 더욱

---

14 『원화군현도지元和郡縣圖志』에 따르면, 회골로는 북정에서 동북쪽으로 위구르의 카간정이 있는 카라발가순Qara Balγasun까지 3000리 떨어져 있었다. 이 길은 학치진郝遮鎮과 연천진鹽泉鎮, 특라보자特羅堡子를 지나 카라발가순에 도착한 다음 다시 남동쪽으로 남하해 고비를 넘어 음산을 지난 뒤 오르도스를 가로지르거나 황하黃河를 따라 내려가 당의 수도 장안長安으로 연결되었다. 李吉甫 (撰), 『元和郡縣圖志』 卷40 「隴右道下」, pp. 1033~1034(중화서국 표점교감본, 1985) 및 제3편 [그림 1] 지도 참조.

2014년부터 2017년까지 일본 류고구대학龍谷大學 연구팀은 몽골 발굴팀과 고비알타이아이막 샤르가솜에 있는 하르잔 쉴렉Harzan Shileg 유적을 발굴했다. 연대 측정 결과 이곳이 6세기부터 13세기까지 오르콘강 유역에서 북정을 연결하는 교역 중심지의 하나였음이 확인되었다. 즉 780년대 당과 위구르가 개통한 이른바 '회골로'도 이곳을 경유했다. 村岡倫·中田裕子, 「モンゴル西部における東西文化交流の拠点 ― 2017年ハルザン·シレグ遺跡調査の報告とその後」, 『龍谷大學 國際社會文化研究所紀要』 22, 2020.

15 Christopher I. Beckwith, *The Tibetan Empire in Central Asia: A History of the Struggle for Great Power among Tibetans, Turks, Arabs, and Chinese during the Early Middle Ages*, Princeton Univ. Press, 1987; 정재훈, 「위구르의 北庭地域 進出과 에디즈 위구르(795~840)의 成立」, 『동양사학연구』 64, 1998; 楊銘, 『唐代吐蕃與西北民族關係史硏究』, 蘭州大學出版社, 2012.

16 이 무렵 카자흐스탄 초원에 도시(카라반사라이)가 건설되면서 교역이 발전한 것을 보여주는 유적에 대한 조사와 연구는 다음을 참조. Карл. М. Байпаков, *Среднебекобая городская култура южного Казахстана и Семиречья*, Алма-Ата, 1986.

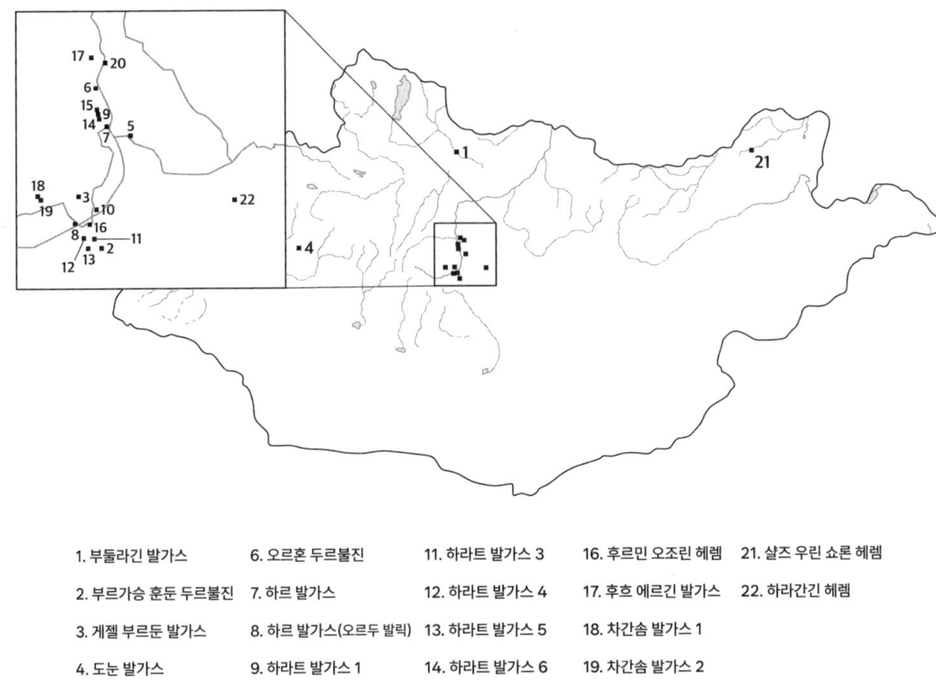

(그림 4) 위구르 시기 몽골 초원의 도시 유적 분포

확대했다.

위구르는 서방과 이어지는 교역망을 만들기 이전인 건국 초기부터 막북 초원에 성곽으로 둘러싸인 교역 거점인 이른바 '**카라반사라이 caravansarai**', 즉 '**도시**'를 건설했다. 이는 교역을 위해 활동하던 소그디아나Sogdiana 출신의 카라반, 즉 대상隊商인 국제 상인만이 아니라 당과의 혼인을 통해 공주와 함께 유입된 중국인 등 다양한 비유목민을 위한 시설이었다. 이러한 시설은 계절의 변화에 따라 이동하던 유목 군주의

영지營地 및 그 밖의 여러 곳으로 확대되었다.[17] 이렇게 초원의 교역로를 따라 건설된, 다소 이질적으로 보이기도 하는 도시들은 하나의 네트워크를 형성하여 계절 이동하는 유목민과 다양한 외래 주민이 함께 어울리는 '공존'의 공간이 되었다. 위구르는 **막북 초원**[18]과 이를 가로질러 이어진 '**도시 네트워크**'를 무대로 발전했고, 840년 붕괴 이후에는 초원을 떠나 주변 세계로 폭발적으로 확산하면서 그 활동 무대를 더욱 확장했다.

---

17 위구르의 도시 유적은 군주의 동영지冬營地가 있던 카라발가순(오르콘강 유역)을 비롯해 하영지夏營地가 있던 바이 발릭Bay Balïq(부유성富裕城, 셀렝게강 유역), 카툰 발릭 Qatun Balïq(가돈성可敦城 또는 황후성皇后城, 내몽골 벽제천鸊鵜泉 근처와 후룬호 근처, 외몽골 톨강 유역의 친톨고이와 헤르멘덴지 유적 등), 공주성公主城(내몽골의 거연호居延湖 근처) 등 여러 곳에 남아 있다. 宋國棟, 「回紇城址研究」, 山西大學博士學位論文, 2018 참조. 몽골 초원에 산재한 위구르 시기 성채 유적의 자세한 분포는 다음의 연구를 통해 알 수 있다. Д. Цэвээндорж, *Монголын Эртний Хот Суурин(Ancient Settlement of Mongolia)*, Улаанбаатар, 2020, pp. 100~101. 러시아연방 투바공화국에 있는 포르 바진Por-Bajin 유적은 위구르와 비슷한 시기 내지는 9세기 중후반 키르기스 시기의 도시 유적으로 추정된다. I. Arzhantseva · O. Inevatkina · V. Zav'yalov · A. Panin · I. Modin · S. Ruzanova, H. Härke, "Por-Bajin : An Enigmatic Site of the Uighurs in Southern Siberia", *The European Archaeologist* v.35, 2011.

18 흉노나 돌궐은 막북뿐만 아니라 막남 초원과 톈산산맥 주변 초원, 오아시스로까지 확장하며 유목제국으로 발전했으나 위구르는 그렇게 하지 못했다. 790년대 중가리아로 진출하기 전까지는 막북 초원에 '**고립**'되어 있었다. 840년 붕괴 이후 일시적으로 막남 초원으로 이주해 세력화를 시도했으나 이 역시 실패했다. 위구르에 앞서 유연柔然(402~555)도 막북 초원에 고립된 채로 북위北魏(386~534)의 계속된 견제를 받아 결국 유목제국으로 발전하지 못했다. 다른 유목제국과 달리 위구르와 유연이 '**막북 초원**'을 무대로 활동했다는 점에 초점을 맞춰 그 사적 전개를 살펴볼 필요가 있다.

2. 자료: 한문 자료와 고대 투르크 비문 자료의 연결

위구르에 대한 기록은 한문 자료가 주를 이루는데, 양이 많지 않고 내용이 편파적이다. "위구르는 사람들의 마음가짐이 상대가 죽을 지경에 이를 정도로 사납고 나빠 참지 못하며, 갖고자 하는 마음이 너무나도 지나쳐 남의 것을 빼앗아 먹을거리로 삼는다"[19]라는 표현에서도 알 수 있듯이 중국에서는 선입견을 품은 채 유목민에 대한 **부정적인** 묘사를 일삼았다. 한문 기록의 또 다른 특징은 당과 위구르의 관계에 초점을 맞춘 기록이 상대적으로 많다는 것이다. 한문 기록의 양적, 내용적 편향은 연구 주제의 제한으로 이어져 양국 **관계**를 다룬 연구가 많아지는 결과를 낳았다.[20]

이와 관련해 많은 연구자들이 위구르가 건국 이전 당의 기미 지배(647~727)를 받으며 참여한 군사 원정뿐만 아니라, 755년 말 안녹산安祿山(703~757)의 봉기를 진압하기 위한 군사적 원조에 참여한 이후 당과 '**긴밀한 관계**'를 계속 유지했던 것에 주목했다. 이러한 경향은 청조淸朝의 신장新疆 지배를 물려받은 현 중국 정부가 과거 위구르와의 '우

---

19 『舊唐書』 卷195 「廻紇」, p. 5195.

20 위구르와 당의 관계에 대한 기록이 상대적으로 풍부해 이를 바탕으로 한 연구가 많았다. 특히 중국에서는 위구르와의 '우호적 관계'를 강조하는 민족 정책에 발맞추어 '**화친和親**'에 초점을 둔 연구가 대표적이다. 이러한 연구들은 주로 정치적으로는 책봉 및 화번공주, 경제적으로는 견마무역 등을 주제로 다루었다. 崔明德, 『中國古代和親通史』, 人民出版社, 2007; 崔明德·穆琛, 「西北地區和親文化與中華民族共同體的發展」, 『中國邊疆史地硏究』 2023-3. 이러한 경향은 최근 중국 공산당이 강조하는 '중화민족공동체中華民族共同體의 발전'이라는 정책적 기조와도 연결되면서 더욱 강화되고 있다. 중국 바깥에서 이루어진 당-위구르 관계 연구로는 사료 정리와 해석을 바탕으로 한 다음의 연구가 있다. Colin Mackerras, *The Uighur Empire According to the T'ang Dynastic Histories: A Study in Sino-Uighur Relations 744-840*, Australian National Univ. Press, 1972.

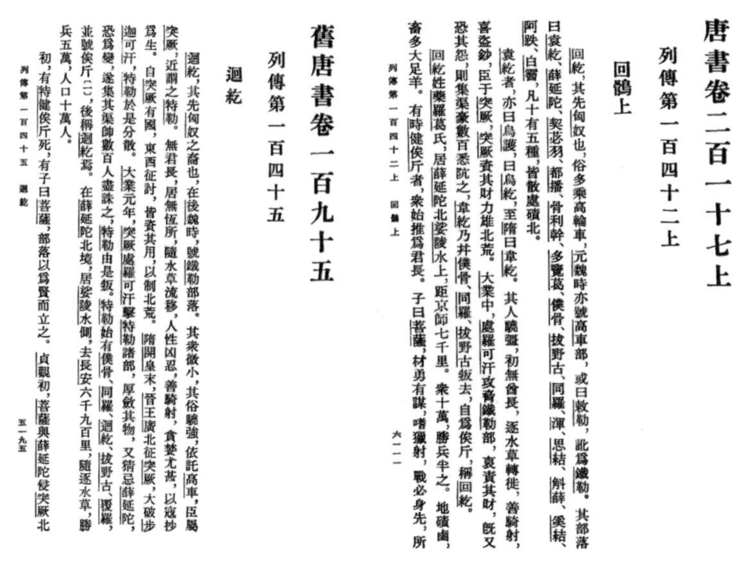

唐書卷二百一十七上

列傳第一百四十二上

回鶻上

回紇，其先匈奴也，俗多乘高輪車，元魏時亦號高車部，或曰敕勒，訛爲鐵勒。其部落曰袁紇、薛延陀、契苾羽、都播、骨利幹、多覽葛、僕骨、拔野古、同羅、渾、思結、斛薛、奚結、阿跌、白霫，凡十有五種，皆散處磧北。

袁紇者，亦曰烏護，曰烏紇，至隋曰韋紇。其人驍彊，初無酋長，逐水草轉徙，善騎射，喜盜鈔，臣于突厥，突厥資其財力雄北荒。大業中，處羅可汗攻脅鐵勒部，裒責其財，既又恐其怨，則集渠豪數百悉阬之，韋紇乃并僕骨、同羅、拔野古叛去，自爲俟斤，稱回紇。

回紇姓藥羅葛氏，居薛延陀北娑陵水上，距京師七千里。衆十萬，勝兵半之。地磧鹵，畜多大足羊。有時健俟斤者，衆始推爲君長。子曰菩薩，材勇有謀，嗜獵射，戰必身先，所

列傳第一百四十二上　回鶻上　六一一一

舊唐書卷一百九十五

列傳第一百四十五

迴紇

迴紇，其先匈奴之裔也，在後魏時，號鐵勒部落。其衆微小，其俗驍強，依託高車，臣屬突厥，近謂之特勒。無君長，居無恆所，隨水草流移，人性凶忍，善騎射，貪婪尤甚，以寇抄爲生。自突厥有國，東西征討，皆資其用，以制北荒。隋開皇末，晉王廣北征突厥，大破步迦可汗，特勒於是分散。大業元年，突厥處羅可汗擊特勒諸部，厚斂其物，又猜忌薛延陀，恐爲變，遂集其渠帥數百人盡誅之，特勒由是叛。特勒始有僕骨、同羅、迴紇、拔野古、覆羅，並號俟斤〔一〕，後稱迴紇焉。在薛延陀北境，居娑陵水側，去長安六千九百里，隨逐水草，勝兵五萬，人口十萬人。

初，有特健俟斤死，有子曰菩薩，部落以爲賢而立之。貞觀初，菩薩與薛延陀侵突厥北

列傳第一百四十五　迴紇　五一九五

(그림 5) 『신당서』와 『구당서』의 위구르 관련 열전 첫 부분

호적인' 역사적 경험을 부각하여 위구르를 중국의 일원으로 유지하려는 정치적 고려와 연결되기도 했다.[21] 그 밖에 당 후반기 서북방 지역에

21 위구르를 비롯한 55개 소수민족의 '**대통일 유지**(조국통일祖国統一)'와 '**민족 간 화합**(민족단결民族團結)'을 도모하려는 중국 정부의 입장은 1949년 중화인민공화국 성립 이전부터 강조되었다. 이는 중국의 많은 정치 논술에서 확인할 수 있고, 특히 '민족 관계사'의 저술에 크게 반영되었다. 崔明德·杨建新, 『中國民族關系研究』, 民族出版社, 2006. 이후 초기에 활발했던 '민족사民族史' 연구가 위축되면서 중국 변강의 안정 확보에 초점을 맞춘 '변강사邊疆史' 연구로 경향이 바뀌었다. 馬大正, 『當代中國邊疆研究(1949~2019)』, 中國社會科學出版社, 2019; 達力扎布·彭勇 (主編), 『中國民族史研究 70年(1949.10~2019.10)』, 中央民族大學出版社, 2022, pp. 344~365; 彭豊文, 「新中國民族史研究」, 王延中 (主編), 『新中國民族學與人類學研究 70年』, 中國社會科學出版社, 2021. 2010년대가 되면서 '중화민족사中華民族史'를 강조하기 위해 중국과 주변 민족의 교류와 융합에 초점을 맞춘 '**삼교사三交史**', 즉 '교왕交往', '교류交流', '교융交融'을 집중적으로 다루고 있다. 邱加賀, 「民族交往交流交融研究綜述

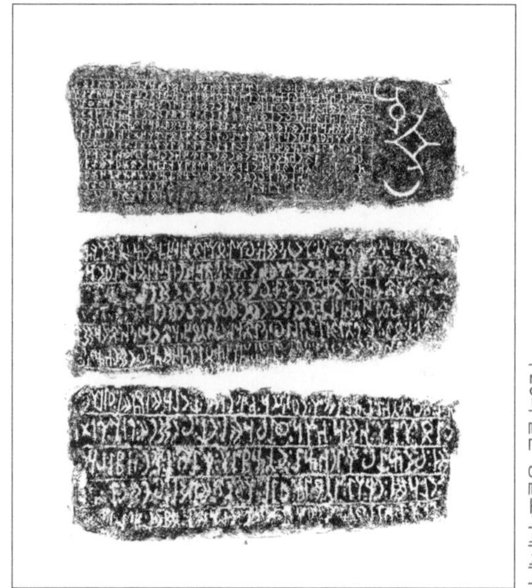

(그림 6) 카를룩 카간의 고대 투르크 비문 탁본의 일부

(위부터 차례로 《시네 우수 비문》, 《타리아트 비문》, 《테스 비문》)

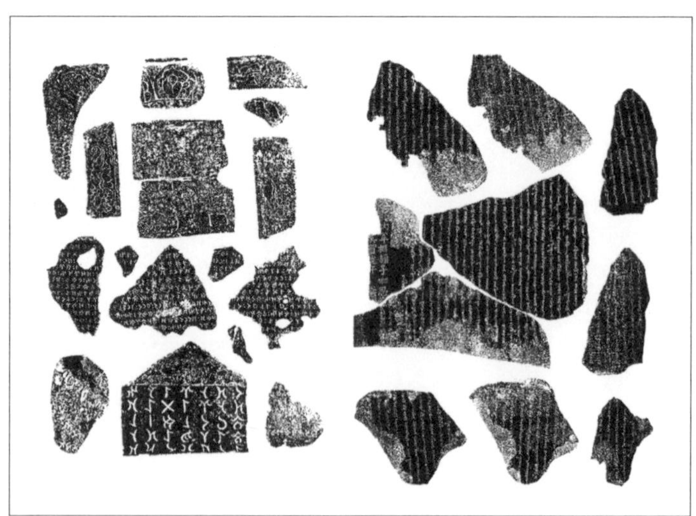

(그림 7) 《구성회골가한비문》의 고대 투르크문 면과 소그드문 면, 한문 면 탁본의 일부

대한 중국의 지배력이 약화되면서 정보가 적어지고, 그 결과로 같은 사건이나 인물을 다르게 기록해 혼란스러운 부분이 많은데, 이를 한문 사료 교감 및 번역을 통해 해소하려는 기초적 연구가 학계의 주류가 되었다.[22] 이는 이후 연구의 중요한 토대가 되긴 했으나, 한문 자료 중심 연구의 뚜렷한 한계를 보였다.

다행히도 위구르는 자체 비문 기록을 남겨서 한문 자료의 한계를 일부나마 해소할 수 있다. 현존 비문 자료는 이른바 '오르콘 룬 문자', 즉 '**고대 투르크 문자**(고돌궐문자古突厥文字)'로 새겨져 있는데, 돌궐 제2제국 시기인 7세기 말쯤에 만들어진 문자[23]를 위구르가 빌려서 쓴 것

與展望」, 『百色學院學報』 2022-5; 阿鑫·馮雪紅, 「民族交往交流交融研究現狀與未來展望」, 『南寧師範大學學報』 2022-2. 이런 입장에 따라 현재의 소수민족인 위구르만이 아니라 과거 유목제국을 건설했던 위구르에 관한 최근의 연구 역시 '**주뢰중화민족공동체의식鑄牢中華民族共同體意識**'이라는 중국공산당의 당장黨章에 규정된 방향에 따라 진행되고 있다. 吳飛, 張久和·劉國祥 (主編), 『中國古代北方民族史 回鶻卷』, 科學出版社, 2021; 楊富學, 『唐宋回鶻史研究』, 科學出版社, 2022.

22 기록의 혼동으로 인한 『구당서』와 『신당서』의 비교 연구와 『자치통감資治通鑑』, 『당회요唐會要』, 『책부원구冊府元龜』 등 다양한 사료를 편년에 따라 정리한 연구와 역주가 있었다. 佐口透 (譯注), 「回鶻傳(舊唐書·新唐書)」, 護雅夫·佐口透·山田信夫 (編), 『騎馬民族史 — 正史北狄傳』 2, 平凡社, 1972; Colin Mackerras, *The Uighur Empire According to the T'ang Dynastic Histories: A Study in Sino-Uighur Relations 744-840*, Australian National Univ. Press, 1972.; 劉義棠, 『突回研究』, 經世書局, 1990; 馮家升·程溯洛·穆廣文 (編), 『維吾爾族史料簡編』 上, 民族出版社, 1981; 新疆社會科學院歷史研究所 (編), 『新疆地方歷史資料選輯』, 人民出版社, 1987; 鍾侃 (編), 『寧夏古代歷史紀年』, 寧夏人民出版社, 1988; 劉美崧 (主編), 『兩唐書回紇傳回鶻傳疏證』, 中央民族學院出版社, 1989; 楊聖敏, 『《資治通鑑》突厥回紇史料校注』, 社會科學文獻出版社, 2012; 馮志文·吳平凡 (編), 『回鶻史編年』, 新疆大學出版社, 1992. 국내에서는 필자가 기존의 역주와 번역을 바탕으로 중국 정사 위구르 열전을 역주했다. 동북아역사재단 (편), 『譯註 中國 正史 外國傳 10: 舊唐書 外國傳 譯註』, 동북아역사재단, 2011; 『譯註 中國 正史 外國傳 11: 新唐書 外國傳 譯註』, 동북아역사재단, 2011; 『譯註 中國 正史 外國傳 12: 舊五代史 新五代史 外國傳 譯註』, 동북아역사재단, 2011.

23 護雅夫, 「突厥文字の起源に關する二研究」, 『古代トルコ民族史研究』 II, 山川出版社, 1992;

이다.[24] 비문의 내용은 중국의 선입견이 강하게 반영된 한문 자료에만 의존하지 않고 위구르 나름의 입장을 엿볼 수 있다는 점에서 사료적 가치가 크다. 비문 자료 가운데는 고대 투르크 문자만이 아니라 군주를 도와 관료로 활약한 소그드 상인의 문자, 즉 **소그드 문자**와 **한자**를 같이 쓴 것도 있다.[25]

이 비문 자료를 통해 연구자들은 한문 자료를 비판적으로 검토하고 기록의 공백을 보충할 수 있었다. 비록 위구르 비문이 돌궐 시기의 비문보다 양도 적고 일부 시기에 치우쳐 있으나, 비문을 정확하게 판독하고 해석하려는 작업은 꾸준히 이어져왔다.[26] 이 언어학적 작업의 결과를 한문 자료와 최대한 연결해 위구르의 사적 전개 과정을 이해해보

[부록 1]의 주2 참조.

24 고대 투르크 문자로 쓰인 대표적 비문으로는 위구르의 2대 카간인 카를륵 카간의 정계비인《테스 비문》과《타리아트 비문》, 그리고 묘비인《시네 우수 비문》이 있다. 이에 대해서는 부록의 연구사 정리 참조.

25 고대 투르크 문자와 소그드 문자, 한자 등 세 가지 문자를 동시에 사용한 비문으로《구성회골애등리라골몰밀시합비가가한성문신무비九姓回鶻愛登里囉汨沒蜜施合毗伽可汗聖文神武碑》(이하《구성회골가한비문》으로 약칭)가 있다. 이에 대해서는 부록의 연구사 정리 참조.

26 위구르 시기 비문에 관한 조사와 종합적 연구로는 일본과 몽골이 연합해 작성한 보고서가 대표적이다. 森安孝夫·オチル (編),『モンゴル國現存遺蹟·碑文調査研究報告』, 中央ユーラシア學研究會, 1999. 그 이후에는 다음과 같은 연구가 있다. Osman Mert, *Ötüken Uygur Dönemi Yazıtlarından Tes Tariat Şine Us*, Ankara : Belen Yayıncılık Matbaacılık, 2009; 洪勇明,『回紇汗國古突厥文碑銘考釋』, 世界圖書出版公司, 2012; Mehmet Ölmez, *Uygur Hakanlığı yazıtları*, Ankara : BilgeSu, 2018; 米熱古麗·黑力力,『鄂爾渾文回鶻碑銘研究』, 中國社會科學出版社, 2022. 이에 대한 자세한 소개는 부록의 연구사 정리 참조. 고대 투르크 비문 자료와 한문 자료를 연결한 대표적 연구로는 다음을 참조. 片山章雄,「シネ=ウス碑文における「748年」」, 片山章雄 等 (編),『迴紇タリアト·シネ=ウス両碑文(八世紀中葉)のテキスト復原と年代記載から見た北·東·中央アジア』, 1993年度東海大學文學部研究助成金による研究成果報告書, 1994, pp. 10~14; 石見清裕·北條祐英,「ウイグル初期(744~750年)の碑文史料と漢文史料」, 같은 책, pp. 15~21.

려고 한다. 이를 통해 한문 자료의 중국 편향적 이해를 극복하고, 생태 환경을 고려한 '**유목민의 관점**'에서 위구르를 더욱 '**객관적**'으로 바라볼 수 있을 것이다. 또한 비문 자료를 이용한 연구를 한 단계 도약시킬 수도 있을 것이다.

3. 검토: 위구르 유목제국의 성격 논쟁

1949년 건국 이후 중국은 위구르 유목제국에 대한 이해보다는 현재 소수민족의 하나인 위구르에 더 관심을 가졌다. 1955년 신장위구르자치구가 만들어지면서 '**위구르Uyγur**(웨이우얼維吾爾)'에 관한 연구가 본격화되었다. 초기 연구는 위구르의 의미와 그 족속의 원류, '위구리스탄Uyghuristan'의 형성 및 위구르와의 관련성 등을 다루었고, 그 연장선상에서 유목제국 위구르에 대한 접근도 있었다.[27]

27 위구르에 관한 초기 연구 정리로는 다음을 참조할 수 있다. 林幹, 「試論回紇史的若干問題」, 『突厥與回紇歷史論文集』下, 中華書局, 1987, pp. 597~624. 여기에서 알 수 있듯이 위구르의 명칭에 대한 해명에서부터 연구가 시작되었다. 劉義棠, 「Uiĝur名稱及其漢譯演變考」, 『維吾爾研究』, 臺北: 正中書局, 1977, pp. 1~60; 蘇北海, 「維吾爾族漢譯名稱源流考」, 『新疆大學學報』 1985-3, pp. 40~47; 李樹輝, 「回紇的構成及其發展」, 『烏古斯和回鶻研究』, 民族出版社, 2010. 이후 연구에서는 위구르가 어떻게 현재의 위구리스탄 형성에서 주류가 되었는가를 다루었다. 樊嘯, 「維吾爾族居新疆考」, 『光明日報』 1955.09.29; 馮家升, 「對樊嘯同志『維吾爾族居新疆考』的幾個意見」, 『光明日報』 1955.09.29. 이를 바탕으로 위구르의 원류 및 그 형성과 관련한 연구 역시 더욱 본격화되었다. 谷苞, 「新疆維吾爾族族源新探」, 『中國社會科學』 6, 1980(『突厥與回紇歷史論文集』下, 中華書局, 1987, pp. 802~817); 秦波, 「也談新疆維吾爾族族源問題 — 對谷苞同志『新疆維吾爾族族源新探』一文的商榷, 『西北歷史資料』 1980-2, pp. 1~14; 周偉洲, 「也談新疆維吾爾族族源問題」, 1981(『突厥與回紇歷史論文集』下, 中華書局, 1987, pp. 818~840); 劉義棠, 「回紇先世考」, 『維吾爾研究』, 1977, pp. 61~95; 錢伯泉, 「鐵勒國史鉤沈」, 『西北民族研究』 1992-1, pp. 91~100; 程溯洛, 「維吾爾族源考」, 『唐宋回鶻史論集』, 人民出版社, 1994, pp. 25~38; 程溯洛, 「維吾爾族居住新疆考」, 같은 책, pp. 39~50; 賀繼宏, 「維吾

중국 내 연구는 민족 융합融合의 과정을 거쳐 위구르가 중국의 소수민족으로 편입된 과정, 위구르의 문화적 발전이 중국 문화에 미친 영향을 설명하려는 '**정치적**' 목적과 연결되었다. 처음에는 개별 소수민족의 역사를 정리하는 방향이었다가, 이후에는 '여러 중심에 기초한 하나의 중국을 형성하려는 입장(다원일체격국多元一體格局)'[28]에 따라 새로운 정리가 이루어졌다. 2000년대 이후에는 중국의 내적 안정을 유지하기 위한 노력의 일환으로 개별 소수민족의 '**민족사民族史**'[29]가 아닌 '**변**

爾族源研究」, 『西北史地』 1991-2, pp. 42~47; 李樹輝, 「維吾爾的族源及其形成過程」, 위의 책, 2010. 위구르 유목제국사에 대한 중국의 최근 연구 경향에 대해서는 다음의 연구사 정리를 참조. 楊富學, 「緖論」, 『唐宋回鶻史研究』, 科學出版社, 2022, pp. 1~7.

28 費孝通, 『中華民族多元一體格局』, 中央民族學院出版社, 1989에 대한 국내의 논의는 다음과 같다. 김한규, 「古代 東아시아의 民族關係史에 대한 現代 中國의 社會主義的 理解」, 『동아연구』 24, 1992; 조재송, 「중국 '통일다민족국가론'의 논거와 허실」, 『중국학연구』 38, 2006; 윤휘탁, 「'以古爲今': 중국의 민족문제와 중화민족 국가관」, 『동북아역사논총』 21, 2008. 중국은 이를 확장해 '중화민족공동체'의 형성에 초점을 맞춘 연구를 주도하고 있다(주21과 주31 참조).

29 중국은 건국 이후 소수민족에 대한 현지조사나 간지簡誌 작성을 바탕으로 간사簡史를 만들었다. 維吾爾族簡史編寫組 (編), 『維吾爾族簡史』, 新疆人民出版社, 1991; 新疆社會科學院歷史研究所 (編), 『新疆簡史』 1, 新疆人民出版社, 1979. 이는 이후 민족 관계사나 개별 민족사 저술로 이어졌다. 楊建新, 『中國西北少數民族史』, 寧夏人民出版社, 1988; 中國北方民族關係史編寫組 (編), 『中國北方民族關係史』, 中國社會科學出版社, 1987; 翁獨健 (主編), 『中國民族史綱要』, 中國社會科學出版社, 1990; 江應梁 (主編), 『中國民族史』 中, 民族出版社, 1990; 王鍾翰, 『中國民族史』, 1994; 盧勛·蕭之興·祝啓源, 『隋唐民族史』, 四川人民出版社, 1996. 이와 함께 위구르 관련 통사 중에는 건국 이전 시기를 다룬 것도 있다. 段連勤, 『丁零, 高車與鐵勒』, 上海人民出版社, 1988. 또한 개별 통사로는 다음 저작이 대표적이다. 李符桐, 『回鶻史』, 文風出版社, 1964; 劉志霄, 『維吾爾族歷史』 上, 民族出版社, 1985; 楊聖敏, 『回紇史』, 吉林敎育出版社, 1991; 林幹·高自厚, 『回紇史』, 內蒙古人民出版社, 1994; 吳飛, 張久和·劉國祥 (主編), 『中國古代北方民族史 回鶻卷』, 科學出版社, 2021. 이상의 연구는 대부분 위구르사를 편년에 따라 정리하고 국가의 성격을 계기적으로 살핀 것이 아니라 정치, 경제, 사회, 문화 등 주제를 중심으로 정리한 것이었다.

강사邊疆史'로서의 연구가 중심이 되었다.[30] 2010년대에 들어서면서 '**중화민족공동체**'의 형성을 강조하는 정책이 추진되고 그 범위 안에서만 위구르를 다루게 됨에 따라 민족사 연구는 더욱 위축되었다.[31]

위구르 유목제국 시기에 대한 이해는 사회주의 혁명의 성공 이후 사회구성체의 발전 과정을 규정하려는 문제의식, 즉 북아시아 초원에서 전개된 유목사의 시대를 구분하려는 논의에서 시작되었다. 이 논의는 구소련 시절에 활발하게 전개된 이른바 '**유목 봉건 논쟁遊牧封建論爭**'의 영향을 크게 받았다.[32] 과거 사회주의권을 중심으로 이루어진 이런 방식의 접근은 1990년대 이후 마르크시즘 연구의 퇴조와 함께 지금은 자취를 감추었지만, 일본의 북아시아 유목사 연구에 큰 영향을 주었다. 시대 구분 논의를 활발하게 전개하던 일본의 학자들은 840년 제국의

---

30 중국의 변강사 연구는 과거 중국을 파미르 너머 인도와 이란 등 서방으로 이어주던 곳, 즉 '서역西域'의 일부로 인식하던 신장을 변강이 아닌 중국의 완전한 일부로 자리매김하려는 목적으로 진행되고 있다. 관련 연구로는 다음을 참조. 오홍엽, 『중국 신장: 위구르족과 한족의 갈등』, 친디루스, 2009; 안치영, 「중국의 민족 문제: '중화민족', 한족 그리고 '소수민족'」, 『동아시아 브리프』 3-2, 2008; 王延中, 「鑄牢中華民族共同體意識建設中華民族共同體」, 『民族研究』 2018-1. 이와 관련해 위구르가 주류를 형성한 신장사新疆史에 대한 21세기의 연구는 다음에서 정리했다. 許建英·阿地力 艾尼, 「新疆歷史研究評述 1998~2018年」, 『中國邊疆史地研究』 2019-2; 박장배 (편), 『중국의 변경 연구 3: 신장 개발과 역사 해석』, 동북아역사재단, 2019. 이와 함께 주21도 참조.

31 王瑞萍·馬進·馬虎銀·喬娟, 『鑄牢中華民族共同體意識若干重要問題研究』, 中國社會科學出版社, 2021; 詹小美, 『鑄牢中華民族共同體意識研究』, 人民出版社, 2022; 李靜, 『中華民族共同體槪論』, 商務印書館, 2023; 정재훈, 「중국 중앙민족공작회의와 민족 정책의 추이」, 『비교중국연구』 5-2, 2024, pp. 165~168. 이와 함께 '중화민족공동체' 형성 이전과 이후의 연구 경향 변화에 대한 정리는 주21 참조.

32 이른바 유목사 시대 구분 논쟁, 즉 '유목 봉건 논쟁'에 관한 논의는 1990년대 이후로는 전혀 찾아볼 수 없다. 과거 구소련을 중심으로 전개된 내용을 정리한 연구로는 다음을 참조. 山田信夫, 「遊牧封建社會論」, 『北アジア遊牧民族史研究』, 東京大學出版會, 1989, pp. 253~281.

붕괴 이후 위구르가 초원을 떠나 서방의 오아시스에 정주定住하면서 이른바 '**투르키스탄Turkestan**'이 성립한 것에 주목했다. 여기서 위구르가 초원에서 '**정주적 요소**'를 적극적으로 수용해 이른바 '**문명화文明化**'된 유목국가를 건설했다는 설명이 나왔고, 이는 중앙아시아 '투르크화'의 전제를 설명하는 논리가 되었다.[33] 이를 구체화하기 위해 위구르 문명화의 지표로 **문자** 사용[34](고대 투르크 문자[35]), 초원에 **도시** 건설, 고등 종교인 **마니교摩尼教** 수용 등이 중요하게 다루어졌고, 당과의 활발한 교섭도 강조되었다.[36] 특히 네트워크를 형성할 만큼 초원에 많은 '도시'를 건설했다는 부분이 멸망 이후 주변으로 이주한 다음에 나타난 정주와

---

33 山田信夫,「トルキスタンの成立」,『岩波講座 世界歷史』6, 岩波書店, 1971, pp. 463~490; 山田信夫,「ユーラシア遊牧民族の世界」,『北アジア遊牧民族史研究』, 東京大學出版會, 1989, pp. 229~252.

34 이른바 '**문명화**'의 기준으로 문자 사용을 강조하며, 위구르 시기 정주적 요소의 발전을 정리한 연구로는 다음을 참조. 護雅夫,「內陸アジア世界の展開 1 — 總說」,『岩波講座 世界歷史』9, 岩波書店, 1970, pp. 3~18.

35 몽골 초원에 남아 있는 문자 자료로 가장 오래된 것은 돌궐 제1제국 시기(552~630)인 580년대에 제작된 《부구트 비문》인데, 소그드 문자로 기록되어 있다. Sergej G. Kljaštornyj · Vladimir A. Livšic, "The Sogdian Inscription of Bugut Revised", *Acta Orientalia Academiae Scientiarum Hungaricae* v.26-1, 1972, pp. 69~102; 吉田豊,「ブグト碑文のソグド語版について,『京都大學文學部研究紀要』58, 2019, pp. 1~33. 돌궐이 이른바 고대 투르크 문자를 사용한 비문을 제작한 것은 제2제국 시기(682~745)로 690년대 이후로 추정된다. 이에 관해서는 다음 연구를 참조. 탈라트 테킨, 이용성 (역),『돌궐 비문 연구 — 퀼 티긴 비문, 빌개 카간 비문, 투뉴쿠크 비문』, 제이앤씨, 2008.

36 이른바 '문명화'라는 개념을 바탕으로 위구르 유목제국의 변화를 설명한 논의로는 다음의 재정리를 참조. 護雅夫,『古代トロコ民族史硏究』III, 山川出版社, 1997, p. 85. 이런 주장은 이후 일본 학계의 주류를 형성해 지금까지도 바뀌지 않고 있다(주33 참조). 중국 학계에서도 위구르의 활발한 도시 건설에 주목해 당의 영향으로 위구르에 정주적 생활양식이 도입되었음을 강조한 연구가 나왔다. 宋曉東,「回鶻西遷後生產方式的轉變及對後世的影響」,『殷都學刊』2007-3; 王金保,「論漠北回鶻汗國的城市興建與半定居生活」,『敦煌學輯刊』2015-4.

관련하여 큰 주목을 받았다.[37]

일본 학계에서는 위구르의 붕괴가 북아시아사 전개에 큰 영향을 미쳤다는 점도 강조했다. 이와 관련해 위구르를 무너뜨린 키르기스Qïrγïs(힐알사黠戛斯 또는 견곤堅昆)가 북쪽 예니세이강 유역의 원주지로 귀환한 다음 상당 기간 '**공동화空洞化**' 상태였던 초원에 몽골계 족속인 실위室韋가 이주한 것에 주목했다. 위구르의 주 무대였던 초원이 이른바 투르키스탄, 즉 '투르크의 땅'이었다가 이 시기에 비로소 '**몽골의 땅**'이 되었다는 점에서 이를 세계사에 큰 영향을 미친 중요한 사건으로 이해했다.[38] 즉 몽골 제국 등장의 전주곡으로서 위구르 유목제국을 다룬 것이다. 다른 한편으로 10세기 초 동아시아의 '민족 이동기'에 거란契丹(크탄Qïtan)이 북중국의 일부 정주 농경 지역과 초원을 동시에 지배한 '이중 체제二重體制' 국가, 소위 '정복 왕조征服王朝'로 등장한 것과 연

---

37 위구르와 비슷한 시기에 볼가강 유역에 있던 투르크계 유목국가인 하자르Khazar(650~850)가 동로마와 활발하게 교섭했는데, 이러한 '문명화' 양상이 위구르와 비슷했다고 설명하기도 한다. 이에 관해서는 다음의 연구를 참조. Peter B. Golden, *Khazar Studies — An Historico-Philological Inquiry into the Origins of the Khazars*, Budapest : Akademiai Kiado, 1980; Peter B. Golden·Haggai Ben-Shammai·András Róna-Tas (ed.), *The World of the Khazars — New Perspectives Selected Papers from the Jerusalem 1999, International Khazar Colloquium hosted by the Ben Zvi Institute*, Leiden : Brill, 2007; Kevin Alan Brook, *The Jews of Khazaria*, Rowman & Littlefield, 2018.

38 일본 학계에서는 9세기 중반 위구르가 중앙아시아 지역에 이주해 세운 '서西위구르국'의 역사 전개 과정을 설명하기 위해 몽골 초원에 존재했던 위구르 유목제국을 그 배경으로 설정했다. 安部建夫, 『西ウイグル史の研究』, 彙文堂書店, 1958 참조. 이에 따라 몽골 초원의 위구르 유목제국을 '동東위구르국' 또는 '동위구르제국'이라고 했다. 또한 몽골 초원의 동위구르와 서천 이후 오아시스를 지배한 서위구르를 하나로 묶어 위구르사를 정리했다. 森安孝夫, 『シルクロード世界史』, 講談社, 2022(모리야스 타카오, 권용철(역), 『실크로드 세계사』, 민속원, 2023); 『東西ウイグルと中央ユーラシア』, 名古屋大學出版會, 2015; 『シルクロードと唐帝國』, 講談社, 2007.

결하여[39] 위구르를 '**고대 유목국가의 종말**'이자 '**정복 왕조의 배경**'으로 규정하기도 했다. 이에 따라 위구르 유목제국은 북아시아 시대 구분의 중요한 전환점인 이른바 '**과도기적**' 유목국가로 규정되었다.

필자는 기존의 논의를 검토하여 위구르 유목제국의 성격 변화를 정리한 바 있다.[40] 먼저, 위구르가 수용한 이른바 문명화의 요소를 검토했다. 위구르가 빌려 쓴 고대 투르크 문자는 돌궐 제2제국 시기부터 사용되었다는 점에서 위구르만의 특징으로 볼 수 없다. 또한 정주민이 위구르 내부에서 활동한 것과 위구르가 고등 종교를 수용했던 것도 돌궐이 소그드 상인과 결합하고 불교를 받아들인 것과 비슷한 맥락이었다.[41] 정주민의 거점이 된 초원의 정주 시설 역시 흉노 시기에도 한인의 거주를 위해 다수 건설되었고,[42] 돌궐 제2제국 시기에도 만들려는 시도가 있었다는 점[43]에서 마찬가지로 위구르만의 독특한 면모는 아니었다.

---

39 북아시아사의 사적 전개 과정에서 정복 왕조와 위구르를 연결한 대표적 연구로는 다음을 참조. 田村實造, 「北アジアにおける歷史世界の形成と發展」, 『中國征服王朝の硏究』 上, 東洋史硏究會, 1964, pp. 53~56. 이에 대한 국내 소개는 다음의 정리를 참조. 김호동, 「北아시아의 歷史像 構成을 위한 試論」, 『아시아 문화』 3, 1987. 중국 학계에서도 유목과 정주가 병존하는 '이중 체제적 특징'에 주목해 위구르가 서방으로 이주한 다음 오아시스에 정주한 점을 중심으로 그 사적 전개 과정을 설명했다. 楊富學, 「回鶻社會文化發展逆演進現象考釋」, 『唐宋回鶻史硏究』, 科學出版社, 2022, pp. 233~243.

40 필자는 위구르 유목제국사에 관한 기존의 연구 경향을 비판하고, 위구르의 성격을 확인하기 위해 「위구르 유목제국사(744~840) 연구 — '카간권'의 성격과 그 추이」(1999년 8월 서울대학교 박사학위 논문)를 작성한 다음 이를 수정해 『위구르 유목제국사 744~840』(문학과지성사, 2005)을 출간했다.

41 護雅夫, 「古代トルコ民族と佛教」, 『現代思想』 5-14, 1977; 耿世民, 「佛教在古代新疆和突厥·回鶻人中的傳播」, 『新疆大學學報』 1978-2, pp. 69-76; ルイ バザン, 濱田正美 (譯), 「6~8世紀のチュルク人と佛教」, 『東方學』 78, 1989.

42 Ch. 유롤-에르데네, 「흉노의 도시 유적」, 『흉노고고학개론』, 진인진, 2018, pp. 79~81; 정재훈, 『흉노 유목제국사 기원전 209~216』, 사계절, 2023, pp. 229~231.

이런 이해를 바탕으로 필자는 위구르가 붕괴 이후 유목 습속을 버리고 오아시스에서 정주민으로 살게 되었다는 주장을 '**공존**'이 아닌 '**융합**'에 초점을 맞춘 것이라고 비판했다. 840년 멸망 이후 서방으로 이주한 뒤 세력화한 고창 위구르高昌回鶻, Qocho Uyγur(866~1209)가 유목민의 군사적 강점을 유지하면서 체제를 발전시키려 했던 모습을 보아도 정주하려고 했다는 기존의 지적과는 다른 양상이었음을 알 수 있다.[44] 기존의 이해는 유목민이 생활 여건을 개선하기 위해 다른 문화를 받아들이다 보면 결국 정주 세계에 '**동화同化**'할 수밖에 없다, 그만큼 유목민의 문화는 열등한 수준이었다는 고정관념에서 비롯한 것이었다.

이러한 고정관념에서 벗어나기 위해서는 위구르가 '고대 유목국가'[45]로서 지녔던 면모를 한층 더 부각하면서 그 국가로서의 성격을 설명할 필요가 있다. 그래서 필자는 정주화를 지향했다는 결과론적 설명

---

43 정재훈, 『돌궐 유목제국사 552~745』, 사계절, 2016, pp. 495~497.

44 840년 위구르의 멸망 이후 866년경 서쪽으로 옮겨가 고창(투르판)과 북정(짐사르)을 중심으로 세력을 형성했던 고창 위구르의 후예 역시 13세기 초 세력을 잃고 하서로 옮겨 가 살게 된 이후에도 몽골 초원에 대한 기억과 유목 세계의 정통성에 강한 자부심을 품고 있었다. 이들은 오아시스를 주 무대로 삼아 국가 운영에 필요한 경제적 토대를 마련했으나, 이와 동시에 '계절 이동'을 하며 '**상무적 습속**'을 통해 자신의 장점을 유지함으로써 권력을 강화하려고 했다. 정재훈, 「14세기 高昌 위구르 후예의 과거 기억 복원 —《亦都護高昌王世勳碑》의 시조 신화 재검토」, 『중앙아시아연구』 17-2, 2012.

45 이른바 '**고대 유목국가**'는 10세기에 등장한 '**정복 왕조**' 이전에 존재했던 유목제국을 설명하기 위해 설정한 개념이다. 유목사회를 기반으로 하며 정주 지역을 직접 지배하지 않고, 공납이나 교역 등에서 얻은 경제적 이익으로 국가 체제를 유지한 것을 그 특징으로 한다. 또한 중국의 북방 정책(이이제이以夷制夷)에 의한 압박, 계승을 둘러싼 지배 집단의 내분, 자연재해에 의한 경제적 기반 약화와 그에 뒤따른 반란 등으로 갑작스러운 붕괴를 맞이한다는 것도 중요한 특징 가운데 하나다. 이와 같은 고대 유목국가로는 흉노, 유연, 돌궐, 위구르 등이 있었다. 김호동, 「고대유목국가의 구조」, 서울대학교 동양사연구실(편), 『강좌 중국사』 2, 지식산업사, 1989, pp. 268~303 참조.

이 아니라 유목국가 그 자체의 성격을 규정하는 작업에 천착하고자 했다. 이는 또한 위구르의 움직임을 지나치게 거시적인 관점에서 정주화와 연결하려는 설명이 개연성이 없음을 보여주는 것이기도 하다. 위구르가 돌궐보다 상대적으로 더 문명화되었다는 점을 강조하면서 위구르를 북아시아사 전개 과정의 과도기적 국가로 보는 시각 역시 결과론적인 설명일 뿐이다.[46] 위구르 유목제국이 정주적 성격을 띤 외래 요소를 상대적으로 많이 수용했다 하더라도 이를 정주화 지향으로 보는 것은 유목적인 요소를 하등한 것, 개선해야 할 것으로 보는 선입견에 의한 판단이다.[47] 이런 검토를 바탕으로 필자는 2005년에 출간한 『위구르 유목제국사 744~840』에 그 이후의 연구 성과를 반영해 위구르 유목제국사[48]를 새롭게 정리해보려고 한다.

---

46 이른바 '**정복 왕조론**'은 다양한 유목민의 생태적, 경제적, 문화적 차이를 간과했고 환경과 종족적 특성의 개별적 차이를 바탕으로 한 구체적 접근도 없었다는 비판을 받은 바 있다. 김호동, 위의 글, pp. 267~268.

47 초원의 '**도시**' 건설은 위구르의 정주 지향을 보여주는 중요한 지표로 다뤄졌으나, 이는 유목제국의 '**운영**'에 필요한 시설로도 볼 수 있다. 거란과 몽골제국 시기에 이전보다 도시 네트워크가 더 확장하며 발전한 것, 초원에 카라코룸Qara qorum이나 상도上都와 같은 거대 도시가 등장한 것은 '정주 지향'이 아니라 유목제국의 '운영'과 관련된 것이었다.

48 위구르 유목제국의 성격을 표현하는 용어로는 군주 칭호를 딴 '**카간국可汗國, Khaganate**'과 일반적인 '**제국帝國, Empire**' 두 가지가 사용된다. Roman K. Kovalev, "Uyghur Khaganate", John M. MacKenzie (ed.), *Encyclopedia of Empire*, Wiley & Sons, 2016(https://onlinelibrary.wiley.com/doi/abs/10.1002/9781118455074.wbeoe221); Michael R. Drompp, "The Uyghur Empire(744-840)", David Ludden (ed.), *Oxford Research Encyclopedia of Asian History*, Oxford Univ. Press, 2017(https://doi.org/10.1093/acrefore/9780190277727.013.53). 두 가지 다른 표현이 있지만, 위구르 유목제국에 대한 기본적인 이해에는 큰 차이가 없다. 이 책에서는 흉노와 돌궐에 대한 기존 저작과 같은 맥락에서 '**유목제국Nomadic Empire**'이라고 썼다. 다른 유목제국의 성격에 대한 설명은 다음을 참조. 정재훈, 『흉노 유목제국사 기원전 209~216』, 사계절, 2023, p. 31; 『돌궐 유목제국사 552~745』, 사계절, 2016, pp. 30~31.

4. 내용: 막북 초원에 고립된 위구르의 발전 모색

이 책에서 시도하는 위구르 유목제국에 대한 새로운 접근은 과거 초원 문명화의 상징으로 여겨진 정주적 요소의 수용에 초점을 두지 않는다. **유목국가**로서의 특성[49]을 염두에 두고, **막북 초원**이라는 공간적 한계 속에서 위구르가 유목제국으로 발전하기 위해 어떤 모색을 했는가를 다뤄보려고 한다. 앞서 연구의 한계로 지적한 것처럼 관련 기록이 부족해 어려움이 있기는 하나, 이를 극복하는 한 가지 방법으로 '**카간권**', 즉 '**유목 권력**'을 중심으로 기존의 연구[50]를 더 발전시켜보려고 한다. 국가 구조가 상대적으로 덜 체계화된 유목국가의 특성상 군주의 개인적 능력이나 역할, 권력의 집중도 등이 국가의 조명祚命을 결정할 만큼 중요한 요소인 데다가 관련 기록이 상대적으로 많기 때문이다.[51] 따라서 카

---

49 정주 농경사회와 초원 유목사회의 다른 체제를 설명할 때 '아메리카 치즈'를 농경문화에, '스위스 치즈'를 유목문화에 비유하기도 한다. 단일함을 강조하는 정주 농경국가에 비해 유목국가는 여러 가지 다른 요소를 쉽게 받아들이고, 이러한 요소들이 공존할 수 있는 '포용성'을 가진 체제임을 빗댄 표현이다. Thomas J. Barfield, *Afghanistan: A Cultural and Political History*, Princeton Univ. Press, 2012, pp. 67~71. 필자 역시 유목민의 국가 운영 방식을 마치 '**레고LEGO 블록**'처럼 언제든지 분해하고 결합할 수 있는 개방적이고 탄력적인 성격을 띤 것으로 이해했다. 중국과 같은 정주 농경국가의 '일원적' 성격과 달리, 유목국가는 '**다원적**'이고 여러 가지 요소가 탈착이 가능한 '**이종 결합異種結合(hybrid)**적' 성격이 있었다. 정재훈, 위의 책, 2023, pp. 396~397.

50 위구르 유목제국사에 대한 필자의 기존 연구 역시 '**유목 권력**', 즉 '**카간권**'의 추이에 초점을 맞춘 이해였다(주40 참조).

51 돌궐 유목제국사에 관한 연구에서도 유목 군주의 권력 집중도나 그 역할이 국가의 성격을 결정하기 때문에 '**유목 권력**'에 대한 이해가 필수불가결하다고 보았다. 護雅夫, 「東突厥官稱號考序說 — 突厥第一帝國における可汗」, 『古代トルコ民族史研究』 I, 山川出版社, 1967, pp. 271~277. 필자 역시 이런 문제의식에 따라 돌궐 유목제국의 지배 집단인 아사나阿史那 권력의 추이에 대해 다룬 바 있다. 돌궐도 카간을 배출한 지배 집단이 유목민의 특기인 강력한 군사력을 바탕으로 '**권위주의 체제**'를 만들고, 카간과 결합한 소그드 상인 관료의 협조를 받아 '**교역 체계**'를 구축하여 유목제국으로 발전했다. 정재훈, 『돌궐 유목

(그림 8) 막북 초원의 여름 풍경

간권에 대한 분석을 바탕으로 위구르 유목 권력이 국가를 운영하는 과정에서 보여준 다양한 지향을 그려내 그 성격 변화를 계기적으로 정리해보려고 한다.

이를 위해서는 '시기 구분'을 전제해야 한다. 기존에도 795년 지배 집단의 교체에 따라 **야글라카르Yaylaqar**(약라갈藥羅葛) 위구르(744~795)와 **에디즈Ediz**(혈질跌跌) 위구르(795~840)로 시기를 크게 나누었다.[52] 왕

제국사 552~745』, 사계절, 2016.

52 야글라카르와 에디즈를 각기 왕조의 이름으로 사용한 다음과 같은 연구들이 있었다. 安部健夫, 『西ウイグル國史の研究』, 彙文堂書店, 1955; 薛宗正, 「藥羅葛汗朝衰亡與跌跌汗朝的代興」, 『內蒙古社會科學』 1998-3. 위구르 전체를 다섯 시기, 즉 한국초건汗國初建(646~681) -

조 교체에 따른 이런 구분은 그대로 따를 수밖에 없으나, 유목제국의 성격 변화를 구체화하기 위해 이를 더 세분하여 네 시기로 나누었다.[53] 이를 바탕으로 '막북 초원'과 그곳을 가로질러 만들어진 '도시 네트워크'를 무대로 한문 자료와 비문 자료를 연결해, 즉 중국 편향적인 시각을 교정하고 유목민의 입장을 더해 '제삼자의 시각'에서 위구르 유목제국의 '진상眞相'을 형상화해보려고 한다.

'건국기建國期(744~755)'를 다룰 제1편에서는 국가 건설을 주도한 2대 카를륵 카간Qarlïq qaγan(갈륵가한葛勒可汗, 재위 747~759)[54]이 남긴 비문의 내용을 분석해 지난 200여 년간 유목 세계를 지배했던 돌궐을 극복하고 위구르가 막북 초원을 통합했던 과정을 다룬다. 국가 건설을 구상했던 지배 집단 야글라카르의 권위와 정통성 확립 과정을 검토하고, 이들이 군사 원정을 통해 확보한 백성과 권위주의 체제를 확립하기 위해 구축한 친병 집단親兵集團 및 분봉分封, 유목 군주의 계절 이동을 살펴 위구르의 근거지와 도시 건설 움직임을 확인한다. 이러한 기초 위에서 확립된 위구르의 위상을 파악하기 위해 당과의 관계도 정리한다. 이와

남북분열南北分裂(682~744) - 한국중흥汗國中興(744~788) - 지속강성持續强盛(789~824) - 주향쇠락走向衰落(824~840)으로 전제하고, 744~840년까지를 세 시기로 구분한 다음의 연구도 있었다. 秦衛星, 「關于漢北回鶻汗國早期歷史中的兩個問題」, 『新疆大學學報』 1988-3, p. 34. 중국 학계는 일반적으로 이런 시기 구분을 따른다.

53 740년대 중반 위구르가 돌궐을 대체하여 막북 초원의 패자霸者로 성장하며 체제를 정비한 시기를 '건국기(744~755)', 755년 중국에서 벌어진 내전에 군사적으로 개입한 이후 당과 관계를 강화하면서 발전을 도모하다가 780년의 정변으로 다시 고립된 780년대 중반까지를 '전기(755~787)', 787년 당과 화의를 맺은 다음 북정 진출과 오아시스 경영을 도모해 유목제국으로 발전한 830년대까지를 '후기(787~839)', 키르기스의 공격을 받아 멸망한 840년 이후 주변으로 흩어지는 시기를 '말기(839~848)'로 설정했다.

54 카를륵 카간의 호칭에 대한 설명은 제1편 주8 참고.

같이 건국 과정을 종합적으로 검토하여 초기 유목국가의 구조를 이해하고, 막북 초원에 고립되었던 위구르의 성과와 한계 역시 구체화한다.

'**전기前期**(755~787)'를 다룰 제2편에서는 위구르가 756년 안녹산의 봉기를 진압하는 과정에 군사적으로 개입한 이후부터 780년대 중반까지 국가 발전을 위해 기울인 노력을 검토한다. 먼저 혼란한 중국 내지에 대한 위구르의 군사적 지원과 당의 대응을 정리한다. 이후 유목세계의 재편과 함께 위상이 강화된 위구르의 체제 정비도 다룬다. 3대 뵈귀 카간Bögü qayan(모우가한牟羽可汗, 재위 759~780)의 도시 건설과 마니교 등 이른바 '정주적인' 외래 요소의 수용, 당과의 교섭 과정에서 활약한 소그드 상인의 역할이 '권위주의 체제'의 성립과 어떻게 연결되는가를 살펴본다. 또한 780년 당과의 무역 역조逆調 문제 해결 과정에서 일어난 위구르 정변을 살펴 권력에 밀착한 소그드 상인과 거기서 배제된 기존 지배 세력 간의 갈등을 설명한다. 이는 780년대 당과 토번의 연합으로 고립된 위구르가 보인 대응과 체제 정비를 정리하는 작업이다. 이를 통해 당에 경제적으로 의존했던 위구르의 한계와 이를 탈피하기 위한 대응 움직임도 함께 이해한다.

'**후기後期**(787~839)'를 다룰 제3편에서는 8세기 말부터 위구르가 북정을 중심으로 한 오아시스로 진출해 이곳을 경영하는 과정에서 겪은 내적 변화를 정리한다. 먼저 위구르가 토번과 대결을 벌여 당이 통제하던 북정을 장악하는 과정과 이 무렵 벌어진 '왕조 교체(795년 에디즈 위구르의 성립)'에 따른 체제 정비의 내용을 살핀다. 이를 통해 위구르가 막북 초원에 고립된 상태에서 맞닥뜨린 한계를 해소하기 위해 서방으로 이어지는 교역망을 구축해 '유목제국'으로 발전한 과정을 이해할 수 있다. 또한 서방과의 교역을 통한 경제 발전과 당과의 교섭에 성공을 거두며 맞이한 내적 변화도 살펴볼 수 있다. 이때 두드러진 마니교도의 활동이 유목사회에 가져온 변화를 통해 위구르가 보인 '교역국가'라는 지향이 거대 유목제국으로의 발전과 어떻게 연결되는지를 확인할 수 있다.

'**말기末期**(839~848)'와 그 이후를 다룰 제4편에서는 내분에 따른 갑작스러운 세력 약화와 붕괴, 이후 주변 지역으로의 이주와 그 영향을 정리한다. 이를 통해 유목국가의 붕괴를 초래하는 다양한 원인을 살피고, 붕괴 이후 위구르가 주변 세계로 흩어져 각자도생하며 세력화하는 과정을 추적한다. 나아가 위구르의 확산이 초원뿐만 아니라 주변 세계의 세력 재편에 어떤 영향을 끼쳤는가를 조망한다. 마지막으로 위구르가 남긴 유산遺産이 무엇인지 확인하기 위해 14세기에 고창 위구르의 후예가 남긴 몽골 초원과 유목제국에 대한 기억, 즉 신화 기록을 검토한다. 이를 통해 고창 위구르의 지배 집단인 복고僕固의 원주지와 이곳에서 태어난 시조 뵈귀 카간Bögü qayan(복고가한卜古可汗)에 대한 후대의 인식 등을 확인한다. 이는 유목제국 위구르의 정통성이 후대에 어떻게 계승되었는가를 살펴보는 작업이다. 이를 바탕으로 위구르가 몽골 초원뿐만 아니라 중앙아시아와 그 주변 지역에 남긴 영향을 새롭게 조망해보려고 한다.

이와 같은 구성을 통해 위구르 유목제국사를 계기적으로 살펴 '**유목국가**'로서의 성격을 재정리하려고 한다. 이 새로운 복원 작업은 몽골 초원을 중심으로 한 북아시아 유목 세계만이 아니라 세계사의 전개 과정에서 위구르 유목제국이 차지하는 위상을 재정립하는 일이 될 것이다. 이를 통해 국내 학계의 유목제국사에 대한 이해가 깊어지고 향후 새로운 시각의 연구가 전개될 수 있기를 기대한다.

제1편

건국과 성장:

정통성의 확립과 막북 초원의 통합(744~755)

제1장

국가 건설

1. 야글라카르 '퇴뤼(고제)'의 회복과 '일(국가)'의 건설 구상

740년대 중반 돌궐이 내분으로 약화한 후 곧바로 위구르가 막북 초원의 패권을 장악한 것은 아니었다. 위구르의 지배 집단인 야글라카르 출신의 군장 쿠틀룩 보일라Qutluɣ boyla(골력배라骨力裴羅, ?~747, 재위 744~747)는 돌궐에 대한 봉기를 주도한 바스밀Basmïl(발실밀拔悉密)의 군장 아사나시阿史那施가 스스로 일릭 빌게 카간Ilig bilge qaɣan(하렵비가가한賀獵毗伽可汗)이라 칭하며 세력화하자, 카를룩Qarluq(갈라록葛邏祿)과 연합한 세력의 하나로서 야브구Yabɣu(엽호葉護, 분봉된 지역을 독립적으로 지배하는 정도의 위상을 가진 관리)가 되었다. 이후 744년 쿠틀룩 보일라는 그동안 돌궐을 무너뜨리기 위해 연합했던 바스밀과 카를룩을 공격해 초원의 서부로 몰아내고, 스스로 쿠틀룩 빌게 퀼 카간Qutluɣ bilge kül qaɣan(골돌록비가궐가한骨咄祿毗伽闕可汗)이라고 칭하며 자립했다.[1]

건국 선언에도 불구하고 위구르는 막북 초원 중동부의 돌궐 잔여 세력과 서부의 바스밀, 카를룩과 같은 경쟁 상대, 그리고 다른 군소 세력들의 할거를 통합해야 하는 상황에 직면했다. 신생 국가의 군주로서 쿠틀룩 빌게 퀼 카간은 다른 세력에 대한 우위를 확보하고, 국가 체제를 안정시켜 발전을 도모해야 했다. 이는 거대 제국인 당에게 자신의 위상을 인정받을 수 있는 중요한 토대였다. 그에게 유목국가, 즉 '**일il**'[2]의 건설은 무엇보다 중요한 문제였다. 따라서 이 과정을 이해하는 것은 국가의 성격을 설명하는 출발점이다.[3]

기존의 연구에서는 돌궐의 국가 구조에 관한 연구를 바탕으로[4] 위

---

1 『新唐書』 卷215下, 「突厥下」, p. 6055.

2 **일**(고대 투르크 비문에는 YΓ(iL^2) 또는 Y(L^2)로 기록되어 il 또는 el로 전사할 수 있다. 이 글에서는 위구르 시기 《시네 우수 비문》 북면 1행의 기록에 근거해 '일'로 읽었는데, 다른 경우 엘로 읽기도 한다)은 사전적으로 '**독립적 지도자가 통치하는 정치 단위**'의 총칭이다. Sir Gerard Clauson, *An Etymological Dictionary of Pre-Thirteenth-Century Turkish*, Oxford Univ. Press, 1972, pp. 121~122; В. М. Наделяев · Д. М. Насилов · Э. Р. Тенишев · А. М. Щербак, *Древнетюркские Словарь*, Ленинград Наука, 1969, pp. 168~169. 이 용어의 의미에 대한 대표적 설명은 다음을 참조. İ. Kafesoğlu, *Türk Bozkır kültürü*, Ankara, 1987, pp. 21~34. 이와 유사하게 몽골제국에서도 정치적 단위가 차지한 지리적 범위를 의미하는 '**울루스ulus**'라는 개념을 사용했다. 일은 [그림 1]에서 알 수 있듯이 제국帝國만이 아니라 채읍采邑 성격인 분봉지分封地, 내부의 개별 부족장과 씨족장들이 지배하는 단위인 부족部族, 씨족氏族을 모두 지칭하는 등 그 의미가 다양했다. 이는 '**토지土地**'보다 '**인구人口**'를 대상으로 한 개념으로 정주 농경 지역의 국가 개념과 달랐다. 정재훈, 「고대유목국가의 사회구조」, 가락국사적개발연구원 (편), 『강좌 한국 고대사 3』, 가락국사적개발연구원, 2003, p. 332 참조. 이 책에서는 '일' 또는 '일(국가)'로 표기했다.

3 유목사회에서는 씨족, 부족 개념을 구분하지 않고, 한문 기록에서도 성姓 또는 씨氏 등으로 모호하게 표현한 경우가 많아 그 규모를 정확하게 판단하기 어렵다. 이를 고려해 인류학적으로 종족의 규모를 표현하는 씨족, 부족 개념을 빌려 큰 규모의 단위를 부족, 그에 속한 작은 규모의 단위를 씨족이라고 표현했다.

4 김호동, 「고대유목국가의 구조」, 서울대학교 동양사연구실 (편), 『강좌 중국사』 2, 지식산업사, 1989, pp. 255~312; 護雅夫, 『古代トルコ民族史研究』 I, 山川出版社, 1967, p. 111; 護雅夫, 『古代トルコ民族史研究』 II, 山川出版社, 1992, pp. 3~42; 정재훈, 『돌궐 유목제국사 552~745』, 사계절, 2016, p. 116.

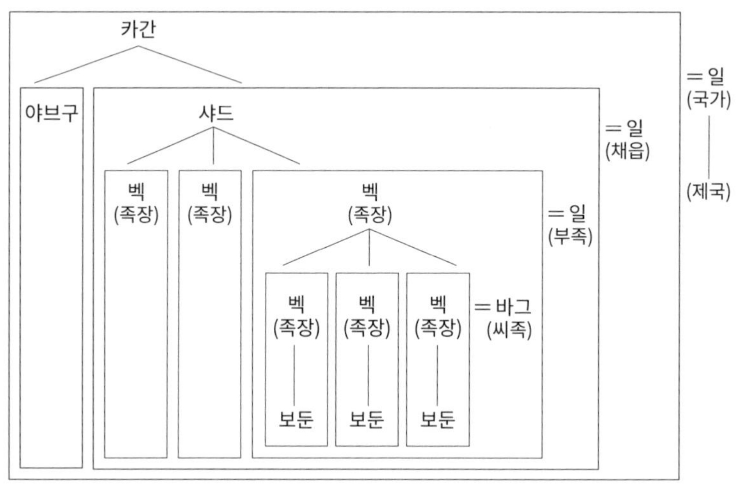

(그림 1) 유목국가(일)의 구조 모식

구르의 국가 구조가 그와 크게 다르지 않다고 보았다. 한문 자료를 근거로 통치 체제에 대한 일반적인 접근[5]을 하거나, 위구르가 중국식 관직명을 도입한 것에 주목해 7세기 후반 당의 지배하에서 그 영향을 받았음을 강조한 견해가 있었다.[6] 그러나 이는 비문 자료를 고려하지 않고 한문 자료에만 기초한 초보적인 검토에 불과했다.[7] 국가 구조에 대

---

5 위구르의 정치 체제에 관한 연구는 앞서 소개한 것처럼 개설적 수준에 그치고 있다. 尙衍斌,「漠北回鶻汗國政治體制初探」,『西北民族研究』1995-1, pp. 13~22.

6 위구르의 중국식 관칭 수용에 관한 연구는 다음을 참조. Hilda Ecsedy, "Old Turkic Titles of Chinese Origin", *Acta Orientalia Academiae Scientiarum Hungaricae* v.18-1/2, 1965, pp. 83~91.

7 片山章雄,「突厥第二可汗國末期の一考察」,『史朋』17, 1984, pp. 25~38; 片山章雄,「シネ=ウス碑文における748年」, 片山章雄 等 (編),『迴紇タリアト·シネ=ウス兩碑文(八世紀中葉)のテキスト復原と年代記載から見た北·東·中央アジア』, 1993年度東海大學文學部研究助成金によ

한 새로운 접근은 비문 자료의 복원을 통해 가능하다. 특히 2대 카간인 카를륵 카간[8]이 남긴 비문[9]에는 건국 이전, 부왕과 함께한 건국 과정, 이후의 체제 정비에 관한 내용이 담겨 있다. 이 중에서도 카를륵 카간이 753년에 세운 기공비인《타리아트 비문》에서 건국의 완성을 천명한 점에 착안해 이 무렵 전후를 '건국기'로 설정하고, '국가 건설과 성장 과정'을 정리해볼 수 있다.

'일(국가)'의 건설 과정은 비문 자료에 남아 있는 국가 건설 구상

る研究成果報告書, 1994, pp. 10~14; 石見清裕·北條祐英, 「ウイグル初期(744~750年)の碑文史料と漢文史料」, 같은 책, pp. 15~21; 川崎浩孝, 「カルルク西遷年代考 — シネウス·タリアト兩碑文の再檢討による」, 『內陸アジア言語の硏究』 8, 1993, pp. 93~110.

8 카를륵 카간이라는 칭호는 한문 기록에 나오는 갈륵가한葛勒可汗을 고대 투르크어로 전사한 것이다(『唐會要』 卷98 「迴紇」, p. 1744). 갈륵葛勒을 행운을 의미하는 Qutluγ, Qutlïγ(山田信夫, 「九姓回鶻可汗の系譜 — 漠北時代ウイグル史覺書 1」, 『北アジア遊牧民族史硏究』, 東京大學出版會, 1989, p. 108)과 흰 눈[白雪] 또는 순결을 의미하는 Qarlïq, 또는 용감하다는 뜻의 kürlig=kürlüg(劉義棠, 「回紇葛勒可汗硏究」, 『突回硏究』, 經世書局, 1990, p. 135) 등으로 다양하게 전사하고 설명하는 연구들이 있으나 정확한 뜻은 알 수 없다. 비문 자료에서도 갈륵에 해당하는 전사를 찾을 수 없다. 이 책에서 갈륵을 '카를륵'이라고 전사한 것은 이것이 전사 원칙과 부합한다고 판단했기 때문이다. 그 밖에 한문 기록에는 그를 부르는 명칭이 다양하게 나타나는데, 카간이 이전에 바얀 초르Bayan čor(마연철磨延啜)였다는 내용도 있고, 758년 당의 영국공주寧國公主와 결혼하면서 받은 책봉명인 영무위원비가가한英武威遠毗伽可汗(『신당서』, 『구당서』, 『책부원구』 등)과 영무위원비가궐가한英武威遠毗伽闕可汗(『자치통감』, 『책부원구』 등)도 있다.《시네 우수 비문》에는 하늘(텡그리)에서 태어나고 나라를 모은 현명한 카간(텡그리데 볼미쉬 일 에트미쉬 빌게 카간teŋride bolmïš il etmiš bilge qaγan)으로,《구성회골가한비문》에는 '등리라몰밀시힐예덕밀시비가가한登里囉沒蜜施頡翳德蜜施毗伽可汗'으로 표기되어 있다. 카를륵 카간에 대한 연구(劉義棠, 『突回硏究』, 經世書局, 1990, pp. 127~172)와 그의 묘비인《시네 우수 비문》에 대한 역주(王靜如, 「突厥文回紇英武威遠毗伽可汗碑譯釋」(1938), 林幹 (編), 『突厥與回紇歷史論文集』 下, 中華書局, 1987, pp. 669~705)와 그 활동을 기록한 연구는 다음을 참조. 葉新民, 『中國古代北方少數民族歷史人物』, 內蒙古人民出版社, 1993, pp. 88~96.

9 서론 주24와 주26 참조.

의 준거였던 '**퇴뤼**(고제古制)'[10]에 대한 카를륵 카간의 인식을 분석함으로써 접근할 수 있다. 국가 건설 구상과 정통성 확립의 근거인 퇴뤼의 회복 과정을 이해하면, 그가 원정을 통해 '**보둔**(백성)'[11]과 자신의 '**영역**'을 어떻게 조직했는가도 알 수 있다.

카를륵 카간이 회복하려고 했던 퇴뤼는 나라를 건국하고 통치할 수 있는 근거였다. 좁은 의미로는 '조법祖法(전통적이고 관습적인 불문법)'[12]이고, 넓은 의미로는 '텡그리teŋri(하늘[天] 또는 신神)와 아타ata(조상祖上) 등으로부터 물려받은 유무형의 전통傳統'이다. 중국 황제가 천하를 다스릴 때 반드시 존중하고 준수해야 할 '상제上帝', '종묘사직宗廟社稷'과 비슷한 개념이다. 카를륵 카간은 유목 세계에서 자신의 권위를 확보하고 신생 국가의 '정통성'을 확립하기 위해 이를 통치의 근거로 삼았다. 753년에 세운 《타리아트 비문》에서 카를륵 카간은 퇴뤼에 대해 다음과 같이 말했다.

---

10 **퇴뤼**(𐱅𐰼𐰇: törü)는 국가를 통치하는 데 기본이 되는 '**조법祖法**' 또는 '**고제古制**'라는 소극적 의미와 '**조상으로부터 물려받은 유무형의 전통**'이라는 적극적 의미가 있다. Sir Gerard Clauson, *An Etymological Dictionary of Pre-Thirteenth-Century Turkish,* Oxford Univ. Press, 1972, pp. 531~532; В. М. Наделяев·Д. М. Насилов·Э. Р. Тенишев·А. М. Щербак, *Древнетюркские Словарь*, Ленинград Наука, 1969, p. 581; İ. Kafesoğlu, *Türk Bozkır kültürü*, Ankara, 1987, pp. 34~36. 퇴뤼는 중층적 개념으로 사용되기 때문에 하나의 대응 개념으로 번역하기 어렵다. 따라서 고대 유목국가의 성격을 보여주기 위해 이를 번역하지 않고 그대로 사용했다. 이하에서는 **퇴뤼**로 표기.

11 **보둔**(𐰉𐰑𐰆𐰣: **bodun**)은 하나의 단위로 조직된 '**부족 공동체**' 또는 '**부족**'을 의미한다. 이 책에서는 이를 '**백성**'이라 번역했는데, 원문을 인용할 경우 보둔이라고 쓰기도 했다. Sir Gerard Clauson, 위의 책, 1972, p. 306; В. М. Наделяев·Д. М. Насилов·Э. Р. Тенишев·А. М. Щербак, 위의 책, 1969, p. 108; İ. Kafesoğlu, 위의 책, 1987, pp. 18~21.

12 護雅夫,「突厥における君主観」,『古代トルコ民族史研究』II, 山川出版社, 1992, p. 375.

위로는 푸른 텡그리가 명령해, 아래로는 누런 예르가 길러 나의 일이, 나의 퇴뤼가 마련되었다.[13]

텡그리의 명령과 **예르yer**(땅 또는 대지)의 보육을 통해 일과 퇴뤼가 마련되었다는 말은 하늘로부터의 '**수명受命**'이 군주가 될 수 있는 중요한 조건임을 보여준다.[14] 흉노 시기에 그 군주인 선우單于를 '**텡그리 쿠트 선우Teŋri qut shanyu**(탱리고도선우撐犁孤塗單于)' 또는 하늘이 세워준 흉노대선우[天所立匈奴大單于]라고 한 것[15]과 이후 돌궐 시기에 카간이 자기 이름을 《빌게 카간 비문》에서 '**텡그리와 같고 텡그리에서 생긴 투르크 빌게 카간Teŋri teg teŋride bolmïš Türük bilge qaγan**'이라 한 것과도 같은 맥락이다.

건국 초기 카를륵 카간이 텡그리로부터의 수명을 강조한 것은 돌궐을 대신한 유목 세계의 새로운 지배자로서 정통성의 확보가 절박한 과제였기 때문이다. 최고신 '푸른[16] 하늘(창천蒼天)'로부터의 수명과 대지의 신 '누런[17] 땅(황토黃土)'의 보육保育을 통해 일과 퇴뤼를 마련했다

---

13 《타리아트 비문》(서면:03).

14 護雅夫, 「遊牧國家における「王權神授」という考え」, 『古代トルコ民族史硏究』 II, 山川出版社, 1992, pp. 256~290.

15 『사기색은史記索隱』의 해석에 따르면 "흉노에서는 하늘[天]을 텡그리[撐犁], 아들[子]을 쿠트[孤塗]라고 했고, 선우는 넓은 모양을 나타낸다." 즉 '텡그리 쿠트'는 '천자天子'라는 뜻으로 천명天命을 받은 존재라는 의미였다(『史記』 卷110 「匈奴」, p. 2888). 필자는 고도孤塗를 쿠트qut의 음차로 이해하고 전사했는데, 이 역시 천자라는 해석에서 벗어나지 않는다. 정재훈, 『흉노 유목제국사 기원전 209~216』, 사계절, 2023.

16 고대 투르크어 '쾩kök'은 '투명한 짙은 푸른색'을 뜻하며 '성스럽다'라는 의미도 있다.

17 고대 투르크어 '야그즈yaγïz'는 '투명한 짙은 누런색'을 뜻하며 '성스럽다'라는 의미도 있다.

는 '선언'은 과거 200여 년 동안 몽골 초원을 중심으로 한 유목 세계에서 독점적 권위를 누려온 돌궐에 대한 '**혁명革命**'을 정당화하는 것이었다.

위구르가 740년대 중반 이후 돌궐에 대한 혁명에 성공하면서 퇴뤼가 회복되었다고 말한 것은 680년대에 돌궐이 당의 기미 지배(630~682)에서 벗어나 국가의 부흥을 시도했을 때 보인 입장과 비슷하다. 돌궐은 630년 당의 공격을 받아 멸망했다가 부흥했는데, 고대 투르크 문자로 적은 비문에 당으로부터 독립하여 새로운 국가를 건설한 감회를 자세히 기록했다. 돌궐 제2제국의 3대 카간인 빌게 카간Bilge qaɣan(비가가한毗伽可汗, 재위 716~734, 즉위 전에는 묵극연默棘連 또는 퀴췩 샤드Küčük Šad[소살小殺])[18]은 동생의 묘비인《퀼 테긴 비문》에서 위구르의 카를륵 카간처럼 돌궐의 정통성 확립 노력을 다뤘다.[19] 이처럼 돌궐과 위구르가 남긴 유사한 기록은 유목 세계에서 정통성을 확보하는 데 필요한 이념이 무엇인지, 그것을 바탕으로 체제 구축을 위해 어떤 노력이 이루어지는지 추측할 수 있게 한다.

돌궐의 빌게 카간도 자신이 세운 비문에서 퇴뤼의 회복을 자랑했다. 630년 동돌궐의 붕괴 이후 당의 기미 지배를 거치면서 변화한 돌궐 사회 내부의 세력 판도를 카간을 배출하는 아사나阿史那를 중심으로 재

---

18 『舊唐書』卷194上「突厥上」, p. 5173.

19 《퀼 테긴 비문》은 돌궐 제2제국을 건국한 일테리쉬 카간의 둘째 아들로 716년 형인 빌게 카간의 등극에 결정적 역할을 한 퀼 테긴의 묘비이다. 731년 그의 사망 이후에 당의 협조를 받아 건립되었으며 서면은 한문, 나머지 면은 고대 투르크문으로 되어 있다. 카라코룸에서 멀지 않은 호쇼 차이담Khosho Tsaydam에서 약 1.1킬로미터 떨어진 곳에 위치한《빌게 카간 비문》과 함께 있다. 두 비문은 과거 역사를 기록한 내용은 비슷하고, 개인의 업적을 다룬 부분만 다르다. 국내에서는 필자의 번역(정재훈,『돌궐 유목제국사 552~745』, 사계절, 2016, pp. 600~641)과 함께 다음의 번역을 참조할 수 있다. 탈랴트 테킨, 이용성 (역),『돌궐 비문 연구 — 퀼 티긴 비문, 빌개 카간 비문, 투뉴쿠크 비문』, 제이앤씨, 2008.

편해 다시금 권위를 회복한 과정을 설명했다.[20] 빌게 카간은 비문에서 부왕인 일테리쉬 카간Ilteriš qaγan(재위 682~691, 카간이 되기 전에는 쿠틀룩Qutluγ[골돌록骨咄祿])이 47번 출정해 20번을 싸워 이겼고, 그 자신도 즉위 이전에 숙부인 카프간 카간Qapγan qaγan 또는 Qapaγan qaγan(재위 691~716, 카간이 되기 전에는 뵉 초르Bök Čor[묵철默啜])과 함께 25번 출정해 13번 이겼다고 자랑했다.[21] 716년 위구르의 빌게 카간이 즉위한 이후 체제 안정화를 위해 했던 노력 역시 비문에 자랑스럽게 기록되었다.[22] **"나의 아버지 카간은 퇴뤼를 얻고 돌아가셨다고 한다"**[23], **"그는 열여섯 살에 나의 숙부 카간의 일과 퇴뤼를 그렇게 얻었다"**[24]라고 할 만큼 국가의 내적 안정을 위해서는 퇴뤼의 회복이 중요했다. 빌게 카간의 동생인 퀼 테긴 역시 보둔을 확보하는 등 큰 업적을 세우다가 죽었다고 했다.[25]

빌게 카간이 회상을 통해 보둔을 다시 확보하고 퇴뤼를 얻었다고

---

20 유목 세계 내의 세력 관계 변화와 돌궐 제2제국 내 지배 집단의 변화를 '**아사나·아사덕 연합 정권**'의 성립이라고 설명했다. 정재훈, 「突厥第二帝國時期(682~745) 톤유쿠크의 役割과 그 位相 ―《톤유쿠크 碑文》의 분석을 중심으로」, 『동양사학연구』 44, 1994, pp. 45~56; 薛宗正, 『突厥史』, 中國社會科學出版社, 1992, p. 431.

21 《퀼 테긴 비문》(동면:14)~(동면:18).

22 《퀼 테긴 비문》(동면:26)~(동면:27) "우리의 아버지께서, 우리의 숙부께서 얻은 보둔과 이름이 없어지지 않게 하라고 나는 투르크 보둔을 위해 밤에 자지 않았다. 낮에 앉지 않았다. 나는 나의 동생 퀼 테긴과 두 샤드와 죽어라 하고 얻어냈다. 나는 그렇게 얻어 뭉쳐진 보둔을 불과 물로 만들지 않았다."

23 《퀼 테긴 비문》(동면:15)~(동면:16).

24 《퀼 테긴 비문》(동면:31).

25 《퀼 테긴 비문》(동면:29)~(동면:30) "[네 곳에 있는] 보둔을 나는 모두 꿇게 만들었다. 무적으로 만들었다. 모두 나에게로 들어왔다. 일을 했다. 이렇게 애쓴 나의 동생 퀼 테긴 자신은 그렇게 죽었다."

한 것은 돌궐의 '**정통성**'을 회복했다는 선언이었다. 그는 비문에서 세력 부흥 이후 아버지와 숙부만이 아니라 자신의 집권기에도 계속해서 원정을 벌여 일과 보둔, 퇴뤼를 확보했다고 자랑했다. 그러나 사실 이때는 과거 돌궐 제1제국(552~630)의 영역과 백성을 완전히 회복한 것이 아니라, 숙부 카프간 카간 사후에 벌어진 내분과 안팎의 도전을 해소하고 막북 초원에 영향력을 행사한 수준이었다.

당을 비롯해 돌궐을 위협하는 여러 세력이 건재한 상황이었기 때문에 돌궐이 과거의 영광을 완전히 재현했다고는 볼 수 없었다. 당시 몽골 초원에는 당의 기미 지배를 거치며 세력화한 여러 유목 부락이 돌궐의 권위에 도전할 만큼 성장해 있었다. 위구르도 돌궐에 대적할 수준으로 성장해 돌궐의 부흥에 저항하다가 687년 막북 초원에서 밀려났으나, 하서회랑으로 이주한 다음에도 저항을 계속 이어갔다. 돌궐 내부의 분열도 만만치 않았는데, 아사덕 같은 세력이 카간을 배출하는 아사나 세력을 뛰어넘을 정도였다. 이와 같은 세력 관계 변화는 50여 년에 걸친 당의 기미 지배가 각 세력의 발호를 고무해 분열을 유도한 결과였다.[26]

716년 돌궐 내부의 정변 이후 당은 새로 즉위한 빌게 카간을 견제하기 위해, 투항한 카프간 카간 일족을 도와 대규모 북벌을 감행했다. 당의 군사적 위협은 빌게 카간의 장인으로 제국의 부흥 이후 킹메이커로 활약한 빌게 톤유쿠크Bilge toñuquq(돈욕곡暾欲谷 또는 아사덕원진阿史德元珍)[27]가 바스밀을 격파해 당을 중심으로 한 포위망을 무너뜨린 후에야 비로소 완화되었다.[28] 그러나 당은 결코 돌궐을 인정하지 않고 화친 제

26 정재훈, 「突厥第二帝國時期(682~745) 톤유쿠크의 役割과 그 位相 — 《톤유쿠크 碑文》의 분석을 중심으로」, 『동양사학연구』 44, 1994.

27 위의 글, p. 28.

의와 청혼을 계속 거절했다.[29] 당의 계속된 위협에 불안감을 느낀 빌게 카간[30]과 그의 장인 빌게 톤유쿠크는 중국 문화가 투르크 유목민의 상무尙武 기질을 약화시켜 끝내 자신들을 사라지게 할 수 있다고 여기며, 당을 이용한 국가 재건에 우려를 표하기도 했다.[31]

빌게 카간은 당이 자신을 언제든 무너뜨릴 수 있는 상시적 위협 세력임을 강조했다. 또한 50여 년에 걸친 당의 기미 지배에 대한 강한 반감을 드러냈다.[32] 이는 돌궐이 몽골 초원을 떠나 중국과 상대적으로 가까운 초가이산맥(음산산맥)과 퇴귈튄(음산 이남 막남 초원의 어느 곳 또는 백도천白道川으로 추정)에서 살게 된 결과, 정체성을 상실하고 당에 복속되었다가 결국 제국마저 붕괴하고 말았던 과거에 대한 반성이었다.

빌게 카간은 630년 동돌궐 붕괴 이후 당의 기미 지배하에서 겪은 참담한 상황에 대한 기억 역시 사실적으로 기록했다.[33] 돌궐 유민遺民

---

28 『新唐書』 卷215下 「突厥下」, p. 6052.

29 위의 책, p. 6053; 정재훈, 「唐 玄宗(712~756) 初期의 北伐과 突厥의 對應」, 『중국사연구』 98, 2015.

30 《퀼 테긴 비문》(남면:06) "(타브가치 사람들의) 달콤한 말에 부드러운 비단 천에 현혹되어 (어이!) 투르크 보둔, 너(희)는 많이 죽었다!"

31 『新唐書』 卷215下 「突厥下」, p. 6052.

32 《퀼 테긴 비문》(남면:06)~(남면:08) "남쪽에서 초가이산맥, 퇴귈튄 평원에 나는 자리 잡겠어"라고 말한다면 투르크 보둔아! 너희는 분명히 죽을 것이다. 그곳에서는 나쁜 사람들이 이렇게 일깨운다고 한다. "멀리 있으면 나쁜 비단을 준다. 가까이 있으면 좋은 비단을 준다"라고 일깨운다고 한다. 무지한 사람들아! 너희는 **그 말을 받고 가까이 가서 많은 사람이 죽었다. 그곳에 가면 투르크 보둔아! 너희는 죽을 것이다.**

33 《퀼 테긴 비문》(동면:06)~(동면:07) "**투르크 보둔은 자기들이 세운 일을 잃어버렸다고 한다. 자기들이 앉힌 카간을 잃어버렸다고 한다.** 타브가치 보둔에게 벡(귀인貴人)이 될 만한 그들의 아들이 사내종이 되었다. 에시(귀부인貴婦人)가 될 만한 그들의 딸이 계집종이 되었다."

이 조상에게서 물려받은 유목 세계를 빼앗겼을 뿐만 아니라 당의 이익을 위해 봉사하는 군사적 도구로 전락했음을 지적했다.[34] 돌궐이 본래의 영역을 다시 회복하지도, 과거의 영광을 재현하지도 못한 채 몰락하여 중국에 동화되는 처지로 내몰렸다는 것이다. 비문 기록에는 이런 상태의 국가를 재건하고, 과거의 잘못을 되풀이하지 않기 위해 돌궐의 퇴뤼가 통용되는 세계를 회복하는 데 빌게 카간이 노심초사했음이 강조되어 있다. 그는 당과 원만한 관계를 유지하면서 유목 세계를 지배하기 위해 '**외튀켄 산지Ötüken yiš**(한문 표기는 어도근산於都斤山·오덕건산烏德鞬山·울독군산鬱督軍山·오덕건산烏德鍵山 등)'에 근거지를 마련해야 한다고 주장했다.

> 투르크 카간이 외튀켄 산지에 앉으면 일에 아무런 걱정이 없다. …… **외튀켄 산지보다 더 좋은 곳은 전혀 없는 것 같도다! 일을 다스릴 곳은 외튀켄 산지인 것 같도다!**[35]

여기에서 특정하고 있는 외튀켄 산지는 돌궐의 정체성을 뒷받침하는 조상의 퇴뤼가 살아 숨 쉬고, 유목 세계를 지배하면서 중국과 교섭하기에도 적합한 최고의 장소였다.[36] 따라서 "**외튀켄 산지에 앉는다면**

---

34 《퀼 테긴 비문》(동면:07)~(동면:08) "투르크 벡들은 투르크 칭호를 버렸다. 타브가치(당) 사람들에게 봉사하는 벡들은 타브가치 칭호를 받아들여 타브가치 카간(황제 또는 천가한이라고 했음)에 예속되었다고 한다. **그들은 50년 동안 봉사했다고 한다. 그들은 동쪽으로 해 뜨는 곳에서 뵈클리(고구려로 추정) 카간까지 나아갔다고 한다. 서쪽으로는 테미르 카피그Temir Qapïy(철문鐵門)까지 나아갔다고 한다. 타브가치 카간을 위해 정복했다고 한다.**"

35 《퀼 테긴 비문》(남면:03)~(남면:04).

36 山田信夫,「テユルクの聖地ウトユケン山」,『北アジア遊牧民族史研究』, 東京大學出版會, 1989,

너희는 영원히 일을 지키며 앉아 있을 것이다!"[37]라며 중요하게 여겼다. 빌게 카간에게 외튀켄 산지의 확보는 과거 유목 세계를 통일했던 돌궐 제1제국의 영광을 재현하고, 조상의 퇴뤼를 계승하는 출발점이었다.

빌게 카간은 자랑스러운 조상에서 자신으로 이어지는 돌궐의 영광스러운 역사도 자세히 정리했다. 비문의 가장 앞부분에 나오는 신화 시대의 전설 속 카간의 탄생과 수명에 대한 회상에 그의 역사 인식이 분명하게 드러난다.

> 위로 푸른 하늘이 아래로 누런 땅이 만들어졌을 때 둘 사이에서 사람의 아들이 만들어졌다고 한다. 사람의 아들 위에 **나의 조상이신 부믄 카간Bumïn qaγan과 이스테미 카간Istemi qaγan이 앉으셨다고 한다.** 그분들께서 앉아 **투르크 보둔의 일과 퇴뤼를 잡아주셨다고 한다. 가지런하게 하셨다고 한다.** …… **일을 잡으시고 퇴뤼를 엮으셨다고 한다.** [당신들] 자신은 그렇게 [많은 일을] 하시고 돌아가셨다고 한다.[38]

이를 바탕으로 680년대 돌궐의 재건 과정을 회상하며 퇴뤼가 어떻게 만들어졌는가를 다음과 같이 보여주었다.

> 위로 투르크의 텡그리와 투르크의 신성한 예르, 숩이 이렇게 말했다고 한

---

p. 64; 護雅夫, 「突厥の國家構造」, 『古代トルコ民族史硏究』 I, 山川出版社, 1967, pp. 24~29; 吉田順一, 「ハンガイと陰山」, 『史觀』 102, 1980, pp. 48~61; 包文胜, 「古代突厥于都斤山考」, 『蒙古史硏究』 10, 2010, pp. 54~62.

37 《퀼 테긴 비문》(남면:08).

38 《퀼 테긴 비문》(동면:01)~(동면:04).

다. 그들은 "투르크 보둔이 없어지지 않게 하라!"라고 말하고, "보둔이 되게 하라!"라고 말하면서 나의 아버지 일테리쉬 카간을, 나의 어머니 일빌게 카툰을 텡그리의 가장자리에서 잡아 위로 들어 올렸다고 한다. …… **투르크의 퇴뤼를 잃어버렸던 보둔을, 나의 조상의 퇴뤼에 따라 묶었다고 한다.**[39]

빌게 카간은 이와 같이 텡그리와 예르, 숩[水]의 정령으로부터 인정을 받아 카간과 카툰이 선택되었기 때문에 퇴뤼가 회복될 수 있었다고 했다. 또한 자신을 **'텡그리와 같고 텡그리에서 생긴 투르크 빌게 카간'**[40]이라고 한 것도 퇴뤼 회복의 전제인 '수명'을 강조한 것이었다. 돌궐의 건국 설화와 이후 부흥 과정에서 텡그리로부터 받은 명령(천명天命)은 퇴뤼 회복을 통한 돌궐의 지배권 확립의 중요한 근거였다.[41] 앞서 680년대 당의 기미 지배에서 벗어난 돌궐에 나타났던 **'내셔널리즘적'** 경향과 빌게 카간이 퇴뤼를 강조하면서 당에 대항했던 것은 모두 자신의 권위를 확립하려는 의지로 설명할 수 있다.[42] 이와 비슷한 맥락에서 위구르의 카를륵 카간 역시 자신을 "텡그리데 볼미쉬 일 에트미쉬 빌게 카간Teŋride bolmïš il etmiš bilge qaγan(텡그리에서 태어나고 나라를 모은 현명한 카간)"[43]이라고 불렀다. 또한 그는 빌게 카간처럼 자신의 권위를

---

39 《퀼 테긴 비문》(동면:10)~(동면:13).

40 《퀼 테긴 비문》(남면:01).

41 김호동, 「北아시아 遊牧國家의 君主權」, 동양사학회 (편), 『東亞史上의 王權』, 한울아카데미, 1993, pp. 167~184.

42 '내셔널리즘'이라는 표현은 돌궐이 중국으로부터 독립한 이후 독자적 측면을 강하게 보였음에 근거한 것이다. 護雅夫, 「突厥第二可汗國における「ナショナリズム」」, 『古代トルコ民族史研究』 II, 山川出版社, 1992, pp. 98~132 참조. 필자는 이런 근대적 개념의 사용에 동의하지는 않고, 돌궐 나름의 독자성을 드러내려는 시도 정도로 이해하고 있다.

다음과 같이 설명했다.

> [나의 조상들의] 무덤에서 힘이 있는 카라 보둔이 말했다고 한다. "[조상들의] 무덤은 당신의 것입니다. 힘은 분명 카라 숩에 있다고 합니다." [이렇게 말한 다음] 카라 보둔이 일어서서 [나에게] 카간의 이름을 붙였다.[44]

한편 위구르는 조상과 자연계 정령(성스러운 물의 정령精靈, 성수聖水)의 인정만이 아니라 카라 보둔(성스러운 백성)의 추인까지도 얻었다고 주장했다. 텡그리를 비롯한 초자연적 존재에 더해 성스러운 백성의 인정까지 집어넣는 등 정통성을 확보하면서 돌궐과의 차별성도 드러내기 위해 고심했다. 이는 돌궐이 남긴 비문 내용에 이를 능가하는 의미를 더해 위구르의 권위를 확보하려 한 노력이라 볼 수 있다. 그만큼 위구르에게 돌궐은 극복의 대상이었다.

뿐만 아니라 카를륵 카간은 천명에 부응할 만한 '**능력**'을 강조하기 위해 군사 지도자로서 자신의 탁월한 면모를 드러냈다. 카간이 되기 전인 26세부터 아버지인 쿠틀룩 보일라를 도와 전투에 참여했으며, 747년 부왕의 유업을 이어 즉위한 다음에도 거듭된 원정에서 계속 승리했다고 말했다. 중국 기록에도 "**굳세고 군대를 다루는 데 능했다**(勇悍, 善用兵)"[45]라고 나와 있다. 그는 군주에게 필요한 **알프alp[勇]**와 **빌게bilge[賢]**의 덕목을 보여주기 위해 끊임없이 보둔에게 봉사했다. 이것이

---

43 《타리아트 비문》(서면:01).

44 《타리아트 비문》(남면:05)~(남면:06).

45 『唐會要』卷98「回紇」, p. 1744.

천명을 받아 유목 군주가 될 수 있는 자질을 증명하는 방법이었다. 돌궐의 빌게 카간이 계속된 원정을 통해 굶주리고 헐벗은 보둔을 배부르고 따뜻하게 만들어주었다고 했던 것과 같은 맥락이었다.[46] 그러나 이런 노력에도 불구하고 빌게 카간을 계승한 동생과 아들의 능력이 그에 미치지 못해 나라가 망하고 말았다.[47] 이는 군주 개인의 능력이 국가의 조명에 얼마나 큰 영향을 미치는가를 잘 보여준다. 다시 말해서 돌궐과 위구르 양자 모두에서 유목 군주가 정통성을 확립하기 위해서는 천명의 획득(수명)과 퇴뤼의 회복뿐만 아니라 이를 뒷받침하는 군주 개인의 능력도 중요했다.

카를륵 카간은 건국의 토대가 되는 퇴뤼의 회복을 설명하며 돌궐과는 '다른 역사 과정'을 강조했다. 돌궐의 권위를 해소하고 위구르의 독자적인 퇴뤼를 강조하는 역사 인식, 즉 조상의 영광과 유훈遺訓에서 차별화된 경험을 보여주었다. 돌궐의 권위를 극복하기 위한 의식적인 행동이었다. 건국 초기 돌궐의 잔여 세력이 여전히 남아 있는 상황에서 위구르가 돌궐을 계승한다거나 돌궐의 연장선상에 있다고는 말할 수 없었다. 위구르는 돌궐과 다른 역사적 경험을 바탕으로 돌궐을 뛰어넘었다고 주장했다. 국가 건설의 근간인 퇴뤼가 돌궐과 다르다고 분명하

---

46 《퀼 테긴 비문》(동면:29) "뒤에 텡그리가 명령을 해서 행운이 있어서 나는 죽은 보둔을 되살리고 배부르게 했다. 나는 헐벗은 보둔을 옷 입게 했다. 없는 보둔을 넉넉하게 했다. 나는 적은 보둔을 많게 했다. 센 일에 있는 사람보다 센 카[간이 있는 사람보다 더 좋게 했다]."

47 《퀼 테긴 비문》(동면:04)~(동면:05) "그 뒤에 그분들의 남동생들이 카간이 되었다고 한다. 그분들의 아들들이 카간이 되었다고 한다, 분명히. 그 뒤에 그분들의 남동생들은 형들처럼 만들어지지 못했다고 한다, 분명히. 그분들의 아들들은 아버지들처럼 만들어지지 못했다고 한다, 분명히. 어리석은 카간들이 자리에 올랐다고 한다, 분명히. 나쁜 카간들이 자리에 올랐다고 한다, 분명히."

게 '선언'한 것이다. 카를륵 카간이 극복 대상으로 삼은 돌궐의 권위는 빌게 카간이 밝힌 다음과 같은 역사 인식에 근거하고 있다.

> 나의 조상이신 부믄 카간과 이스테미 카간이 앉으셨다고 한다. 그분들께서 앉아 **투르크 보둔의 일과 퇴뤼를 잡아주셨다고 한다.** 가지런하게 하셨다고 한다. 이 무렵 그분들을 둘러싼 네 곳이 모두 적이었다고 한다. 그분들께서 군대를 몰아 네 곳에 있는 보둔을 모두 얻으셨다고 한다. 모두 복종하게 만드셨다고 한다. 그분들께서 머리가 있는 자들을 숙이게 만드셨다고 한다. 그분들께서 무릎 있는 자들을 꿇게 만드셨다고 한다. 그분들께서 동쪽으로는 카디르칸 이쉬까지, 서쪽으로는 테미르 카피그까지 [보둔을] 자리 잡게 하셨다고 한다. 그분들께서 이 둘 사이에서 전혀 묶이지 않았던 쾩 투르크를 그렇게 [하나로] 있게 만드셨다고 한다. …… **그분들께서는 일을 잡으시고 퇴뤼를 엮으셨다고 한다.**[48]

과거 돌궐은 6세기 중반 아랄해부터 아시아 내륙을 가로질러 싱안링산맥에 이르는 초원과 오아시스 세계에 존재하는 투르크계(철륵) 유목민을 비롯해 다양한 족속[49]과 문화를 '돌궐(쾩 투르크Kök Türük)'이라

---

48 《퀼 테긴 비문》(동면:01)~(동면:03).

49 "鐵勒之先, 匈奴之苗裔也, 種類最多. 自西海之東, 依據山谷, 往往不絶. 獨洛河北有僕骨、同羅、韋紇、拔也古、覆羅並號俟斤, 蒙陳、吐如紇、斯結、渾、斛薛等諸姓, 勝兵可二萬. 伊吾以西, 焉耆之北, 傍白山, 則有契弊、薄落職、乙咥、蘇婆、那曷、烏讙、紇骨、也咥、於尼讙等, 勝兵可二萬. 金山西南有薛延陀、咥勒兒、十槃、達契等, 一萬餘兵. 康國北, 傍阿得水, 則有訶咥、曷巀、撥忽、比干、具海、曷比悉、何嵯蘇、拔也未渴達等, 有三萬許兵. 得嶷海東西有蘇路羯、三索咽、蔑促、隆忽等諸姓, 八千餘. 拂菻東則有恩屈、阿蘭、北褥九離、伏嗢昏等, 近二萬人. 北海南則都波等. 雖姓氏各別, 總謂爲鐵勒."(『隋書』卷84「北狄 鐵勒」, pp. 1879~1880).

는 하나의 틀 속에 포섭했다. 돌궐의 등장은 그 당시까지 누구도 이루지 못한 거대한 세계의 통합이었다. 730년대 초 그 계승자를 자처한 빌게 카간은 조상들이 확보했던 테미르 카피그[50]부터 카디르칸 이쉬(싱안링산맥)까지를 자신이 회복해야 할 퇴뤼의 범위로 보았다. 돌궐의 이와 같은 영광은 위구르가 극복해야 할 대상이면서 다른 한편으로는 재현하고 싶은 이상이기도 했다.

카를륵 카간은 위구르가 돌궐을 능가한다는 점을 분명히 하기 위해 자신만의 다른 개국 신화를 소개했다. 돌궐의 빌게 카간이 조상 부믄 카간과 이스테미 카간을 열거한 것처럼, 그도 개국 초기 3명의 전설적인 카간을 열거했다.[51] 이 세 카간은 욜룩 카간Yol[l]uɣ qaɣan, 비문이 마모되어 확인되지 않는 카간, 그리고 빌게 카간이 돌궐의 조상으로 거명했던 부믄 카간이다. 확인되지 않는 두 번째 카간은 이스테미 카간 정도로 추측되나 단언하기 어렵다.[52] 위구르가 개국 전설에서 돌궐의 카간과 함께 자신의 조상으로 추정되는 욜룩 카간과 나머지 한 사람을 더 기록한 것은 돌궐과 구분되는 나름의 개국시조를 제시해 차별성을 드러내고 독자적인 영광을 자랑하기 위함이었다.

또한 카를륵 카간은 돌궐 이전에 있었던 위구르 국가에 대해 **"1000개의 일과 300년 된 일을 잡았다"**[53]라고 했다. 1000개의 일, 즉

---

50 테미르 카피그는 문자 그대로 쇠로 만들어진 문, 즉 철문鐵門이라는 의미이다. 현재 우즈베키스탄에 있는 지역으로 검은 암석으로 이루어진 좁은 협곡이 마치 쇠로 된 문을 연상시킨다고 하여 이런 이름이 붙었다. 돌궐의 서쪽 경계 끝이다.

51 《타리아트 비문》(동면:01) "…… 욜룩 카간…… 부믄 카간 [등] 3명의 카간이 [카간 자리에] 앉아 있었다고 한다."

52 Talat Tekin, "Kuzey Moğolistan'da yeni bir Uygur Anıtı : Taryat (Terhin) Kitabesi", *Belleten* v.46 no.184, 1982, p. 807.

1000개의 국가란 표현은 구체적 숫자일 수도 있으나 '많다'라는 관용적 표현으로 보는 것이 더 타당할 듯하다. 즉 '천千'은 유목 세계의 모든 단위를 포괄하는 표현 정도로 볼 수 있다. 그리고 300년 된 일을 잡았다고 한 것은 허세일 수도 있으나 실제일 수도 있다. 만약 이것이 허구라면, 돌궐의 200년 역사보다 위구르의 역사가 유구함을 과장하면서 자신의 정통성을 강조하는 수사에 불과할 것이다. 반대로 이것이 사실이라면, 위구르의 역사는 돌궐 중심의 기존의 이해와 완전히 달라진다. 위구르가 "300년 된 일"이라면 6세기 중반부터 8세기 중반까지 200년가량 존속한 돌궐보다 더 오래된 국가가 되기 때문이다. 위구르가 돌궐보다 100여 년이나 앞서 존재했다면 돌궐과의 정통성 시비는 단번에 불식될 것이다. 또한, 위구르의 건국은 돌궐로 인해 단절된 역사를 '**재건**'하는 것이 되고, 카를륵 카간이 퇴뤼를 '**회복**'했다고 한 주장에도 근거가 생긴다.

이를 확인하려면 6세기 중반 돌궐 건국 이전 위구르 조상의 행적을 알아야 한다. 비문 자료로는 확인이 어렵고, 남북조 말기 위구르가 속했던 투르크계 유목 부족의 총칭인 고차高車(또는 칙륵勅勒, 이후에 철륵으로 통칭)에 관한 한문 기록을 통해 확인해볼 수 있다. 이 무렵 위구르와 관련 있는 존재는 북위北魏 등에서 고차라고 부르던 몽골 초원의 유목민 집단인데, 이들은 당시 아직 독립된 하나의 단위는 아니었다. 이들에 대해서는 원흘袁紇, 오호烏護, 오흘烏訖, 위흘韋訖 등 다양한 명칭이 남아 있다.[54] 이 중에서 위구르의 음차와 가까운 위흘韋訖은 수대隋代

53 《테스 비문》(북면:02).

54 『新唐書』卷217上「回鶻上」, p. 6111.

에 이르러서야 비로소 나타난다.

이를 통해 돌궐 이전에 있었던 위구르의 조상은 5세기경 개별 군장君長은 있으나 대추大酋는 없는 느슨한 형태의 부족연합체인 고차의 일원이었다고 추정해볼 수 있다.[55] 고차는 남에서는 북위에 약탈당하고, 북으로는 유연柔然의 공격을 받아 고비 이남으로 옮겨 오면서 알려진 집단이었다. 이들에 대해서는 다음과 같은 기록이 있다.

> 고종高宗(문성제文成帝, 440~465, 재위 452~465) 때 **오부고차五部高車**가 모여 하늘에 제사를 지냈는데, 무리가 수만에 이르렀다. [무리가] 크게 모여 말을 달리고 희생을 잡았으며, 춤추고 노래하는 것이 매우 흥겨웠다. 이런 풍속이 과거 이래 이것보다 크게 한 적이 없었다고 일컬어진다. 마침 [황제의] 거가車駕가 오니 기뻐하지 않는 자가 없었다. 이후에 고조高祖(효문제孝文帝, 467~499, 재위 471~499)가 고차의 무리를 불러 거가를 따라 남쪽을 토벌하게 했다. 고차가 남행을 원치 않다가 마침내 원흘수자袁紇樹者를 추대해 우두머리로 삼고 서로 [무리를] 이끌고 북에서 반란을 일으켜 금릉金陵(소성제昭成帝 십익건什翼犍의 무덤, 지금의 네이멍구자치구 허린거얼현和林格爾縣 서북쪽 정도로 추정)을 돌며 짓밟았다. 도독都督 우문복宇文福이 쫓아 토벌하니 크게 패해 물러갔다. 또 조칙을 내려 평북장군平北將軍 강양왕江陽王 계繼(원계元繼)를 도독으로 삼아 토벌하게 했는데, 계가 먼저 사람을 보내 [원흘]수자를 위무했다. **[원흘]수자가 연연蠕**

55 군장이 부족장 정도의 위상을 가졌다고 한다면, 이들을 포괄하는 '초부족적인' 지위를 대추라고 규정해볼 수 있다(『魏書』 卷103 「高車」, p. 2307). 이에 대해서는 다음을 참조. 정재훈, 「고대유목국가의 사회구조」, 가락국사적개발연구원 (편), 『강좌 한국 고대사 3』, 가락국사적개발연구원, 2003, pp. 326~327.

蠕(유연)에게 투항했다가 바로 뉘우치고 [무리를] 이끌고 와서 투항했다.[56]

이에 따르면, 고차는 공격을 피해 남하해 막남 초원에 살다가 북위 문성제 시기에 5개 정도의 부락을 중심으로 하나의 연맹을 형성했고, 제천행사 등을 통해 결속력을 확인하며 느슨하게 결합한 상태였다. 위구르의 조상과 관련된 일은 오부고차가 489년 북위에 봉기했던 때에 비로소 확인된다. 북위의 남정南征 동원을 거부한 고차의 우두머리 원흘수자가 위구르의 조상으로 추정되는 원흘씨袁紇氏 출신이었다고 볼 수 있다.[57] 이를 통해 위구르의 조상으로 보이는 원흘씨가 5세기 후반에도 고차의 부족연합 내에서 주도 세력이었음을 알 수 있다. 이는 위구르의 역사가 '**300년이 되었다**'는 카를륵 카간의 언급과 연결되는 부분이다.[58] 이후 위구르가 막북 초원의 오르콘강 지역에서 세력화에 성공한 기간에 대해서도 카를륵 카간은 다음과 같이 회상했다.

나의 조상님들이 80년간 [카간 자리에] 앉아 있었다 한다. 외튀켄 일과 그 주변의 일 둘 사이에 있는 오르콘 외귀즈(강)에서…… (마모) ……년 [카간의 자리에] 앉아 있었다고 한다. 이렇게…… (마모) ……년이 있었다고

---

56 『魏書』 卷103 「高車」, pp. 2309~2310.

57 "高車, 蓋古赤狄之餘種也, 初號爲狄歷, 北方以爲勅勒, 諸夏以爲高車、丁零. 其語略與匈奴同而時有小異, 或云其先匈奴之甥也. 其種有狄氏、袁紇氏、斛律氏、解批氏、護骨氏、異奇斤氏."(『魏書』 卷103 「高車」, p. 2307).

58 고차가 고창에서 왕국(서고차西高車)을 건설한 것을 위구르 역사의 시작으로 이해하기도 했으나, 위구르의 조상인 원흘부가 주체가 되어 국가를 건설했다는 점에서 오부고차(동고차東高車)를 그 역사의 시작으로 보는 것이 자연스럽다. 楊聖敏, 『回紇史』, 吉林敎育出版社, 1991, p. 28; 吳飛, 張久和·劉國祥 (主編), 『中國古代北方民族史 回鶻卷』, 科學出版社, 2021, pp. 38~41.

한다.[59]

682년 당의 기미 지배에서 벗어나 부흥한 돌궐이 막북으로 돌아왔을 때에도 위구르는 밀려나긴 했으나 망하지 않았다. 돌궐의 공격을 받아 687년 막북 초원에서 쫓겨난 위구르는 하서 지역으로 이주했다가 다시 막북 초원으로 돌아갈 때인 727년까지 약 80년 동안 세력을 유지했다. 위구르가 727년 이후 돌궐의 지배를 받게 된 것에 대해서도 카를륵 카간은 다음과 같이 말했다.

> [투르크가] 남아 있는 보둔인 온 위구르와 토쿠즈 오구즈 위에 **100여 년을 통치했고,** …… (마모) …… **투르크가 불행하게 [나의] 일을 50여 년을 앉아 있었다 한다.**[60]

역사에 대한 이 두 가지 회상은 한문 자료에 남아 있는 위구르의 역사 전개 과정과 대략 일치한다. 한문 기록에 따르면, 위구르는 6세기 중엽 돌궐이 건국할 당시 유연으로부터 독립했으나 돌궐의 배신으로 그 객부락客部落이 되었다(546~627).[61] 그 이후 돌궐 제1제국 말기인 627년쯤에 설연타와 연합해 돌궐에 반란을 일으켰다가[62] 630년 돌궐 붕괴 후 설연타의 지배하에 들어갔다. 646년 위구르는 설연타가 망한

---

59 《타리아트 비문》(동면:03).

60 《시네 우수 비문》(북면:03)~(북면:04).

61 『新唐書』 卷217上 「回鶻上」, p.6111.

62 위의 책, p. 6112.

이후 당의 기미 지배를 받으며 세력화에 성공했다. 당시 위구르의 수령 퀼뤽 엘테베르Külüg elteber(호록힐리발胡祿頡利發) 토미도吐迷度는 한해도독瀚海都督으로 임명되자 돌궐을 대신해 스스로 카간을 칭하고 유목 세계의 중심지인 외튀켄 산지를 차지했다.[63]

이후 위구르는 당의 중요한 군사 자원으로 서돌궐과 고구려에 원정하면서 세력을 유지했고, 다른 투르크계 유목 부락과도 공존했다. 682년 돌궐이 부흥해 687년 막북으로 돌아오자 하서 지역으로 옮겨 가 당의 기미 지배를 받으며 지냈다. 이후 '약 40년' 동안 하서의 오아시스를 통제하며 세력을 유지했다. 위구르의 성장을 우려한 당이 압박을 가하자 결국 727년 막북 초원으로 돌아가 돌궐에 투항했다.[64] 한문 기록은 위구르가 남하한 다음 당의 용병傭兵이 되어 오아시스와 초원이 공존하는 하서 지역을 차지하고, 이 지역을 경영하며 동서 교역을 벌였던 다른 경험을 보여준다.[65]

이상과 같이 한문 기록과 비문 자료를 연결해 비문에 기록된 기간을 계산해보면, 위구르가 546년에 당시 유목 세계를 지배하던 유연으로부터 이탈해 독립을 획득했다가 신흥 세력인 돌궐에 패해 그에 복속되었다가 다시 카간을 자칭했을 때까지가 약 100년이다. 이는 위구르가 647년부터 727년까지 독자적인 세력을 형성하고 80년 동안 주변 지역을 지배했다는 내용, 그리고 687년 돌궐이 부흥하여 막북으로 복귀한 뒤 약 50년간 위구르를 지배했다는 내용과 거의 일치한다. 카를룩

---

63 『舊唐書』卷195「迴紇」, p. 5196.

64 위의 책, p. 5198.

65 서론 [그림 3] 참조.

카간은 이런 인식을 바탕으로, 옛날부터 투르크 유목 부족연합 내에서 지배적 권위를 가지고 있던 조상인 고차가 통치하던 "1000개의 일과 300년 된 일"을 자신이 계승했다고 말할 수 있었다.

이런 역사 인식에서 보면, 위구르가 돌궐을 무너뜨린 것은 세력의 '**대체**'가 아니라 단절된 역사의 '**부활**'이 된다. 카를륵 카간은 위구르가 돌궐을 딛고 일어나 부흥해야만 하는 역사적 당위, 국가 재건에 필요한 정통성을 확보했다. 텡그리가 명령해 회복한 퇴뤼의 핵심 내용은 돌궐에게 빼앗겼던 조상들의 땅, 즉 외튀켄 산지의 회복을 통해 현실이 되었다. 위구르의 국가 재건이 돌궐에 의해 단절된 역사를 끝내고 퇴뤼를 회복한 것이라는 인식은 820년대에 제작된 비문 기록에도 그대로 반영되었다. 비문에서는 위구르가 국가를 재건한 것을 "**[아]사나阿史那 혁명이 몇 년 지나고 다시 나의 옛 나라를 얻었다**"[66]라고 회상했다. 여기에서 '[아]사나 혁명'은 680년대 돌궐의 부활을 말하는 것이고, "다시 나의 옛 나라를 얻었다"는 744년 위구르의 재건을 뜻한다. 위구르의 천명을 가로챘던 돌궐을 대체하고 조상의 퇴뤼가 살아 숨 쉬는 땅을 회복했다는 카를륵 카간의 말에서도 확인되는 내용이다.

이와 같이 건국 초기 카를륵 카간의 목표는 돌궐에 의해 단절된 위구르 국가를 되살리는 것이었다. 이를 위해서는 무엇보다 조상이 물려준 외튀켄을 중심으로 한 고지故地를 확보해야 했다. 이후 이런 노력이 어느 정도 성과를 거둔 753년에 카를륵 카간은《타리아트 비문》을 세우고 "위로는 푸른 텡그리가 명령해, 아래로는 누런 예르가 길러 나의 일이, 나의 퇴뤼가 마련되었다"[67]라고 선언했다. 또한 카를륵 카간은 퇴

---

66 《九姓回鶻可汗碑文》(IV) **阿**(V)**史那革命**數歲之間復得我舊國.

뤼의 회복에 따른 자신감을 가지고 비록 관념적이긴 하나 자신의 통치 범위를 다음과 같이 설명했다.

> 앞으로는 해가 떠오르는 쪽에 있는 모든 보둔을, 뒤로는 달이 떠오르는 쪽에 있는 보둔을, 사방에 있는 모든 보둔을 [정령의] 힘으로 둘러싸고 있다.[68]

이는 돌궐의 빌게 카간이 국가의 재건, 고지의 회복이 충분히 실현되지 못했음에도 자신이 유목 세계의 유일한 지배자임을 천명하며 드러냈던 마음과 비슷하고,[69] 중국 황제가 "하늘 아래 왕의 땅이 아닌 곳이 없다(普天之下 莫非王土)"라며 설정한 천하관에도 비견된다. 해가 떠서 비추는 모든 곳의 보둔을 다스린다는 생각은 중국 황제의 천하관에 대응하는 나름의 세계관이 있었음을 과시한 것이다. 돌궐과 위구르 양자 모두 자신의 통치가 유목 세계 전체에 걸쳐 있음을 드러내려 했다. 양자가 비슷하게 막연하고 관념적인 세계관을 보여주었으나 "1000개의 일과 300년 된 일"이라는 카를륵 카간의 표현에는 또 다른 의도가 숨어 있다. 자신만의 정통성을 강조해 건국을 '**정당화**'하려 한 것이다. 카를륵 카간은 돌궐이 남긴 비문들을 의식하며 건국 초기에 여러 개의 비문을 세워 자신의 입장을 강하게 표현했다. 이는 위구르가 돌궐에게

---

67 주13 참조.

68 《타리아트 비문》(서면:03)~(서면:04).

69 《퀼 테긴 비문》(남면:02)~(남면:03) 앞(동)쪽으로 해가 뜨는 곳에, 남쪽으로는 낮의 한가운데를 향해, 뒤(서)쪽으로는 해가 지는 곳에, 북쪽으로 밤의 한가운데를 향해 **그 안에 있는 보둔이 모두 나에게 들어왔다**. 그만큼의 보둔을 내가 모두 묶었도다. 그들은 지금 나쁘지 않다.

서 고대 투르크 문자를 빌리기는 했으나, 자신의 언어로 카간의 입장을 선전할 수 있을 만큼 문화적 수준이 높으며 새로운 국가를 세울 수 있는 역량 역시 갖추었음을 과시하는 것이기도 했다.

이처럼 카를륵 카간은 '가공'의 역사가 아니라 국가의 정통성을 재건할 수 있는 **'역사적 경험'**을 분명하게 제시했고, 이를 바탕으로 퇴뤼가 살아 숨 쉬는 국가와 백성을 확보하고자 했다. 자신의 세계관 혹은 역사관이 투영된 세계를 건설하기 위해서는 군사 원정을 통한 막북 초원의 통합을 이루어야 했다.

2. 군사 원정과 '보둔(백성)'의 확보

753년 카를륵 카간은 국가 건설의 기초라 할 수 있는 퇴뤼 회복을 선언하기 위해 피지배 대상인 보둔, 즉 유목민이 사는 공간적 범위를 확보해야 했다. 공간적 범위가 텡그리(하늘 또는 신)로부터 받는 것이라면, 그 내용인 보둔을 채우는 일은 군주가 개인의 능력으로 감당해야 할 몫이었다. 카를륵 카간은 텡그리로부터의 수명과 이를 현실화하는 자신의 탁월한 능력을 과시해야 했다.

유목국가는 보둔을 얼마나 확보하느냐에 따라 그 영역이 결정되었다. 카를륵 카간은 건국 이후 갑자기 사망한 아버지의 업적을 계승하면서 국가를 안정시킬 수 있는 군사적 성취가 필요했다.[70] 단 한 차례의 군사적 실패로도 신생 국가는 무너질 수 있었다. 군주의 무능력으로 국가의 운명이 단축될 수도 있었다. 돌궐의 빌게 카간이 죽을 때까지 원

70 『唐會要』 卷98 「回紇」, p. 1744.

정을 벌여 보둔을 배부르게 하고 따뜻하게 만들어주었던 것[71]도 이와 무관하지 않다. 이와 같은 유목 군주의 '**능력**'을 확인하려면, 위구르가 741년 돌궐에 봉기를 일으킨 시점부터 753년 국가의 회복을 선언할 때까지 그 사이에 있었던 활동을 다시금 정리해봐야 한다.

위구르가 세력을 드러내기 시작한 돌궐 말기 무렵의 기록은 한문 자료와 비문 자료의 내용이 전혀 다를 뿐만 아니라 심지어 카간의 계승 관계마저 달리 기록되어 있다. 비문 자료에서는 카를륵 카간(카간이 되기 전에는 바얀 초르)이 즉위하기 전까지 위구르가 26년간 돌궐의 지배를 받았다고 되어 있다.[72] 아버지인 쿠틀룩 보일라가 돌궐에 반기를 들었을 때 그는 "스물여덟 살 뱀의 해(신사辛巳, 741)에 투르크 일(돌궐)을 이렇게 흩트려놓았다. 이렇게 내가 부숴버렸다"[73]라는 기록처럼 출정에 나섰다.

이와 달리 한문 자료는 분량은 더 많으나 741년 바스밀이 주도한 봉기에 위구르가 카를룩과 함께 참여했다는 정도의 기록만 있을 뿐이다.[74] 한편 돌궐의 분열과 붕괴 과정을 다룬 한문 자료를 통해 위구르가 등장했던 740년대 초의 상황을 엿볼 수 있다. 741년 돌궐의 텡그리 이넬 카간Teŋri inel qaɣan(등리이연가한登里伊然可汗, 재위 734~741)이 죽자 그의 어머니인 쿠틀룩 바림 카툰Qutluɣ barïm qatun(골돌록파윤가돈骨咄祿婆匐可敦, 빌게 카간의 부인이자 빌게 톤유쿠크의 딸)은 나이 어린 아들 텡그

71 《퀼 테긴 비문》(동면:29)~(동면:30).

72 《시네 우수 비문》(북면:04).

73 《타리아트 비문》(동면:05).

74 『新唐書』 卷215下 「突厥下」, p. 6054.

리 카간Teŋri qaγan을 추대하려고 했다. 이 과정에서 쿠틀룩 바림 카툰은 방해 요소가 될 수도 있는 종실 세력을 제거하기 위해 타르두쉬 샤드Tarduš šad(우살右殺)를 유인해 죽였다. 이에 퇼리스 샤드Tölis šad(좌살左殺)인 판 퀼 테긴Pan kül tegin(판궐특근判闕特勤, 이름은 쿠틀룩 야브구Qutluγ yabγu[골돌록엽호骨咄祿葉護])이 반발해 새로 즉위한 텡그리 카간을 죽였다. 이후 쿠틀룩 바림 카툰 세력이 다시 빌게 카간의 다른 아들을 새로운 카간으로 추대하려고 하자, 판 퀼 테긴이 새 카간과 그의 뒤를 이어 추대한 동생마저 모두 죽여버리고 카간으로 자립했다.[75] 이런 계승 분쟁은 돌궐의 부흥 이래로 연합 관계를 유지하던 지배 집단 아사나와 그 인척인 아사덕 간의 갈등이 폭발하면서 발생했다. 두 집단의 관계가 파탄나면서 결국 돌궐은 무너지고 말았다.[76] 그 결과 바스밀을 비롯한 투르크계 유목민의 연합군이 돌궐의 카간(판 퀼 테긴으로 추정)을 공격해 죽이고 국가는 와해되었다.

이어서 죽은 타르두쉬 샤드의 처와 자, 뵉 초르Bög čor(카프간 카간)의 손자 베디즈 테긴Bediz tegin(발덕지특근勃德支特勤), 빌게 카간의 딸 탈루이Talui(대락大洛) 공주, 텡그리 이넬 카간의 소처인 위즈 벡Yüz bey(여새복余塞匐), 텡그리 카간Teŋri qaγan(등리가한登利可汗)의 딸 위즈Yüz(여촉

75 『구당서』에는 좌살이 오즈미쉬 카간이 되었다고 적혀 있으나 이는 잘못이다(『舊唐書』 卷194上 「突厥上」, p. 5177). 돌궐 말기를 다룬 혼란한 기록 정리에 관해서는 다음 연구를 참조. 片山章雄, 「突厥第二可汗國末期の一考察」, 『史朋』 17, pp. 25~38; 石見清裕·北條祐英, 「ウイグル初期(744~750年)の碑文史料と漢文史料」, 片山章雄 等 (編), 『迴紇タリアト·シネ=ウス兩碑文(八世紀中葉)のテキスト復原と年代記載から見た北·東·中央アジア』, 1993年度東海大學文學部研究助成金による研究成果報告書, 1994, pp. 15~21.

76 정재훈, 「突厥第二帝國時期(682~745) 톤유쿠크의 役割과 그 位相 —《톤유쿠크 碑文》의 분석을 중심으로」, 『동양사학연구』 44, 1994, pp. 21~22.

余燭) 공주, 그리고 아부스 엘테베르Abus elteber(아포사힐리발阿布思頡利發)[77] 등 거의 1만여 명이 고비 남쪽의 초원으로 이주해 당에 투항했다. 이들과 달리 초원의 일부 돌궐 세력은 바스밀의 공격으로 죽은 판 퀼 테긴의 아들을 오즈미쉬 카간Ozmïš qaγan(오소미시가한烏蘇米施可汗)으로 추대하고 위구르 등의 공격을 피해 세력화하기 위해 고비를 건너 막남으로 옮겨 갔다.[78] 이는 돌궐을 추격해 큰 승리를 거둔 바얀 초르(이후 카를륵 카간)의 비문 기록에도 잘 남아 있다.

> "오즈미쉬 테긴이 우두르간으로부터 [진군해] 나아갔다"라고 했다. "그를 잡아라"라고 말했다. …… (마모) …… [나는 그들을] 따라갔다. 카라 쿰을 넘었다고 한다. 쾨귀르에서, 쾨뮈르 탁에서, 야르 외귀즈에서 위취 툭 투르크 보둔에게 이렇게 7월 14일에 [공격했다.] …… (마모) …… 이렇게 [그들을] 내가 격파했다. 칸이…… 이렇게 없게 되었다. 투르크 보둔을 이렇게 안으로 들어오게 했다. 이렇게 다시…… (마모) …… 오즈미쉬 테긴이 칸이 되었다.[79]

다른 비문 기록에서도 이를 비슷하게 정리할 만큼 이는 위구르가 돌궐 문제 해결을 위해 적극적으로 벌인 군사 행동이었다.

---

77 아부스Abus(아포사阿布思)는 투르크계 부락이 당의 기미 지배를 받을 때 막북 초원 서부에 대림주蹛林州가 설치되었던 것을 통해 부락 명칭임을 알 수 있다(『舊唐書』 卷195 「迴紇」, p. 5196). 아부스 엘테베르는 아부스의 부족장을 의미하는데, 정확한 인명은 알 수 없다.

78 『新唐書』 卷215下 「突厥下」, p. 6055.

79 《타리아트 비문》(동면:06)~(동면:09).

나의 아버지 퀼 빌게 카간…… (마모) …… 군대가 나아갔다. 나 자신이 앞으로 븡 바쉬를 보냈다. 케이레로부터 앞쪽에 있는 곳에서 돌아가려고…… (마모) …… 복종시키고, 다시 내가 나아갔다. 케이레 바쉬에서, 위취 비르퀴에서 카간이 군대와…… 내가 만나게 되었다. 그곳에서…… (마모) …… 내가 쫓았다. 그들이 카라 쿰을 넘었다 한다. 쾨귀르에서, 쾨뮈르탁에서, 야르 외귀즈에서 위취 툭의 투르크 보둔…… (마모) …… 오즈미쉬 테긴이 칸이 되었다고 한다.[80]

이를 기초로 한문 자료에는 남아 있지 않은 오즈미쉬 카간이 이끄는 돌궐 잔여 세력의 움직임을 알 수 있다. 우두르간을 출발해 남하한 이들을 추적하던 위구르의 바얀 초르가 아버지와 헤어졌다가 케이레 산지에서 다시 합류해 카라 쿰(흑사黑沙) 지역을 지났다는 내용을 통해 오즈미쉬 테긴(한문 기록에는 카간)이 위구르의 추격을 피해 막남으로 갔다는 것을 알 수 있다. 그가 넘어간 카라 쿰은 글자 그대로 '검은 사막'인데,[81] 이곳은 과거 돌궐 제2제국이 부흥할 때 주요한 저항의 무대였고 한문 기록에 흑사성黑沙城으로 표기된 음산산맥 남쪽의 산곡이었다.[82] 쾨귀르 또는 쾨뮈르 산이라고 한 곳 역시 정확한 위치는 알 수 없으나 마찬가지로 음산산맥 남부에 있는 어느 지역이었다. 야르 외귀즈

---

80 《시네 우수 비문》(북면:05)~(북면:09).

81 K. Czegledy, "Čoγay-quzï, Qara-qum, Kök-öng", *Acta Orientalia Academiae Scientiarum Hungaricae* v.15, 1962, pp. 55~61; 芮傳明, 「Čoγay和Kara qum方位考」, 『西北民族研究』 1990-2, pp. 153~160(「後突厥政權早期根據地考」, 『古突厥碑銘研究』, 上海古籍出版社, 1998, pp. 1~26).

82 『舊唐書』 卷194上 「突厥上」, p. 5167; 『新唐書』 卷215上 「突厥上」, p. 6044.

필자 촬영

(그림 2) 음산산맥의 일부(위), 바오터우시 방향의 황허와 음산산맥(아래)

는 지금의 황허黃河 또는 그 지류로 음산산맥 남쪽에 있었다. 이는 오즈미쉬 카간이 이끄는 돌궐 세력이 음산산맥을 넘어 황하 유역까지 왔음을 보여준다.

돌궐의 남하에 대해 삭방절도사朔方節度使 왕충사王忠嗣(705~749)가 "또다시 (해奚의) 노개怒皆와 돌궐의 무리를 격파하니 이로부터 변경이 조용해지고 오랑캐들이 감히 들어오지 못하게 되었다"[83]라고 한 기

83 『舊唐書』 卷103「王忠嗣」, p. 3198.

록을 통해서도 당의 군사적 대응이 있었음을 알 수 있다. 이와 함께 위구르의 바얀 초르 역시 "양의 해(계미癸未, 743)에 내가 나아갔다. …… 오즈미쉬 테긴을…… 내가 [그를] 잡았다. 내가 그의 카툰을 그곳에서 잡았다"[84]라고 말한 것처럼, 743년 위구르의 공격으로 오즈미쉬 카간이 패해 죽고 돌궐의 세력이 약화되었다. 이는 오즈미쉬 카간의 머리를 삭방군朔方軍(지금의 닝샤회족자치구寧夏回族自治區 우중시吳忠市에 치소, 네이멍구자치구 서남부 일대를 관할)에 있던 왕충사에게 보내자, 왕충사가 이를 다시 조정으로 보냈다고 한 기록에서도 확인된다.[85]

바얀 초르는 오즈미쉬 카간의 죽음으로 "**투르크(돌궐) 보둔은 이로부터 없어지게 되었다**"[86]라고 말하면서 그 몰락을 기뻐했다. 그 여세를 몰아 위구르는 바로 카를룩과 연합해 바스밀의 카간도 타도했다. 이를 통해 바얀 초르의 아버지 쿠틀룩 보일라는 744년 바스밀의 일릭 빌게 카간을 대신해 쿠틀룩 빌게 퀼 카간이 될 수 있었다. 이때 당도 오즈미쉬 카간을 죽인 공로를 인정해 쿠틀룩 보일라를 봉의왕奉義王과 회인카간懷仁可汗으로 책봉해주었다.[87]

돌궐은 이 시점에 완전히 소멸한 것은 아니고, 여전히 막남에 그 일부가 건재했다. 745년 정월에 다시 왕충사가 백도천을 출발해 선우도호부單于都護府의 북방에서 이들을 소탕했다. 이 작전에서 왕충사는 왕사례王思禮(?~761)와 이광필李光弼(708~764)을 유군遊軍으로 삼아 정

84 《시네 우수 비문》(북면:09)~(북면:10).

85 『新唐書』卷215下「突厥下」, p. 6055.

86 《시네 우수 비문》(북면:10).

87 『新唐書』卷217上「回鶻上」, p. 6114.

월 병술일丙戌日 사하내산薩河內山에서 퇼리스 샤드(좌상左廂) 아파 타르칸Apa tarqan(아파달간阿波達干)이 지휘하는 11부를 격파했다.[88] 이 작전에서 삭방군에서 기미 지배를 받던 투르크계 유목민 출신 번장蕃將[89] 복고회은僕固懷恩(?~765)과 일찍 귀순한 아부스 엘테베르가 향도嚮導로서 물을 찾는 역할을 했다. 막남에 있던 돌궐 세력은 이후 약화했고, 남아 있던 타르두쉬 샤드가 이끄는 집단 역시 위구르의 공격으로 무너졌다. 이런 성공을 바얀 초르는 다음과 같이 자랑했다.

> 원숭이의 해(갑신甲申, 744)에 내가 [싸우기 위해] 나아갔다. …… (마모) …… 내가 원정해 갔다. 이렇게 내가 승리했다. 칸을 이렇게 내가 잡았다. [카툰을 이렇게 잡았다.] …… (마모) …… 이런 후에 그들의 바쉬가 왔다. …… (마모) …… 닭의 해(을유乙酉, 745)에 내가 [싸우기 위해] 나아가 [그 해를 다] 보냈다. 5월 13일에 그들이 다시 반란을 일으켰다. 내가 원정했다. 이렇게 내가 승리를 했다.[90]

---

88 『金石萃編』 卷100 「王忠嗣碑」, p. 1653上, 新文豊出版公司, 1977(『石刻史料新編』 III, 法仁文化社 영인본, 1988); 『冊府元龜』 卷986 「外臣部 征討 5」, p. 11586下.

89 번장은 군사적 봉사를 하는 이민족 출신의 당 관리를 말한다. 자기 부락을 그대로 유지한 경우와 당에서 개별적인 무장으로 활동한 경우로 구분된다. 전자는 초기 위구르의 위협에 대항했던 삭방군에 있던 투르크계 번장들이고, 후자는 안녹산과 같이 부락적 배경 없이 돌궐 잡호雜胡로 분류된 평로군平盧軍 번장이 대표적이었다. 안녹산 이전과 이후로 구분해 부락 기반이 있는 번장에서 개인 번장으로 바뀌었다는 견해도 있다. 菊池英夫, 「節度使制確立以前における「軍」制度の展開」, 『東洋學報』 44-2/45-1, 1962, p. 78. 이와 달리 두 가지가 혼재했다고 보는 연구도 있다. 章群, 『唐代蕃將研究』, 聯經出版, 1986, p. 143. 그 밖에도 다음과 같은 연구가 더 있다. 伊瀨仙太郎, 『中國西域經營史研究』, 巖南堂書店, 1955, p. 38; 谷口哲也, 「唐代前半期の蕃將」, 『史朋』 9, 1978, pp. 1~24. 번장의 개념을 입조入朝와 재번在蕃으로 나눠 설명하기도 한다. 馬馳, 『唐代蕃將』, 三秦出版社, 1990, pp. 1~5.

90 《타리아트 비문》(남면:01)~(남면:03).

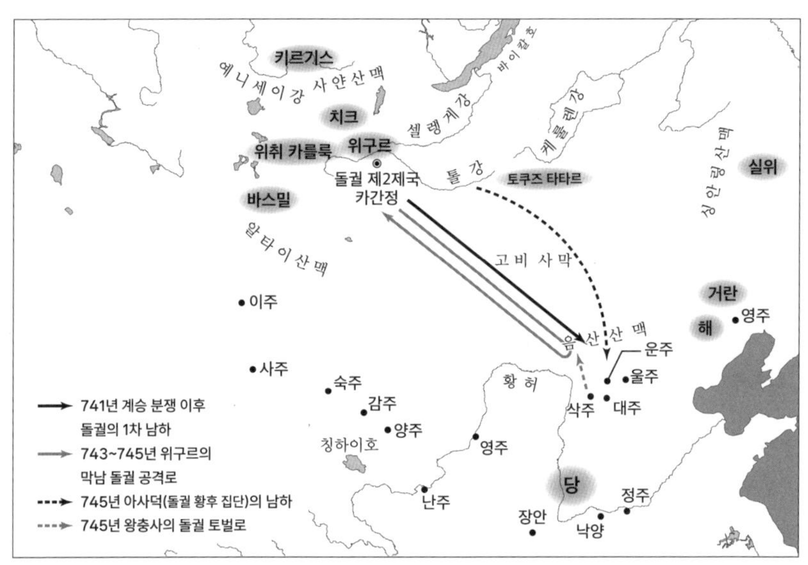

(그림 3) 740년대 중반 막남과 막북의 상황

이에 대해 한문 자료에는 위구르가 돌궐의 마지막 저항 세력이었던 백미 카간白眉可汗을 격파하고 그의 머리를 당에 보냈다고 기록되어 있다.[91] 이후 막남에 내려와 활동하던 돌궐 세력은 완전히 소멸했고, 745년 막북 초원 동부에 있던 아사덕 출신의 쿠틀룩 바림 카툰(?)마저 당에 투항했다.[92] 이로써 막북에 있던 돌궐은 완전히 소멸했다. 왕충사는 이 일은 630년에 돌궐 제1제국 마지막 카간인 일릭 카간Ilig qaγan(힐리가한頡利可汗, 재위 619~630)을 사로잡았던 것에 버금가는 치적이라며 천하에 널리 알려야 한다고 상소했다.[93] 그동안 돌궐의 위협을 당이 얼

91 『冊府元龜』卷975「外臣部 褒異 2」, p. 11457下.

92 『資治通鑑』卷215 玄宗 天寶3(745)年條, p. 6863.

마나 심각하게 여기고 있었는가를 잘 보여주는 일화다.

이를 통해 위구르의 쿠틀룩 빌게 퀼 카간도 유목 세계에 대한 지배력을 확대할 수 있는 계기를 마련했다. 이 무렵 위구르는 돌궐과 바스밀을 밀어내고 카간을 칭했으나 여전히 막북 초원에 대한 통제권을 확보하지 못했다. 여러 세력의 도전에 직면한 상황에서 바얀 초르는 아버지를 도와 초원의 패권을 장악해야 했다. 이 과정은 746년 바스밀을 격파할 때까지만 해도 협조적이었던 카를룩이 도전하면서 시작되었다. 바얀 초르는 이때의 어려운 상황을 "개의 해(병술丙戌, 746)에 위취 카를룩Üč Qarluq(삼성갈라록三姓葛邏祿)이 적이 되어 도망갔다. 뒤쪽으로 온 오크on oq(십전十箭)에게로 갔다"[94]라고 할 만큼 심각하게 받아들였다.

카를룩은 동돌궐과 서돌궐의 중간 지역에서 돌궐 세력의 부침에 따라 복속과 도전을 반복하면서 독자적인 세력을 유지하고 있었다. 이들은 자신을 '위취 야브구Üč yabγu(삼성엽호三姓葉護 또는 삼성갈라록을 의미한다. 3개의 부락으로 이루어져 있고, 이를 거느린 추장의 관직이 야브구라 이런 명칭이 붙었다)'라고 칭했다. 이들은 전투력이 뛰어나 돌궐도 두렵게 여겼을 정도였다.[95] 앞서 돌궐의 빌게 카간도 "카를룩 보둔이 따라 움직이는 적이 되었다. 나는 타막 으둑 봉우리에서 싸웠다. 나는 카를룩 보둔을 죽였다. 그곳에서 빼앗았다"[96]라고 이들의 도전을 진압한 사실을 특기했다. 비문 기록의 마모로 이 무렵 카를룩과 위구르의 대결에

---

93 『冊府元龜』卷986「外臣部 征討 5」, p. 11586下.

94 《타리아트 비문》(남면:03);《시네 우수 비문》(북면:11).

95 『新唐書』卷217下「回鶻下 葛邏祿」, p. 6143.

96 《빌게 카간 비문》(동면:29).

관해서는 확인하기 어려우나, 카를룩의 이탈이 위구르를 어려운 처지에 놓이게 했음은 분명하다.

747년 막북 초원 동부에 있던 토쿠즈 타타르Toquz Tatar(구성달단九姓韃靼)가 위구르에 도전했다. 카를륵 카간이 "그 후에 나의 칸인 카간이 돌아가셨다. 카라 보둔이 동요하게 되었다"[97]라고 한 것처럼, 이는 쿠틀룩 빌게 퀼 카간의 갑작스러운 사망과 관련된 일이었다.[98] 카간 개인의 능력과 권위에 크게 의존하는 유목국가에서 군주의 죽음은 체제의 약화, 혹은 심지어 붕괴를 가져올 수도 있었다. 건국한 지 얼마 되지 않은 시점에 카간이 교체되는 것은 심각한 위기로 이어질 수 있었기 때문에 카를륵 카간은 신속히 체제를 안정시켜 자신의 권위를 과시할 필요가 있었다. 보둔에게 자신이 천명을 받을 정도로 능력이 있음을 검증해 보여야 했다. 카를륵 카간은 자신을 배반하고 이탈한 보둔을 다시 규합해 조직하려고 했다. 이를 위해 다음과 같은 조치를 취하여 민심을 수습했고, 계승에 필요한 절차를 서둘러 처리했다.

> 카라 보둔이 일어나 나의 아버지 칸에게로 돌아왔다. [그들은] "조상의 이름을 줄지어다!"라고 했다. 또한 "**[그들이] 외튀켄 일은 당신의 손에 있소이다**"라고 했다. 이렇게 야브구의 이름을 주었다.[99]

748년[100] 이를 바탕으로 카를륵 카간은 외튀켄 안쪽에 있는 아스

---

97 《시네 우수 비문》(북면:12).

98 『唐會要』 卷98 「回紇」, p. 1744.

99 《타리아트 비문》(남면:04)~(남면:05).

욍귀즈 봉우리As öngüz baš와 칸 으둑 봉우리Qan ïduq baš 뒤편에 카간정可汗庭을 마련한 다음, **"카라 보둔이 일어서서 [나에게] 카간의 이름을 붙였다"**[101]라고 자신의 즉위를 기록했다. 카라 보둔(성스러운 백성)의 추대로 정당하게 카간의 지위를 계승했다는 선언이었다. 이때 카를륵 카간은 자신을 '텡그리데 볼미쉬 일 에트미쉬 빌게 카간Teŋride bolmïš il etmiš bilge qaɣan(텡그리에서 태어나고 나라를 모은 현명한 카간)'이라 칭했고, 자신의 부인을 '일 빌게 카툰Il bilge qatun(나라의 현명한 카툰)'이라고 불렀다. 이는 이후 원정을 통해 보둔을 재조직하기 위한 움직임의 시작이었다.[102]

부왕이 사망한 이후 새롭게 즉위한 카를륵 카간이 당면한 문제는 그의 묘비인《시네 우수 비문》에 자세히 남아 있다. 초기의 어려움을 해소하기 위한 군사적 원정 과정에서 겪은 일에 관한 내용이 대부분이었다. 이 무렵 세키즈 오구즈Sekiz Oɣuz(8개의 부족으로 이루어진 투르크계 부족연합의 총칭)와 토쿠즈 타타르가 위구르를 공격했다. 이들은 위구르의 국가 건설 과정에서 가장 중요한 포섭 대상이자 위구르와 인접한 가장 위협적인 세력이었다. 더욱이 권력의 공백기에 이들이 독자적으로 움직인 것은 매우 심각한 문제였다.

먼저 세키즈 오구즈는 투르크계(철륵) 부족연합(한문 자료에서는

---

100 748년 카를륵 카간의 행적에 대해《타리아트 비문》과《시네 우수 비문》을 비교한 내용은 다음 연구를 참조. 片山章雄,「シネ=ウス碑文における「748年」」, 片山章雄 等 (編),『迴紇タリアト·シネ=ウス兩碑文(八世紀中葉)のテキスト復原と年代記載から見た北·東·中央アジア』, 1993年度東海大學文學部研究助成金による研究成果報告書, 1994, pp. 10~14.

101 《타리아트 비문》(남면:05)~(남면:06).

102 《타리아트 비문》(남면:06).

구성九姓 또는 구성철륵九姓鐵勒으로, 비문 자료에서는 토쿠즈 오구즈로 기록)의 한 부락으로, 위구르가 반드시 포섭해야 할 연합 세력이었다. 그리고 토쿠즈 타타르는 한문 자료에는 달단達靼 또는 실위室韋로 기록된 몽골계 부락인데, 동몽골 북부에 살던 삼림민이 주류였다.[103] 이 시기에 위구르에 도전한 토쿠즈 타타르는 위구르와 인접해 살던 유목민이었다.《시네 우수 비문》에 토쿠즈 타타르가 세키즈 오구즈와 함께 봉기했다고 기록되어 있고,《빌게 카간 비문》(동면:34)에서 토쿠즈 타타르와 세키즈 오구즈를 연이어 호명하고 있다는 점에서 타타르의 거주지는 오구즈와 인접해 있었을 것으로 보인다. 또한 실위 중에서 "가장 서쪽에 있는 오소고부烏素固部가 위구르와 접해 있다"[104]라는 기록을 통해서 오소고부와 토쿠즈 타타르가 관련되어 있음도 알 수 있다. 카를륵 카간은 인접해 있던 세키즈 오구즈와 토쿠즈 타타르에 대한 원정을 자세하게 정리했다.

> 뷔퀴귁에서 세키즈 오구즈와 토쿠즈 타타르의 남아 있는 사람들이 2일에 해가 뜰 때까지 싸웠다. 나의 쿨과 나의 킹, 그리고 보둔을 텡그리와 예르가 명령해주었다. 그곳에서 내가 승리했다. 포로를, 기병을…… 텡그리가 잡아주었다. 나는 카라 이길 보둔이 없어지지 않게 했다. 그들의 천막, 영지, 가축들을 빼앗지 않았다. 나는 형벌을 명령했다. 내가 "살게 해라, 나

---

103 『新唐書』 卷219 「北狄 室韋」, p. 6176.

104 『新唐書』 卷219 「北狄 室韋」, pp. 6176~6177. 이와 관련한 연구는 다음을 참조. 孫秀仁, 『室韋史研究』, 北方文物雜誌社, 1985, pp. 87~90; 張久和, 『原蒙古人的歷史 — 室韋·達靼研究』, 高等教育出版社, 1998, pp. 134~138, 140~145; 張久和·劉國祥, 『中國古代北方民族史 室韋卷』, 科學出版社, 2021, pp. 49~50.

> 자신의 보둔을!"이라고 말했다. 내가 "따라와라!"라고 말하고, 내가 [그들을] 놓아두고 갔다.[105]

또한 카를륵 카간은 세키즈 오구즈와 토쿠즈 타타르가 단순한 약탈의 대상이 아니라 장차 다스려야 할 이들임을 강조하며 이들을 불러들여 보둔으로 만들려고 했다. 세키즈 오구즈와 토쿠즈 타타르가 이를 거부하자, 카를륵 카간은 그들을 공격해 승리했고 이에 대해 다음과 같이 설명했다.

> [그들은] 오지 않았다. 다시 내가 [그들을] 쫓아갔다. 내가 부르구에 도착했다. 내가 4월 9일에 싸움을 했고, 승리했다. 내가 그의 가축과 재물, 그리고 그의 딸과 부인들을 오게 만들었다. 5월 그들이 따라왔다. 세키즈 오구즈와 토쿠즈 타타르가 남지 않았다. 그들이 왔다.[106]

이후 카를륵 카간은 다시 원정에 성공해 이들을 해체하고 가축과 재화도 약탈했다. 이로 인해 이후 세키즈 오구즈와 토쿠즈 타타르는 독자적 면모를 일부 잃기도 했다. 하지만 그들의 도전은 이후에도 계속되었다. 이에 대해 다음과 같은 기록이 남아 있다.

> "타이 빌게 투툭이 나빠서 하나둘의 기병이 나빠서 나의 카라 보둔을 [너희가] 죽였고, 없어지게 했다. [너희는] 다시 [이 말을] 받아들여라! 죽지

105 《시네 우수 비문》(동면:01)~(동면:02).

106 《시네 우수 비문》(동면:02)~(동면:03).

말아야 하고, 없어지지 말아야 한다, 너희들!"이라고 내가 말했다. "다시 마음과 힘을 바쳐라!"라고 내가 말했다. 내가 두 달을 기다렸는데, 그들이 오지 않았다."[107]

카를륵 카간은 먼저 타이 빌게 투툭Tay bilge tutuq(위구르 부족장의 하나로 추정)의 보둔을 회유하려다가 별다른 성과를 거두지 못했다. 이에 8월 15일에 케이레 바쉬, 위츠 비르퀴에서 타타르와 연합해 봉기한 타이 빌게 투툭의 보둔을 공격해 격파했다. "저편의 보둔이 투항했다. 저편에 있는 보[둔]…… (마모)…… 왔다. 그곳에서 다시 내가 돌아왔다. 외튀켄 땅에서 나는 겨울을 보냈다. 적들로부터 자유롭게 되었다"[108]라는 기록처럼 그동안 자신을 괴롭히던 내부의 도전을 일단락 지을 수 있었다.

이를 바탕으로 카를륵 카간은 체제 정비를 위해 "나의 두 아들에게 야브구와 샤드의 이름을 주었다. 내가 타르두쉬와 툘리스 보둔에게 [그들을] 주었다."[109] 즉 카간은 분봉을 할 만큼 내적 안정을 찾았다. 분봉은 흉노 이래 유목국가의 기본적인 통치 방식인데, 정복지에 대한 지배권이 확보된 뒤에 실시하는 것이 일반적이다. 돌궐이 687년 막북에 복귀한 이후에도 일테리쉬 카간이 두 동생을 타르두쉬와 툘리스의 통치자로 삼았는데, 비슷한 맥락의 조치였다.[110]

---

107 《시네 우수 비문》(동면:05).

108 《시네 우수 비문》(동면:06)~(동면:07).

109 《시네 우수 비문》(동면:07).

110 《퀼 테긴 비문》(동면:13)~(동면:14). "700명이 되어 일이 없는, 카간이 없는 보둔을, 계집종이 된, 사내종이 된 보둔을, 투르크의 퇴뤼를 잃어버렸던 보둔을, 나의 조상의 퇴뤼에

위구르는 일부 지역에 대한 분봉을 실시했음에도 여전히 유목국가로서 안정적인 통치 체제를 확보하지 못했다. 위구르에 도전하는 경쟁 상대들이 여전히 존재했기 때문이다. 셀렝게강 북방에 있던 치크Čik가 먼저 공격해 왔다. 한문 자료에는 이와 대응하는 명칭이 없는데, 이들은 몽골 초원에서 알타이 산지로 가는 중간 지역인 테스강 유역의 초원에 살던 집단이다. 돌궐 시기에도 예니세이강 유역에 살던 키르기스를 공격하기 위해 반드시 확보해야만 하는 교두보였다는 점이 비문 자료에서 확인된다.[111]

카를룩 카간은 셀렝게강에서 알타이 산지로 이어지는 서부로 원정했다. 이는 유목 세계의 중심 지역을 안정적으로 확보하고, 나아가 서북방의 키르기스와 서부의 카를룩을 제압하기 위한 전초전이었다. 치크 원정에 성공한 다음 카를룩 카간은 이를 기념하는 기공비를 세웠다. 이 비가 현재 발견된 《테스 비문》이고, 《타리아트 비문》[112]과 《시네 우수 비문》[113]에서도 이와 관련된 내용을 확인할 수 있다. 하영지인 엘세르 앞쪽에 비를 세웠다고 했는데,[114] 이곳은 《테스 비문》이 발견된 현재의 테스강 상류에 있는 산지다. 치크 원정은 부왕 사후에 발생한 내부 혼란을 극복한 다음 본격적으로 시작한 외부 진출이었다. 이 원정에

따라 묶었다고 한다. 퇼리스와 타르두쉬[로 구분된 땅에] 야브구와 샤드를 그때 주었다고 한다." 한문 자료에도 같은 내용을 기록했다. 『舊唐書』 卷194上 「突厥上」, p. 5167.

111 《퀼 테긴 비문》에서도 아즈와 치크 원정을 (동면:16)~(동면:17), (동면:23), (동면:26), (동면:38), (북면:02)~(북면:03), (서면:05)~(서면:06) 등에 기록했는데, 이는 모두 키르기스 공격을 위한 전초전이었다.

112 《타리아트 비문》(서면:01).

113 《시네 우수 비문》(동면:08).

114 《테스 비문》(남면:03).

는 유목 세계의 중심인 외튀켄과 그 북방의 셀렝게강 유역을 확보하는 현실적 의미와 함께 조상으로부터 물려받은 영역을 되찾는다는 '**고토 회복**'의 성격도 있었다.

750년 카를륵 카간은 치크 원정을 마치고 돌아와, 곧바로 동진하여 다시 반기를 든 타타르를 굴복시켰다.[115] 이를 통해 동몽골에 대한 지배력을 다시 확인했다. 751년 카를륵 카간은 외튀켄 산지로 돌아와 749년에 하영한 적이 있는 외튀켄 산지의 으두 봉우리 뒤편에 치적을 자랑하는 기공비를 또 세웠다.[116] 이 비문은 아쉽게도 발견되지 않았는데, 만약 이것이 발견된다면 위구르 초기에 남아 있는 공백의 일부를 메워줄 수 있을 것이다.

이후 서부에서 다시 새로운 도전이 시작되었다. 키르기스와 연합한 치크의 공세였다. 카를륵 카간은 이에 대해 다음과 같이 설명했다.

> 머리를 든 벡들을, 카라 불룩을, 그들을 다스리고 있다는 키르기스까지 [사람을] 보냈다 한다. [그가] "너희는 멀리 떠나라! 치크를 멀리 떠나게 해라!"라고 말했다 한다. [그들이] "나도 멀리 떠나련다!"라고 말했다 한다. [그들이] "보아라! 보드를 남겨라! 숲에서 모이자!"라고 말했다 한다.[117]

이 무렵에 키르기스는 위구르에 도전한 치크를 도우려고 쾨그멘 Kögmen(사안산맥) 남쪽까지 내려왔다. 쾨그멘은 초원의 서북쪽에 있는

115 《시네 우수 비문》(동면:08).

116 《시네 우수 비문》(동면:09)~(동면:10).

117 《시네 우수 비문》(동면:10).

데, 예니세이강 유역에서 초원으로 가려면 반드시 지나야만 하는 곳이었다. 돌궐 비문에서 키르기스 원정 과정을 말할 때 늘 나오는 지역이다. 이 무렵 위구르에게 치크의 공세는 서부 몽골의 지배력 약화뿐만 아니라, 중대한 위협이었던 키르기스 세력의 확대와도 관련이 있었다. 즉 위구르의 운명이 걸린 사안이었다. 따라서 위구르의 선봉대가 치크와의 전투에서 고전 끝에 패배한 것은 심각한 문제라 하지 않을 수 없었다. 치크를 지배하고 키르기스를 막기 위한 카를륵 카간의 노력과 관련해서는 비문의 마모가 너무 심해 구체적 내용을 알 수 없다. 다만《타리아트 비문》에 750년부터 752년까지의 기록이 남아 있지 않다는 점에서 이런 움직임이 성과로 이어지지 못하고 교착 상태에 빠졌다는 것은 추정해볼 수 있다. 기록이 없다는 것은 자랑할 만한 성과를 거두지 못했다는 뜻이기 때문이다.

카를륵 카간은 752년 이후에 치크를 복속했다. 이는 알타이 산지를 넘어 볼추강(이르티쉬강 지류)에서 위취 카를룩을 공격했고, 752년에 "치크 보둔에게 내가 투툭(도독都督)을 주었다"[118]라는 기록을 통해 알 수 있다. 치크 보둔에게 투툭을 임명했다는 말은 그들을 통제하는 관리를 파견했거나, 아니면 치크의 추장을 투툭으로 임명했다는 뜻이다. 이런 승리를 거두고 카를륵 카간이 하영한 곳이 바로 앞서《테스 비문》을 세웠던 엘세르 앞쪽에 있던 치크의 본거지였다.

이후에도 위구르의 상황이 좋아진 것은 아니었다. 서부의 바스밀, 카를룩, 튀르기쉬Türgiš(돌기시突騎施) 등의 공세가 이어졌다. 위구르의 서방 진출 시도에 대한 견제였다. 위구르가 이에 어떻게 대응하는가는

---

118 《시네 우수 비문》(남면:02).

이후의 존립과 발전을 좌우할 만큼 중요한 일이었다. 이런 비중을 반영하듯이《시네 우수 비문》도 관련 내용을 자세하게 다루고 있다. 카를륵 카간은 이들과의 전투에서 한 차례 승리한 753년에 하영지인 외튀켄으로 돌아와《타리아트 비문》을 세우고, 카를룩과 바스밀의 일부를 자신의 일원으로 편제했음을 자랑했다.

754년에 카를륵 카간은 "**그곳에서 북으로 바스밀, 카를룩이 없게 되었다**"[119]라고 했으며, 이후 카를룩과 바스밀에 대한 기록은 더 이상 없다.[120] 한문 자료에서도 이들 둘에 대해 "[위구르가] 바스밀과 카를룩을 격파하고 모두를 하나의 부락으로 받아들여 각각 도독 한 명을 두고 전투가 있을 때마다 객부락으로 삼아 선봉에 서도록 했다"[121]라고 했다. 이는 이 무렵부터 위구르가 두 족속을 복속한 다음 군사적으로 이용했음을 보여준다. 이런 승리에도 불구하고 위구르가 과거 서돌궐 지역에 산재한 유목 세력들에 영향력을 갖게 된 것은 아니었다. 패배한 카를룩의 일부는 북정(베쉬 발릭)을 중심으로 한 알타이 남부에서 세력을 유지하고 있었다. 그보다 더 서쪽에 있었던 튀르기쉬 역시 약화하기는 했으나 여전히 독자적인 세력을 유지했다.

비록 절반의 성공이었으나, 위구르는 경쟁 세력들이 초원으로 진출하려던 시도를 좌절시켰고 막북 초원의 여러 세력을 통합하여 이들을 보둔으로 확보했다. 어느 정도 건국의 윤곽이 보이자, 카를륵 카간

---

119 《시네 우수 비문》(서면:02).

120 川崎浩孝,「カルルク西遷年代考 — シネウス·タリアト兩碑文の再檢討による」,『內陸アジア言語の研究』8, 1993, p. 109; 陳良偉,「拔悉密汗國及其相關的問題」,『新疆大學學報』1992-3, p. 59.

121 『唐會要』卷98「回紇」, p. 1744.

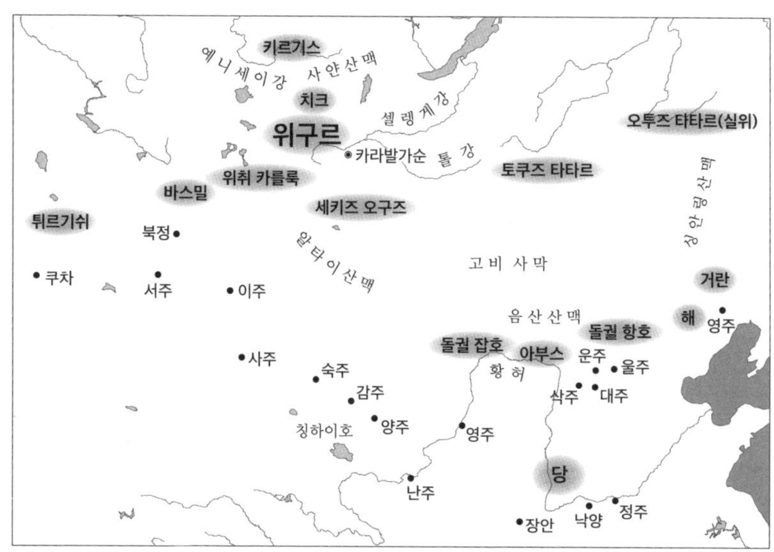

(그림 4) 753년 막북 초원을 중심으로 한 형세도

은 753년 위구르 퇴뤼의 회복과 돌궐을 대체하는 새로운 유목국가의 성립을 대내외에 선언했다. 그러나 아직 미흡한 수준이었기 때문에 이후에도 보둔을 확보해 위구르 국가인 '**구성회흘**'에 포함시키기 위한 원정을 계속했다. 이렇게 확보한 보둔을 자신의 의도에 따라 조직하여 안정적으로 국가를 운영할 수 있는 체제를 마련하는 것이 카를륵 카간의 과제였다.

제2장

체제 정비

1. 보둔의 조직: 토쿠즈 오구즈와 온 위구르의 재편

유목국가는 권력을 장악한 핵심 세력이 보둔을 확보하고 편제하면서 체계화된다. 위구르도 건국 이후 보둔을 확보하고 일을 확대 재편하는 과정에서 국가의 구성 내용과 편입된 개별 부락의 위상이 계속 바뀌었다. 다시 말해서 한문 자료에 자주 등장하는 위구르의 국가명인 '**구성회흘九姓回紇**'의 내용이 자주 바뀌었고, 그 구성원도 계속 새롭게 재편되었다. 원래 야글라카르가 이끄는 위구르를 중심으로 형성된 연합체를 가리키던 명칭이 건국 과정에서 일의 구조가 변화했음에도 그대로 사용되면서 그 내용이 매우 혼란스러워졌다. 특히 한문 기록에 등장하는 '구성회흘'과 비문 기록에 나오는 '토쿠즈 오구즈'의 내용 변화에 대한 설명은 더욱 혼란스러워 그 전모를 정확하기 알기 어렵다.[122] 더욱

122 다음의 세 가지 사료의 기록이 달라 다양한 논의가 있었다.
사료(A) "有十一都督, 本九姓部落, 一曰藥羅葛, 卽可汗之姓, 二曰胡咄葛, 三曰咄羅勿, 四曰貊歌息訖, 五曰阿勿嘀, 六曰葛薩, 七曰斛嗢素, 八曰藥勿葛, 九曰奚耶勿. 每一部落一都督. 破拔悉

이《시네 우수 비문》에 기록된 **'온 위구르On Uyγur'**와 **'토쿠즈 오구즈'**의 관계에 관한 설명이 **'구성회흘'**의 내용과 연결되면서 이에 대한 많은 논의가 있었다.[123]

密, 收一部落, 破葛邏祿, 收一部落, 各置都督一人, 統號十一部落. 每行止關戰, 常以二客部落爲軍鋒." (『舊唐書』 卷195 「迴紇」, p. 5198).

사료(B) "有十一都督, 九姓部落; 一部落置一都督, 于本族中選有人望者爲之. 破拔悉密及葛邏祿, 皆收一部落, 各置都督一人, 每行止戰鬬, 以二客部落爲鋒. 其九姓: 一曰回紇; 二曰僕固; 三曰渾; 四曰拔曳固(卽 拔野古); 五曰同羅; 六曰思結; 七曰契苾, 以上七姓部落, 自國初以來, 著在史傳. 八曰阿布思; 九曰骨崙屋骨恐, 此二姓天寶後始與七姓齊列." (『唐會要』 卷98 「回紇」, pp. 1743~1744).

사료(C) "九姓者, 曰藥羅葛, 曰胡咄葛, 曰啒羅勿, 曰貊歌息訖, 曰阿勿嘀, 曰葛薩, 曰斛嗢素, 曰藥勿葛, 曰奚邪勿. 藥羅葛, 回紇姓也, 與僕骨、渾、拔野古、同羅、思結、契苾六種相等夷, 不列於數, 後破有拔悉蜜、葛邏祿, 總十一姓, 並置都督, 號十一部落. 自是, 戰常以二客部爲先鋒." (『新唐書』 卷217上 「回鶻上」, p. 6114).

123 비문 자료의 '토쿠즈 오구즈'와 대응하는 한문 자료의 위구르 부족의 구성에 대한 기록이 달라 다양한 논의가 있었다. 처음에는 위구르Uyγur와 오구즈Oγuz를 같은 것으로 보아 '토쿠즈 오구즈'와 '회흘구성回紇九姓'을 같은 집단으로 보기도 했다. 톰센 이래의 논쟁은 다음에 잘 정리되어 있다. 르네 그루쎄, 김호동·유원수·정재훈 (역), 『유라시아 유목제국사』, 사계절, 1998, pp. 183~184의 주93 참조. 이후 1913년에 람스테트가《시네 우수 비문》을 소개한 글인 G. J. Ramstedt, "Die inschriften des grabsteins am Sine-usu : Zwei Uigurische Runeninschriften in der Nord-Mongolei", *Journal de la Société Finno-Ougrienne* v.30, 1913, pp. 10~63을 발표하면서 '토쿠즈 오구즈'의 구성과 '온 위구르'의 관계에 관한 논의가 본격화되었는데, 이후 연구는 다음과 같다. 羽田亨, 「九姓回鶻とToquz Oghuzとの關係を論ず」, 『東洋學報』 9-1, 1919, pp. 325~394(『羽田博士史學論文集 上』(歷史篇), 京都大學文學部內東洋史硏究會, 1957에 수록); F. W. K. Müller, "Uigurische Gloffen", *Festschrift für Friedrich Hirth zu seinem* 75. Geburtstag 16. April 1920, Defterbuch & Co. Berlag, 1920, pp. 310~324; 橋本增吉, 「九姓回鶻の問題に就いて」, 『史潮』 3-1, 1933, pp. 1~32; F. von Laszlo, "Die Toquz-Oguz und die köktürken", L. Ligeti (ed.), *Analecta Orientalia memoriae Alexandri Csoma de Korös dicata*(Bibliotheca Orientalis Hungaricae V) Budapestini, 1942, pp. 103~109(Hasan Eren (tr.), "Dokuz Oğuzlar ve Gök Türkler", *Belleten* v. 53, 1950, pp. 37~43); E. G. Pulleyblank, "Some remarks on the Toquz Oghuz Problem", *Ural-Altaische Jahre bücher* 1956-1, pp. 35~42; J. Hamilton, "Toquz-oγuz et On-uyγur", *Journal Asiatique* 250, 1962, pp. 23~63; 森安孝夫, 「チベット語史料中に現われる北方民族: DRU-GUとHOR」, 『アジア

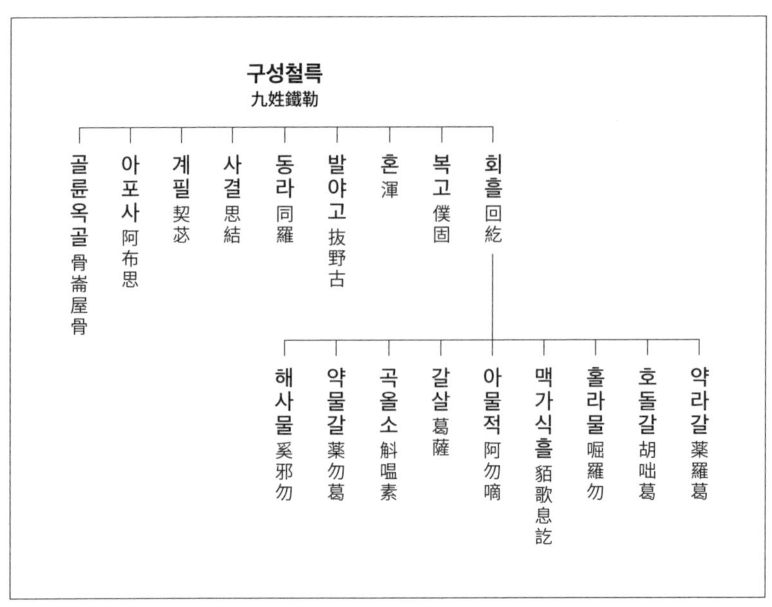

〔그림 5〕 하네다 도루羽田亨가 정리한 내구성內九姓·외구성外九姓

오랜 연구와 논의를 거쳐 위구르 내부에 몇 개의 씨족이 있었다는 사실을 알 수 있었고,[124] 한문 자료에서 보이는 야글라카르를 비롯한 여러 씨족으로 이루어진 구성회흘이 비문 자료의 온 위구르와 같은 표현임도 알 수 있었다.[125] 이를 바탕으로 위구르 초기의 혼란스러웠던 국가

アプリカ言語文化研究』14, 1977, pp. 1~48; 林幹, 「試論回紇史中的若干問題」, 林幹 (編), 『突厥與回紇歷史論文選集』下, 中華書局, 1987, pp. 597~599; 片山章雄, 「Toquz Oghuzと'九姓'の諸問題について」, 『史學雜誌』90-12, 1981, pp. 39~55; T. Senga, "The Toquz Oghuz Problem and the Origin of the Khazars", *Journal of Asian History* 24-1, 1990, pp. 57~69.

124 위의 논의는 크게 '중층적'으로 보는 사료(A)에 따른 입장과 '병렬적'으로 보는 사료(B)에 따른 입장으로 나눌 수 있다. 전자의 대표적 연구로 羽田亨, 위의 글, 1919, pp. 325~394가 있고, 후자의 대표적 연구로는 片山章雄, 위의 글, 1981, pp. 39~55가 있다.

구조와 그 구성원을 구체화해볼 필요가 있다. 유목국가에 대한 기존의 분석 방식을 원용해[126] 구성회흘, 즉 '위구르 일'의 정비에 따른 그 확대 과정을 다음과 같이 정리해볼 수 있다.

유목국가의 일반적 구성 모식模式에 따르면 야글라카르, 즉 **'핵심 집단'**을 중핵으로 그들과 문화적·혈연적 일체감을 형성하는 **'연맹 집단'**인 구성회흘(또는 구성회골)이 있고, 전쟁 패배로 복속되어 이들과 강한 일체감을 느끼지는 못하나 그 일원이 된 투르크계 혹은 비투르크계 유목민 등이 **'종속 집단'**을 이룬다. 위구르도 이러한 방식으로 체제 정비가 이루어졌기 때문에 그 과정을 정리하면 초기 국가 구조를 알 수 있다.

먼저 핵심 집단으로 카간을 배출하는 이른바 황금씨족 야글라카르는 한문 자료뿐만 아니라 비문 자료에서도 카간의 성이라고 했다.[127] 이들이 언제부터 영향력이 있었는지를 알기는 어렵다. 다만 5세기 중반 원흘 씨의 추장 원흘수자가 나름의 세력을 유지했다는 기록을 통해 원흘이라 불리던 하나의 단위가 있었다고 추정할 수 있다.[128] 비문 자료

125 『구당서』의 사료(A)가 『당회요』의 사료(B)와 『신당서』의 사료(C)에 비해 위구르 내부의 씨족 명칭을 반영한다는 점에서 구조를 **'중층적'**으로 드러낸다. 이는 [그림 5]와 같이 정리할 수 있다(羽田亨, 위의 글, 1919, p. 338). 이를 통해 '토쿠즈 오구즈'와 '구성회흘'의 중층적 구조와 함께 그 내용도 일부 알 수 있었다. 정재훈, 「위구르 初期(744~755) '九姓回紇'의 部族 構成 — '토쿠즈 오구즈Toquz Oγuz' 問題의 再檢討」, 『동양사학연구』 68, 1999, pp. 106~107; 『위구르 유목제국사 744~840』, 문학과지성사, 2005, pp. 89~105 참조.

126 Omeljan Pritsak, "Stammesnamen und Titulaturen der Altaischen Völker", *Ural Altaische Jahre bücher* Band 24-1·2, 1952, pp. 52~53; 김호동, 「고대유목국가의 구조」, 서울대학교 동양사연구실 (편), 『강좌 중국사』 2, 지식산업사, 1989, pp. 270~271.

127 『新唐書』 卷217上 「回鶻上」, p. 6111.

128 『魏書』 卷103 「高車」, p. 2310.

에서 자신들의 역사가 '300년'이 되었다고 한 것[129]에서 오래전부터 위구르 내에서 야글라카르가 유력한 세력이었음을 짐작할 수 있으나 더 구체적인 것은 알 수 없다.

7세기 중반 당의 기미 지배 이후에도 위구르의 내부 구조를 알 수 있는 기록은 없다. 단지 7세기 초에 비로소 '회흘回紇'이라는 명칭이 등장했다는 정도만 알 수 있다. 이때 위구르의 추장은 돌궐 내에서 씨족장 정도의 위상인 이르킨irkin(사근俟斤)[130]으로, 테긴 이르킨Tegin irkin(시건사근時健俟斤 또는 특건사근特健俟斤)의 시기인 620년대가 되어서야 비로소 야글라카르가 나타난다.[131] 이후 740년대 위구르를 건국한 쿠틀룩 빌게 퀼 카간이나 카를륵 카간 등을 중심으로 한 핵심 집단이 원정을 통해 보둔을 확보해 유목 세계에서 배타적 지배력을 획득하면서 카간을 배출하는 이른바 **'황금씨족'**이 될 수 있었다.

카간은 군사적 성공을 통해 권위를 확립하고, 권위를 바탕으로 핵심 집단인 친족이나 아들에게 영지를 나누어 주어 국가를 가산적家産的으로 관리했다.[132] 권력 유지의 중요한 토대인 보둔을 야글라카르가 독점적으로 나누어 지배한 것은 유목국가의 보편적 양상으로 위구르도 예외가 아니었다. 이를 기초로 카간은 집권을 시도하며 **'권위주의 체제'**를 만들어갔다. 다만 이런 경우 핵심 집단 내부의 갈등이 국가의 조명에 영향을 끼치기도 했다.

---

129 《테스 비문》(북면:02).

130 護雅夫, 「鐵勒諸部におけるeltäbär, irkin號の研究」, 『古代トルコ民族史研究』 I, 山川出版社, 1967, p. 427.

131 『新唐書』 卷217上 「回鶻上」, pp. 6111~6112.

132 주2 참조.

핵심 집단의 중요한 연합 세력의 하나는 야글라카르와 반족伴族 집단을 형성하는 **인척**이었다. 흉노나 돌궐의 경우 인척이 건국과 통치에서 중요한 역할을 했음[133]이 확인되나 위구르는 관련 기록이 없다. 위구르에서도 여러 집단이 인척으로서 영향력을 행사했으리라 추정되지만, 그 역할이 두드러지지 않았기에 기록이 남지 않은 것으로 보인다. 돌궐 제2제국의 빌게 톤유쿠크 시기에 반족인 아사덕의 활약이 자세한 기록으로 남은 것과 달리, 제1제국 시기에는 인척 관련 기록이 전혀 없는 것도 비슷한 맥락으로 볼 수 있다.

위구르의 내부 구성을 확인하려면 한문 자료에서 구성회흘 내부에 대해 기록한 내용을 비교 대조해 살펴봐야 한다. 한문 자료는 핵심 집단 외곽에 있는 **연맹 집단**의 구성을 보여준다. 사료(A)에 등장하는 여러 씨족이 위구르의 주축 세력이며 핵심 집단인 야글라카르와 연맹 집단을 형성했다. 카를륵 카간이 8개 부족 각각의 씨족장에게 '투툭'의 지위를 주어 이들을 편입했다는 기록을 통해, 위구르가 이들 연맹 집단을 특별하게 대우했음을 알 수 있다. 투툭, 즉 도독은 원래 과거 위구르의 전체 부족장에게 당에서 준 최고위 지위였다.

한편 유력하지 못한 부족은 도독보다 등급이 낮은 칙시čigsi(자사刺史) 정도에 머물렀다.[134] 740년대 중반 건국 이후 위구르에 속해 있던 개별 씨족장이 도독이 된 것은 야글라카르 출신 추장이 카간이 되면서 연

133 護雅夫, 「北アジア·古代遊牧國家の構造」, 『岩波講座 世界歷史』 3, 岩波書店, 1971, pp. 360~361.

134 야글라카르 출신의 테긴 이르킨이라는 인물은 이르킨(씨족장) 정도의 위상이었다. 이와 달리 640년대 중반 카간을 자칭했던 토미도는 당에 의해 한해도독으로 책봉되었다. 그 외에 위구르 예하의 여러 씨족장은 여전히 이르킨과 동급인 칙시 정도였다(주130 참조).

맹을 이루고 있던 씨족의 지위가 동반 상승한 결과였다. 카를륵 카간은 연맹 집단인 씨족의 적극적 협조를 바탕으로 군사적 토대를 마련할 수 있었다. 여기에서 끝나지 않고 10명(또는 11명)의 도독은 764년에 당에 의해 국공國公으로 책봉되는 등 지위가 더 상승했다.[135] 핵심 집단인 야글라카르는 이렇게 구성회흘 내부에 있던 씨족장을 우대하고, 이들과 좋은 관계를 유지하여 연맹 집단을 구성할 수 있었다.

카를륵 카간은 핵심 집단과 연맹 집단의 긴밀한 협력을 바탕으로 그 외곽을 구성하는 **종속 집단**도 확보했다. 과거 자신과 대등했던 구성(또는 구성철륵), 즉 토쿠즈 오구즈라고 불린 느슨한 연맹체와의 관계를 상하 관계로 재편했다. 비문 기록에서 카간이 이들을 여러 번 '나의 보둔bodunum'이라고 언급하고, 세키즈 오구즈와 토쿠즈 타타르를 '카라 이길 보둔qara igil bodun(성스러운 일반 백성)'[136] 혹은 '켄튀 보두눔kentü bodunum(나 자신의 백성)'[137]이라 부른 것을 통해서도 이들을 중요하게 여겼음을 알 수 있다. 747년 쿠틀룩 빌게 퀼 카간이 사망하자 동요한 '카라 보둔(성스러운 백성)'[138] 역시 이런 복속 대상이었다.

위구르 일을 구성하고 안정시키는 데는 세키즈 오구즈의 확보가 매우 중요했다. 종속 집단의 상실이 바로 국가 붕괴로 이어질 수도 있었기 때문이다. 돌궐 제2제국의 붕괴도 투르크계 유목 부족인 설연타, 바스밀, 카를룩, 위구르 등과 같은 종속 집단의 봉기로 시작되었다. 따

---

135 『新唐書』 卷217上 「回鶻上」, p. 6119.

136 《시네 우수 비문》(동면:02).

137 《시네 우수 비문》(동면:02).

138 《시네 우수 비문》(북면:12).

라서 종속 집단에 속한 보둔의 이탈에는 강하게 대응할 수밖에 없었다. 군주가 아니었던 돌궐의 빌게 톤유쿠크조차도 쾩 투르크, 시르Sir, 토쿠즈 오구즈를 자신의 보둔이라고 했다.[139]

세키즈 오구즈와 토쿠즈 타타르에 대한 원정은 이런 맥락에서 실시되었다.[140] 749년에서 750년으로 넘어갈 때가 되어서야 카를륵 카간은 "외튀켄 땅에서 나는 겨울을 보냈다. 적들로부터 자유롭게 되었다"[141]라고 원정의 성공을 자랑했다. 이처럼 건국 이후 카간의 권위를 확립하기 위해서는 종속 집단과의 관계를 '**수직적**'으로 바꾸는 일이 매우 중요했다.

이런 종속 집단의 하나인 세키즈 오구즈에 관해서는 비문 기록으로는 알 수 없고, 한문 자료로만 일부 내용을 추정할 수 있다. 한문 자료 중에서도 사료(C)에서 "복골僕骨, 혼渾, 발야고拔野古, 동라同羅, 사결思結, 계필契苾" 정도의 이름만 확인할 수 있다. 이 가운데 비문 기록과 대응하는 것으로는 753년의 분봉 기록에 나오는 바이르쿠Bayïrqu(발야고)와 통라Toŋra(동라) 정도만 확인할 수 있을 뿐이다.[142] 그 밖의 다른 부족 명칭은 한문 자료의 내용과 일치하지 않는다.

먼저 통라는 아부스 엘테베르가 752년에 당을 이탈해 위구르와 전투를 벌이는 과정에서 복속되었다. 아부스 엘테베르가 이끄는 군대의 중핵이 통라였다는 기록을 통해 이를 짐작할 수 있다.[143] 이때 위구

---

139 《톤유쿠크 비문》(II, 북면:04).

140 《시네 우수 비문》(동면:01)~(동면:03).

141 《시네 우수 비문》(동면:07).

142 《시네 우수 비문》(동면:07).

143 『新唐書』卷215下「突厥下」, p. 6054.

르에 복속된 통라는 아부스 엘테베르가 이끄는 집단이었거나 남하하지 않고 막북에 있던 통라로 볼 수 있다. 그 내원은 정확히 알 수 없으나 통라는 세키즈 오구즈의 일원이었다. 또한 토쿠즈 바이르쿠Toquz Bayïrqu(구성발야고九姓拔野古)도 한문 기록에서 확인되지는 않지만, 이들 역시 통라와 함께 토쿠즈 오구즈의 일원이었다.

위의 둘을 제외하고 사료(B)를 보면, 아부스와 골륜옥골공骨崙屋骨恐이 천보天寶 연간(742~756) 이후 위구르 국가에 포함되었다. 아부스는 742년 돌궐이 내분에 휩싸이자 당에 투항해 번장으로 활약했던 아부스 엘테베르가 이끄는 집단이었다. 아부스 엘테베르는 751년에 안녹산의 부당한 지시에 반발해 막북 복귀를 시도했다가 753년 5월 위구르에게 패배했다. 이때 그의 예하에 있던 아부스의 일부가 비로소 위구르에 복속되었다.[144] 이는 아부스가 750년대에 위구르에 포섭되었다고 한 사료(B)와도 연결된다.

그 밖에 투툭이라고 기록된 이들 중에 종속 집단으로 편제된 세력은 비문 자료에만 나오는 치크다. 카를륵 카간은 원정에서 승리하고 치크 추장에게 "투툭의 지위를 주었다."[145] 또한 위구르에 속하지 않는 에디즈 부족의 우두머리가 투툭이었고[146] 토쿠즈 오구즈의 일원이었던 사결의 우두머리가 으난추 퀼뤽 투툭 스제Inanču külüg tutuq si jie(이난주구록도독사결伊難珠句祿都督思結)였다는 한문 기록을 통해 그들의 추장이 투툭, 즉 도독이었음을 확인할 수 있다.[147]

---

144 『資治通鑑』 卷216 玄宗 天寶11(752)年條, p. 6913.

145 《테스 비문》(남면:03).

146 『新唐書』 卷217上 「回鶻上」, p. 6123.

카를룩 카간이 종속 집단을 구성하기 위해 포섭하려던 보둔을 '토쿠즈 오구즈'라 하지 않고 '세키즈 오구즈'라고 한 것을 통해 위구르와 이들 사이의 세력 변화를 알 수 있다. 위구르는 건국 이전에는 "온 위구르, 토쿠즈 오구즈"라며 양자를 병렬했으나, 건국 이후에는 9개로 구성된 '토쿠즈 오구즈'가 아니라 8개로 구성된 '세키즈 오구즈'라고 적었다. 이런 표현은《시네 우수 비문》의 동면 1행과 3행에서 두 차례나 발견되는데, 이는 위구르가 그 일원이 아님을 강조한 것이다. 위구르의 야글라카르가 건국 이후 카간을 배출하는 핵심 집단이 되자 종속 집단을 구성하는 보둔, 즉 오구즈와 자신을 구분할 필요가 있었고, 자신을 뺀 '세키즈 오구즈'라는 표현을 통해 이를 자연스럽게 드러낸 것이다.

또한 카를룩 카간은 종속 집단의 확대 과정에서 세키즈 오구즈만이 아니라 토쿠즈 타타르, 그리고 처음에는 협력했다가 나중에는 경쟁 관계가 된 카를룩과 바스밀도 일부 자신의 세력 안으로 집어넣었다. 이들을 다른 집단과 함께 객부락으로 삼았다.[148] 원정에서 승리하여 확보한 집단을 객부락으로 편제했다는 것 자체가 종속 집단의 구성과 연결되었다. 이들 이외에 객부락이 더 있었는가는 알 수 없으나 종속 집단의 규모가 계속 확대된 것은 분명하다. 한문 기록에는 11부만 열거되어 있으나 비문 기록을 살펴보면 이후에도 위구르는 원정을 계속하여 종속 집단을 확대해갔다.

종속 집단을 어떻게 활용했는가는 카를룩과 바스밀 등 객부락을 전투의 선봉에 세웠다고 한 기록을 통해 알 수 있다.[149] 이들은 위구르

---

147 『新唐書』 卷217下「回鶻下」, p. 6129.

148 『新唐書』 卷217上「回鶻上」, p. 6114.

군사력의 중요한 부분이었다. 종속 집단을 군사적으로 활용하는 것은 유목국가에서는 일반적인 일이었다. 6세기 중반 돌궐이 유목제국을 건국하는 과정에서도 투르크계 부족인 철륵을 복속시켜 군사적으로 동원했다.[150] 안녹산도 자신의 친위 부대인 '예락하曳落河'를 조직하기 위해 전투에서 승리해 포섭한 여러 '**탈부족적인**' 존재를 '**의제적 관계**'로 편제해 군사적으로 활용했다.[151]

카를륵 카간은 토쿠즈 타타르와 함께 서북방에 거주했던 예티 이기르미 아즈Yeti yigirmi Az(17성姓 아즈)를 '내 텡그리 카간의 기병Teŋri qanïm atlïγï'이라고 했다.[152] 이들도 위구르의 중요한 군사력이었다. 이들을 통해 세키즈 오구즈보다 외곽에 있었던 카를룩, 바스밀, 토쿠즈 타타르, 아즈 등도 카간 권력의 기초인 친병 집단의 일원으로 편입되었음을 알 수 있다. 위구르는 토쿠즈 타타르를 이용해 749년에 가장 위협적인 세력이었던 타이 빌게 투툭의 봉기를 진압했다.[153]

건국 이후 카를륵 카간은 여러 세력을 새로 포섭해 **수직적인 관계**를 맺고, 군사력을 활용해 내적인 안정과 외적인 확장을 도모했다. 종속 집단의 확대와 **군사적 활용**에 대한 기록을 바탕으로, 《타리아트 비문》에 기록된 위구르 일이 한문 자료에 기록된 구성회흘 또는 회흘과 어느

---

149 위와 같음.

150 위의 책, p. 6111.

151 변인석, 『安史亂의 新研究』, 형설출판사, 1984, pp. 279~293; 정재훈, 「唐朝의 突厥 降戶 羈縻와 安祿山의 亂」, 서울대학교 동양사학연구실 (편), 『分裂과 統合 — 中國中世의 諸相』, 지식산업사, 1998, pp. 279~284.

152 《타리아트 비문》(북면:02).

153 《시네 우수 비문》(동면:05).

정도 대응된다는 사실을 파악할 수 있다. 두 기록이 정확하게 일치하지는 않으나, 비문 자료에서 바스밀과 카를룩을 포섭했다고 한 내용과 한문 자료에서 객부락을 조직해 기존의 '구성九姓'이 '십일성十一姓'으로 확대되었다고 한 내용이 연결된다고 볼 수 있다.[154] 일부 표현이 다르기는 하나 위구르 일, 즉 구성회흘이 확대되는 과정을 확인할 수 있다.

이런 과정을 거쳐 위구르는 막북 초원에서 돌궐을 대체하는 새로운 유목국가를 만들었다. 구성회흘은 이제 하나의 부족, 즉 위구르 내부의 씨족(소위 내구성內九姓)을 부르는 말이 아니라 구성 또는 구성철륵(소위 외구성外九姓), 즉 토쿠즈 오구즈와 그 밖의 여러 유목 세력을 포괄하는 '위구르 일'의 명칭이 되었다. 그러나 '위구르 일'의 등장에도 불구하고 한문 기록에서는 기존의 명칭인 구성회흘을 그대로 국호로 기록했다. 건국 이후의 세력 재편 과정에서 구성회흘은 이전과 완전히 다른 개념이 되었기 때문에 그 내용은 더 복잡해질 수밖에 없었다.

같은 명칭을 국호로도 사용한 문제는 한문 자료에 빈출하는 **'구성九姓'**의 개념을 구체적으로 설명하는 일, 그리고 결국 비문 기록에 나오는 '토쿠즈 오구즈'의 의미를 이해하는 일에 매우 중요한 부분이다. 한문 기록에서 위구르의 국호를 구성회흘(이후 구성회골로 바뀜)[155]이라고

---

154 『新唐書』 卷217上 「回鶻上」, p. 6114.

155 위구르의 국호 개정에 대한 한문 기록은 혼란스럽다. 809년에 위구르가 회흘에서 회골로 개칭했다고 한 기록과 달리 개칭 시점은 788년으로 보는 것이 더 타당하다. 『자치통감』, 『신당서』, 『책부원구』에 모두 788년으로 기록되어 있다. 『자치통감』 주에서 최현崔鉉은 『속회요續會要』의 "貞元五年七月, 公主至衙帳, 回紇使李義進請改'紇'字爲'鶻'"이라는 기록을 인용해 변경 시점이 788년이었음을 증명했다. 820년대에 제작한 《구성회골애등리라골몰밀시합비가가한성문신무비九姓回鶻愛登里囉汩沒蜜施合毗伽可汗聖文神武碑》에서도 구성회골이라는 명칭이 등장한다.

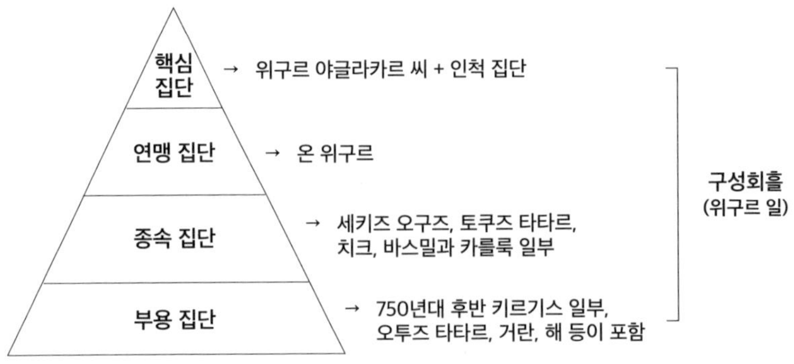

(그림 6) 위구르의 국가 구성 모식

표기한 뒤에도 계속해서 구성이라는 표현이 혼재되어 사용되었기 때문이다. 이에 대한 정확한 설명이 필요하다.

먼저 구성, 즉 **토쿠즈toquz**(9를 뜻함)와 같이 국호에 숫자를 사용하기 시작한 시기나 의미에 대해서는 아직까지 체계적 설명이 부족하다. 비문 기록을 보면 토쿠즈(9)나 온(10), 세키즈(8) 등 숫자를 이용해 집단을 나타내는 방식은 이전부터 있었다. 한문 자료에서도 일찍부터 구성이라는 표현을 사용했다. 구성돌궐九姓突厥, 구성철륵九姓鐵勒, 철륵구성鐵勒九姓 등의 용례가 있다. 특정한 숫자를 표현한 것인지, 아니면 상황에 따라 확대 또는 축소되는 가변적인 상태를 표현한 것인지는 용례가 복잡해 정확히 알기 어렵다. 이를 파악하기 위해서는 혼란스러운 기록을 세밀하게 검토하는 과정이 필요한데, 용례를 보면 9라는 숫자에 딱 들어맞는 경우보다 그렇지 않은 경우가 더 많다. 토쿠즈 오구즈와 대응하는 한문 기록의 구성철륵 또는 철륵구성의 실제 숫자는 9를 가리키기도 하지만 11로 늘어나기도 한다. 사료(A)와 (B)에서 확인할 수 있는 것처럼, 한문 기록에서 정확하게 9로 특정한 경우라도 구성이라는 표현을 관용적으로 사용하다 나온 일종의 실수實數라고 볼 수 있다. 이것이 실제 숫자임은 위구르 내부에 9개의 씨족이 있다는 한문 기록과 위구르의 씨족 구성이 토쿠즈 오구즈에서 세키즈 오구즈로 바뀌었다는 비문 기록을 비교해보면 확인할 수 있다.

만약 토쿠즈의 의미가 가변적이라면 이를 다르게 해석해볼 수도 있다. 토쿠즈의 사전적 의미에는 '아홉'뿐만 아니라 '**많다**' 또는 '**숫자 중에서 가장 크다**'도 있다. 현대 터키어에서도 이렇게 중의적 의미로 사용된다. 만약 이런 의미라면, 토쿠즈는 9라는 특정한 숫자가 아니라 '많다'라는 의미로 국가 전체를 대표하는 표현일 수 있다. 그 밖에 위구르의 숫자 관념을 통해서도 토쿠즈를 다르게 이해해볼 수 있다. 위구르의 세계관 형성에는 샤머니즘이 큰 영향을 미쳤는데, 샤머니즘적 세계관에서 토쿠즈는 **성수聖數**[156]였다. 돈황에서 출토된 폴 펠리오Paul Pelliot의 문서(Pelliot Tibétain 1283)[157]와 위구르 카간의 천막 앞에 세운 기치

156 샤머니즘에서는 3개의 세계를 기초로 하늘과 땅이 총 7개 혹은 9개의 계층으로 이루어졌다고 보았다. 샤머니즘을 신봉하는 북아시아 사람들은 7 또는 9를 완전한 수인 3과 함께 중요하게 여겼다(미르치아 엘리아데, 이윤기 (역), 『샤마니즘』, 까치, 1992, p. 253~259). 고대 투르크 비문의 칠진법에 따른 숫자 계산이나 서돌궐 카간이 비잔티움에 보낸 서신에 나타난 표현에서 알 수 있듯이 돌궐에서는 7(yeti)이 중요했다. 薛宗正, 『突厥史』, 中國社會科學出版社, 1992, pp. 741~742; 畢樗, 「關于突厥語民族的神秘數目」, 『突厥語言與文化硏究』, 中央民族大學出版社, 1996, pp. 238~252.

157 "위구르 도독 중에 중국이 책봉한 카간이 있는데, 그 가계는 야글라카르라고 한다. 문 위에 9개의 툭tuγ(독纛 또는 기치)을 세우고 호요오르ho-yo-'or(위구르, 회흘)만으로 된 군대가 6000명이었다." 森安孝夫, 「チベット語史料中に現われる北方民族: DRUとGUHOR」, 『東西ウイグルと中央ユーラシア』, 名古屋大學出版會, 2015, p. 54.

가 9개였다는 기록[158]도 이와 연결할 수 있다. 10세기경 마흐무드 알 카슈가르Mahmud al-Kashgarï가 쓴 『투르크어 사전Divanü Lûyat-it-Türk』의 '토쿠즈 툭 칸Toquz Tuy Qan' 항목에서도 토쿠즈를 정치적 질서를 나타내는 성수로 설명한다.[159] 토쿠즈는 쿠트qut(행운 또는 복)를 주는 성수이기 때문에 부족이나 신분을 드러내는 깃발인 툭을 9개 둔 것을 모두가 성스럽게 여겼다.

이렇게 위구르의 성수인 토쿠즈[160]는 실제 수량 아홉을 나타내는 숫자와 연결되면서 토쿠즈 또는 구성이 하나의 개념어가 되었다. 그 결과로 투르크 유목민의 연합체였던 구성은 위구르의 발전과 함께 국호인 구성회흘이 되었다. 토쿠즈는 실제 숫자 9를 나타내면서 동시에 투르크 유목민을 포괄하는 개념이자 위구르의 국호로서 '전체'를 뜻하는 표현이 된 것이다. 이러한 맥락에서 한문 기록의 구성은 시대에 따라 그 개념과 범위가 달라지는데, 구성회흘 혹은 구성회골이라는 국호로

---

158 한문 기록처럼 기치를 9개 세운 것은 위구르 자신이 9개의 씨족으로 이루어진 것과 관련이 있었다. 이를 단순한 숫자로만 볼 수 없는 이유는 칭기스칸 시기에도 천막의 하얀 주독主纛 주위에 9개의 배종독陪從纛을 배치했기 때문이다. 9개는 동, 남, 서, 북, 중, 동남, 서남, 서북, 동북 방향의 '신성神聖'을 상징한 것이었다. 巴·蘇和, 「蒙古族"九"數崇拜文化」, 『中央民族大學學報』 1996-2, p. 49.

159 "주州가 많이 있더라도 위망威望이 아무리 높더라도 툭은 아홉을 넘지 못했다. 아홉이 행운의 숫자이다." Mahmud Kashgar, Besim Atalay (tr.), *Divanü Lûgat-it-Türk Tercümesi* III, Ankara, 1992, p. 127.

160 위구르가 9를 성수로 인식했다는 사실은 돌궐의 카간이 즉위 의식을 할 때 카간을 펠트(모전毛氈)로 싸서 태양을 따라 아홉 바퀴를 돌고 난 다음 재위 연수를 추정했다는 기록(『周書』 卷50 「突厥」, p. 909)과 중국에서 온 공주를 수레에 태우고 태양을 따라 오른쪽으로 아홉 번 돈 다음에 카간에게 절을 했다는 기록(『舊唐書』 卷195 「回紇」, p. 5213) 등에서도 확인된다. 護雅夫, 「突厥の即位儀禮」, 『古代トルコ民族史研究』 I, 山川出版社, 1967, pp. 387~389.

사용되기 시작한 이후로는 부족이 아니라 **초부족적인 '위구르 일(국가)'**을 의미하는 표현이 되었다.

위구르 국가의 정점에 위치하게 된 카를륵 카간은 자신의 위상을 드러내는 중요한 척도인 권력 강화를 통해 체제를 안정시키려 했다. 이를 위해 보둔의 합의에 따라 권력을 위임받는 족장의 단계를 넘어서, 핵심 집단과 종속 집단을 기초로 한 **'탈취적奪取的 권력'**을 확보하려 했다. 다시 말해서 어느 정도 평등한 부분이 남아 있던 부족연합체 단계를 뛰어넘어 카간이 독점적 지위를 차지하는 초부족적인 권위를 확립하고자 했다.

2. 권위주의 체제의 확립: 친병 집단의 확보와 분봉

유목 군주는 원정을 통해 자신을 추종하기를 거부하는 많은 백성을 복속한 다음 이들을 효율적으로 동원하고 통제해야 했다. 군주의 의지에 따라 백성을 움직일 수 있어야 정주 국가의 관료제처럼 권위를 유지하며 문제없이 후대에 권력을 넘겨줄 계승 체제를 확립할 수 있었다. 백성을 동원할 수 있는 물리력 확보는 군주의 카리스마를 형성하는 기초였고, 안정적 국가 체제의 전제였다. 이런 바탕이 있어야 천명이나 퇴뤼 같은 이념을 내세울 수 있었다.

카간의 물리력은 **친병 집단**의 확보와 직접적으로 연결되었다. 다른 유목국가의 예에서도 볼 수 있듯이 친병 집단은 지배 집단에 엘리트를 보충해주는 토대로서 조직의 요추라는 성격이 있었고,[161] 국가 내부

161 위의 글, pp. 164~165.

의 관료 조직 구성과도 긴밀하게 연결되었다. 이를 이해하려면 카간을 중심으로 한 위구르 국가의 통치 구조에 대한 정리가 필수적인데, 기존 연구는 주로 관제의 명칭을 해석하는 정도에 머물렀다. 위구르의 관제는 돌궐에 비해 자료가 적기 때문에 연구 역시 중국의 영향을 받아 명칭에 변화가 있었다거나, 돌궐의 체계를 그대로 계승했다는 사실을 밝히는 정도에 그쳤다.[162]

초기 위구르의 국가 구조에 대한 단서는《타리아트 비문》에 일부 남아 있는데, 이에 대해서는 언어학적 검토를 기초로 관제의 의미나 일부 내용을 복원하는 연구가 있었다.[163] 비문 기록은 마모된 부분이 많아 전모를 확인할 수 없으나, 이를 바탕으로 국가 구조를 복원하려면 결국《타리아트 비문》의 내용을 재검토할 수밖에 없다. 비문 기록은 **카간정 可汗庭**(오르두 Ordu) 내부의 관리에 대해 일부를 보여줄 뿐이지만, 이 내용이 친병 집단의 일단을 드러낸다는 점에서 체계적으로 이해할 필요가 있다.

카간 권력의 기초인 카간정 내부의 주요 관리들은 중국과 달리

---

162 위구르 관제에 관한 연구는 대부분의 개설서에서 정치 구조를 설명하면서 다루었다. 돌궐 관제에 관한 연구와 달리 관칭의 의미를 해석하거나 좌-중-우의 분봉 구조를 개략적으로 정리했을 뿐 구체적 설명은 없다.

163 O. F. Sertkaya, "Türk harfli Uygur kitabelerinin Türk kültür tarihi içerindeki yeri", *GökTürk Tarihinin Meseleri*, Ankara, 1995, pp. 303~312; M. Шинэхүү, "Тариатын орхон бичийн шинэ дурсгал", *Studia Archaeologica*, t. VI, fasc 1-15, 1975, pp. 1~219; Б. Базылхан, "Тэрхийн түрэг бичээс", *Studia Archaeologica*, t. VII, fasc 1-15, 1980. pp. 163~175; S. G. Klyashtorny, "The Terkin Inscription", *Acta Orientalia Academiae Scientiarum Hungaricae* v.36-1, 1982, pp. 335~366; Talat Tekin, "Kuzey Moğolistan'da yeni bir Uygur Anıtı : Taryat (Terhin) Kitabesi", *Belleten* v.46 no.184, 1982, pp. 795~838; 片山章雄, 「タリアト碑文」, 森安孝夫·オチル (編), 『モンゴル國現存遺蹟·碑文調査研究報告』, 中央ユーラシア學研究會, 1999, pp. 168~176.

문무文武 구분 없이 군사적 역할을 담당하는 친병 집단의 구성원이었다. 이에 대해서는《타리아트 비문》의 서면 6행부터 북면 2행까지 모두 5행에 걸쳐 기록이 남아 있다. 이 부분은 마모가 심한 데다가 남아 있는 내용을 어떻게 끊어 읽느냐에 따라 다른 설명이 가능하기 때문에 그 해석에 논란이 많았다. 주요 논점은 서면 6행과 7행에 남아 있는 관칭을 어떻게 끊어 읽느냐 하는 문제였다. 기존 연구를 토대로 이를 번역해 소개하면 다음과 같다.

> 내가 텡그리데 볼미쉬 일 에트미쉬 빌게 칸이다. [카간정] 안에 있는 보둔을 [다음과 같이] 잡았다 한다. 이취 부의룩의 바쉬는 으난추 바가 타르칸이고, [그의 장은] 울룩 부의룩인데 [그의 관칭은] 토쿠즈 볼미쉬 빌게 타이 셍귄이다. 옹으는 베쉬 위즈 바쉬인데, [그의 장은] 퀼뤽 옹으이다. 외즈 으난추는 베쉬 위즈 바쉬인데, [그의 장은] 울룩 외즈 으난추이다. 우룽구는 위즈 바쉬인데, [그의 장은] 울룩 우룽구이다. 툴리스 벡들의 아들은 븡 바쉬인데, [그의 장은] 툴리스 퀼뤽 에렌이다. 타르두쉬 벡들의 아들은 븡 바쉬인데, [그의 장은] 타르두쉬 퀼뤽 에렌이다. 타르두쉬…… 이쉬바라쉬이다. 베쉬 븡 에르 바쉬는 알프 이쉬바라 셍귄 야글라카르…….[164]

위와 같이 복원한 내용을 정리해보면 카간을 중심으로 관리를 둔 것을 알 수 있고, 카간정의 모든 관리가 아니라 각각의 장長을 대표로 예시하고 있다. 각 관리의 명칭과 지위를 기록했는데, 지위는 병력의 수로 표현했다. 위구르도 **십진법**, 즉 퉈멘tümen(만萬)-븡bïŋ(천千)-위즈

164《타리아트 비문》(서면:06)~(서면:07).

yüz(백百)-온on(십十)을 기반으로 한 군사 조직에 따라 관리들의 서열이 정해졌다.

위의 관리 중에 카간의 바로 옆에서 그를 보좌하는 최측근은 **부의룩buyïruq**(매록梅錄)이었다. 그의 역할은 이 기록만으로는 알기 어려우나 마흐무드 알 카슈가르의 『투르크어 사전』에서 제시한 해석에 따르면 'buyur(명령하다)+uq(명사형 어미)'으로 전령관傳令官을 뜻한다.[165] 부의룩은 카간의 신변에서 명령을 전달하거나 카간정 내에서 관리나 왕족의 자리를 잡는 역할을 했다.[166] 기존의 연구에서도 부의룩을 지휘관으로 보며 중국에서 이들을 재상宰相(또는 상相)이라고 부른 것과 연결했다.[167]

남면 4행에서 "토쿠즈 부의룩(아홉 부의룩)"이라고 기록한 것[168]을 보면 부의룩은 9명으로 구성되었다. 부의룩 바쉬(장長)의 이름이 토쿠즈 볼미쉬 빌게 타이 셍귄(아홉으로 이루어진 현명한 대장군大將軍)이었다는 점에서도 9명임을 알 수 있다. 한문 기록에서 당의 기미 지배 시기(647~727)에 돌궐의 관제를 이어받아 외재상外宰相이 여섯, 내재상內宰相이 셋이었다고 언급된 것과도 연결된다.[169] 또한 '대·소매록大·小梅

165 Mahmud Kashgar, Besim Atalay (tr.), *Divanü Lûgat-it-Türk Tercümesi* III, Ankara, 1992, p. 186.

166 Sir Gerard Clauson, *An Etymological Dictionary of Pre-Thirteenth-Century Turkish*, Oxford Univ. Press, 1972, p. 387.

167 Abdürlkadir Donuk, *İdare-askeri Ünvan ve Terimler*, İstanbul : Türk dünyası Araştırmaları Vakfı, 1988, pp. 11~12; Hayrettin İhsan Erkoç, "The Old Turkic Title Buyruq Reconsidered", *Acta Orientalia Academiae Scientiarum Hungaricae* v.76-4, 2023, pp. 543~569.

168 《타리아트 비문》(남면:04).

169 『新唐書』 卷217上 「回鶻上」, p. 6113.

錄'[170]이라는 표현을 통해 그 내부에 상하 관계가 있었음도 알 수 있다. 비문 기록에서 정무를 담당한 고위 관리인 부의룩을 한자로 음차한 것이 매록이고, 이를 중국식 명칭으로 번역한 것이 재상이다.

또한 **이취 부의룩ič buyïruq**[171]인 '으난추 바가 타르칸'과 부의룩의 장인 '토쿠즈 볼미쉬 빌게 타이 셍귄'이라는 명칭은 한문 기록의 재상과 연결된다. 이는 765년 당에 왔던 위구르 왕자 알프 퀼뤽 투툭Alp külüg tutuq(합호록도독合胡祿都督)과 함께 온 재상 5명의 이름에서도 확인된다. 이 5명의 이름은 재상 바투 바가 타르칸Batu baɣa tarqan(마돌막하달간磨咄莫賀達干), 재상 톤 바가 타르칸Ton baɣa tarqan(돈막하달간頓莫賀達干), 재상 쿠트 빌게 셍귄Qut bilge seŋün(호도비가장군護都毗伽將軍), 재상 카라 보일라 타르칸Qara boyla tarqan(게랍배라달간揭拉裴羅達干), 재상 부의룩 타이 셍귄 라 타르칸Buyïruq tai seŋün la tarqan(매록대장군라달간梅錄大將軍羅達干), 평장사平章事(재상 직함) 카는추 타르칸Qanïnču tarqan(해녕달간海寧達干) 등이다.[172] 이들은 셍귄, 타르칸, 타이 셍귄 등의 관칭을 가졌는데 전부 비문 기록과 일치한다. 9명의 '재상=부의룩' 중에서 당에 온 5명을 비문 기록과 한문 기록에서 거의 유사한 형태로 제시하고 있는 것이다.

비문 기록에 나온 부의룩의 우두머리 **울룩 부의룩ulug buyïruq**은 한문 기록의 대상大相과 일치한다. 이는 비슷한 위상으로 추정되는 국상國相 일 위게시il ügesi(힐우가사頡于迦斯 또는 힐간가사頡干迦斯)라는 관칭과

---

170 『舊唐書』 卷127 「源休」, p. 3575.

171 돌궐 시기에도 이취 부의룩이 있었음은 《빌게 카간 비문》 남면 14행을 통해 알 수 있다.

172 『舊唐書』 卷195 「迴紇」, pp. 5205~5206.

도 연결된다. 국상은 위구르 초기 기록에는 보이지 않는데, 비슷한 종류의 관칭으로 추정되는 차상次相이 후대의 한문 자료에서 발견된다는 점에서 그 내부에도 층위가 있었음을 알 수 있다. 차상의 역할은 정확하게는 알 수 없으나, 9명으로 구성된 부의룩 중에서 두 번째 정도의 지위에 있었다고 볼 수 있다.

부의룩은 카간정 내부의 정무만이 아니라 군사적으로도 중요한 역할을 했는데 이는 **타르칸tarqan**, 즉 달간達干이라는 관칭을 겸한 것에서 확인할 수 있다. 돌궐에서 빌게 톤유쿠크가 아파 타르칸이나 보일라 바가 타르칸으로서 군 지휘관이었던 것처럼 타르칸은 지휘관 역할을 했다. 타이 셍귄 혹은 셍귄도 대장군 혹은 장군으로 재상이면서 군 지휘관이었다. 이처럼 부의룩은 당과의 외교적 교섭, 사신 영접, 내정 등을 담당하면서 군사적 역할도 함께 했다. 이들의 내원은 "부의룩은 통라와 에데이다"[173]라는 비문 기록 통해 위구르뿐만 아니라 다른 부족 출신도 맡았음을 알 수 있다.

카간정 내에는 카간과 부의룩을 보좌하는 하급 관리 **옹으oŋï**와 **외즈 으난추öz ïnanču**가 있었다. 이제까지 옹으는 고위 관직이 아니라 부관副官 정도의 위상을 갖는다고 보았다.[174] 옹으와 외즈 으난추는 같은 직급인 베쉬 위즈 바쉬(오백장五百長)라서 고위 관리가 아니었다. 외즈 으난추는 'öz(자신)+ïna(믿다)+č(작은 것을 의미하는 어미)+u(명사 수식 어미)'로 직역하면 '(카간) 자신의 하급 심복'이다.[175] 옹으 역시 'oŋ(오

---

173 《타리아트 비문》(북면:02)

174 Talat Tekin, "Kuzey Moğolistan'da yeni bir Uygur Anıtı: Taryat (Terhin) Kitabesi", *Belleten* v.46 no.184, 1982, p. 810.

175 Sir Gerard Clauson, *An Etymological Dictionary of Pre-Thirteenth-Century Turkish*, Ox-

른쪽)+ï(명사 수식 어미)'로 '(카간의) 오른쪽에 있는 사람'[176], 즉 카간의 오른쪽에서 시종하는 관리다. 양자 모두 카간 혹은 부의룩을 보좌하는 오백장 정도의 하급 관리였다.

또한 카간정 내에서 카간의 권위를 상징하는 툭tuɣ(독纛)을 지키면서 카간의 주위에 있던 하급 관리 '기수旗手'를 의미하는 **우룽구 uruŋu**도 확인된다. 우룽구 역시 카간의 중요한 시종 중 하나였다.[177] 우룽구의 바쉬, 즉 장長이 베쉬 위즈 바쉬(오백장) 정도였다는 점에서 지위가 옹으나 외즈 으난추와 같았다. 이들 이외에도 오르두(카간의 천막인 궁장宮帳, 카간정) 내에서 카간을 시종하는 관리로 구백장九百長 정도의 지위인 투이칸 울룩 타르칸 부쿡[178]이 확인된다. **투이칸tuyqan**은 'tuy+qan'으로 '경계하는 사람'[179]이라는 뜻이다. 즉 카간의 거처를 호위하는 관리의 우두머리였다. 투이칸 울룩 타르칸 부쿡이 카간의 경호를 담당하는 최고 책임자였다.

다음 부분은 마모가 심해 정확하게 복원하기는 어려우나 몇 가지 단편적 내용은 확인할 수 있다. 몇 개의 **붕아bïŋa**, 즉 '1000명으로 된 단위(몽골제국의 천호千戶와 비슷)'가 있었는데 마모된 부분에 분명 이들과 비슷한 붕아의 이름을 여러 개 열거했을 것이라고 추정된다. 마모되지 않았다면 카간정에 도열해 있던 1000단위 조직의 우두머리들을 확인할 수 있었을 것이다. 이 중에서 "…… 보둔들, 붕아의 카가쉬, 아타축

---

ford Univ. Press, 1972, p. 188.

176 위의 책, pp. 166~167.

177 위의 책, p. 236.

178 《타리아트 비문》(서면:08).

179 Sir Gerard Clauson, 위의 책, 1972, p. 567.

보둔들, 붕아의……"[180] 정도만 확인된다. 이는 1000명으로 이루어진 용감한 작은 아버지의 백성을 의미한다. 이를 통해 위구르에도 1000단위 조직이 있었으며, 분봉을 통해 그 우두머리가 된 자는 핵심 집단의 일원이었음을 알 수 있다.

그 외에 "…… 울룩 칙시, 칸츄 알프 빌게 칙시, …… 칸 아르드 오구즈 칙시"[181]라는 기록을 통해 칙시라고 불리는 여러 명의 관리가 있었음을 확인할 수 있다. **칙시čigsi**는 위구르 전통의 관칭이 아니라, 7세기 중반 당의 기미 지배를 받던 유목 추장들이 자사刺史로 책봉되면서 도독과 함께 도입된 것이다.[182] 그 위상은 돌궐의 씨족장인 **이르킨irkin**을 대체한 것이다.[183] 위의 인용문에서 알 수 있듯이 칙시는 위구르 내부에서도 다양하게 쓰였다. 오르두 밖에 있던 관리 가운데 친병 집단의 중요 성원인 카간의 **시위侍衛**에 대한 설명도 있다.

> 셍귄들과 붕 [바쉬]의 보둔, [그리고] 나의 테긴들이, 이 [비문을] 기록할 때, 나의 칸의 투르갹 바쉬인 카가쉬 아타축 벡 아즈 에케르 칙시 빌라(보일라?) 바가 타르칸, [그리고] 300명의 투르각[과 함께] 서 있었다.[184]

180 《타리아트 비문》(서면:09).

181 《타리아트 비문》(북면:01).

182 Hilda Ecsedy, "Old turkic titles of Chinese Origin", *Acta Orientalia Academiae Scientiarum Hungaricae* v.18-1/2, 1965.

183 護雅夫, 「鐵勒諸部におけるeltäbär, irkin號の硏究」, 『古代トルコ民族史硏究』 I, 山川出版社, 1967, p. 427.

184 《타리아트 비문》(북면:02).

이를 통해 '경비警備'를 뜻하는 **투르각turγaq**[185]이라는 300명의 군사가 카간을 지키고 있었다는 사실과 지휘관인 바쉬의 이름을 알 수 있다. 그러나 이 기록만으로는 바쉬가 한 사람인지 아니면 3명(카가쉬 아타축 벡, 아즈 에케르 칙시, 빌라(보일라?) 바가 타르칸으로 구분 가능)인지를 정확히 알 수 없다. 다만 카간정 안에서 카간을 경호하던 투이칸의 바쉬였던 울룩 타르칸 부쿡이 토쿠즈 위즈 에르 바쉬toquz yüz er baši̇(구백인장九百人長)였다는 점을 함께 고려한다면 바쉬가 3명임을 추측해볼 수 있다.[186] 투이칸이 900장이고 투르각이 300명임을 연결하면, 투이칸의 바쉬는 300명의 투르각을 지휘하는 투르각 바쉬 3명을 통솔함을 알 수 있다. 투르각 바쉬가 3명이라면 그 이름은 각각 카가쉬 아타축 벡, 아즈 에케르 칙시, 빌라(보일라?) 바가 타르칸이 된다.

카를륵 카간이 친병인 시위로 투르각을 둔 것은 돌궐 시기에 뵈리böri라고 불리는 시위지사侍衛之士가 있던 것[187]이나 칭기스칸이 자신의 친위 군대로 케식kešik을 조직했던 것과 같다.[188] 카간은 측근에 시위를 두어 경호를 맡기고, 더 강력한 군사적 기반을 확보하기 위해 친병 집단을 확대했다. 앞서 소개한 "텡그리 카간의 기병들은 토쿠즈 타타르와 예티 이기르미(17성) 아즈이다"[189]라는 기록과 한문 기록에서 카를

185 Sir Gerard Clauson, *An Etymological Dictionary of Pre-Thirteenth-Century Turkish*, Oxford Univ. Press, 1972, p. 188, p. 539.

186 주178 참조.

187 『新唐書』 卷215上 「突厥上」, p. 6028.

188 유원수 (역), 『몽골비사』, 사계절, 2003, pp. 169~170; 葉新民, 「關于元代的 '四怯薛'」, 『元史論叢』 2, 中華書局, 1983.

189 《타리아트 비문》(북면:02).

룩과 바스밀을 객부락으로 삼았다고 한 데서 친병 집단에 이성부족異姓部族까지 더한 '**초부족적인**' 조직이 있었음을 알 수 있다.

카를륵 카간은 친병 집단을 확보해 군주권을 확립함과 동시에 종속 집단을 확대하여 새로운 '위구르 일'을 정비하고자 했다. 핵심 집단인 야글라카르를 중심으로 연맹 집단과 종속 집단을 카간의 군사력으로 편제해 권력을 강화해나갔다. 그리고 이렇게 편입된 여러 세력, 즉 보둔을 아들들(제자諸子)에게 나누어 지배하게 했다. 즉 **분봉**을 통해 확보한 보둔을 아들이나 친족이 가산적家産的으로 통치하게 한 것이다.[190] 분봉은 흉노 시기부터 있었고, 그 전형적인 구조는 삼분 체제, 즉 '**좌-중-우**'의 형식이었다.[191]

위구르의 분봉에 대한 기록은 카를륵 카간이 749년에서 750년으로 넘어갈 무렵에 "외튀켄 땅에서 나는 겨울을 보냈다. 적들로부터 자유롭게 되었다. 나의 두 아들에게 야브구와 샤드의 이름을 주었다. 내가 타르두쉬와 퇼리스 보둔에게 [그들을] 주었다"[192]라고 한 것에서 처음 확인된다. 이 시기 분봉의 구체적 내용은 남아 있지 않으나, 753년에 다시 분봉한 내용은 남아 있다. 이 역시 비문의 마모로 정확한 내용을 확인할 수는 없지만, 기존의 연구를 기초로 다시 번역해보면 다음과 같다.

> 텡그리 카간의 아들은 **빌게 타르두쉬 울룩 빌게 야브구**이다. 쿠틀룩 이식 예르 쿠틀룩…… 부의룩, 오즈식 아파 타이 셍귄의 보둔인 통라, 에데, ……

---

190 주4 참조.

191 정재훈, 『흉노 유목제국사 기원전 209~216』, 사계절, 2023, pp. 118~121.

192 《시네 우수 비문》(동면:07).

카르트(?), 카이(?), 바르트(?), 위취 카를룩, 이들이 야브구의 보둔이다. 텡그리 카간의 아들은 **빌게 틸리스 울룩 빌게 챠드**이다. 쿠틀룩…… 쿠틀룩 우두르간 부의룩 챠브쉬 셍권의 보둔인 토쿠즈 바이르쿠, 카르트(?), 카이(?), 압(?), 바스밀(?), 토쿠즈 타타르, 이 보둔이 챠드의 보둔이다.[193]

이 내용을 통해 카를륵 카간이 야브구yabγu와 샤드šad(위의 인용문에는 챠드čad로 표기되어 있는데 방언으로 이해된다. 일반적으로 샤드로 표기한다)에게 분봉한 보둔의 일부를 확인할 수 있다. 마모된 부분을 어떻게 판독하느냐에 따라 복원 내용이 다를 수 있는데, 확인할 수 있는 부분에서 한문과 비문 기록의 공통된 내용은 야브구에게 통라와 위취 카를룩을, 샤드에게 토쿠즈 바이르쿠와 토쿠즈 타타르를 주었다는 것이다. 이 중에 바스밀은 기록된 문자 그대로 읽으면 '바스무쉬'라고 해야 하나 기존의 부족명 가운데 근접한 것이 없어서 가장 근접한 바스밀로 읽었다.[194] 그렇다면 이상의 내용 중에서 5개가 한문 기록과 같은데, 이들은 모두 종속 집단에 속한 부족이었다. 이 중에 카를룩, 바스밀, 토쿠즈 타타르, 통라는 이미 살펴보았다. 이외에 토쿠즈 바이르쿠는 한문 기록에는 없으나 원래 위구르와 동렬인 부족의 하나로 세키즈 오구즈의 일원이었다. 카를륵 카간은 이상의 다섯 이외에 다른 부족을 두 아들에게 분봉해주었고, 여기에 열거하지 않은 부족은 자신이 직접 지배했던 것으로 보인다. 한문 자료의 좌·우살左·右殺이 있었다는 내용으로 확인할 수 있는 이 삼분 구조는 위구르 국가 정비의 기초가 되었다.[195]

193 《타리아트 비문》(북면:03)~(북면:04).

194 Talat Tekin, "Kuzey Moğulistan'da yeni bir Uygur Anıtı : Taryat (Terhin) Kitabesi", *Belleten* v.46 no.184, 1982, p. 811.

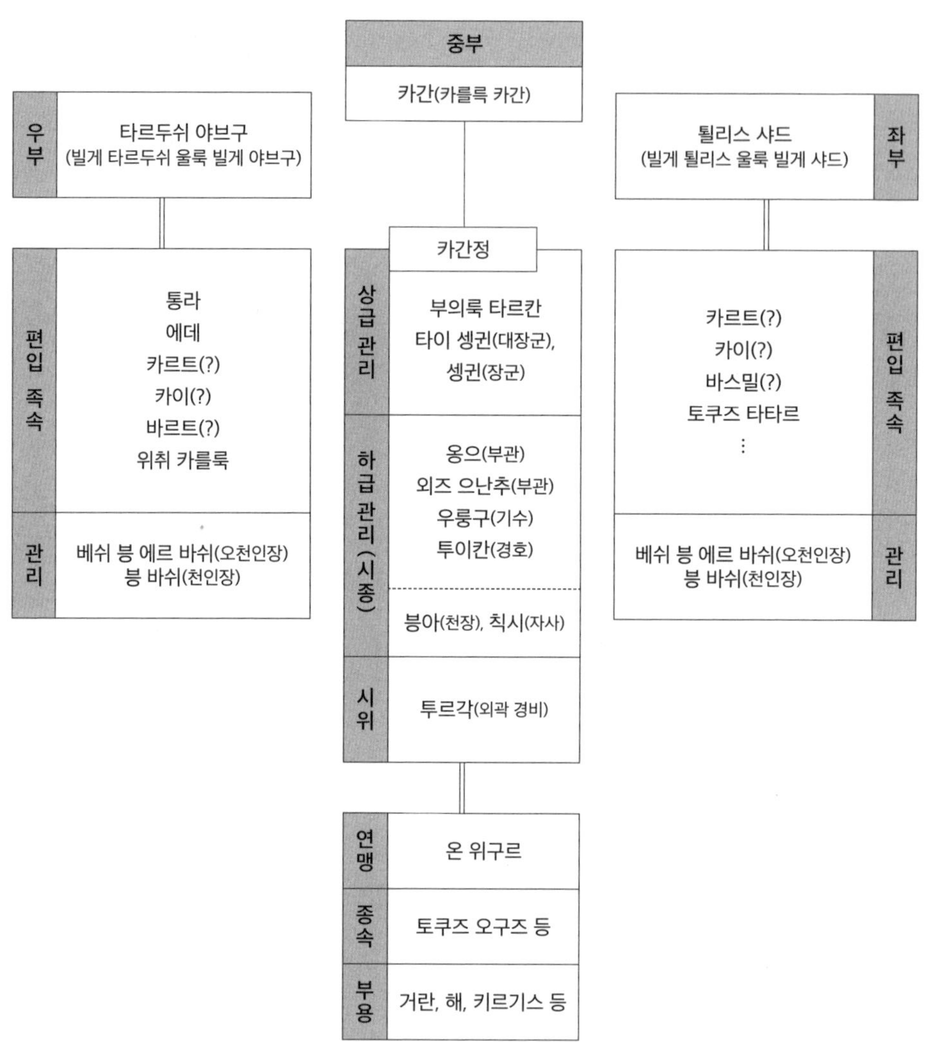

[그림 7] 위구르 초기 분봉과 카간정의 관료 구조

카를륵 카간은 보둔을 통치하기 위해 두 아들에게 빌게 퇼리스 울룩 빌게 샤드와 빌게 타르두쉬 울룩 빌게 야브구라는 관칭을 주었다. 그리고 서면 7행의 기록처럼 그 밑에 여러 명의 **벡beg**을 두었다. 이들의 역할은 분명하지 않으나 벡이 돌궐 시기에도 '귀인貴人' 내지는 부족장이나 씨족장이었다는 점에서 지배층으로 추정할 수 있다. 벡의 아들이 붕 바쉬(천장千長)였고, 이를 통제하기 위해 그 우두머리로 퇼리스 퀼뤽 에렌과 타르두쉬 퀼뤽 에렌을 두었다. 비문 기록을 통해 그 위에도 다른 관칭이 있었음을 알 수 있는데,[196] 이는 분봉지인 타르두쉬와 퇼리스 지역을 모두 통제하는 관리가 따로 있었음을 보여준다.

비문의 마모가 심해 이들의 위상과 이름에 대해서는 정확히 알 수 없다. 이외에 타르두쉬와 퇼리스에 있는 5개의 붕아[千] 단위를 모두 통제하는 관리 중 하나가 알프 이쉬바라 셍귄 야글라카르였음을 알 수 있을 뿐이다.[197] 그 관리가 베쉬 붕 에르 바쉬(오천인장五千人長), 즉 5개의 천장千長을 관장하는 직위[198]이니 각각의 분봉지는 5개 정도의 붕아 단위로 이루어져 있다고 추정해볼 수 있다. 이들이 카간정의 중요 관리로 카간을 보좌했다는 점[199]에서 카간이 각각의 분봉 영역에 대해서도 통제권을 행사하며 필요 시 군사적 동원을 했음을 알 수 있다.

이처럼 위구르의 분봉과 친병 집단 확보는 효율적인 군사 동원을 가능케 해 카간의 권위주의 체제 및 핵심 집단인 야글라카르의 지배력을

---

195 『新唐書』 卷217上 「回鶻上」, p. 6119.

196 《타리아트 비문》(서면:06)~(서면:07).

197 위와 같음.

198 위와 같음.

199 위와 같음.

뒷받침했다. 이를 바탕으로 카를륵 카간은 막북 초원의 여러 부족을 포괄하는 초부족적인 구조를 확립하고, 새로운 국가인 '위구르 일'을 안정시킬 수 있었다. 이제 남은 과제는 근거지를 마련해 지배 영역을 확정하고, 유목 세계 유일의 패자로서 강력한 위상을 확보하는 일이었다.

제3장

근거지와 위상 확보 노력

1. 카를륵 카간의 계절 이동과 근거지 '외튀켄'의 확보

753년 여름 카를륵 카간은 치크와 연계된 키르기스와 카를룩, 바스밀 등 유력한 유목 세력을 격파하고 막북 초원을 확보한 것을 기념해 서부 셀렝게강 상류에 있는 테르힌Terkhin 호숫가에 《타리아트 비문》을 세웠다.[200] 카를륵 카간은 이 비문에서 "**그 나의 땅과 나의 물에서 야영하고 이동했다, 내가**"[201]라고 했는데, 이는 748년 이후 보둔을 확보하기 위해 이동하며 초원의 여러 세력에 대한 원정을 실시한 자신의 모습을 묘사한 것이다. 이 이동 기록에는 계절 변화에 따른 움직임과 각 **계절별 영지營地**의 위치 정보가 남아 있는데, 이를 통해 카간의 계절 이동 역시 알 수 있다.

200 川崎浩孝, 「カルルク西遷年代考 — シネウス·タリアト兩碑文の再檢討による」, 『內陸アジア言語の研究』 8, 1993, p. 109; 陳良偉, 「拔悉密汗國及其相關的問題」, 『新疆大學學報』 1992-3, p. 59.

201 《타리아트 비문》(서면:04).

748년 카를륵 카간은 외튀켄의 아스 욍귀즈 봉우리와 칸 으둑 봉우리 뒤편 겨울 영지의 카간정에서 즉위하고 곧장 북쪽으로 원정을 떠났다.[202] 이때 뷔퀴귁Büküğüg에서 저항하던 세키즈 오구즈와 토쿠즈 타타르 등을 격파했다.[203] 즉위 초기에 중요 연맹 세력인 세키즈 오구즈의 이탈을 막고 이들을 다시 보둔으로 만든 것이다. 그러나 완전한 승리는 아니었던 터라 4월에 다시 추격해 부르구Burghu에서 승리했다.[204]

그다음 여름에 카를륵 카간은 더 북쪽을 공격하기 위해 서북방 셀렝게강 서쪽 일룬 호수Ilun köl의 오른쪽에 있는 쉽 봉우리Šïb baš를 거쳐 셀렝게강 유역 방향으로 군대를 보냈다. 여름을 보내기 좋은 셀렝게강 하류 방향에서 저항하던 타이 빌게 투툭에 대한 공격이었다. 이후에도 카를륵 카간은 계속해서 더 북쪽으로 이동했고, 8월에는 아칙 알트르 호수Achïq Altïr köl에 있는 카수이Qasui와 셀렝게강을 따라가며 이어진 전투에서 승리했다.[205]

원정을 마친 카를륵 카간은 겨울에 다시 외튀켄으로 돌아왔다. 여름에 셀렝게강 유역에서 승리를 거두고 겨울에 외튀켄으로 돌아온 뒤에 "적들로부터 자유롭게 되었다"라고 자평했다. 이 역시 여름에는 북쪽으로 갔다가 겨울에 다시 남쪽으로 돌아오는 계절 이동을 잘 보여주는 사례다. 이런 성과를 바탕으로 카를륵 카간은 두 아들에게 야브구와 샤드라는 칭호를 주고, 퇼리스와 타르두쉬에 백성을 분봉해주었다.[206]

---

202 《타리아트 비문》(남면:05).

203 《시네 우수 비문》(동면:01)~(동면:02).

204 《시네 우수 비문》(동면:03)~(동면:04).

205 《시네 우수 비문》(동면:06)~(동면:07).

206 《시네 우수 비문》(동면:07).

다음 해인 750년 2월 14일 카를륵 카간은 다시 서북부로 나아가 켐강Kem 유역에 있는 치크를 공격했다. 봄에 시작된 원정이 여름에 일단락되었는데, 이때 현재의 테스강 유역에서 여름을 보내며 승리를 기념하는 기공비를 세웠다.[207] 1976년 이곳에서 기공비의 하반부가 발견되면서 《테스 비문》이라고 알려졌다. 750년 가을 카를륵 카간은 다시 타타르를 공격해 안정시킨 다음, 751년 초 겨울에 다시 외튀켄으로 돌아왔다. 그해 여름 카를륵 카간은 외튀켄의 으둑 봉우리Ïduq baš 뒤편에 있는 아이 봉우리Ay baš와 토쿠쉬Toquš가 만나는 곳에도 또 다른 기공비를 세웠다.[208] 이것은 아직 발견되지 않았으나, 카를륵 카간 사후에 세워진 《시네 우수 비문》의 기록을 통해 건립 사실을 알 수 있다. 혹시 이 비석이 발견된다면 하영지를 중심으로 한 이동에 대해서도 단서를 얻을 수 있을지 모른다. 그해 가을까지 외튀켄에 머무르던 카를륵 카간은 다시 치크와 싸우기 위해 서쪽으로 출정했다. 그리고 다음 해 여름 외튀켄의 서쪽에 있는 에티즈 봉우리Etiz baš로 돌아와 영지를 만들고 이곳에서 지냈다.[209]

751년부터 시작된 치크의 도전에 대한 대응은 가을이 되어도 멈추지 않았다. 카를륵 카간은 겨울로 접어드는 11월임에도 불구하고 알타이 산지를 넘어 볼추강Bolchu(이르티쉬강 지류)까지 나아가 위취 카를룩을 계속 공격했다.[210] 이는 키르기스뿐만 아니라 더 서쪽에 있던 카를

207 《시네 우수 비문》(동면:07)~(동면:08).

208 《시네 우수 비문》(동면:08)~(동면:09).

209 《타리아트 비문》(서면:01).

210 《시네 우수 비문》(남면:01)~(남면:02).

룩, 바스밀 등에 대한 공격이기도 했다. 하지만 겨울이 되자 카를룩 카간은 외튀켄으로 돌아왔고, 752년 봄에 다시 서쪽의 치크를 공격하기 위해 서북쪽으로 갔다. 그다음에 다시 시즈 봉우리Siz baš로 돌아와 여름을 보냈는데, 이곳에서 치크를 복속했음을 자랑했다.

카를룩 카간의 이동 기록에서 가장 주목할 만한 것은 그 중심에 '**외튀켄Ötüken**'이 있다는 점이다. 카간은 늘 이곳을 중심으로 이동했다. 따라서 이곳의 위치 정보를 정확하게 알아야 그의 다른 계절 이동 동선 역시 확인할 수 있다. 건국 초기의 이동은 일상적 계절 이동이 아니라 주로 원정이었다. 그럼에도 카간은 늘 외튀켄으로 돌아왔고, 이후 계절 이동이 정례화된 이후에도 늘 외튀켄을 중심으로 움직였다. 비문 기록에서는 이곳을 '외튀켄 이쉬yiš(산)' 혹은 '외튀켄 이르yir(땅)'라고 표현했다.

이처럼 반복적으로 등장하는 장소임에도 외튀켄의 정확한 위치는 알 수 없다. 막북 초원의 중심지로 역대 유목 정권이 국가를 건설한 최적의 입지와 관계가 있다는 설명이 일반적이다.[211] 항가이산맥 북쪽에 있는 오르콘강 유역의 '**산지 삼림 초원**'이라는 점에는 모두 동의하나 정확한 위치를 특정할 수는 없다.[212] 항가이의 의미가 "**시원한 기후, 부드러운 토양, 많은 하천과 호수, 풍부한 풀과 삼림이 있는 산악 지역**"[213]인

211 흉노 시대 막북에 있던 선우정 역시 현재 카라호린 인근에 있었다고 보고, 이곳을 돌궐과 위구르 시대의 외튀켄 산지와 연결한 연구가 있었다. 內田吟風, 『北アジア史研究 ― 匈奴編』, 同朋舍, 1975, pp. 97~102 참조. 또한 오르콘강 유역에 있던 흉노의 선우정은 동영지였고, 하영지는 이보다 더 남쪽에 있었다는 연구도 있다. 정재훈, 『흉노 유목제국사 기원전 209~216』, 사계절, 2023, p. 133(제1편 주35와 주37) 참조.

212 吉田順一, 「ハンガイと陰山」, 『史觀』 102, 1980, p. 52.

213 위의 글, p. 49.

것에 근거해 막북 초원에서 가장 비옥한 산지 삼림 초원이라고 이해할 뿐이다. 항가이산맥을 따라 펼쳐진 초원은 산지에서 흘러내린 하천과 그 주변의 호수를 따라 발달한 삼림이 잘 어우러진 곳으로, 오르콘강을 비롯한 셀렝게강의 여러 지류가 펴져 있는 곳이기도 하다. 남쪽의 건조한 고비(사막)보다 습윤한 기후 덕분에 가축의 밀집도 역시 높아 목축과 사냥에도 유리했다.

돌궐 시대에도 항가이산맥 북사면에 펼쳐진 오르콘강 유역을 중심지이자 텡그리(신)로부터 받은 카간의 권력을 정당화할 수 있는 '성스러운 땅'이라고 인식했다. 6세기 중반 유연을 무너뜨린 돌궐 제1제국의 무한 카간Muhan qaghan(목한가한木汗可汗, ?~572, 재위 553~572)은 이곳을 차지한 다음 초원의 패자로서 정통성을 확립했다.[214] 이후 빌게 카간도《퀼 테긴 비문》에서 **'으둑(성스러운) 외튀켄'**이라는 표현과 함께 "외튀켄 산지보다 좋은 곳은 없다. 다스릴 곳은 외튀켄 산지이도다!", **"외튀켄 산지에 앉는다면 너희는 영원히 일을 지키며 앉아 있을 것이다"**라며 이곳을 찬양했다.[215] 이와 같이 빌게 가칸은 이곳에서 국가를 다스리면 절대로 망하지 않고 영원히 권력을 누릴 것이라는 말을 반복했다.

위구르도 돌궐을 무너뜨리고 이곳을 차지하면서 유목국가로서의 정통성을 얻었다. 이곳이 막북 초원의 중심이라는 상징성 덕분이었다. 카를륵 카간이 셀렝게강 지류의 8개 하천 유역을 차지하기 위한 원정을 실시한 것 또한 그 중심에 있는 외튀켄의 외연까지를 모두 확보하기 위해서였다. 외튀켄 산지를 성스러운 땅이라 여긴 것은 카칸의 영지 명

214 『周書』 卷50 「異域 突厥」, p. 910.

215 《퀼 테긴 비문》(남면:08).

칭에서도 확인된다.[216] 예를 들어 카간이 외튀켄에 둔 하영지는 으둑 봉우리에, 동영지는 칸 으둑 봉우리에 있었는데 이는 모두 '**성스러운 봉우리**'라는 의미였다.

외튀켄의 구체적인 위치를 알아보려면 먼저 영지를 설치하기 위한 조건과 현지의 상황을 연결해 살펴봐야 한다. 유목민이 영지를 설치할 때 고려하는 중요한 요소는 **바람**과 **물**이었다. 여름에는 바람이 잘 통하고 물을 구하기 쉬운 곳, 겨울에는 북쪽이 막혀 있어 바람의 영향을 덜 받으면서도 가축이 먹을 수 있는 풀을 구하기 쉬운 곳을 영지로 골랐다.[217] 산지 삼림 초원인 외튀켄에서는 겨울이면 북서풍을 막을 수 있고 연료를 쉽게 구할 수 있는 산 아래로, 여름에는 산 위쪽이나 산지 중에서도 바람이 잘 통하고 물을 구하기 쉬운 곳으로 가야 했다.[218] 이런 조건과 비문에 나오는 계절 이동을 연결해보면 카간의 영지가 있던 '**으둑 봉우리**'의 위치를 짐작해볼 수 있다.

앞에서 정리한 것처럼, 카를륵 카간은 부왕 사망 이후 국가 재건을 위해 외튀켄을 출발해 서북쪽인 테르힌 호수 방향 및 서쪽에서 동쪽으

---

216 護雅夫, 「ウチユケンと古代遊牧國家」, 『內陸アジア研究』 I, 1964, pp. 37~40; 山田信夫, 「テユルクの聖地ウトユケン山」, 『北アジア遊牧民族史研究』, 東京大學出版會, 1989, p. 67.

217 막북 초원에서 유목민이 계절별 영지로 삼았던 곳은 해당 계절에 해야 할 일들에 맞춰 결정되었다. ① **춘영지**: 가축이 출산하는 장소로 새로 태어난 새끼를 추위로부터 지킬 수 있는 곳, ② **하영지**: 가축의 착유와 털 깎기 등을 하는 곳으로 하천 주변이나 구릉 위에 있는 곳, ③ **추영지**: 가축을 번식시킬 수 있고 월동할 수 없는 가축은 도태할 수 있는 곳, ④ **동영지**: 가축을 잡아 월동에 필요한 고기를 확보하고 추위를 막는 가축용 고정 시설이 있는 곳. 小長谷有紀, 「草の海の白い港」, 『暮らしがわかるアジア読本 モンゴル』, 河出書房新社, 1997, pp. 16~19.

218 Dambyn Bazargür, *Geography of Pastoral Animal Husbandry*, Mongolian Academy of Sciences, Ulanbaatar, 1996.

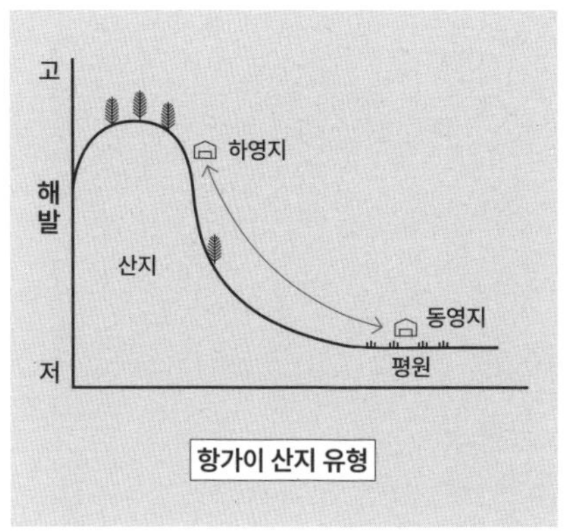

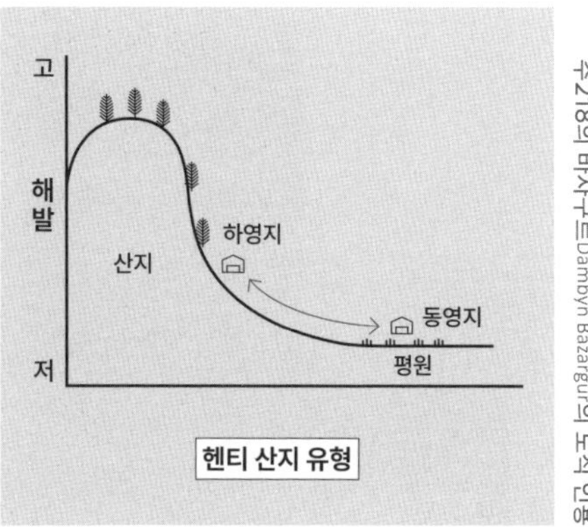

주218의 바자구르Dambyn Bazargür의 도식 인용

(그림 8) 막북 초원의 계절 이동 유형 비교

로 흐르는 셀렝게강 본류를 따라 이동했다. 이때 카간은 여름에는 외튀켄 서북쪽에 있는 테스강과 테르힌호, 그리고 북쪽의 셀렝게강 본류 지역에서 주로 지냈다. 일시적으로 상황이 안정되었던 751년 여름에 으둑 봉우리 뒤편의 아이 봉우리와 토쿠쉬가 만나는 곳에서 지냈던 것을 빼면 753년까지 계속 초원의 서북쪽에 있었다. 이런 이동 노선을 더운 여름에 북쪽으로 이동하는 유목민의 습속과 연결해보면, 계절 이동과 원정을 함께 했음을 알 수 있다.

외튀켄에서 하영을 했다는 기록에 나오는 으둑 봉우리 뒤쪽의 아이 봉우리와 토쿠쉬가 만나는 곳도 하영지를 두기에 적합한 산지 초원이었다. 이곳은 으둑 봉우리에서 북쪽으로 더 간 다음에 나오는 낮은 봉우리와 그 주변 초원으로 이런 조건에 맞는 곳을 현재의 오르콘강 유역 주변에서 찾아보면, 카간이 말한 성스러운 봉우리와 그 주변의 영지, 즉 '**성스러운 외튀켄**'의 위치를 추정해볼 수 있다. 위치를 확인하기 위해 위성사진과 지도, 그리고 현지답사(1996년, 2005년, 2012년) 내

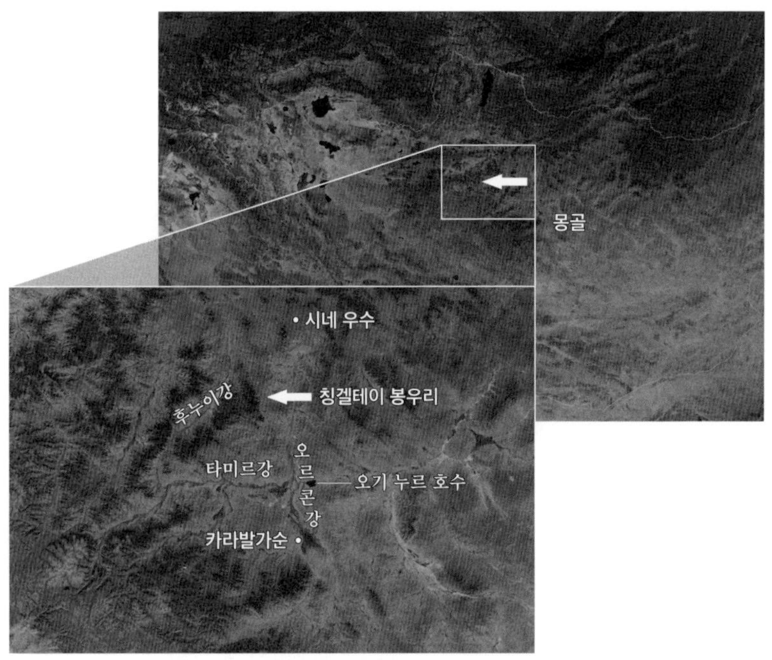

(그림 9) 몽골 지역(위)과 칭겔테이 봉우리(아래) 위성사진

용을 종합해보았다. [그림 9]의 위성사진에서 항가이산맥 북사면의 비옥한 초원과 그 중심에 있는 산지 초원 지대를 살펴보면, 동쪽으로 오르콘강이 흘러가고 서쪽으로 후누이강Khunui, 남쪽으로 타미르강Tamir이 흘러가는 중간에 있는 '삼각형 모양의 산지'가 기록 내용과 부합하는 곳으로 볼 수 있다. 이곳은 해발 2294미터의 **칭겔테이Chingeltei** 봉우리를 중심으로 여러 개의 봉우리가 이어진 하나의 산지를 형성하고 있다. 이 봉우리를 중심으로 약간 높은 서북쪽에 비해 동남쪽으로는 구릉이 나지막이 뻗어 있고, 그 사이 사이에 오르콘강의 많은 지천이 동쪽과 동남쪽으로 흘러간다. 그 남쪽에 항가이산맥 북사면이 펼쳐지며 넓

게 초원이 이어져 있다. 그 주변을 따라 하천이 여러 곳으로 흘러 물을 구하기 쉽고, 산지를 따라 발달한 초원에서 가축을 먹이기 좋아 목민들이 지내기에 알맞다. 또한 이곳은 목재도 풍부하고, 사냥할 수 있는 야생 동물도 많다.

이러한 사실을 비문 기록과 연결해보면 으둑 봉우리를 칭겔테이 봉우리로 볼 수 있다. 카간이 하영지를 두었던 으둑 봉우리 뒤편의 아이 봉우리(달 모양의 봉우리라는 뜻)와 토쿠쉬가 만나는 곳도 이로부터 북쪽에 위치한 후누이강이나 그 지천인 자라이타인Jaraitain 하천 부근 초원, 혹은 더 북쪽으로 카를륵 카간의 무덤과 비문이 남아 있는 모곤 시네 우수Mogon Šine usu 정도로 볼 수 있다([그림 10] 참조). 이곳은 여름철에 통풍이 잘 되어 시원하고 물을 구하기 쉽다. 또한 서북쪽으로 산이 높아 겨울에는 강한 서북풍을 막아줄 수 있어 동영지의 입지로도 좋다. 현존 기록은 주로 하영지와 관련된 내용이라 확인하기 어렵지만 《시네 우수 비문》에 749년 외튀켄에서 동영했다는 기록이 있고 《타리아트 비문》에서 외튀켄 안쪽에 있는 아스 욍귀즈 봉우리와 칸 으둑 봉우리의 뒤편에 동영지가 있었다는 기록이 있어 그 위치를 추정해볼 수 있다.

두 자료를 연결하면,[219] 아스 욍귀즈 봉우리와 칸 으둑 봉우리의 뒤편은 현재 칭겔테이 봉우리의 동남쪽에 있는 다른 2개의 낮은 봉우리 사이의 분지로 추정된다. 이곳은 북서쪽이 막혀 있는 해발 약 1700미터 정도의 산록이고, 많은 인원이 머물러야 하는 카간정의 입지에 적합한 넓은 공간이 있다. 또 남쪽으로 조금만 내려가면 타미르강 유역의

---

219 《시네 우수 비문》(동면:07)과 《타리아트 비문》(남면:06).

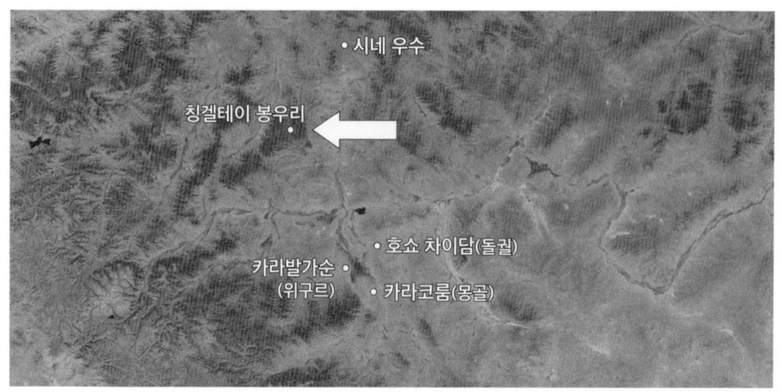

(그림 10) 항가이산맥 북사면에 있는 돌궐, 위구르, 몽골의 중심지와 외튀겐 산지

넓은 초원과 삼림이 펼쳐져 있다. 이곳은 지형적 조건만이 아니라 역사적 측면에서도 좋은 입지였다. 문화 유적이 이곳에 집중적으로 분포하고 있는 것을 보면, 거주 환경이 좋아 정치적, 종교적 중심지로도 기능했음을 알 수 있다. 실제 이곳을 답사해보면 칭겔테이 봉우리를 중심으로 산지, 즉 외튀켄 산지 주변에는 사슴돌(녹석鹿石)과 돌무지(적석총積石塚), 사람돌(석인石人) 등 이전 시대의 유적도 많다. 이는 몽골공화국에서 발간된 유적 발굴 지도를 통해서도 확인할 수 있다.[220] 이러한 사실들을 통해 비록 많은 한계가 있으나 카를륵 카간의 근거지였던 외튀켄의 위치를 추정해볼 수 있다.

이곳의 입지는 서북방을 중시하는 카간이 원정을 나서기에 좋았다. 자신의 목초지라고 설정한 셀렝게강 유역의 지류를 모두 관리할 수

220 Монголын Хүмүүнлигийн ухааны Академи, *Монгол Нутаг Дахь Түүх Соёлын Дурсгал*, Улаанбаатар, 1999, p. 68, p. 94.

있는 중심이기도 했다. 게다가 이곳을 얻으면 막북 초원에서 '대지의 신'이라고 불린 '외튀켄'을 차지했다는 이념적 정통성도 얻을 수 있었다. 카간이 칭겔테이 봉우리를 중심으로 삼각형으로 펼쳐진 외튀켄에서 여름에는 북쪽이나 서북쪽으로 원정 혹은 계절 이동을 하고, 겨울에는 산지의 남사면으로 돌아왔음은 비문 기록을 통해 단편적으로나마 확인할 수 있다.[221]

카간의 계절 이동은 근거지인 수도를 만들고 난 다음에도 계속되었으며, 동영지는 정주민의 주거지와 연결된 곳에 설치되었다.《시네 우수 비문》에 따르면 카를륵 카간은 753년 테르힌강에서 카를룩 등에게 승리를 거둔 다음 외튀켄으로 돌아와 오르콘강과 발릭(도시) 근처에 카간정을 설치했다.[222] 이곳은 외튀켄 남쪽에 펼쳐져 있는 평원 지대로 항가이산맥에서 발원해 북쪽으로 흘러가는 오르콘강의 지류인 타미르강과 오르콘강의 본류 줄기를 따라 펼쳐진 비옥한 초원 지대였다. 하천이 발달해 농경을 하기에도 적합해서 정주민도 거주할 수 있는 여건을 갖추고 있었다. 이곳에서는 지금도 관개를 통해 농경을 할 수 있다. 뿐만 아니라 이곳은 초원을 가로질러 동에서 서로 이어지는 교역로의 중심에 있어 **대상隊商**의 중요한 거점이 되었다. 과거 돌궐의 빌게 카간이 "외튀켄의 땅에 앉아서 아르크쉬(대상)를 보낸다면 전혀 걱정이 없다"[223]라고 말했던 것처럼 이곳을 '**교역의 근거지**'로 삼아 큰 이익을 얻을 수 있었다. 이처럼 카를륵 카간이 근거지로 삼은 곳은 유목국가의

221 정재훈, 「위구르 카를륵 카간(747~759)의 季節的 移動과 그 性格」, 『중앙아시아연구』 11, 2006.

222 《시네 우수 비문》(남면:10).

223 《퀼 테긴 비문》(남면:08).

수도로서 갖춰야 할 조건을 충족시키는 입지였다고 말할 수 있다. 이곳이 중심지였음은 이후에 건설된 위구르의 겨울 수도 카라발가순은 물론 돌궐의 중심 호쇼 차이담과 몽골제국의 수도 카라코룸 역시 이 근처에 있었다는 사실을 통해서도 확인할 수 있다([그림 10] 참조). 카를륵 카간이 이런 입지의 외튀켄에 카간정을 둔 것은 초원을 중심으로 한 유목 세계의 '**패자**'가 되었음을 확인하는 일이었다.

한편 카를륵 카간은 정주민의 거주 시설인 '**발릭(도시)**'도 카간정에 인접한 곳에 두었다. 이는 당시 국제 상인으로 활약하던 소그드 상인이 초원에 이미 들어와서 위구르 유목 세력과 결합했음을 보여주는 것이기도 하다. 소그드 상인은 행정 및 외교 능력을 갖추고 있어 돌궐 시기에도 유목 국가의 운영에서 중요한 역할을 담당했다. 이른바 '**권위주의적 상인 관료 체제**'[224]라고 불리는 국가 운영 방식의 한 축을 담당하며 유목 권력을 뒷받침하는 중요한 구성원으로 활약했다.

발릭과 카간정을 모두 포함한 위구르의 수도는 돌궐의 빌게 카간이 말했던 것처럼[225] 당뿐만 아니라 여러 외부 세계와의 교역에 유리한 곳이었다. 위구르가 카간정 인근에 발릭을 건설한 것은 당과의 관계가 원만하지 못하거나 당의 견제가 심할 때 발 빠르게 도움을 얻을 수 있는 정주민을 확보하기 위한 것으로 보인다. 이후 당과의 관계가 개선되었을 때 이들을 통해 **교역 체계**를 구축하고 발전을 도모하기 위한 일종의 준비였을 것이다. 이런 노력에도 불구하고 막북 초원의 안정적 지배와 당과의 관계 개선을 모두 이루기 위해서는 여러 가지 여건이 좀 더

---

224 정재훈, 『돌궐 유목제국사 552~745』, 사계절, 2016, p. 221.

225 주223 참조.

성숙해질 때까지 기다려야 했다.

2. 막북 초원의 지배 범위

위구르의 영역은 카를룩 카간이 753년 분봉할 때까지 원정을 통해 확보한 보둔이 존재하는 범위였다. 이 범위를 넓히기 위해 위구르는 세키즈 오구즈와 토쿠즈 타타르, 서북방의 치크와 아즈, 그리고 서방의 경쟁 세력인 바스밀과 카를룩까지 복속해 종속 집단에 집어넣었다. 그러나 이 영역은 640년대 중반 당의 기미 지배를 받던 시기에 위구르가 카간을 칭하면서 확보했던 범위를 조금 넘는 수준이었고,[226] 앞의 돌궐 시기에 비해 제한적이었다.

서몽골에서는 경쟁 관계에 있었던 바스밀과 카를룩 등이 일부 편입되었으나 나머지는 여전히 세력을 유지했다. 동몽골의 거란과 해奚 등은 독립적인 세력이었다. 이들은 돌궐의 지배를 받으면서도 그 세력 부침에 따라 당에 들어가 기미 지배를 받거나 독자 세력화를 도모했다. 개원開元 연간(713~741)에 거란의 쿠틀룩Qutluγ(가돌우可突于)은 당의 기미 지배를 받던 집단을 몰아낸 다음 당과 적대적 관계를 유지하면서 돌궐과도 계속 대결했다. 천보 연간(742~756)에도 당의 방위력이 약해진 틈을 타 변경을 약탈하다가 돌궐이 붕괴하자 독자 세력화를 꾀했고 751년 안녹산의 군대와 싸워 승리를 거두었다.[227] 750년대 후반 위구르의 지배를 받게 된 이후부터 840년까지는 감독과 징세를 위해 파견된

---

226 『舊唐書』 卷195 「迴紇」, p. 5196.

227 『舊唐書』 卷199下 「北狄 契丹」, pp. 5352~5353.

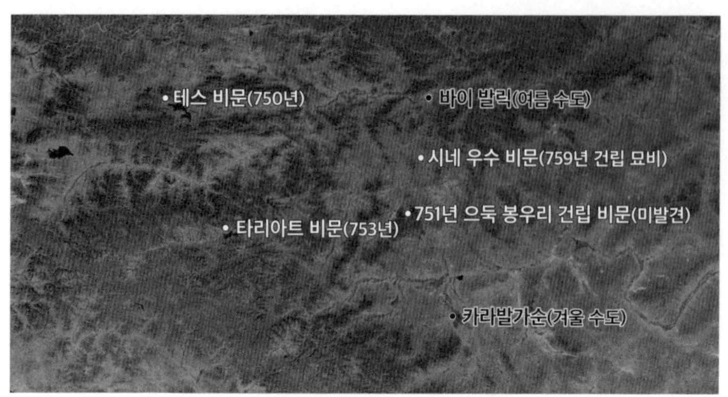

[그림 11] 카를룩 카간의 비문 건립 위치

토둔todun(토둔吐屯)과 같은 감찰관이나 징세관 역할을 한 감사監使의 통제를 받았다.[228]

카를륵 카간의 막북 초원 확보 과정은 [그림 11]에서 볼 수 있는 것처럼 3개의 **기공비**가 건립된 위치를 통해 알 수 있다. 첫 번째 비문인 《테스 비문》은 키르기스와 연계해 저항하던 치크를 정벌한 750년경에 테스강 상류의 산지에 세웠고, 두 번째 비문(미발견)은 751년경 토쿠즈 타타르를 격파하고 외튀켄에 돌아와 으둑 봉우리에 세웠다. 그리고 세 번째《타리아트 비문》은 753년 카를룩과 바스밀을 격파하고 하영을 했던 현재의 테르힌호 근처에 세웠다. 비문들이 모두 외튀켄에서 서북 방향을 향해 세워졌다는 사실은 위구르가 확장해나간 방향을 보여준다.

위구르와 계속 대결을 벌이던 키르기스는 예니세이강 유역에 살았다. 돌궐 이래로 이들은 철광석의 주요한 공급원으로 몽골 초원에 있

228 『新唐書』 卷219 「北狄」, p. 6172; 『資治通鑑』 卷246 武宗 會昌2(842)年條, p. 7967.

던 유목국가의 통제 대상이었으며,[229] 초원을 직접적으로 위협하는 세력이기도 했다. 카를륵 카간은 키르기스와의 대결에서 성공을 거두지 못하고 그에 동조했던 치크를 겨우 복속했을 뿐이다. 위구르가 이들을 비로소 격파한 것은 건원乾元 연간(758~760)으로, 위구르와의 싸움에서 패한 키르기스가 당과 더 이상 교섭할 수 없게 되었다는 기록을 통해 이를 짐작할 수 있다.[230]

당시 서방의 독자적 세력이었던 튀르기쉬가 바스밀, 카를룩 등과 연합해 견제하자, 카를륵 카간은 서쪽으로 더 이상 나아갈 수 없었다. 그래서 바스밀과 카를룩을 막북 초원에서 몰아내고 그 일부를 복속시켰다. 이들은 여전히 튀르기쉬와 위구르의 중간 지점인 북정을 중심으로 세력을 형성하고 있었다.[231] 서방의 위협이 줄어들지 않은 상황에서 위구르는 알타이 산지를 경계로 유목 세계를 동서로 양분하고 그 동부를 지배하는 데 만족해야 했다. 그런데도 카를륵 카간은 자신이 확보한 영역에 대해 다음과 같이 말했다.

> 내 안에 있는 땅, **외튀켄 이쉬의 오른쪽에 타르칸, 군대, 살찐 보둔, 카간이 있고, 왼쪽 끝은 알타이 이쉬이고, 뒤쪽 끝은 쾨그멘이고, 앞쪽 끝은 쾰티**이다.[232]

---

229 護雅夫, 『古代遊牧帝國』, 中央公論社, 1975, pp. 59~65.

230 『新唐書』 巻217下 「回鶻下」, p. 6149.

231 川崎浩孝, 「カルルク西遷年代考 — シネウス·タリアト兩碑文の再檢討による」, 『內陸アジア言語の硏究』 8, 1993, pp. 93~110.

232 《타리아트 비문》(서면:05).

위에 제시된 영역은 방위에 혼동이 있어 지금의 지명과 조금 다르다. 카간정이 있던 외튀켄을 중심으로 카를룩과 경계를 이루는 서쪽의 알타이 이쉬(알타이산맥), 키르기스와 경계를 이루는 북쪽의 쾨그멘(사얀산맥) 정도가 현재 지명과 일치한다. 반면 앞쪽 끝이라고 한 쾰티는 정확한 위치를 알 수 없어 앞쪽이라는 표현에 따라 현재의 헨티산 정도로 추정한다. 이를 더 구체화하기 위해 쿠틀룩 빌게 퀼 카간(744~747) 시기의 영역에 대한 한문 기록과 연결해볼 수 있는데, "동으로는 실위(몽골계 부족명 또는 싱안링을 지칭하는 실위산室韋山), 서로는 금산(알타이산지), 남으로는 대막(고비)에 이르는 옛 흉노의 땅을 차지했다"[233]라고 한 것이 유일한 추정 근거다.

두 기록을 연결하면 쾰티를 동부의 싱안링산맥 인근 정도로 볼 수도 있으나, 당시 토쿠즈 타타르를 제외하고는 위구르가 동부에 영향력을 행사하지 못했다는 점에서 750년대 위구르의 영역은 아직 그곳까지 미치지 못했다. 한문 기록에서 위구르의 영역을 흉노 또는 돌궐의 영역이라 말한 부분에서도 돌궐 최대의 영역인 철문부터 싱안링산맥에 이르는 범위를 가리키는 것은 아니었다. 그보다는 돌궐 제2제국 시기의 막북 초원 정도의 범위 혹은 막북에 고립되었던 시기의 **'흉노 고지匈奴故地'**와 비슷한 영역이었다.

카를륵 카간은 이 정도의 영역을 차지하고도 돌궐을 대체했다고 선언했다. 이곳이 과거 위구르의 조상이 살던 곳이기 때문에 돌궐에게 빼앗겼던 '고지'를 되찾았다는 의미를 부여했다. "외튀켄 일과 그 주변의 일 둘 사이에 있는 오르콘 외귀즈(강)에서"라는 카를륵 카간의 말처

233 『新唐書』 卷217上 「回鶻上」, p. 6115.

럼, 위구르는 조상들이 80년간 다스렸던 외튀켄과 그 주변 지역 사이의 셀렝게강 지류에 면한 비옥한 초지를 확보했다.[234] 자신의 활동 범위를 카를륵 카간은 다음과 같이 구체적으로 말했다.

> 나의 목초지는 **셀렝게강의 8개 지류인 오르콘, 토글라, 세빈, 텔레뒤, 카라가, 부라구에 있다.** 그 나의 땅과 나의 물에서 야영하고 이동했다, 내가.[235]

여기 열거된 항가이산맥 북쪽의 셀렝게강 지류 유역은 위구르의 조상들이 지배하던 시기의 퇴뤼가 숨 쉬는 유목 세계의 중심이었다. 따라서 카를륵 카간은 이 땅을 확보하고 유지하는 것을 무엇보다 시급한 문제로 인식했다. 돌궐의 권위를 대체하고, 퇴뤼와 보둔을 확보해 이곳에 대한 지배권을 확립해야 진정한 '위구르 일'을 건설하는 것이라 여겼기 때문이다. 다른 한편으로 이는 위구르 건국 초기의 영역이 '막북 초원'의 일부에 한정되었다는 것을 보여주는 부분이기도 하다. 카를륵 카간은 돌궐의 빌게 카간과 마찬가지로 '해가 뜨고 지는 하늘 아래에 존재하는 모든 유목 세계'의 패자가 되겠다는 관념적 세계관을 드러냈지만, 위구르의 세력은 여전히 외튀켄 산지를 중심으로 한 막북 초원의 유목민을 지배하며 체제를 정비하는 수준에 머물렀다.

카를륵 카간은 유목사회 내부에서 발생한 세력 갈등을 개인적 노력을 통해 해소하고 자신을 중심으로 분열을 통합하려 했는데, 이것이 초기 위구르의 취약점이었다. 돌궐의 종주권을 인정했던 거란, 키르기

---

234 《타리아트 비문》(동면:03).

235 《타리아트 비문》(서면:04).

스, 튀르기쉬, 카를룩 등이 여전히 신흥 위구르에 도전했다. 또한 위구르는 막남으로 밀려난 돌궐 항호降戶[236]가 다시 막북 초원으로 돌아오는 것도 막아야 했다. 돌궐은 위구르를 다시 무너뜨릴 수 있는 잠재적 위협 세력이었기 때문이다. 위구르는 687년 돌궐이 부흥해 막북으로 복귀하자 터전을 잃고 쫓겨난 뼈아픈 경험이 있었다. 막남에 건재한 돌궐 항호의 복귀를 막기 위해서는 막북 초원 중심의 체제 안정이 절대적으로 필요했다. 이를 위해 카를륵 카간은 조상이 물려준 외튀켄을 중심으로 한 셀렝게강 유역의 확보와 유지에 역점을 두었다.

위구르는 신생 유목국가였기 때문에 다른 세력과의 대결에서 한 차례라도 패하거나 자연 재해로 초원이 피폐해지면 그대로 무너질 수도 있었다. 카간의 권력이 약화되거나 안위에 문제가 발생한다면 새로운 창업 과정을 밟거나 다른 국가로 대체될 위험이 항시 존재했다. 이는 체제를 갖추었다 하더라도 카간 개인의 능력에 과도하게 의존하는 유목국가의 약점이기도 했다. 카를륵 카간은 자신이 원정에서 이기지 못했다면 위구르 일이 없었을 것이고, 조상의 퇴뤼 또한 영원히 역사의 무대 뒤편으로 사라져버렸을 것이라고 말했다. 즉위 이후 여러 가지 현실적 한계를 돌파하면서 자신의 힘으로 국가를 건설하고 체제를 정비해야 했던 그의 어려움을 잘 보여주는 말이다.

건국 이후 부단한 노력으로 어느 정도 구체적 성과를 거두었음에도 카를륵 카간에게는 여전히 당면한 여러 한계가 있었다. 이를 해결하고 진정한 유목 세계의 패자가 되려면 당으로부터 자신의 독점적 위상을 인정받고, 그에 상응하는 경제적 지원을 받아야 했다. 당과의 교섭

---

236 돌궐 항호는 740년대 중반 돌궐 제2제국이 붕괴하자 당에 남하한 유민을 지칭한다.

과 교류는 위구르의 위상을 보여주는 가장 중요한 지표가 될 것이었다.

3. 당과의 교섭과 위구르의 위상

위구르가 당의 공식적인 인정을 받는 것은 명분뿐만 아니라 경제적 토대를 마련하는 일로, 유목 세계의 질서 재편 과정에서 주도권을 행사하기 위한 결정적 기초였다. 유목 세계 내부에서 지배력을 확보했다 하더라도 당의 인정이 없으면 발전이 제한적일 수밖에 없었다. 687년 돌궐이 막북 초원으로 복귀해 부흥했으나 당의 계속된 견제와 공격으로 결국 붕괴하고 말았던 것처럼 유목제국에게 이는 대단히 중요한 일이었다.[237] 당의 인정을 받는다면 공납이나 교역(국경 지역에서 이루어지는 교역인 호시互市)을 통해 필요한 물자를 획득할 수 있었고, 이를 유목 군주가 독점한다면 권력 강화는 물론 제국 발전의 동력으로 삼을 수 있었다.

역사적으로 유목국가는 중국에서 물자를 확보하고, 또 다른 경제적 토대인 오아시스를 매개로 동서 교역로, 소위 실크로드Silk Road를 장악하여 세력을 확대해나갔다. 유목국가 단독으로는 자급자족적 경제 단위가 되기 어렵기 때문에 '**외부와의 관계**'가 큰 비중을 차지했다.[238] 그런 만큼 중국과의 원만한 관계는 필수적이었고, 막북에 고립된 위구르 역시 예외가 아니었다. 위구르는 이미 7세기 중반 기미 지배 시기부

---

237 정재훈, 「唐 玄宗(712~756) 初期의 北伐과 突厥의 對應」, 『중국사연구』 98, 2015.

238 중국과 유목국가의 관계에 초점을 맞춰 중국에 통일 왕조가 등장하면 그 상대로 장성 이북의 초원에 유목국가가 등장한다는 '**닮은 꼴**mirror image' 개념이 제시되기도 했다. Thomas J. Barfield, *The Perilous Frontier : Nomadic Empires and China*, Basil Blackwell, 1989, pp. 8~16(토마스 바필드, 윤영인 (역), 『위태로운 변경』, 동북아역사재단, 2009).

터 당의 경제적 지원을 받아 성장한 **경험**이 있었다. 또한 유목 군주는 중국에서 얻어낸 물자를 내부에 분배하여 자신의 능력을 과시할 필요도 있었다. 원정을 통해 정주 지역을 약탈하는 방식으로도 물자를 얻을 수 있었지만, 그보다는 중국이나 오아시스 도시들과 교역 관계를 형성해 정기적 공납을 통해 재화를 획득하는 쪽이 장기적이고 안정적인 길이었다. 이와 같이 위구르에게 **당의 인정과 지원**은 매우 절박한 일이었다.

740년대 초 바스밀의 추장이 카간이 되자 위구르는 동부의 야브구를 자칭하고 당의 인정을 받은 바가 있다.[239] 744년에는 쿠틀룩 보일라가 돌궐의 오즈미쉬 카간을 죽인 다음 그 공로로 봉의왕으로 책봉을 받았다. 이어 쿠틀룩 보일라는 바스밀을 격파하고 쿠틀룩 빌게 퀼 카간을 자칭한 다음 당에 조공하여 회인 카간으로 책봉을 받았다.[240] 또한 그는 745년 돌궐의 마지막 카간인 백미 카간마저 격파하고 우효위원외장군右驍衛員外將軍으로 책봉을 받았다.[241] 이런 일련의 노력을 통해 위구르는 당의 인정을 받기는 했으나 그 이상은 없었다.

당은 위구르의 쿠틀룩 보일라가 조공을 하자, 그를 돌궐에 대해 봉기한 집단의 수령 정도로 보고 돌궐을 제압하기 위한 수단으로 이용하려 했다. 즉 위구르를 이용해 막남에 온 '돌궐 항호' 문제를 해결하려고 했다. 이후 이 문제가 해결되자 당은 위구르에 대해 미온적인 태도를 보였다. 경제적 지원을 하지도 않았고, 그들을 유목 세계의 지배자로 인정하지도 않았다. 위구르도 내부 문제로 당과의 관계 개선에 적극적

---

239 『新唐書』卷215下「突厥下」, p. 6054.

240 위의 책, p. 6114.

241 위의 책, p. 6115.

으로 나설 수 없었다. 745년 9월 위구르가 조공을 한 이후로는 751년까지 관련 기록이 전혀 없다.[242]

당의 입장에서는 골칫거리였던 막남의 돌궐 문제를 해결했으니 새로운 위협이 될 수도 있는 위구르를 인정해주거나 그들과의 관계를 진전시킬 이유가 없었다. 그보다는 초원 세력들을 상쟁 생태에 휘말려 들게 하여 어부지리를 얻으려 했다. 740년대 중반 돌궐이 붕괴한 이후 그 항호가 막남으로 내려왔고, 위구르가 새로이 막북의 유목 세계를 통일하며 세력을 키운 데다가 서북방의 토번과 동북방의 거란의 공세도 계속되었기 때문에 당으로서는 이들에 대응하는 일이 더 절실한 문제였다.

막남 초원에는 이미 7세기 중반부터 당의 기미 지배를 받던 투르크 유목 부족(돌궐 잡호雜戶 또는 철륵)이 있었다. 새로 유입된 돌궐 항호와 이들 사이에 갈등이 일어나면 막남 초원의 안정이 깨질 수도 있었다. 게다가 그동안 당은 투르크 용병을 이용해 변방을 방어해왔는데, 그 체제의 약화를 가져올 수도 있는 일이었다. 당은 북변 방어 강화와 함께 돌궐 항호가 남하해 들어온 막남의 안정, 토번과 거란 등 주변 세력 억제를 위한 입체적인 대책을 수립해야 했다.

당은 태종太宗(이세민李世民, 599~649, 재위 628~649) 이래로 투르크 유목민을 상대하는 과정에서 수차례의 시행착오를 경험했다. 630년 돌궐 제1제국이 붕괴한 이후 돌궐 항호에 대한 대책은 내지 이주, 640년 하북(막남)으로의 재이주, 647년 도호부都護府를 근간으로 한 기미 지배 등으로 계속 바뀌었으나 결국 682년 돌궐이 부흥하는 것을 막지 못

---

242 『冊府元龜』 卷971 「外臣部 朝貢 4」, p. 11413下.

했다.[243] 이런 경험을 했던 당은 남하한 돌궐 항호의 성장을 막아 부흥의 여지를 없애고, 자신들에게 봉사하는 세력으로 만들고자 했다. 한문 기록으로 돌궐 항호의 행적을 추적하기는 쉽지 않지만, 이들 대부분은 책봉을 받고 수도 장안長安(지금의 산시성陝西省 시안시西安市)에 살면서 당의 통제를 받은 것으로 보인다. 630년에 돌궐 제1제국이 붕괴한 이후 당에 들어온 많은 지배 집단이 별다른 활동을 하지 못하고 약화한 것과 비슷한 상황이었다. 당시 돌궐의 지배층이 자신의 이름을 버리고 사라졌다고 기록한《퀼 테긴 비문》의 내용을 통해서도 이를 짐작해볼 수 있다.[244]

다만 이들 중에서 742년에 온 아부스 엘테베르는 독자 세력을 유지하며 고위 번장으로 활약했다. 그의 이력을 추적하다 보면, 구성의 수령으로서 개원 연간 초기에 돌궐의 2대 카간인 카프간 카간에게 패한 다음 당에 들어오려 했다는 기록이 있다.[245] 즉 710년대 중반 카프간 카간에 반발해 투르크 부족이 봉기했을 때 당에 투항했다는 것이다. 그러나 그는 이때 당에 투항하지 않았고 742년에 왔다.[246] 동명이인일 수도 있어 710년 중반에 벌어진 일과 742년의 일을 곧바로 연결할 수는 없다.

---

243 630년 돌궐 제1제국의 붕괴 이후 돌궐 항호의 지배 방식에 대해서는 다음 연구를 참조. 岩佐精一郎, 「突厥の復興に就いて」, 和田清 (編), 『岩佐精一郎遺稿』, 岩佐傳一, 1936, pp. 77~167; 김호동, 「北아시아 遊牧國家의 君主權」, 동양사학회 (편), 『東亞史上의 王權』, 한울아카데미, 1993, pp. 131~178; 정재훈, 「唐初의 民族政策과 西北民族의 中國 認識 — '羈縻支配體制'의 成立 過程과 관련하여」, 『동양사학과논집』 19, 1995, pp. 1~27.

244 《퀼 테긴 비문》(동면:07)~(동면:08); 주34 참조.

245 『冊府元龜』 卷986 「外臣部 征討 5」上, p. 11587.

246 『舊唐書』 卷194上 「突厥上」, p. 5173.

아부스 엘테베르는 구성의 하나인 아부스 부족의 수령으로,[247] 당에 투항했을 때 아부스만이 아니라 통라도 함께 지휘하는 엘테베르(부족장)로서 타르두쉬 야브구Tarduš yabγu(서엽호西葉護)라 불리는 고위층 인물이었다.[248] 돌궐 붕괴 이전에 일찍 투항했다는 이유로 아부스 엘테베르는 당 현종玄宗(이융기李隆基, 685~762, 재위 712~756)으로부터 이헌충李獻忠이라는 사명賜名을 받았고, 봉신왕奉信王으로도 책봉되었다.[249] 이후 그는 당에서 군사적 봉사를 했다. 돌궐의 잔여 세력이 위구르에 쫓겨 막남으로 오자 그들을 공격했고,[250] 749년 자신의 부락병部落兵을 이끌고 토번의 석보성石堡城도 공격했다.[251]

당이 아부스 엘테베르를 군사적으로 활용한 것은 돌궐 항호에 대한 기미와도 깊은 관련이 있었다. 아부스 엘테베르가 돌궐의 지배 집단인 아사나 출신이 아니고, 일찍부터 당으로 넘어오려 했기 때문에 불순한 세력이라 보지 않고 기미하려고 했다. 군사적 수요가 많았던 당으로서는 그의 정예 기마 부대를 동원한다면 주변 세력의 공격에 대비할 수 있었다. 아부스 엘테베르 휘하의 부락민을 동원하면서 그들의 경제적 욕구를 충족시켜주는 것은 내부 질서를 파괴하지 않고 많은 이익을 얻을 수 있는 최선의 조치였다.

또한 이는 막남에 있던 기존 투르크계 유목민(돌궐 잡호)과의 사이에서 발생할 수 있는 갈등의 여지를 없애는 좋은 방법이었다. 당은 비

---

247 주77 참조.

248 『新唐書』 卷215下 「突厥下」, p. 6054.

249 『新唐書』 卷193 「忠義下 程千里」, p. 5545.

250 王昶 (撰), 『金石萃編』 卷100 「王忠嗣碑」, p. 1653上.

251 『資治通鑑』 卷216 玄宗 天寶8(749)年條, p. 6896.

용이 많이 들더라도 이민족을 변방 방어에 동원했다. 특히 토번의 공세가 강화된 이후 아부스 엘테베르는 유용한 군사적 동원 대상의 하나가 되었다. 당에 투항한 시기에 이미 5000장帳, 혹은 기록에 따라 1만 장을 지휘하는 추장이었기에 군사적 가치가 매우 컸다.[252] 그의 세력을 지원하는 데 매년 비단 10만 단段을 사용해 하곡河曲에 있는 군현의 창고가 비었다는 말이 나올 정도였다.[253] 그의 번부락병蕃部落兵이 중요한 군사력이자 안정시켜야 할 대상이기도 했음을 보여주는 일화다. 이와 같이 당은 돌궐 붕괴 이후 대규모 유민이 발생하고 각지에서 여러 세력이 할거한 상황에서 아부스 엘테베르를 이용해 740년대 말까지 변방의 위협을 막고 안정을 유지할 수 있었다.

당은 752년 아부스 엘테베르가 토번 전선에서 돌아온 이후 안녹산과 갈등을 벌이다 조정을 상대로 봉기했을 때도 비슷한 대응을 했다. 751년에 안녹산이 거란에 패한 이후 군사적 수요가 절실해지자 당은 토번 전선에 있던 아부스 엘테베르를 삭방절도부사朔方節度副使로 임명하는데, 그는 얼마 지나지 않아 안녹산과 대립하고 바로 조정에 반기를 들었다.[254] 아부스 엘테베르의 이런 움직임은 중앙 정부 내부의 정치적 알력 관계가 투영된 것이었다.[255] 즉 당에 투항한 이후 아부스 엘테베르

252 『신당서』에서는 아부스 엘테베르가 갈납치葛臘哆와 함께 5000장을 이끌고 왔다고 했고(『新唐書』 卷215下 「突厥下」, p. 6054), 다른 기록에도 5000장이라고 나와 있다. 반면에 『통전』에는 통라 1만 장 정도를 이끌고 당에 들어왔다고 기록되어 있다(『通典』 卷199 「邊防15 同羅」, p. 5467).

253 『通典』 卷199 「邊防15 同羅」, p. 5467.

254 『新唐書』 卷225上 「逆臣上 安祿山」, p. 6415.

255 E. G. Pulleyblank, *The Background of the Rebellion of An Lu-Shan*, Oxford Univ. Press, 1955, p. 103.

는 정권을 장악한 이림보李林甫(683~753)의 양자로서 입지를 강화했는데 이림보 사후 정치적 기반을 상실하자 조정에 반발한 것이다.[256]

아부스 엘테베르는 유목사회에 기반을 둔 추장이었다. 그는 "외모가 뛰어나고 지략이 많다"[257]라는 기록처럼 당에 투항한 이후 안녹산의 견제 대상이 될 만큼 뛰어난 능력을 인정받았다. 투항 이후에도 독자적 세력을 형성하고 있었기에 안녹산 휘하의 부장이 되지 않았다. 그는 751년 안녹산이 거란 원정 패배의 책임을 전가해 좌현왕左賢王 가해哥解를 죽이자,[258] 자신에게도 위해를 가할 것이라 여겼다. 그래서 자신에게 이익이 없는 전쟁에는 가려고 하지 않았다. 원래 번장은 당의 관직을 받아 조정의 명령에 따라 군사적 봉사를 했는데, 아부스 엘테베르는 독자적인 세력을 가진 부족장이었기에 당의 관직이 크게 중요하지 않았고 안녹산에게 복종할 필요도 없었다. 자신의 이해관계를 유지할 수 없으면 언제든지 당을 버리고 초원으로 돌아갈 수 있었다. 다시 말해서 아부스 엘테베르는 당의 번장이 아니라 부족의 추장으로서 행동했던 것이다.

752년 3월 아부스 엘테베르는 통라 1만 기를 이끌고 거란을 공격하라는 안녹산의 명령을 거부했다. 이는 자신의 이익에 반하는 일이었고, 중앙이 자신을 견제하는 일이기도 했기 때문이다. 거란과의 전투에서 패하면 안녹산이 그 책임을 자신에게 떠넘겨 토사구팽 당할 것이 자명했고, 그랬다가는 자신이 몰락할 수도 있었다. 이탈한 아부스 엘테

256 『資治通鑑』 卷216 玄宗 天寶12(753)年條, p. 6917.

257 『新唐書』 卷225上 「逆臣上 安祿山」, p. 6415.

258 『資治通鑑』 卷216 玄宗 天寶10(751)年條, p. 6908.

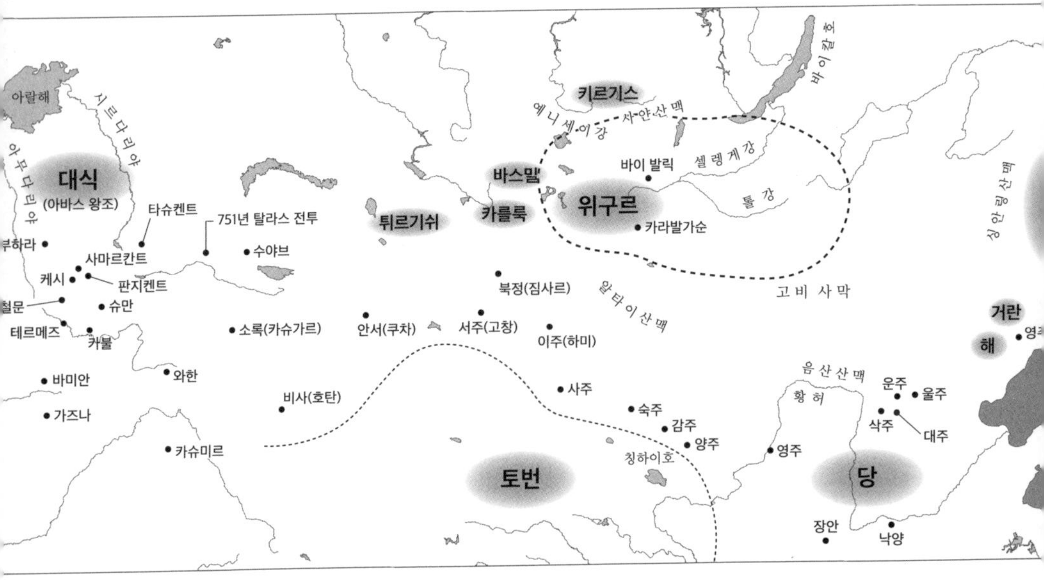

(그림 12) 755년 당을 중심으로 한 형세도

베르는 창고를 약탈하고, 9월에 영청책永淸柵을 포위 공격했다. 책사柵使인 장원궤張元軌에게 패하고 막북으로 도망하려다가[259] 753년 5월 위구르의 공격을 받아 패배했다. 이후 남은 집단이 위구르와 갈등 관계에 있던 서부 카를룩에게로 도망갔는데, 당과 우호 관계였던 카를룩이 아부스 엘테베르를 잡아 북정도호北庭都護 정천리程千里(?~757)에게 넘겨주었다. 당은 이때 카를룩의 요구를 받아들여 그 추장 야브구 톤 빌게 Ton bilge(돈비가頓毗伽)에게 개부의동삼사開府儀同三司와 금산왕金山王이라는 작을 주고 우대했다.[260]

259 위의 책, p. 6913.

260 『資治通鑑』 卷216 玄宗 天寶12(753)年條, p. 6918; 『新唐書』 卷217下 「回鶻下 葛邏祿」, p. 6143.

당은 이런 방식으로 카를룩을 지원해 위구르를 견제했다. 751년 이래 매년 계속되던 위구르의 조공에도 별다른 반응을 보이지 않았고, 위구르에게 쫓겨나 북정 인근에 있던 카를룩을 포섭해 '이이제이以夷制夷'를 했다. 카를룩을 이용해 동서 교역로상의 오아시스 지역에 위구르의 영향력이 확대되는 것을 막았다. 위구르가 오아시스를 차지하면 유목 경제 이외에 새로운 경제적 토대를 확보해 발전할 가능성이 있었기 때문에 차단해야 했다. 앞서 돌궐의 대외 확장을 막기 위해 서주와 북정을 중심으로 한 오아시스 지역을 통제했던 것처럼, 당은 위구르의 서방 진출 역시 방해했다.

이 무렵 토번도 중국의 서북방 변경을 계속 위협하며 동서 교통로를 교란하고 있었다. 당은 이 문제를 해결하기 위한 대책 마련을 중요하게 생각했다. 먼저 위구르를 유목 세계의 패자나 유일한 세력으로 인정하지 않고 기미할 여러 세력의 하나로 보면서 그들 서로가 견제하고 경쟁하게 만들었다. 이런 방식은 당이 751년 탈라스 전투에서 아랍 세력[대식大食]에게 패배하고 토번과 거란 등의 공세에 시달리는 가운데도 여전히 세계 제국의 위상을 과시하고 있었기 때문에 가능했다.

위구르는 막북 초원을 완전히 지배하지 못한 상황에서 당의 노골적 견제를 받으니 쉽사리 군사적 도발을 할 수 없었다. 설사 군사 행동이 가능하다 하더라도 당을 위압해 화친을 얻어내는 것은 위구르에게 별다른 실익이 없었다. 무력 사용으로는 화번공주和蕃公主나 호시 개설 등의 이익을 얻어내기 어려웠다. 따라서 위구르는 7세기 중반 이후 당의 지원을 통해 성장한 경험을 바탕으로 당의 태도를 바꾸어보려고 했다. 앞서 위구르는 당이 630년 동돌궐, 646년 설연타를 격파하고 유목 세계에 종주권을 행사하게 되자 당의 황제, 즉 '천가한天可汗(텡그리 카간Teŋri qaɣan)'으로부터 책봉과 경제적 지원을 받은 적이 있었다. 당의 체제에 적극적으로 편입되어 발전을 도모하려 했던 것이다. 이것이 위구르가 막북 초원에서 고립된 처지를 극복할 수 있는 유일한 대안이었다.

753년 국가의 성립을 선언한 카를륵 카간이 당과의 관계를 원만하게 설정하지 못한 것은 위구르의 발전에 크나큰 **한계**로 작용했다. 당의 태도를 바꾸기란 쉬운 일이 아니었다. 이런 상황이 한동안 계속되다가 이를 반전할 기회가 우연히 찾아왔다. 755년 말 안녹산의 봉기로 중국이 내전 상태에 빠지면서 당은 전과 같은 태도를 유지할 수 없었다. 위구르는 이를 기회로 삼아 군사적 지원을 하면서 당의 완고한 태도를 바꾸려 했다. 이는 위구르가 초원의 유일한 패자로서 '권위주의 체제'를 확립하고, 동시에 당과 함께 국제 질서에 영향을 미칠 수 있는 세력으로 자리 매김할 기회가 될 수 있었다.

제2편

집권과 고립:
당과의 관계 강화와 집권 노력의 한계(755~787)

제1장

군사 개입과 위상 변화

1. 안녹산 진압을 위한 군사 원조(756)와 당과의 혼인 관계 성립

752년 막남을 비롯한 유목 세계의 판도를 뒤흔들 수도 있었던 아부스 엘테베르의 봉기가 실패로 끝난 이후, 중국 변경 지역의 세력 관계에도 변화가 시작되었다. 아부스 엘테베르의 막북 복귀를 저지한 위구르와 그의 체포에 일조해 당의 인정을 받은 카를룩뿐만 아니라 평로군平盧軍(지금의 산둥성山東省 이두현益都縣에 치소, 산둥성 동북부 지역을 관할) 안녹산도 이 과정에서 큰 이익을 얻었다. 특히 안녹산은 아부스 엘테베르 예하에서 활약하던 통라를 얻어 자신의 세력을 강화할 수 있었다. 통라는 이미 742년 당에 투항한 다음 아부스 엘테베르의 지휘를 받아 토번과 거란 방어에 참여해 "천하제일 군대"[1]라고 불릴 만큼 명성을 떨치던 세력이었다. "통라 예락하는 질주하며 공격하는 것에 뛰어나다"[2]라

1 『資治通鑑』卷216 玄宗 天寶12(753)年條, p. 6918.

2 『資治通鑑』卷218 肅宗 至德元(756)年條, p. 6964.

는 기록이 있을 정도로 정예의 기마군단이었는데, 안녹산은 이들을 자신의 친위군인 예락하의 일부로 편제할 수 있었다. 이를 통해 안녹산의 군사력은 비약적으로 강력해졌고, 이는 이후 그가 조정에 반기를 드는 중요한 배경의 하나로 작용했다.[3]

이후 양국충楊國忠이 안녹산을 견제하자[4] 양자의 갈등이 증폭되었다. 755년 11월에 안녹산이 양국충을 토벌한다는 명분으로 예하의 군대와 통라, 거란, 해, 실위 등으로 구성된 15만 명을 이끌고 범양范陽(지금의 바오딩시保定市 이북과 베이징시北京市 이남 지역)에서 출병했다.[5] 이후 열흘도 되지 않아 박릉군博陵郡(지금의 허베이성河北省 안핑현安平縣, 선저우시深州市, 라오양현饒陽縣, 안궈시安國市 등지)을 점령하는 등 강한 기세로 조정을 압박했다. 이에 대응해 조정에서도 안녹산의 아들 안경종安慶宗(?~755)을 죽이고 영왕榮王 이린李璘(?~757)을 원수元帥로, 고선지高仙芝(?~756)를 부장副將으로 삼아 동정東征을 준비했다. 그러나 이때 조정의 모병에 응한 병사의 대부분이 훈련받지 않은 백도白徒라서 제대로 반격을 가할 수 없었다.

이와 달리 안녹산의 부대는 빠르게 영양滎陽(지금의 허난성河南省 정저우시鄭州市, 카이펑시開封市, 신정시新鄭市, 룽양시滎陽市 등과 위안양현原陽縣,

---

3 E. G. Pulleyblank, *The Background of the Rebellion of An Lu-Shan*, Oxford Univ. Press, 1955, p. 103; 정재훈, 「唐朝의 突厥 降戶 羈縻와 安祿山의 亂」, 서울대학교 동양사학연구실 (편), 『分裂과 統合 — 中國中世의 諸相』, 지식산업사, 1998, pp. 279~284.

4 안녹산이 처음부터 봉기하려는 의지가 있어 군사력을 강화한 것인지, 아니면 조정의 견제를 받았기 때문인지는 검토가 필요하다. 중국에서는 현종 말 정치적 취약기에 힘을 축적해 조정에 반하여 봉기한 역신逆臣으로 보았다. 姚汝能, 『安祿山事迹』 卷上, 上海古籍出版社, 1983, p. 12.

5 『資治通鑑』 卷217 玄宗 天寶元(755)年條, p. 6934.

옌진현延津縣 등지)을 거쳐 낙양洛陽(지금의 허난성 뤄양시洛陽市)을 점령했고, 그다음 장안의 관문인 동관潼關(지금의 산시성陝西省 퉁관현潼關縣 동북쪽)을 공격했다. 이와 함께 안녹산 휘하의 대동병마사大同兵馬使 고수암高秀巖과 설충의薛忠義 등이 서쪽으로 진군했으나 이에 대응한 삭방군에게 패배했다.

이때 당에 협조한 삭방군에는 630년 돌궐, 646년 설연타 붕괴 이후 남하해 당의 기미 지배를 받던 투르크계 유목민이 주로 살고 있었다. 이들은 기미 지배 시기(630~682)를 거쳐 돌궐이 680년대에 부흥한 이후에도 막남에서 세력을 유지했으며, 740년대 중반 막북의 돌궐이 멸망한 뒤에 이어서 등장한 위구르도 상대하고 있었다. 이곳은 중요한 군사적 거점이라 중종中宗(이현李顯, 656~710, 재위 684, 705~710) 시기인 708년에 돌궐 방어를 위해 삼수항성三受降城이 건설되기도 했다.[6] 또한 현종 시기에도 유목 전사 10만 명, 전마 3만 기 등 정예 부대가 주요 군진軍鎭에 포진해 있었고, 주요 병력은 돌궐에 대한 북벌에 계속 동원되었다.[7]

그들의 지휘관은 투르크계 유목 부락의 추장으로 당에 봉사하던 '**번장蕃將**'들이었다. 당에서는 막남 거주 투르크계 유목 부락의 기존 부족 조직을 그대로 둔 채 그 위에 도독부都督府나 자사주刺史州를 두었다. 이들은 당의 관직을 받은 '**당민唐民**(당의 백성)'이라는 의식과 함께 고유한 부족 질서를 유지하려는 '**유목민 군장**'으로서의 입장도 가지고 있었다. 당에게 이들은 군사적 이용 대상이자 견제의 대상이기도 했기에

6 『舊唐書』 卷7 「中宗 本紀」, p. 147; 李鴻賓, 「羈縻府州與唐朝朔方軍的設立」, 『中央民族大學學報』 1998-3, pp. 44~47.

7 정재훈, 「唐 玄宗(712~756) 初期의 北伐과 突厥의 對應」, 『중국사연구』 98, 2015.

이이제이를 통해 통제하에 두려고 했다. 이 무렵 대표적 번장이었던 복고회은의 경우 646년 투항해 금미도독金微都督이 된 가람발연歌濫拔延의 손자로 680년 중반 돌궐이 부흥하자 막북에서 밀려나 삭방으로 왔다. 또한 혼석지渾釋之 역시 혼渾의 추장으로 대대로 고란도독皐蘭都督이었다.[8] 이들은 모두 막남 기미주羈縻州의 유력한 군장이었는데, 당에서는 이들을 '돌궐 잡호'라고 불렀다.

740년대부터 변방의 절도사들이 번장으로 충원되면서 번장의 정치적 위상이 높아졌다. 북변 방어를 위한 군사적 수요가 많아진 상황에서 부병제府兵制가 붕괴하자, 무측천武則天(624~705, 재위 690~705) 이래로 모병제募兵制가 본격적으로 도입되고 번장과 그 부락민이 군사 자원으로 충원되었다. 무측천 말기부터는 변방의 단결병團結兵(단연團練 또는 토단土團으로도 불림. 지방에서 징발한 군대로 정식 군적에 들어가지 않지만 단기적으로 생산에는 종사하지 않는 부대)으로도 병력이 보충되었다. 현종 시기에 북벌을 확대하며 군사적 수요가 늘어나자 각 군진에 배치된 건아健兒, 진수鎭戍, 정방丁防(이 세 가지는 당 이래로 자원하여 변경 지역을 지키던 병사로 징집병이 아니라 용병 혹은 직업 군인의 종류)과 같은 모병을 뽑았다. 군진의 수는 30여 개였다가 741년경 60여 개로 늘어났고, 천보 시기(742~756) 이후에는 군진 총병의 수가 약 50만 명이 되었다.

이런 수요를 내지의 병력만으로는 충당할 수가 없어서 현지의 유목민이 적극적으로 동원되었다.[9] 막남에서 기미 지배를 받던 유목민은 막북의 유목 기병을 상대하는 데 대단히 효과적이었다.[10] 재상 이림보

---

8 『資治通鑑』卷217 玄宗 天寶14(755)年條, p. 6944.

9 章群, 『唐代蕃將研究』, 聯經出版, 1986, pp. 28~29.

가 조정 내부의 경쟁 세력을 약화시키려고 "변방의 장수가 조정에 들어와 재상이 되는 것을 막으면서" 번장 출신 절도사가 더 늘어났다.[11] 이림보는 변방의 절도사를 호인胡人(이민족, 즉 비非한인)으로 모두 교체하고, 이들을 통해 현지 군대를 동원했다. 태종 시대 이래 투르크계 유목민을 기미 지배하는 주요 목적이 '**군사적 이용**'이었기 때문이다.[12] 현지의 이민족 출신을 번장으로 편입해서라도 주변 세력, 즉 사이四夷에 대한 지배력을 유지해야 했다. 740년대 중반 돌궐의 붕괴에 따른 군사적 수요의 증가로 막남에서 기미 지배를 받던 투르크계 번장의 위상은 자연스럽게 올라갔다. 이들은 기존의 부족 질서를 유지하면서 당에도 봉사하며 위상을 유지했다. 당 이외의 세력이 등장해 자신의 존립 근거를 무너뜨릴 수도 있었기 때문에 조정에 대한 충성은 중요하고 필요한 일이었다. 이것이 삭방군의 투르크계 번장인 혼석지와 복고회은 등이 당 조정을 지지하며 안녹산을 막은 이유였다.

삭방군의 대응으로 서쪽으로 진출하려던 기세가 꺾이자 안녹산은 756년 정월 본영으로 돌아가 대연大燕 황제를 칭했다.[13] 조정을 바로잡겠다는 명분을 버리고, 이제 본격적으로 조정을 대체하겠다는 선언이었다. 이에 조정도 일시적으로 숨을 고르며 반격을 준비할 수 있었다. 양국충은 이때 농우隴右 지역의 하서절도사河西節度使였다가 물러나 있던 번장 출신 가서한哥舒翰(?~757)을 불러들여 안녹산을 상대하게 했

10 劉義棠,「安史之亂與唐回聯軍之研討」,『突回研究』, 1990, pp. 218~219; 方積六,「關于唐代團結兵的探討」,『文史』25, 中華書局, 1985, p. 99.

11 『資治通鑑』卷216 玄宗 天寶6(745)年條 p. 6889.

12 劉統,『唐代羈縻府州研究』, 西北大學出版社, 1998, pp. 56~59.

13 『資治通鑑』卷217 肅宗 至德元(756)年條, p. 6951.

다. 가서한은 병으로 장안에 머물다가 다시 기용될 수 있었는데, 이는 그가 안녹산과 경쟁 관계였기 때문이다.[14] 가서한은 군대를 이끌고 동관에서 안녹산의 군대를 막은 다음 공방전을 계속했다.

이를 지켜보던 양국충은 가서한이 안녹산과 같은 번장 출신이라 방어적 태도를 보이고 있으며, 그가 안녹산과 연계해 조정을 배신할지도 모른다고 의심했다. 이런 생각으로 군사 징집을 위해 시간적 유예가 필요하다는 가서한의 주장을 묵살하고, 범양을 공격하자는 삭방절도사 곽자의郭子儀(697~781)의 의견을 받아들여 안녹산을 공격하도록 했다.[15] 5월에 반전의 계기를 만든 곽자의가 남하해 하북을 평정하고 낙양을 수복하기 위해 사사명史思明(703~761)의 부대를 공격했다. 이에 안녹산이 통라 예락하 1만여 명을 보냈으나 성공하지 못했다.[16]

이어 안녹산이 보낸 최건우崔乾祐(?~759)가 756년 6월 삭방군과 연합 작전을 펼치기 위해서 온 부대를 격파하고 동관마저 함락하면서 동관을 축으로 형성했던 조정의 방어선이 완전히 무너졌다. 이에 관중關中을 둘러싼 하동河東, 화음華陰, 풍익馮翊, 상락上洛의 방어사防禦使가 모두 대응하지 않고 도망가자 안녹산은 쉽게 장안을 점령할 수 있었다.[17] 이를 막던 가서한 역시 패배한 이후 안녹산에 투항한 튀르기쉬 출신의 화발귀인火拔歸仁(?~756)을 따라갔다.[18] 현종까지 장안을 버리고 사천四川으로 몽진蒙塵(임금이 난리를 피해 안전한 곳으로 떠남)하면서 조

14 『資治通鑑』 卷217 玄宗 天寶14(755)年條, p. 6943.

15 『新唐書』 卷135 「哥舒翰」, pp. 4572~4573.

16 『資治通鑑』 卷218 肅宗 至德元(756)年條, p. 6963.

17 위의 책, pp. 6967~6968.

18 위의 책, p. 6969.

정은 어려운 처지에 놓이게 되었다.

장안이 무정부 상태에 빠지자 하서와 농우에 있던 세력이 움직이기 시작했다. 이곳에는 당의 기미 지배를 받던 투르크(돌궐)와 소그드인들이 살고 있었다.[19] 기록에 따르면,[20] 투르크 유목민(돌궐 항호)과 동서 교역에 종사하던 소그드인이 하서 지역에 설치된 구성부九姓府(투르크 유목민 거주지)와 육호주六胡州(소그드인의 거주지)에 수만 명이나 살고 있었다.[21] 이들은 자신을 통제하던 당의 도호都護가 가서한의 출정에 따라갔다가 동관 전투에서 패하자 이후 이탈해 자립을 시도했다. 도호의 부재를 틈타 당의 지배에서 벗어나려 했던 것이다. 이 움직임은 장안 함락 직후 안녹산의 휘하에 있던 돌궐 항호 아사나종례阿史那從禮가 통라 등의 병력을 이끌고 삭방으로 간 것과도 연결되었다.

몽진을 떠난 현종을 대신해 즉위한 숙종肅宗(이형李亨, 711~762, 재위 756~762)은 주비周泌를 하서절도사로, 팽원彭原을 농우절도사로 삼고 도호인 사결진명思結進明을 소요가 일어난 곳으로 보냈다. 이는 숙종이 하서에 있던 투르크의 독자적 움직임에 재빠르게 대응했음을 보여준다.[22] 숙종에게 하서 지역의 군마는 기마 군단을 상대하기 위한 중요한 자원이었다. 게다가 이곳에 피난을 와서 즉위한 상황에서 안녹산뿐만 아니라 또 다른 적대 세력을 상대할 처지도 아니었다.[23]

---

19 E. G. Pulleyblank, "A Sogdian Colony in Inner Mongolia", *T'oung Pao* v.91-4·5, 1952, pp. 325~326.

20 『資治通鑑』肅宗 至德元(756)年條, p. 6986.

21 박한제, 「唐代 六胡州 州城의 建置와 그 運用 — '降戶'安置와 役使의 一類型」, 『중국학보』 59, 2009; [그림 4] 참조.

22 『資治通鑑』肅宗 至德元(756)年條, p. 6979.

숙종을 긴장시킨 돌궐의 움직임은 돌궐 제국의 후예인 돌궐 항호가 막남의 투르크 유목민과 연계해 당에 봉기했던 이른바 '**돌궐 부흥 운동**'이었다.[24] 돌궐의 지배 씨족인 아사나 출신의 아사나종례가 680년대 초 막남의 삭방으로 복귀해 근거지를 마련하려고 했다는 점[25]에서 이런 움직임이 부흥 운동의 성격이었음을 알 수 있다. 무정부 상태는 돌궐 항호가 안녹산과 조정의 통제에서 벗어나 세력을 회복하고 이전의 질서로 돌아갈 수 있는 절호의 기회였다.

구성부의 투르크 유목민이 아사나종례가 이끄는 통라와 연합한 일은 안녹산에게도 타격을 주었다. 돌궐 항호의 이탈로 안녹산은 주력군을 상실했고, 이로 인해 당에 더 강한 공세를 가할 수 없었다. 안녹산은 아사나종례라는 새로운 적을 상대해야 했고, 삭방군 역시 초원으로 귀환하려는 이들을 상대해야 했다. 번장은 당민으로서 조정에 봉사하는 명분을 지켜야 할 뿐만 아니라, 현실적으로 돌궐의 막남 복귀를 막아 자신의 기득권도 유지해야 했다.

돌궐의 이와 같은 부흥 움직임은 안녹산의 향배만이 아니라, 나아가 유목 세계 전체의 이해관계와도 연결되는 일이었다. 막북의 위구르와 서북의 토번도 적극적인 개입 의사를 전달했다. 756년 8월에 위구르와 토번은 조정에 사신을 보내 파병을 청원했다.[26] 하서, 농우 지역의 이권과 불가분의 관계였던 이들에게 막남의 불안정과 돌궐의 부흥 움

---

23 위의 책, p. 6978.

24 정재훈, 「唐朝의 突厥 降戶 羈縻와 安祿山의 亂」, 서울대학교 동양사학연구실 (편), 『分裂과 統合 — 中國中世의 諸相』, 지식산업사, 1998.

25 『舊唐書』 卷194上 「突厥上」, p. 5167; 『新唐書』 卷215上 「突厥上」, p. 6044.

26 『資治通鑑』 肅宗 至德元(756)年條, p. 6992.

직임은 제대로 대응하지 않으면 안 되는 심각한 문제였다. 또한 두 세력은 이를 기회로 그때까지 회복하지 못했던 당과의 관계를 개선하고자 했다.

당이 위구르와 토번의 원조를 즉시 수용할 수 없었던 것은 이들 역시 내지로 들어오면 안녹산만큼이나 위협적이었기 때문이다. 숙종은 가상의 두 적에 대한 경계를 버릴 수 없어 크게 주저했다. 처음에는 일단 지원 요청을 거부하고 삭방군 절도사 곽자의에게 돌궐과 안녹산에 대응하게 했는데, 이는 당시 삭방군만이 숙종의 어려운 상황을 타개할 수 있는 유일한 수단이었기 때문이다. 이렇게 어정쩡한 태도를 보이던 숙종은 이후 태도를 바꿔 위구르의 원조를 수용했다. 위구르의 태도가 서북 변경을 공격하며 적대적인 모습을 보인 토번과는 달랐기 때문이다. 위구르는 과거 기미 지배 시기에도 당을 도와 군사적 봉사를 했을 뿐만 아니라 당에 적대적 태도를 보이지 않았다.

숙종은 삭방군의 군세를 강화하면서 757년 9월에 복고회은의 협조를 얻어 고빈왕故邠王(빈왕豳王 이수례李守禮)의 다섯째 아들 이승채李承寀를 돈황왕敦煌王으로 삼아 위구르에 사신으로 보냈다.[27] 이제까지의 미온적 태도를 버리고 당이 사신을 파견하자 카를륵 카간은 크게 반기며 승채에게 자기 딸을 주었고, 조정에서도 답례로 그녀를 빌게 공주毗伽公主로 책봉해주었다.[28] 이를 통해 당은 위구르와 함께 돌궐의 부흥 움직임 및 안녹산에 대항하는 연합 전선을 구축할 수 있었다.

양국 연합군은 756년 11월에 삭방군을 공격한 돌궐의 통라와 하

27 『新唐書』 卷217上 「回鶻上」, p. 6115.

28 위와 같음.

서의 투르크(반호叛胡)를 유림하楡林河(황하) 북방에서 대파했다. 하곡河曲(오르도스)에서 3만 명을 참수하고 1만 명을 포로로 사로잡아 저항을 평정했다.[29] 이렇게 해서 아사나종례와 통라가 하서의 소그드 및 돌궐 항호와 연합해 벌인 부흥 노력은 실패로 끝났다. 숙종이 막북의 위구르와 함께 막남 투르크계 번장을 끌어들여 성공적으로 대응한 결과였다. 북방에 있는 가상의 적 위구르를 방어하던 삭방군은 위구르와 연합을 형성하면서 더 이상 변방에 머무르지 않고 남하하여 안녹산에 적극적으로 대응할 수 있었다.

위구르 역시 그동안 구애에 가까운 노력에도 불구하고 별다른 성과가 없던 당과의 관계 개선에 돌파구를 마련할 수 있었다. 757년 정월 대수령大首領 카르쉬 셍귄Qaršï seŋün(갈라지장군葛羅支將軍)의 조공을 계기로 무역도 시작했다. 카르쉬 셍귄은 당을 도우러 온 원정군의 지휘관으로 추정되는데, 숙종도 그를 우대했다.[30] 2월에도 위구르의 수령인 타이 셍귄(대장군), 탈루이Talui(다람多攬) 등 15명이 당에 조공하러 왔다.

당과 위구르가 연합한 지 얼마 지나지 않아 안녹산 진영 내에서 큰 변동이 일어났다. 757년 정월 안경서安慶緖(?~759)가 아버지 안녹산을 살해하고 재초載初라는 연호로 개원改元하고 황제가 되었다. 그런 다음 안경서는 조정에 대한 공세를 강화하기 위해 장통유張通儒, 안수충安守忠을 장안에, 사사명을 범양에, 우정개牛廷玠를 안양安陽(지금의 허난성 안양시安陽市)에, 장지충張志忠을 정경井陘(지금의 허베이성 징싱현井陘縣)에 주둔하게 하고 현지에서 모병했다. 이어 4월에 안수충을 보내 청

29 『資治通鑑』卷219 肅宗 至德元(756)年條, p. 7007.

30 『新唐書』卷217上「回鶻上」, p. 6115.

거淸渠(지금의 산시성陝西省 창안현長安縣 서쪽) 북방에서 당의 군대를 격파하는데, 숙종은 이에 대처하기 위해 중관中官 두의竇議를 위구르로 보내 파병을 요청했다.[31]

위구르 역시 이에 호응했는데, 이는 남아 있던 돌궐 항호에 대한 대응과 무관하지 않았다. 아사나종례를 중심으로 한 돌궐의 부흥 움직임이 실패하며 그 중추였던 통라가 몰락했으나, 안녹산 휘하의 예락하와 육호주의 소그드, 그리고 돌궐 잔여 세력이 사사명에 투항하는 등 여전히 남은 세력이 있었다.[32] 위구르는 이들을 공격하기 위해 군대를 보냈다. 이 군대는 757년 9월 천하병마원수天下兵馬元帥 광평왕廣平王 이숙李俶(이후에 대종代宗으로 즉위, 이예李豫로 개명, 726~779, 재위 762~779)과 부원수副元帥 곽자의가 이끄는 삭방, 안서安西, 남만南蠻, 대식大食의 연합군 20만 명의 일원으로 안경서를 공격했다.

여기에 카를륵 카간의 아들 빌게 타르두쉬 울룩 빌게 야브구Bilge tarduš uluγ bilge yabγu(이하 야브구로 약칭)[33]가 4000명의 기병을 이끌고 참여했다. 9월 봉상鳳翔(지금의 산시성陝西省 펑샹현鳳翔縣)에서 야브구는 숙종을 만나 광평왕과 형제의 맹약을 맺었다. 이 자리에서 그는 장안(서경西京)의 빠른 수복에 협조하면 토지와 사서士庶(지배층과 평민을 함께 이르는 말)를 제외하고 금백金帛(금과 비단)과 자녀 모두를 갖게 해주겠다는 약속을 받았다.[34] 이후에 위구르는 연합군과 함께 진군해 안경

31 『唐會要』 卷98 「迴紇」, p. 1744.

32 『資治通鑑』 卷220 肅宗 至德2(757)年條, p. 7047.

33 한문 자료에서 야브구를 엽호태자葉護太子 또는 태자엽호太子葉護라고 기록했는데, 이는 관칭인 태자를 의미하는 야브구를 중복해 기록한 것이다(『舊唐書』 卷10 「肅宗 本紀」, p. 247). 《타리아트 비문》 북면 3행에서는 그를 빌게 타르두쉬 울룩 빌게 야브구라고 했다.

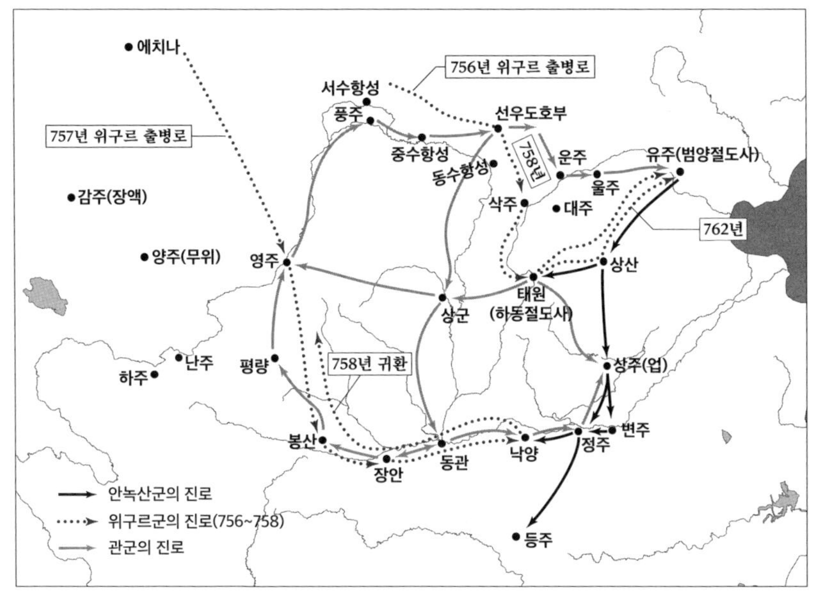

(그림 1) 안녹산의 봉기와 위구르의 군사 개입

서의 부대를 협공했다. 위구르 기병은 8시간 이상 전투를 벌이며 6만 명을 참수하는 등 큰 성과를 거두고 장안을 회복했다.[35] 장안에서 장통유가 지휘하던 해 출신의 10만여 명도 제압했는데, 이들이 평소 위구르를 두려워했기 때문에 가능했던 일이다.[36]

장안을 수복하자마자 위구르는 약속한 대로 이곳을 약탈하려고 했다. 그러나 대원수 광평왕이 장안을 약탈하면 낙양(동경東京)을 회복

34 『資治通鑑』 卷220 肅宗 至德2(757)年條, p. 7034.

35 『冊府元龜』 卷973 「外臣部 助國討伐」, p. 11434.

36 『新唐書』 卷225上 「逆臣上 安慶緖」, p. 6421.

하기 어렵다고 설득해 멈추었다. 이 일로 광평왕은 위구르의 약탈을 막아냈다며 큰 칭송을 받았다.[37] 이후 곽자의가 지휘하는 연합군은 안경서 부대를 추격해 4월 신점新店에서 싸웠는데, 위구르 기병이 안경서 부대를 배후에서 공격해 도망가게 했다. 이 전투에서도 10만여 명을 참수하는 등 큰 전과를 거두었다. 대패한 안경서는 낙양을 버리고 북으로 철수했다.

위구르는 장안을 수복했을 때 했던 약속에 따라 사흘 동안 낙양을 약탈했다.[38] 일방적 기록이지만 그대로 옮겨보면, 부고府庫에 들어가 재백財帛을 거두어들이고 시정촌방市井村坊에서 표략剽掠하는 것이 사흘이 지나서야 멎었는데 그 양이 헤아릴 수 없을 정도로 많았다고 한다. 그럼에도 위구르의 욕구가 채워지지 않았을까 봐 두려워한 부로父老들이 비단 만 필을 모아주기도 했다. 위구르의 약탈은 중국에 엄청난 충격을 주었다.[39] 이 일은 인면수심人面獸心의 면모로 부각되어 이후 위구르에 대한 두려움을 증폭하는 계기가 되었다.

야브구는 11월 낙양에서 장안으로 돌아와 숙종을 만났고 융숭한 대접을 받았다. 숙종은 야브구를 사공司空 충의왕忠義王으로 책봉하고, 매년 위구르 사신에게 비단 2만여 필을 삭방군에서 지급하기로 했다.[40] 또한 위구르가 사용한 전비를 하루에 '우牛 40각角, 양羊 800제蹄, 미米 40곡斛'으로 계산해 제공하겠다고 했다.[41] 이처럼 위구르는 전비 지원,

---

37 『冊府元龜』 卷973 「外臣部 助國討伐」, pp. 11434~11435.

38 『新唐書』 卷217上 「回鶻上」, p. 6116.

39 위와 같음.

40 위와 같음.

41 위의 책, p. 6115.

양경兩京 수복 과정에서 얻은 약탈, 물자 사여 등으로 큰 경제적 이득을 얻었다. 원정에 참여한 기병은 직접적인 전리품도 얻을 수 있었다. 또한 안정적으로 물자를 얻을 수 있는 세폐(공납) 지급 약속도 받아냈다.

758년 7월 카를륵 카간은 당으로부터 '영무위원 빌게 카간英武威遠毗伽可汗'으로 책봉되고, 숙종의 친딸인 영국공주寧國公主를 카툰(황후)으로 맞아들였다.[42] 책봉과 함께 공주를 카툰으로 삼는 것은 카간의 위상을 인정받는 최선의 조치였다. 화번공주는 카간과 중국의 관계를 독점적으로 유지하며 양국 관계를 공식화하는 상징이었다. 숙종은 758년 기존의 관례를 깨고 위구르의 청혼을 받아들여 친딸 영국공주를 시집보내는 파격 대응을 했다. 이를 통해 당이 안녹산을 진압하는 과정에서 위구르가 한 역할을 얼마나 중요하게 생각했는지 짐작할 수 있다.

카를륵 카간도 이런 대우를 중요하게 받아들였다. 이는 영국공주와 동행한 책례사冊禮使 왕우王瑀와 외교적 의전 절차를 두고 다툰 상황에서도 잘 드러난다. 카간은 왕우가 절을 하지 않자 "두 나라의 군주에게는 [모두] 군신의 예가 있다. [너는] 어찌 [나에게] 절을 하지 않는가?"라면서 꾸짖었다. 그러나 왕우가 황제가 카간의 공을 인정해 진공주眞公主(즉 영국공주)를 보낸 내력을 설명하자 공손히 일어나 책명을 받았다.[43] 책문에서 **"당과 위구르가 순치관계脣齒關係에 있다"**[44]라고 것처럼 당과의 혼인을 통해 위상을 인정받는 것은 양국 관계의 전환이라 할 만큼 획기적인 일이었다.

---

42 위의 책, p. 6116.

43 위의 책, pp. 6116~6117.

44 宋敏求 (編), 「冊回紇爲英武威遠可汗文」, 『唐大詔令集』, 中華書局, 2008, p. 638.

《시네 우수 비문》의 관련 부분이 마모되어 구체적 내용은 확인할 수 없으나, 이 무렵 위구르에 들어온 소그드인과 중국인을 위해 바이 발릭Bay Balïy(부귀성富貴城)을 만들었다는 기록을 통해 관련한 어떤 조치가 있었음을 알 수 있다.[45] 오르콘강 연안에 있는 카를륵 카간의 동영지인 카라발가순뿐만 아니라, 하영지인 셀렝게강 연안의 바이 발릭에도 공주의 거처를 마련한 사실에서 이 일에 매우 신경을 썼음을 짐작해볼 수 있다. 양국 사이의 전례 없던 혼인은 위구르 입장에서도 대단히 영광스러운 일로 이는 카를륵 카간의 중요 업적 가운데 하나다.[46] 그러나 《시네 우수 비문》에서 당에 대한 군사 원조를 확인하기 어렵다는 점에서 이를 다르게 이해해볼 여지도 있다. 당과의 관계 설정 과정에서 결정적 역할을 한 야브구에 대해 비문에서 전혀 다루지 않았다는 점도 이상하다. 이는 귀환한 이후 죽임을 당한 야브구의 석연치 않은 행적과도 관련된 것으로 볼 수 있다. 757년 11월 숙종의 환대를 받고 철수하던 야브구는 돌궐 잔여 세력을 포섭하고 당시 세력을 확대하던 범양의 사사명을 공격하기 위해 말을 보충한 뒤 다시 돌아오겠다고 하고는 돌아오지 않았다.[47] 이후 그와 관련해서는 759년 4월 카를륵 카간 사후 둘째 아들인 뵈귀 카간이 등극할 때 그의 형, 즉 야브구가 죄를 지어 죽었다는 기록이 있을 뿐이다.[48]

파병 관련 부분에도 석연치 않은 내용이 있다. 영국공주가 위구

---

45 《시네 우수 비문》(서면:05).

46 『資治通鑑』卷220 肅宗 乾元元(758)年條, p. 7059.

47 『新唐書』卷217上「回鶻上」, p. 6116.

48 위의 책, p. 6117.

르로 간 것은 758년 7월인데, 그다음 달인 8월이 되어서야 왕자 퀼 초르 테긴Kül čor tegin(골철특근骨啜特勤)과 재상 제덕帝德이 이끄는 기병 3000기가 당에 왔다.[49] 카를륵 카간이 당과 혼인 관계를 맺고도 겨우 3000명의 병력을 보낸 것은 대단히 비상식적이다. 앞서 야브구가 얻었던 성과를 생각해보면, 더 많은 병력을 보내 물자를 획득하고 당과의 관계를 강화하는 것이 당연했다. 그러나 돌아오겠다고 한 야브구는 정확한 이유를 알 수 없이 죽었고, 카간과 공주의 혼인 이후에도 적은 병력만이 당에 원조하러 온 것이다. 이는 이 무렵 카를륵 카간에게 무언가 다른 문제가 있었다는 점을 추정케 한다.

당시 위구르의 파병 규모는 야브구가 기병 4000기, 퀼 초르 테긴이 3000기를 지휘했다. 15만~20만 명에 이르는 연합군의 규모를 생각했을 때 이는 극히 적은 비중이라고 할 수 있다. 이런 작은 규모에도 불구하고 양경 수복 전투에서 큰 공을 세운 것은 위구르의 기마군단이 그만큼 강력했음을 보여주지만, 위구르의 발전과 안정을 좌지우지하는 당에 이렇게 적은 병력만을 보낸 데는 그럴 수밖에 없었던 다른 이유가 있었을 것이다.

750년대 후반 시기를 다룬《시네 우수 비문》은 마모가 심해 내용을 유추할 수밖에 없지만, 앞뒤 문맥상 유목민을 상대로 한 전투에서 승리를 거둔 일을 다루고 있다는 점[50]에서 위구르가 주변 세력을 몰아냈다는 한문 사료의 단편적 기록과 연결해볼 수 있다. 이때에도 카를륵 카간은 초원 내부의 여러 도전 세력을 물리쳤고, 위구르는 이 무렵이

49 위와 같음. 『책부원구』에 8월이 아니라 6월이라 기록된 것은 오류이다.

50 《시네 우수 비문》 서면 6~10행을 보면 누구를 상대로 승리했는가는 확인할 수 없으나, 757년 이후 카를륵 카간이 유목민에게 거둔 승리는 확인할 수 있다.

되어서야 비로소 주변의 유목 부족들보다 우위에 서게 되었다. 건국 초기부터 경쟁 관계였던 카를룩에 승리를 거둔 것이 그 한 예이다.[51] 비문에는 754년 카를룩이 몽골 초원에서 쫓겨났다고 기록되어 있으나, 한문 기록에는 "카를룩은 지덕至德 연간(756~758) 이후 번성해 위구르와 다투다가 십성 카간十姓可汗(온 오크 카간, 즉 서돌궐 카간)의 고지로 이주해 수야브Suyab(쇄엽碎葉, 토크마크Toqmaq)와 탈라스Talas(달라사怛邏斯) 등 여러 도시를 모두 차지했다. 위구르에게 막혔기 때문에 조회朝會에 참석하려 해도 스스로 조정에 올 수 없었다"[52]라고 나와 있다.

또한 비문 기록에서 확인되듯이 위구르는 750년대 초부터 자신을 계속 위협하던 키르기스 역시 격파했다. 이에 대해서는 "건원 연간 키르기스가 위구르에게 패배해 이로부터 중국과 교섭하지 못하게 되었다"[53]라는 기록과 758년 9월 영국공주를 시집보낸 것에 대한 답례로 방문한 위구르의 사신 대수령 개장군盖將軍이 키르기스 5만 명을 격파했다고 아뢰었다는 기록을 통해 확인할 수 있다.[54] 이는 카를륵 카간이 당에 군사적 원조를 제공해 돌궐 항호의 부흥을 막고 당의 인정을 받아 경제적 이익을 획득하던 시기에 막북 초원의 패권 또한 확보했음을 뜻한다. 카를륵 카간이 유목 세계 전체를 지배하려 했던 노력은《시네 우수 비문》의 기록에서도 확인할 수 있다. 그러나 이는 건국 초기의 바람을 일부 성취한 것에 불과했다. 자신을 위협하는 유목 세력을 모두 제

---

51 《시네 우수 비문》(서면:02).

52 『新唐書』 卷217下 「回鶻下」, p. 6143; 高永久, 「關于葛邏祿與回鶻的關係問題」, 『西北民族研究』 1994-2, p. 75; 薛宗正, 「葛邏祿的堀起及其西遷」, 『新疆大學學報』 1991-2, p. 76.

53 『新唐書』 卷217下 「回鶻下」, p. 6149.

54 『舊唐書』 卷195 「迴紇」, p. 5201.

압하고 강력한 '권위주의 체제'를 확립하는 것은 쉬운 일이 아니었다. 카를륵 카간은 재위 기간 내내 체제 안정화를 위해 노력했다.

카를륵 카간의 뒤를 이어 즉위한 3대 뵈귀 카간 역시 막북 초원의 안정을 확보하고, 당과의 관계를 개선하여 내적 한계를 극복하려 했다. 카를륵 카간이 구상한 대로 유목 세계의 온전한 패자로서 위상을 확립하고 '위구르 일'의 체제를 고도화하려면 **당의 경제적 지원**이 필수적이었다. 뵈귀 카간은 카를륵 카간과 달리 직접 당에 군사 원정을 나서 물리적 힘으로 목적을 관철하려 했다. 위구르와 당의 관계는 다른 국면을 맞이할 수밖에 없었다.

2. 뵈귀 카간의 친정(762)과 동아시아 세계의 재편

위구르의 원조와 조정의 공세로 양경을 빼긴 안경서는 업鄴(지금의 허베이성 린장현臨漳縣)으로 후퇴할 수밖에 없었다. 그는 겨우 1000여 명의 병졸밖에 거느리지 못한 상태에서 재기를 위해 군대를 수습했다. 상주相州(지금의 허베이성 츠현磁縣, 청안현成安縣 이남, 허난성 네이황현內黃縣 이서, 양인현湯陰縣 이북, 린저우시林州市 이동 지역)를 근거지로 두었던 부장 아사나승경阿史那承慶과 아사나종례, 안수충 등을 우대해 세력 회복을 시도했으나 오히려 내부의 반발에 직면했다.[55]

먼저 13만 명의 대군을 거느리고 안양에 있던 사사명이 안녹산 사후 안경서의 명을 듣지 않고 양경에서 범양으로 이송한 많은 재부를 차지했다.[56] 그는 돌궐의 부흥이 실패한 이후 통라의 거부에도 불구하고

55 『新唐書』 卷225上 「逆臣上 安慶緖」, pp. 6422~6423.

다른 항호를 계속 수습했다. 또한 안경서가 패해 업으로 도망하자 그의 번한蕃漢 군대 3만 명 역시 거두었다. 사사명은 안경서와의 갈등 끝에 그의 지시를 거부하고 758년 4월 당에 투항하려고 했다. 이에 고무된 숙종은 그를 귀의군왕歸義郡王, 범양장사范陽長史, 하북절도사河北節度使로 우대했다.[57] 이런 조치에도 불구하고 사사명이 실제로 투항하지 않자 숙종은 그를 의심해 살해할 계획을 세우고 오승은烏承恩(?~758)을 하북절도부대사河北節度副大使로 보냈다. 그러나 이 계획은 실행되지 못했고 중간에 탄로가 나고 말았다. 사사명은 다시 안경서를 도와 조정을 상대로 출병했다.[58]

758년 8월에 안경서를 진압하기 위해 온 위구르의 왕자 퀼 초르 테긴의 3000기는 삭방좌무봉사朔方左武鋒使 복고회은의 지휘를 받았다.[59] 위구르는 758년 9월에 곽자의가 이끄는 20만 명의 일원으로 위주衛州(지금의 허난성 신샹시新鄕市, 웨이후이시衛輝市, 후이현輝縣, 쉰현浚縣, 훙현洪縣, 화현滑縣 지역)로 갔다. 업에 퇴각해 있던 안경서가 사사명의 도움을 받아 다시 공격을 시작하자,[60] 위구르는 759년 2월 상주에서 싸우다 장안으로 돌아가 숙종을 만나고 본지로 귀환했다.[61] 이렇게 위구르가 전투에 나서지 않고 갑자기 퇴각한 것은 국내 문제 때문이었을 것으로 추정된다.

---

56 『新唐書』 卷225上 「逆臣上 史思明」, p. 6428.

57 위의 책, p. 6429.

58 위와 같음.

59 『新唐書』 卷217上 「回鶻上」, p. 6117.

60 『新唐書』 卷225 「逆臣上 安慶緖」, p. 6423.

61 『新唐書』 卷217上 「回鶻上」, p. 6117.

762년 사사명을 진압하기 위해 대종이 연합군을 구성할 때까지도 위구르는 군대를 보내지 않았다. 이는 759년 4월 카를륵 카간 사후 뵈귀 카간의 즉위와 관련된 부분이다.[62] 카간이 죽거나 능력을 발휘할 수 없을 때 이를 대체한 카간은 새로운 권위를 확립할 때까지 내부 단속 시간을 갖는 것이 일반적이었다. 뵈귀 카간도 예외가 아니라 원정보다는 내부 문제를 해결하기 위해 노력했다. 카를륵 카간이 부왕 사망 이후 내적 도전을 없애려 했던 것처럼, 뵈귀 카간 역시 구체적 기록은 없으나 초기에 내부 안정에 골몰했던 것으로 보인다.

즉위 초 뵈귀 카간은 당과 원만한 관계를 유지하지 못했다. 카를륵 카간 사후, 카툰이었던 영국공주가 6월에 파견 온 당의 조문 사절인 좌금오위장군左金吾衛將軍 이통李通과 함께 8월에 장안으로 귀환해버렸다. 영국공주는 카간 사망 이후 관례에 따라 자신을 순장하려고 하자, 이를 거부하고 위구르의 법에 따라 얼굴을 자해하고 곡소리로 죽음을 애도하는 데 그쳤다.[63] 유목사회의 기존 관례에서는 카간이 죽으면 카툰은 그의 계승자와 다시 결혼해야 하는데(형사취수兄死取嫂), 영국공주가 이 또한 무시하고 당으로 돌아가 버리자 양국 관계는 불편해질 수밖에 없었다. 760년 9월과 10월에 있었던 조공 관련 기사 이외에는 759년부터 762년 4월 대종 즉위 시기까지 양국 간에는 별다른 교섭 기록이 없다. 그전까지 위구르는 중국과 견마무역을 통해 말 한 필匹당 비단(견絹) 40필疋의 비가比價로 만여 필 이상을 교환해 이익을 얻었으나[64] 뵈귀

---

62 위와 같음.

63 위와 같음.

64 『冊府元龜』卷999「外臣部 互市」, p. 11727.

카간 즉위 이후에는 호시에도 참여하지 않았다.

한편, 757년 10월 곽자의의 공격을 받은 안경서를 돕기 위해 사사명이 개입하면서 당 내부의 상황도 변화했다. 사사명은 위주魏州(지금의 허베이성 다밍현大名縣, 웨이현魏縣, 허난성 난러현南樂縣, 칭펑현清豐縣, 판현范縣, 허베이성 관타오현館陶縣, 산둥성 관현冠縣, 선현莘縣 등지)를 차지한 다음 수만 명을 학살하고 759년 정월 대성주왕大聖周王을 칭하며 응천應天으로 건원建元(나라를 세운 임금이 연호를 정함)했다. 또한 3월에 상주로 진격해 관군을 격파하고 아들 사조의史朝義(?~763)를 그곳에 주둔하게 한 다음 궁지에 몰린 안경서로부터 황제의 인수印綬를 받아냈다. 그런 다음 사사명은 안경서를 죽이고 4월에 국호를 대연大燕이라 바꾸고, 순천順天이라 건원한 다음 자신을 응천황제應天皇帝라 칭했다.

이어서 사사명은 9월에 변주汴州(지금의 허난성 카이펑시開封市와 펑추현封丘縣, 란카오현蘭考縣, 치현杞縣, 퉁쉬현通許縣, 웨이스현尉氏縣 등지)를 공격할 때 절도사 허숙기許叔冀가 투항하자 이를 기반으로 낙양까지 점령한 다음 조정에서 보낸 이광필과 대치했다. 761년에 사사명은 이광필을 북망北邙에서 격파한 뒤 하양河陽(지금의 허난성 멍현孟縣), 회주懷州(지금의 허난성 자오쭤시焦作市, 친양시沁陽市, 우즈현武陟縣, 훠자현獲嘉縣, 슈우현修武縣, 보아이현博愛縣 등지) 등을 점령하고 다시 장안을 위협했다.[65] 이후 사조의에게 섬陝(지금의 허난성 산현陝縣)을 공격하게 했는데, 이 공격이 실패하고 사조의에게 책임을 추궁하자 부자간의 갈등이 심화하면서 몰락하고 말았다.

사조의는 사사명이 막내아들 사조청史朝清(?~761)을 총애하자 아

65 『新唐書』 卷225上 「逆臣上 史思明」, pp. 6430~6431.

버지를 목 졸라서 죽이고 다른 일족까지 살해한 다음 현성顯聖으로 건원하고 황제가 되었다. 다소 편파적인 기록임을 고려해야 하지만, 당의 기록에 따르면 사조의가 능력이 뛰어나지 못해 낙양 사람들이 서로를 잡아먹는 등 혼란이 발생했다고 한다. 이런 상황이 전개되자 사조의에게 반발한 안녹산의 부장이 군대를 이끌고 유주幽州(지금의 베이징 남부)로 돌아갔다.[66] 이후 사사명 집단의 내분이 더욱 심각해져 결국 내적 결속이 약화되었다.

762년 4월에 즉위한 대종은 상황이 유리하게 전개되자 5월에 사조의를 토벌하기 위해 옹왕雍王 이괄李适(이후 덕종德宗, 742~805, 재위 779~805)을 대원수로 삼아 출병하도록 했다. 이때 대종은 위구르가 사조의와 손잡을 위험을 없애기 위해 유청담劉淸潭을 위구르로 보냈다. 당이 우려한 대로 뵈귀 카간은 이미 사조의에게서 당을 공격하자는 제안을 받고 출정한 상태였다. 위구르가 당에 적대적 태도를 보인 것은 영국공주가 전례를 무시하고 귀환해버린 이후 불편해진 양국 관계와 무관하지 않다. 뵈귀 카간은 당의 방어력이 약하다는 판단에 사조의에게 협조해야겠다는 마음을 먹고 있었다. 8월에 남하하던 위구르 진영에 도착한 유청담은 야브구가 원정했을 때 당이 세폐를 제공한 일을 들면서 뵈귀 카간을 설득하려 했다. 그러나 이미 태원太原(지금의 산시성山西省 타이위안시太原市), 진晉, 봉縫을 거쳐 섬주陝州(지금의 허난성 싼샤三峽, 산현陝縣, 뤄닝현洛寧縣, 몐츠현澠池縣, 링바오시靈寶市와 산시성山西省 윈청시運城市, 핑루현平陸縣, 루이청현芮城縣 등지), 평륙현平陸縣(지금의 산시성 윈청시 부근)까지 온 뵈귀 카간은 당의 사신을 모욕하고 쫓아버렸다.[67]

---

66 『新唐書』卷225上「逆臣上 史朝義」, p. 6432.

조정으로 돌아온 유청담은 황제에게 뵈귀 카간이 10만 기를 이끌고 친정을 한다는 소식을 알렸다. 위구르의 등장에 다급해진 대종은 다시 전중감殿中監 약자앙藥子昂을 뵈귀 카간에게 보냈다. 약자앙은 카간의 부대가 10만 명이 아니라, 장정이 4000기 정도이고 노소와 부녀자가 1만여 명, 전마 4만 필이었다고 보고했다. 약자앙이 귀환하는 길에는 위구르의 카툰, 즉 복고회은의 딸이 부모를 만나러 가겠다며 동행했다.[68] 위기감을 느낀 대종은 뵈귀 카간을 다시 설득하기 위해 그의 장인인 복고회은을 보냈다. 뵈귀 카간은 섬주 근처의 황하 북방에서 대원수였던 옹왕과 만났는데, 자신이 황제와 형제임을 약속했다며 조카뻘인 옹왕에게 자신을 위해 춤을 추라고 요구했다. 그리고 이를 막는 관리를 매질해 죽였다. 이 일은 당의 입장에서는 치욕적인 사건이라 양국 간의 갈등을 초래했고,[69] 후일 황제에 오른 옹왕, 즉 덕종이 위구르와 소원한 관계를 유지하며 화친을 거부하는 빌미가 되기도 했다.[70]

이런 우여곡절 끝에 위구르를 포섭한 연합군은 횡수橫水(지금의 허난성 멍진현孟津縣 부근)에서 사조의와 전투를 벌여 승리했고 반란군 약 6만 명을 죽였다. 사조의의 부장 아사나승경이 위구르가 공격하면 미리 철수하는 것이 방어에 유리하다고 주장했으나 사조의는 이를 받아들이지 않았고 결국 패배하고 말았다. 패배한 사조의는 군대를 이끌고 변주로 도망했다가 다시 범양으로 철수했으나 이곳을 지키던 이포충李抱忠

---

67 『新唐書』 卷217上 「回鶻上」, pp. 6117~6118.

68 위와 같음.

69 위와 같음.

70 『資治通鑑』 卷233 德宗 貞元3(787)年條, p. 7502.

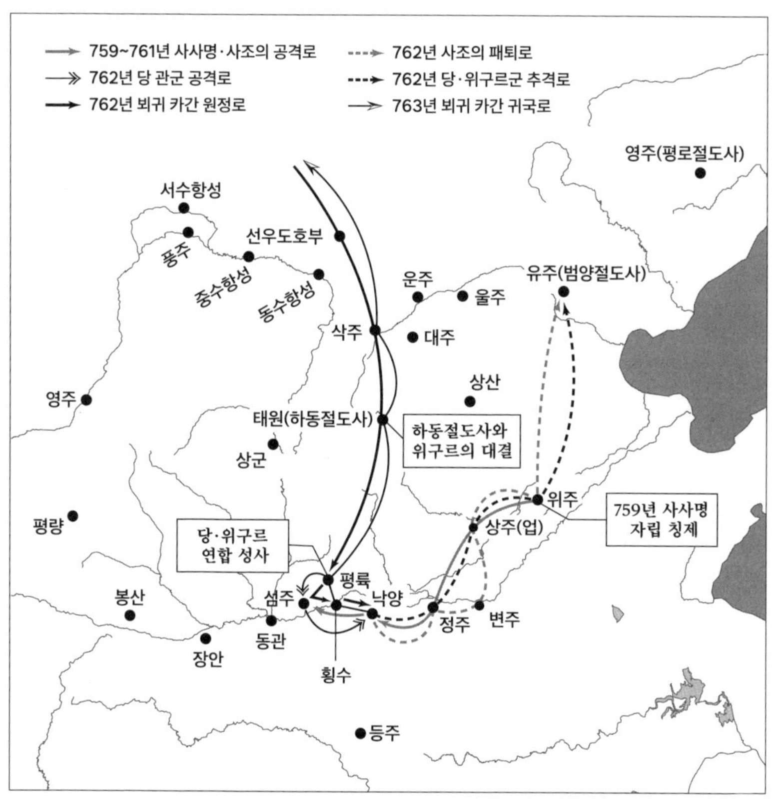

(그림 2) 뵈귀 카간의 친정과 내전의 전개

에게 쫓겨났다. 이후 양향梁鄕에 있는 사사명의 묘를 참배하고 광양廣陽(지금의 산시성山西省 시양현昔陽縣)으로 도망가려다가 여의치 않자 본거지 유주로 돌아가는 길에 범양절도사 이회선李懷仙에게 사로잡혔다. 이회선이 사조의를 죽여 수급을 장안에 보내자 부장들이 모두 당에 투항했다. 이렇게 해서 사사명에서 사조의로 이어진 4년여의 도전이 끝났다.[71]

71 『新唐書』 卷225上 「逆臣上 史朝義」, pp. 6432~6434.

10월 낙양을 점령한 위구르는 과거처럼 약탈을 벌였는데, 학살을 피해 성선사聖善寺와 백마사白馬寺로 들어간 주민들을 불태워 1만 명 이상을 죽였다. 그 불길이 며칠이나 꺼지지 않았을 만큼 참혹한 광경이었다.[72] 이어 11월에 뵈귀 카간은 페르가나Fergana(발하나拔賀那)를 장안에 사신으로 보내 당에 조공을 요구했다.[73] 이처럼 위구르 사신이 대종에게 무례를 범한 일은 약해진 당을 위구르가 무시하려 했음을 보여준다. 위구르의 잔여 부대는 763년 정월 뵈귀 카간이 막북 초원으로 돌아간 다음에도 내지를 계속 약탈했다. 안각安恪, 석제정石帝廷(『구당서』에는 석상정石常庭으로 기록) 등은 하양에 남아 약탈한 재화를 관리했다.[74]

뵈귀 카간은 허약해진 당을 직접 약탈하고 압박하며 자신의 위상을 새롭게 인정받고자 했다. 대종과 형제 관계를 맺어 카를륵 카간이 과거 맺었던 구서舅婿(장인과 사위) 관계와 격을 달리하고자 했다. 이를 통해 위구르는 당으로부터 많은 공납을 챙기며 성장의 기초를 다질 수 있었다. 뵈귀 카간은 763년 6월에 텡그리데 쿠트 볼미쉬 일 투트미쉬 알프 퀼뤽 [영의건공] 빌게 카간Teŋride qut bolmïš il tutmiš alp külüg bilge Qaγan(등리라몰밀시힐돌등밀시합구록[영의건공]비가가한登里囉沒蜜施頡咄登密施合俱錄[英義建功]毗伽可汗)으로, 카툰은 사묵광친려화 빌게 카툰娑墨光親麗華毗伽可敦으로 책봉되었다. 또한 툍리스 샤드는 좌삭왕雄朔王, 타르두쉬 샤드는 영삭왕寧朔王, 퀼뤽 투툭Külüg tutuq(호록도독胡祿都督)은 금하왕金河王, 그리고 발람장군拔覽將軍은 정막왕靜漠王에 봉해졌고, 나머지

72 『新唐書』卷217上「回鶻上」, p. 6118.

73 『冊府元龜』卷170「帝王部 來遠」, p. 2055下.

74 『新唐書』卷224下「叛臣下 李忠臣」, p. 6388.

10명(혹은 11명)의 도독도 국공國公으로 모두 2만 호의 실봉實封이 더해졌다.[75] 당이 카간을 비롯한 위구르 지배층에게 이런 엄청난 대우를 한 것은 사조의 진압을 지원해준 것에 대한 답례였다.

이렇게 큰 사례를 했음에도 위구르가 심각한 약탈을 저지르자 당은 위협을 느꼈다. 위구르가 주둔했던 지역에 그해 조세 징수를 면제해 주어야 할 정도로 피해가 막심했다.[76] 위구르를 비롯한 이민족에 대한 반감이 내전을 거치며 증폭되었고, 이는 그동안 당에 봉사해온 번장 복고회은에 대한 경계로 이어졌다. 당시 복고회은은 막남 투르크계 유목민(돌궐 잡호) 중에서 가장 강력했고, 마침 하삭河朔(황허 이북 지역)을 평정한 공으로 곽자의로부터 삭방절도사 지위를 물려받는 등 위상도 높았다.

이 무렵 하동절도사河東節度使 신운경辛雲京은 뵈귀 카간의 장인 복고회은이 카간을 환송하려고 태원으로 왔을 때 약탈을 두려워하며 성문을 열어주지 않았다.[77] 이는 위구르의 약탈에 대한 우려가 얼마나 컸는가를 보여준다. 하동절도사의 푸대접에도 복고회은은 군사를 동원해 보복하려는 위구르를 제지해 돌려보낼 만큼 조정에 충성하는 모습을 보여주었다. 단지 분주汾州(지금의 산시성山西省 시현隰縣, 푸현蒲縣, 다닝현大寧縣, 스러우현石樓縣, 융허현永和縣 지역)에 군대를 주둔시키고 자신을 능멸했던 신운경을 죽여달라고 주청했을 뿐이다. 대종은 양자를 화해시키려고 7월에 광덕廣德으로 개원한 다음 복고회은에게 많은 은사를

---

75 『신당서』에서는 10명의 도독이라고 했는데(『新唐書』 卷217上 「回鶻上」, p. 6119), 『책부원구』에는 11명의 도독이라고 기록되어 있다(『冊府元龜』 卷965 「外臣部 冊封 3」, p. 11350).

76 『冊府元龜』 卷88 「帝王部 赦宥 7」, pp. 1047~1048.

77 『新唐書』 卷224上 「叛臣上 僕固懷恩」, p. 6369.

내리며 공적을 위로했다.

8월에 복고회은은 대종에게 다시 상소를 올려 자신에 대한 조정의 의심을 해소하고자 했다. 그는 자신이 당에 봉사하는 과정에서 세운 공적과 저질렀던 과오를 설명하며, 자신의 일족은 조부 가람발연 때부터 군사적 봉사를 했을 뿐만 아니라 안녹산, 사사명과의 대결 과정에서 46명이나 목숨을 잃었다고 말했다. 또한 위구르와의 연합을 위해 자기 딸을 시집보냈고, 자신의 군대와 함께 두 차례나 양경을 수복한 것을 자랑했다. 위구르가 마음대로 벌인 약탈로 조정의 관리들이 자신을 의심하는 것은 오해라는 뜻이었다. 복고회은은 자신의 '여섯 가지 죄'라고 이야기되는 내용은 모두 무고일 뿐이니 그동안 조정에 봉사해온 자신을 토사구팽兎死狗烹하지 말아달라고 청원했다.[78]

그의 해명에도 불구하고 대종은 9월에 위구르가 다시 변경 근처에 출몰하자 복고회은을 의심했다. 대종에게 투르크계 유목민이면서 위구르와 인척 관계이던 복고회은은 안녹산과 마찬가지로 언제든지 이탈할 수 있는 대상에 불과했다. 당은 과거 기미 지배 시기에도 이런 방식으로 유목민의 성장을 제어해 안정을 도모했다.[79] 대종은 분주의 복고회은과 태원의 신운경 사이에 생긴 오해를 풀기 위해 황문시랑黃門侍郎 배준경裴遵慶(691~775)을 보내 동정을 살피도록 했다. 그를 만난 복고회은은 울면서 본인이 직접 조정에 가서 해명하겠다고 했다. 그러나 다음 날 복고회은의 부장인 범지성范志誠이 과거 이광필 등이 조정에

78 『舊唐書』 卷121 「僕固懷恩」, pp. 3483~3487.

79 복고회은을 의심했던 안진경顔眞卿의 언급에서도 이와 같은 입장이 확인된다. 이와 달리 역신이 아니라고 재평가하는 입장도 있다. 王壽南, 「論僕固懷恩之叛」, 黃約琵·劉健明 (編), 『隋唐史論集』, 香港大學亞洲研究中心, 1993, pp. 73~74.

공을 세우고도 죽임을 당한 사례를 들며 반대해 복고회은의 입조는 이루어지지 않았다.

위구르에 갔던 사신 왕익王翊이 복고회은이 위구르와 왕래한 것이 누설될까 두려워 입조하지 않는다고 거짓 보고를 하는 바람에 대종의 의심은 더욱 깊어졌다.[80] 조정에 거듭 해명을 하면서도 복고회은은 아들 창瑒을 보내 원한 관계인 태원의 신운경을 공격했다. 그 공격이 실패하자 다시 군대를 보내 유차楡次를 포위했다.[81] 이는 결국 안녹산과 사사명 등으로 이어진 봉기가 진압된 뒤 유일하게 남아 있던 삭방군 투르크 유목 세력에 대한 조정의 견제에 반발하는 움직임이었다고 볼 수 있다. 복고회은은 곽자의가 나서서 진압하려고 하자 물러나 영무靈武(지금의 닝샤회족자치구 링우시靈武市)로 이동했다. 이에 대종이 그를 회유하려고 했으나 복고회은은 764년 10월 토번의 10만여 명의 군대를 끌어들여 봉천奉天(지금의 산시성陝西省 첸현乾縣)과 예천醴泉(지금의 산시성陝西省 린유현麟游縣 부근) 등지를 공격했다. 곽자의가 이를 잘 방어하자 복고회은은 후퇴했다가 765년 토번, 위구르, 탕구트(당항黨項), 강羌, 혼渾, 노자奴刺 등 20만 명으로 구성된 연합군을 지휘해 재차 공격을 시작했다. 곽자의가 1만 명 정도의 병력을 이끌고 연합군을 막았다. 9월 9일 복고회은이 영무에서 갑자기 죽자 부장들도 구심점을 잃고 갈등을 벌이다가 세력이 약해졌다.

한편 위구르는 복고회은의 봉기에 호응해 경양涇陽(지금의 산시성 시안시)까지 와서 토번과 20여 일 동안 대치하다가 쟁장爭長을 벌이며

80 『舊唐書』 卷121 「僕固懷恩」, p. 3487.

81 위의 책, p. 3488.

대립했다. 곽자의는 상황을 진정시키기 위해 위구르에 사신을 보내 복고회은이 황제가 유고했다는 거짓 소식을 전한 것은 사실이 아니라고 했다. 원정군을 지휘한 카간의 동생 알프 퀼뤽 투툭 야글라카르와도 맹약을 맺어 위구르에 화해의 뜻을 보였다. 그리고 다음 날 위구르의 수령 개부 고야나開府古野那(또는 석야나石野那) 등 6명을 장안에 가도록 했다. 위구르는 철수하던 토번을 추격해 영무대靈武臺 서원西原에서 5만 명을 참수하고 1만여 명을 포로로 잡은[82] 다음 윤10월에 막북 초원으로 복귀했다. 토번을 물리친 대가로 조정에서 위구르에 비단 10만 필을 주게 되면서, 당은 조정 창고가 텅 비고 대신들이 봉록을 받지 못할 정도로 엄청난 타격을 입었다.[83]

안녹산의 봉기 이후 10여 년에 걸친 당의 내전 과정에서 막남 초원에 대한 기미 지배는 완전히 무너졌다. 당뿐만 아니라 복고회은을 대표로 하는 막남 초원의 투르크 유목 세력 역시 약해졌다. 기미 지배를 받던 투르크계 유목민(돌궐 잡호)이 7세기 중반부터 약화되었고, 740년대 중반에 이르러 돌궐 붕괴 이후 남하한 막남의 돌궐 항호 또한 부흥 운동으로 당에 도전하다가 소멸했다. 당을 중심으로 한 기존의 질서가 완전히 무너지면서 '유목 세계의 질서'가 새롭게 **재편**된 것이다.[84]

이 과정에서 위구르는 막북 초원을 장악하고, 당과의 경제적 관계를 독점했다. 뵈귀 카간은 당 황제와 형제 관계를 맺고 경제적 교섭에

---

82 『舊唐書』 卷195 「迴紇」, pp. 5205~5206.

83 위의 책, pp. 5206~5207.

84 정재훈, 「唐朝의 突厥 降戶 羈縻와 安祿山의 亂」, 서울대학교 동양사학연구실 (편), 『分裂과 統合 — 中國中世의 諸相』, 지식산업사, 1998; 森安孝夫, 「ウイグルから見た安史の亂」, 『內陸アジア言語の硏究』 17, 2002.

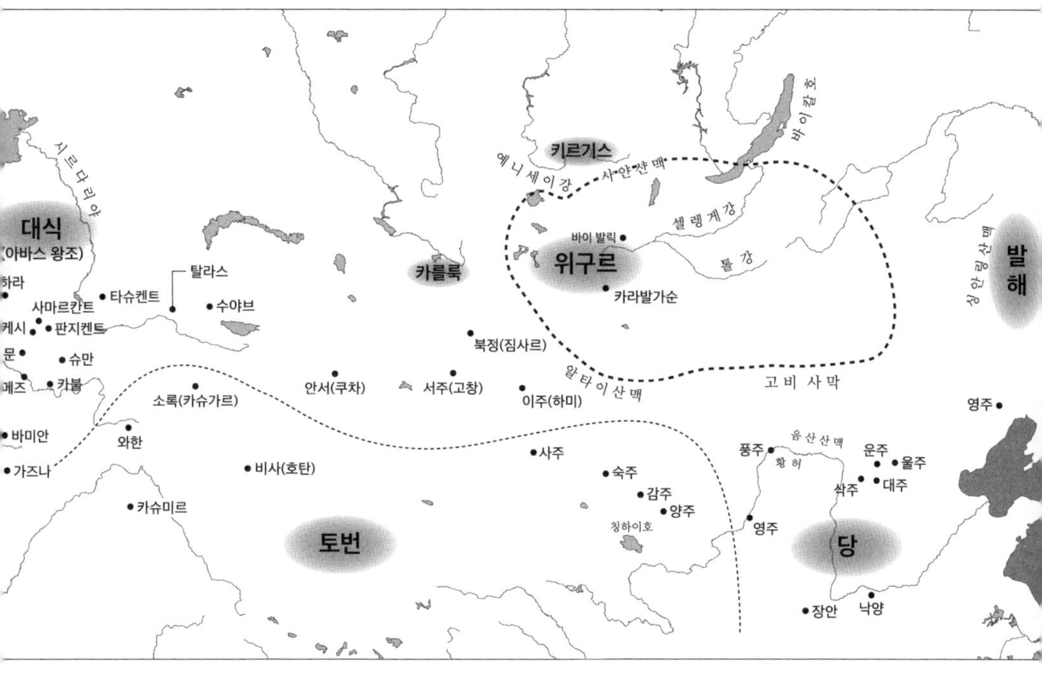

(그림 3) 760년대 중반 동아시아 형세도

서 자신을 단일 창구로 삼도록 했다. 그 결과 전리품만이 아니라 막대한 세폐를 얻는 등 이익을 독차지할 수 있었다. 그동안 경쟁 관계였던 카를룩, 키르기스, 거란 등의 인정도 받아냈다. 이렇게 위구르는 안녹산의 봉기 이후 전개된 동아시아 세력 재편의 최대 수혜자로 200여 년간 초원을 지배했던 돌궐의 권위를 완전히 대체했다. 당을 대신해 막남 초원까지 지배할 만큼 성장한 것은 아니었으나 막북을 중심으로 한 유목 세계를 대표하는 '**유일한 세력**'이 되었다.

그동안 당을 위협하던 토번 역시 이 상황을 좌시하지 않았다. 당의 약화를 틈타 발전을 도모하며 하서 지역 등으로 진출해 위구르의 성장을 견제하려 했다. 당을 중심으로 토번과 위구르가 경쟁을 벌이던 과거와는 달리 새로운 '**삼각관계**' 질서가 형성되는 과정이었다. 이후 위구르는 경쟁 상대가 된 토번보다 우위에 서서 당과의 관계를 독점하려 했다. 뵈귀 카간은 당과의 긴밀한 관계를 바탕으로 막북 초원을 무대로 한 건국 작업을 마무리하고, 자신을 중심으로 한 더 강력한 '**권위주의 체제**'를 수립하는 과제를 안게 되었다.

제2장

집권 노력과 내적 갈등

1. 도시 건설의 확대와 마니교 수용

유목 군주는 창업을 하든 계승을 하든 유목민을 통치하기 위한 권위를 위임받으려면 자신의 능력을 보여주어야 했다. 군사 원정을 통해 백성을 확보하고, 정주 지역에서 생존에 필수적인 물품을 대량으로 얻어내 백성에게 분배하며, 교역을 통해 이익을 확대하여 유목 경제의 근원적 한계를 극복해야 했다.[85] 이를 위해서는 유목 세력에 대한 원정을 기획하거나, 중국과의 교역을 위한 교섭에 나서야 했다. 돌궐과 위구르 시대 묘비의 대부분이 초원의 다른 유목 세력에 대한 원정을 자랑하는 내

85 유목 군주는 '분쟁의 조정자' 역할을 하면서 동시에 경제적 재화를 나누어 주어 부족 군대의 충성도를 '구입'해야 했다. 즉 군주의 권위를 확보하기 위해서는 정주 지역의 약탈을 통한 물자 분배가 중요했다. 돌궐이나 위구르의 카간이 **빌게bilge[賢]**와 **알프alp[勇]** 두 덕목을 겸비한 것처럼 정주 국가와 비교했을 때 이른바 **'의례적 군주권ritual kingship'**보다 **'개인적 군주권personal kingship'**이 중요했다. Joseph Fletcher, "Turco-Mongolian Monarchic Tradition in Ottoman Empire", *Harvard Ukrainian Studies* v.3-4, 1979/1980; "The Mongols : Ecological and Social Perspectives", *Harvard Journal of Asiatic Studies*, v.46-1, 1986.

용인 것, 뵈귀 카간이 즉위 이후 내부 정비를 마친 다음 당을 공격하는 대가로 사조의에게서 엄청난 물자 공여를 약속받은 것, 이어서 당의 군사적 지원 요청을 받고 양자 사이에서 이익을 저울질했던 것은 모두 이런 맥락의 일이었다. 이는 모두 군주의 능력을 보여줄 좋은 기회였다. 최고의 약탈 대상이자 교역 대상이기도 한 중국을 압박해 유목민의 경제적 욕구를 충족시키는 것은 군주의 권위 확립에 매우 중요한 부분이었다.

뵈귀 카간이 친정을 나선 것 역시 이와 관련해서 볼 수 있는데, 그는 약탈이나 공납 같은 일시적인 물자 획득에 만족하지 않았다. 이와 같은 방식으로는 상황 변화에 따라 이익이 줄어들거나 없어질 수도 있기 때문에 지속적인 이익을 얻을 수 있는 '**교역**'을 발전시키고자 했다. 그 방법이 바로 친정親征이었다. 765년 복고회은이 죽고 난 뒤 위구르는 당과 관계를 회복했으나, 뵈귀 카간이 의도한 만큼 많은 경제적 이익을 얻지는 못했다. 760년대 후반 당은 위구르와의 견마무역에 제한을 두기도 했다. 이에 큰 불만을 품은 뵈귀 카간은 768년에 카툰의 죽음을 조문하러 온 당의 우산기상시右散騎常侍 소흔蕭昕에게 견마무역 축소에 대해 문제를 제기했다. 그러나 소흔 역시 기죽지 않고 복고회은의 반발에 동조 움직임을 보였던 위구르의 잘못을 따졌다.[86] 뵈귀 카간의 뜻은 쉽게 관철되지 않았다.

그런데 얼마 지나지 않아 당에서 769년 5월 영휘공주永徽公主와 뵈귀 카간의 결혼을 결정하면서 양국 관계가 개선되었다. 황실 출신이 아닌 복고회은의 딸을 보낸 것이라, 앞서 숙종이 영국공주를 직접 시집보

86 『新唐書』 卷159 「蕭昕」, p. 4951.

냈던 것과 같은 수준은 아니었지만 관계 개선의 기회가 되었다. 대종은 이를 통해 위협적인 태도로 변할 수도 있는 위구르를 달랬다.[87] 호시를 통한 견마무역도 재개되었다. 770년대에 이 견마무역으로 당의 경제가 더 어려워졌다는 말이 있었을 만큼 당은 위구르에 많은 비단을 제공했다.[88]

위구르는 이 기회를 적극적으로 이용해 수만 필의 말을 수출하고 그만큼의 비단을 받아냈다. 758년에 말 한 필을 비단 40필로 교환하기로 하면서 엄청난 양의 비단이 유출된 일이 있었다. 이런 특혜는 일시 중단되었다가 771년 파병의 공로를 인정하라는 대종의 지시로 재개되었다. 대종은 반입된 말의 대금으로 비단을 주도록 했기 때문에,[89] 772년에 위구르의 말을 모두 사주는 데 수레 1000여 대가 동원될 만큼 막대한 양의 비단이 거래되었다.[90] 당에 수입된 말이 교역 과정에서 다시 쓰이기 어려울 만큼 상태가 나빠지는 것도 큰 문제였다.[91] 그 결과 무역 역조 문제가 심각해졌고, 그 재원을 감당하던 조부租賦도 큰 부담을 안게 되었다.[92]

---

87 『新唐書』卷217上「回鶻上」, p. 6120.

88 『資治通鑑』卷226 德宗 建中元(780)年條, p. 7282.

89 『唐會要』卷72「馬」, p. 1303; 『新唐書』卷217上「回鶻上」, pp. 6120~6121.

90 『資治通鑑』卷224 代宗 大曆8(773)年條, p. 7221.

91 견마무역에서 당을 곤란하게 한 점은 수입된 말들이 병에 걸려 있다는 것(병영病羸)뿐만 아니라, 중국의 토질에 적응하지 못해 수입된 이후 더욱 약해졌다는 것(토비의土非宜)이었다. 말이 당에 수입될 당시 피골이 상접했다는 기록을 보아도 원거리 이동에 따른 말의 품질 하락을 예상할 수 있다. 馬俊民,「唐與回紇的絹馬貿易」,『中國史硏究』1984-1, p. 73.

92 『冊府元龜』卷999「外臣部 互市」, p. 11727; 이완석,「唐·回紇의 絹馬交易에 관한 硏究」,『중국고중세사연구』28, 2012.

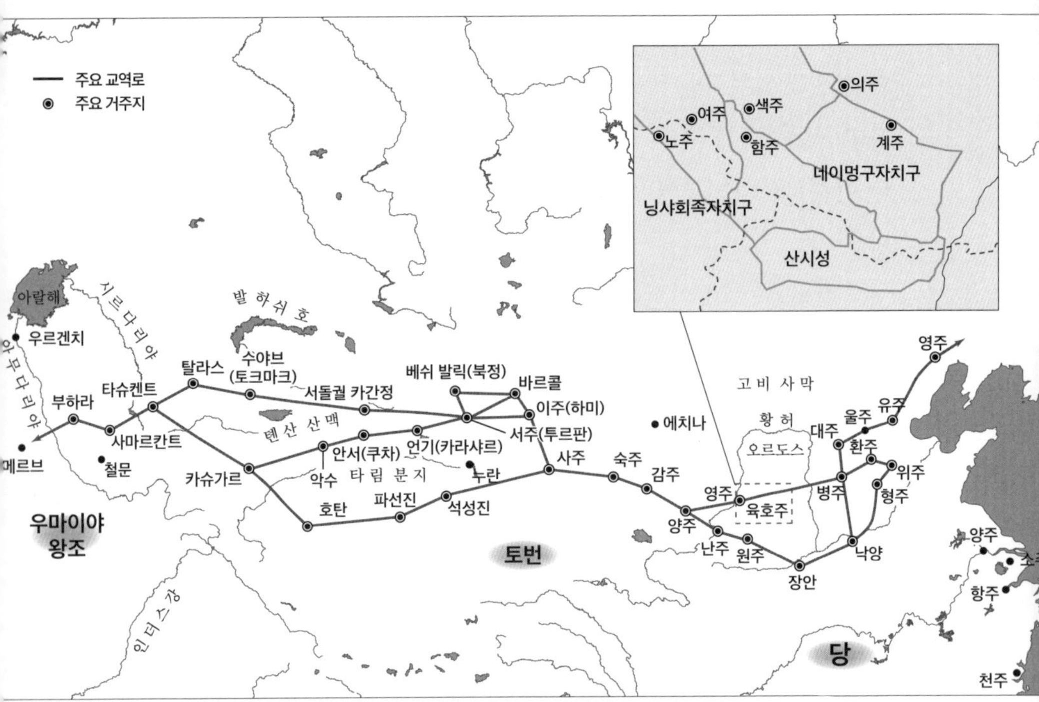

(그림 4) 당대 소그드 상인의 동방 진출

이처럼 위구르는 특혜를 바탕으로 한 견마무역을 통해 엄청난 이익을 얻었다. 대규모로 유입된 비단은 일부 내수용도 있었을 테지만 상당 부분 대외 유통에 쓰였을 것이다. 당에서 얻은 비단을 다른 곳에 판매하면 더 막대한 이익을 얻을 수 있었다. 더욱이 당에서 비단을 헐값에 뜯어낸다면 그 이익은 더 클 것이었다. 뵈귀 카간이 견마무역을 장악한다면 경제적 이익을 확대하고 권력을 강화할 수 있었다.[93] 따라서

93 위구르는 당의 비단을 말과 교환한 다음, 이를 다시 은을 비롯한 여타 물품과 교환했다.

위구르의 대외 교역은 상인과 카간의 긴밀한 협조 관계를 바탕으로 했다.[94]

이 무렵 국제 상인으로 활동한 이들은 중앙아시아 소그디나아 출신의 이른바 '**소그드 상인**'이었다. 이들은 돌궐 유목제국 이전부터 동서 교역에 적극적으로 종사했고, 오아시스를 연결하는 많은 식민 취락을 건설하면서 중국 방향으로 진출해 있었다.[95] 원주지인 소그디아나는 유라시아 대륙 중앙부에 있는 건조 지대인 사막 오아시스로, 파미르고원에서 서북쪽으로 흘러 아랄해로 들어가는 아무다리야Amu Darya와 시르다리야Syr Darya에 둘러싸인 지역이었다. 특히 파미르에서 발원해 서쪽으로 사막을 가로질러 흘러가는 제라프샨강Zeravshan과 카슈카강Khashuka을 끼고 발달한 오아시스 도시들이었다. 이곳은 현재 대부분 우즈베키스탄 범위 안에 있고, 동쪽 끝의 일부만 타지키스탄 영역 내에 있다. 서쪽으로 아무다리야 유역의 비옥한 삼각주 지대인 호라산Khorasan이 위치하고, 남쪽으로 아무다리야 중류의 중요 거점인 토하리스탄Tokharistan(과거에는 박트리아Bactria라고 불림), 동쪽으로 시르다리야 상류인 페르가나Ferghana 계곡이 있다. 이곳은 강을 낀 오아시스로 농사를 지을 수 있었으며 그 동쪽과 남쪽의 산지에서는 농업과 목축도

이런 경제 활동은 카간을 비롯한 지배 집단에 많은 이익을 주었다. Christopher I. Beckwith, "The Impact of Horse and Silk Trade On the Economics of T'ang China and Uighur Empire : On the Importance of International Commerce in the Early Middle Ages", *Journal of the Economic and Social History of the Orient* v.34-3, 1991, p. 184.

94 김호동, 「北아시아 遊牧國家의 君主權」, 동양사학회 (편), 『東亞史上의 王權』, 한울아카데미, 1993, p. 151.

95 Étienne de la Vaissière, *SOGDIAN TRADERS : A History*, Brill Leiden · Boston, 2005; *Asie centrale 300-850 : Des routes et des royaumes*, Les Belles Lettres, 2024.

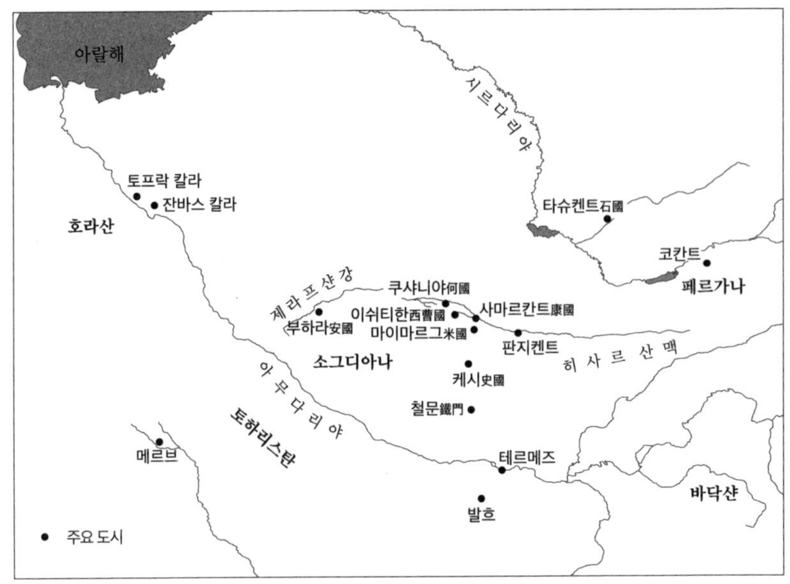

(그림 5) 소그디아나의 오아시스 도시 분포

가능했다. 주로 다른 도시와 교역하거나 교역을 중개하며 발전했다.

이곳 주민은 대부분 동부 이란계 방언을 사용하는 인도 유럽 계통에 속했다. 중국에서는 이들을 '**소무구성昭武九姓**'이라고 불렀는데 소무는 **속특粟特**, 즉 소그드의 음차이고 구성은 다양한 오아시스를 지칭했다. 이 표현에서 알 수 있듯이 소그디아나에는 수십 개의 오아시스가 있었고, 개별 도시의 이름에 따라 각각 하나의 성을 붙여 구분했다.[96]

---

96 소그디아나의 중심에 가장 큰 도시인 사마르칸트Samarkand(강국 國)가 있었으며, 그 남쪽에 토하리스탄(하국何國)이 있고, 그보다 서쪽으로 소그디아나 서단의 가장 큰 도시인 부하라Buqara(안국安國)가 있었다. 이곳에서 아무다리야를 건너 메르브Merv 방향으로는 마르기아나Margiana로 갈 수 있으며, 페르시아 방향으로는 호라산을 지나 카스피해로 갈 수 있었다. 이 노선은 러시아와 유럽으로 가는 가장 중요한 교통로의 하나였다. 또한 사마르칸트 동쪽에서 가장 큰 도시는 샤쉬Shash(석국, 지금의 타슈켄트)였는데, 이곳은 시르다리

남쪽으로 인도, 서쪽으로 이란, 북쪽으로 초원과 삼림, 나아가 동쪽으로 중국으로 이어지는 교통로의 중심에 있었다는 점에서 교역에 유리하다는 지리적 이점이 있었다. 소그드인은 이를 최대한 살려 일찍부터 원격지 상업을 하는 **대상**으로서 활약했다.[97] 필요에 따라 서로 협조하기도 하고 경쟁하기도 하면서 동서 교역로인 이른바 '**비단길**(실크로드)'을 통한 교역을 담당했다.

위구르에서도 소그드 상인들의 활동이 확인된다. 카틀륵 카간은 초기부터 정주민을 위한 도시를 건설했으며, 영국공주를 따라온 소그드 상인과 중국인을 위해 셀렝게강 부근에 바이 발릭을 만들었다. 또한 뵈귀 카간이 762년 당에 군사 원정을 나섰다가 낙양을 약탈하고 초원으로 가지고 온 재물을 하양에 두고 안각과 석제정에게 물자 창고(자

야 북안에 있었다. 샤쉬는 동쪽으로는 톈산산맥과 알타이산맥을 넘어 몽골로, 서쪽으로는 우랄산맥 남쪽을 거쳐 남러시아 방향으로 가는 초원의 입구였다. 북쪽으로 카브탄자카트Kabudhanjakath(조국曹國)를 중심으로 우쉬루사나Ushrusana(동조국東曹國)와 이쉬티한Ishtikhan(서조국西曹國)이 나란히 있었다. 이곳에서 페르가나를 거쳐 파미르를 넘으면 톈산산맥 남부로 빠져나갈 수 있었다. 이곳을 거치는 것이 소그디아나에서 중국으로 가는 가장 빠른 노선이었다. 그 밖에도 사마르칸트에서 동쪽으로 60킬로미터 정도 떨어진 마이마르그Maimargh(미국米國) 등이 중요한 오아시스였다. 許序雅, 『唐代絲綢之路與中亞史地叢考 — 以唐代文獻爲研究中心』, 商務印書館, 2015.

97 소그디아나 중에서 사마르칸트, 즉 강국에 대한 다음의 기록을 통해 그들의 외양과 습속을 알 수 있다. "그 사람들은 눈이 깊고 코가 높고 수염이 많았다. 남자들은 머리를 깎거나 혹은 변발을 했다. 그 나라의 왕관은 모직물로 만든 모자에 금과 보배로 장식했다. 부인은 상투처럼 머리를 땋아 올리고, 두건을 덮어썼으며, 금으로 만든 꽃으로 장식했다. 사람들은 술 마시기를 좋아하고, 길에서 노래하거나 춤추는 것을 좋아했다. **아들을 낳으면 반드시 돌에서 나는 꿀을 입 안에 넣어주고 손바닥에 아교를 두는데, (이는) 그 아이가 성장해서 입으로는 항상 달콤한 말을 하고, 아교에 붙은 물건처럼 돈을 움켜쥐기를 원했기 때문이다.** 그들의 습속은 소그드 문자를 익혀 장사를 잘했으며 매우 적은 이익마저 다투었다. 남자는 나이가 스무 살이 되면 멀리 이웃 나라로 가고, 중국에 왔다 갔다 했으며, 이익이 있는 곳이라면 가지 않는 곳이 없었다."(『舊唐書』 卷198 「西戎」, p. 5310)

괴貲庮)를 지키도록 한 데서도 소그드인의 존재를 확인할 수 있다.[98] 이 두 사람의 이름에서 '안安'은 부하라Buqara(안국安國), '석石'은 타슈켄트Tashkent(석국石國)로 그들의 출신지가 드러난다. 위구르를 위해 재물 창고를 관리했던 두 사람은 이런 분야에 특화된 소그드 상인이었다.[99]

소그드 상인의 역할은 769년 영휘공주가 위구르에 온 이후 견마무역을 한 것과 관계가 있다. 위구르가 당에 사신을 보낼 때 "**구성호九姓胡(소그드 상인)와 동행한다**"[100]라고 했던 것은 소그드 상인이 위구르와 당 사이의 무역에 종사했음을 분명히 보여준다. 당에 온 위구르 사신 강적심康赤心 또는 적심赤心이라는 인물은 강국, 즉 사마르칸트 출신이었다.[101] 장안에는 위구르의 지원을 받는 소그드 상인이 1000여 명 정도 있었으며 이들이 엄청나게 축재를 했다는 기록[102]도 있다.

당도 국제 상인 소그드인이 위구르 조정에서 차지하는 비중을 잘 인식하고 있었다. "**위구르는 본래 종족이 많지 않은데 이들을 세게 만드는 것은 여러 소그드인(군호群胡)이다**"[103]라는 당의 기록은 당시 소그드 상인과 연계한 위구르의 적극적인 교역 활동을 보여준다. 소그드인이

---

98 『新唐書』 卷224下 「叛臣下 李忠臣」, p. 6388; 『舊唐書』 卷134 「馬燧」, p. 3690.

99 羽田亨, 「漠北の地と康國人」, 『羽田博士史學論文集 上』(歷史篇), 京都大學文學部內東洋史硏究會, 1957, pp. 400~403.

100 『新唐書』 卷217上 「回鶻上」, p. 6121.

101 다음의 연구에서 『신당서』와 『구당서』를 비교하여 강적심 혹은 적심을 소그드 상인이라고 설명했다. Colin Mackerras, *The Uighur Empire According to the T'ang Dynastic Histories: A Study in Sino-Uighur Relations 744-840*, Australian National Univ. Press, 1972, pp. 151~152.

102 『新唐書』 卷217上 「回鶻上」, p. 6121.

103 『資治通鑑』 卷226 德宗 建中元(780)年條, p. 7288.

"위구르의 이름을 가칭假稱했다"[104]라는 기록 역시 위구르와 이들의 관계를 잘 보여준다. 소그드 상인은 위구르의 지원을 받으며 그들의 경제적 이익을 위해 일했다. 소그드인 스스로 당과 무역을 하면 여러 가지 제약이 있었으나 위구르의 지원을 받으면 어려움 없이 큰 이익을 얻을 수 있었다.[105] 뵈귀 카간도 이들을 통해 얻은 막대한 비단으로 교역을 하여 더 큰 이익을 얻을 수 있었다.

소그드 상인은 대외 무역뿐만 아니라 국가 경영에서도 중요한 역할을 했다. 따라서 뵈귀 카간은 자신의 권력을 강화하기 위해서라도 소그드 상인의 욕구를 해결해주어야 했다. 카간과 카간을 뒷받침하는 중상주의적 입장의 상인 출신 관료의 결합은 **'권위주의적 상인 관료 체제'**를 낳았다.[106] 이와 같이 '위구르 일'은 유목에 기초한 초원 경제와 '정주적' 성격을 띤 외래 요소가 공존하는 **'이종 결합異種結合**적' 국가 체제를 구축했다. 이런 흐름에서 초원에는 정주 지역 출신 주민의 생활에 필요한 다양한 시설이 들어서기 시작했다. 이 무렵 뵈귀 카간의 움직임을 지켜보던 당은 초원에 나타난 변화를 다음과 같이 기록했다.

> 초기에 위구르의 풍속은 질박했고, 군신 간의 차이가 크지 않아 여러 사람의 뜻이 하나가 될 수 있었기 때문에 굳세고 당할 자가 없었다. 당에 공을 세워 당이 [물자를] 주자 텡그리 카간(뵈귀 카간)이 비로소 스스로 높일 수 있었다. **카간은 [초원에] 궁궐을 건축해 부인을 살게 했다. 화장을 하고 무늬**

104 위의 책, p. 7287.

105 『唐會要』 卷72 「馬」, p. 1303; 『新唐書』 卷217上 「回鶻上」, pp. 6120~6121.

106 정재훈, 『돌궐 유목제국사 552~745』, 사계절, 2016, p. 221.

가 있는 비단옷을 입었다. 중국은 곤궁하게 되었으며 오랑캐의 풍속 역시 무너졌다.[107]

이 내용은 소그드 상인의 활발한 활동으로 위구르 유목사회가 소위 '**문명화**'되었음을 보여주는 중요한 사례로 이해되기도 했다.[108] 위구르 시기에는 정주 시설이 폭발적으로 증가해 유목사회의 습속이 바뀌었다는 말이 나올 정도였다. 다른 한편으로 궁궐, 비단옷 등 정주적인 요소를 강조한 이 기록에서는 기록자의 편견 역시 확인할 수 있다. 위구르의 풍속이 질박했다는 지적은 원래 위구르는 이런 특징을 가진 낮은 수준의 유목사회라는 **선입견**이 담겨 있다. 위구르가 궁궐을 짓거나 비단옷을 입을 정도가 되어서는 안 되며, 그래야만 당이 곤궁해지지 않는다는 인식이었다. 위구르 내에 정주적 요소가 존재하는 것을 이상하게 보는 중국 기록자의 전형적인 편견을 확인할 수 있는 사례이다.

카를륵 카간이 영국공주와 결혼한 이후 정주민을 위한 시설이 초원에 마련되었고, 생활에 필요한 다양한 물품이 수입되었다. 뵈귀 카간과 결혼한 영휘공주도 막남 초원에 살던 투르크계 유목민 출신으로 당과 유목 문화가 공존하는 환경에서 자랐기 때문에 공주와 그 일행을 위

---

107 『資治通鑑』卷226 德宗 建中元(780)年條, p. 7282. 이 부분은 1959년 출간된 중화서국 표점교감본과 1990년 출간된 중화서국 표점교감본의 표점이 달라 번역을 다르게 할 여지가 있다. 1959년 출간본의 표점에 따르면 위의 본문에서 인용한 것처럼 번역할 수 있다. 이와 달리 1990년 출간본에 따르면 "**텡그리 카간(뵈귀 카간)이 비로소 스스로 높여 궁궐을 건축해 살았다. 부인은 화장을 하고 무늬가 있는 [아름다운] 비단옷을 입었다**"라고 번역할 수 있다. 이 글에서는 1959년 출간본에 따라 번역하는 것이 전후 문맥상 자연스럽다고 보았다. 연구자에 따라 위구르의 문명화를 강조하는 경우 1990년 출간본을 따르기도 한다.

108 劉義棠, 「回鶻馬硏究」, 『維吾爾硏究』, 臺北 : 正中書局, 1977, pp. 370~371.

한 정주 시설을 확충해야 했다. 여기에 소그드 상인을 위한 시설까지 마련해야 했으니 위구르는 국가 체제가 고도화될수록 당으로부터 점점 더 많은 물자를 수입해야 했다.

뵈귀 카간은 외래의 다양한 요소와 초원의 유목 문화가 공존하는 환경을 만들고자 했다. 외래 요소는 위구르의 습속을 무너뜨리는 요인이라기보다는 체제를 유지하고 발전시키는 기초였고, 양자의 장점이 발휘되어야 유목국가의 안정적 운영이 가능했다. 그렇다고 해서 외래 요소가 유목사회 전반을 궁극적으로 바꾸었다고 보기는 어렵다. 단지 지배층의 생활 모습을 일부 바꾸었을 뿐이다. 정주 지역에서 들여온 물품을 사용하거나 유목과 관계없는 생활양식을 받아들인다고 해도 그러한 요소는 체제의 와해와 함께 바로 사라져버리는 것이 일반적이었다.[109] 게다가 외래 요소는 아주 오래전 흉노 시기부터도 이미 유목국가 운영의 일부였다.[110] 다시 말해서 외래 요소의 확대를 위구르 시기만의 특징이라고 보며 위구르의 문명화, 나아가 정주적 경향을 설명하는 증거로 삼을 수는 없다. 그보다는 카라발가순을 비롯한 도시의 건설과 소그드 상인이 믿던 마니교의 수용이 유목국가의 운영 과정에서 어떤 역할을 했고, '위구르 일'의 발전에 어떻게 이바지했는지 그 구체적인 양상을 정리해볼 필요가 있다.

당과 긴밀한 경제 관계를 유지했던 뵈귀 카간은 카를룩 카간 시

---

109 현장玄奘이 『대당서역기大唐西域記』에서 서돌궐의 통야브구 카간統葉護可汗과 만나는 장면, 그리고 동로마에서 서돌궐로 파견된 제마르코스가 남긴 기록에 나오는 돌궐 카간이 비단 옷을 입고 다양한 물품을 사용하는 모습에서 이를 확인할 수 있다. 內藤みどり, 「東ローマと突厥との交渉に關する史料」, 『西突厥史の研究』, 早大出版部, 1988, p. 380. 또한 이는 마르코 폴로가 기록한 몽골제국의 모습에서도 확인할 수 있다.

110 정재훈, 『흉노 유목제국사 기원전 209~216』, 사계절, 2023, pp. 229~231.

기부터 시작된 성채 및 도시 건설을 더 활발하게 추진했다. 이 무렵에 건설된 성채와 도시 유적은 겨울 수도였던 카라발가순(오르콘강 유역)을 비롯해 여름 수도 바이 발릭(셀렝게강 유역), 카툰 발릭(내몽골 벽제천 근처와 후룬호 근처, 외몽골 톨강 유역 등 여러 곳에 위치), 공주성(내몽골 거연호 근처) 등에서 상당수 발견되었고, 기록에 남지 않은 여러 성채도 많이 확인되고 있다.[111] 한문 사료에도 "**궁궐을 건축해 부인을 살게 했다**"[112]라는 기록이 남아 있다. 앞서 언급한 것처럼,[113] 이 부분은 표점을 다르게 하여 끊어 읽으면 "**[카간이] 궁궐을 건축해 살았다**"라고도 번역할 수 있어 그동안 여러 논의가 있었다. 기존 연구는 후자의 표점에 따라 카간이 궁궐에 살 만큼 정주 요소를 적극적으로 수용했고, 이는 이후 위구르가 멸망한 뒤 잔여 세력이 초원을 떠나 오아시스로 이주하여 정주하게 된 과정의 전제가 되었다고 설명했다. 그러나 이는 역사 전개를 정주화, 문명화의 과정으로 보는 **결과론적 설명**에 불과하다.[114] 유목적 관점에서 역사를 서술하기 위해서는 유목 생활과 도시적 생활양식이 초원에서 어떻게 공존했는가를 구체적으로 살펴볼 필요가 있다.

초원에서 유목 생활을 하는 목민만 본다면, '**계절 이동**'을 하기 때문에 고정된 정주 시설이 필요하지 않아 보인다. 흉노 유목제국 시기

---

111 田坂興道, 「漠北時代における回紇の諸城郭に就いて」, 『蒙古學報』 2, 1941, pp. 192~243; 宋國棟, 「回紇城址研究」, 山西大學博士學位論文, 2018; Д. Цэвээндорж, *Монголын Эртний Хот Суурин(Ancient Settlement of Mongolia)*, Улаанбаатар, 2020, pp. 100~101; 서론 주17 참조.

112 『資治通鑑』 卷226 德宗 建中元(780)年條, p. 7282.

113 주107 참조.

114 서론 주47 참조.

부터 중국인들은 "물과 풀을 따라 옮겨 다니며 살아 성곽, 붙박여 사는 곳, 농사를 짓는 땅에서 먹고 사는 것이 없다"라며 유목민들을 항상 옮겨 다니며 가축을 사육하는 사람들이라고 이해했다. 그러나 유목민의 계절 이동은 거의 정해진 범위, 정해진 위치에서 이루어졌으며, 동영지에는 고정된 축사를 마련하기도 했다. 겨울철에 살아남기 위해서는 특정 장소에 모여 생활하는 것이 유리했기 때문이다. 따라서 유목민이 계속해서 옮겨 다닌다는 설명은 중국인의 선입견에 불과하다. 사실상 유목은 계속 옮겨 다니기보다는 '분지分地'라고 불리는 일정한 장소를 계절에 맞춰 '**순환 이동**(전이轉移)' 하는 생활양식이라고 할 수 있다.[115]

나아가 유목민이 국가를 건설할 경우 더 이상은 이런 방식으로만 체제를 유지할 수 없었다. 더 많은 인원과 다양한 생활양식을 수용할 시설을 갖추어야 했고, 국가 운영을 도울 관료 집단의 역할도 커졌다. 국가 운영이 복잡해진 만큼 관료 집단에는 유목민 이외에 다양한 출신의 사람들이 필요했다. 이 과정에서 소그디아나(또는 이란), 타림 분지의 오아시스, 중국 등지에서 온 정주민을 적극적으로 받아들이게 되었고, 초원에는 이들을 위한 여러 시설과 기구가 확충되었다.[116]

흉노 시대에도 중원에서 이탈한 사람들의 활동이 활발했으며, 한과의 화친 관계가 강화된 이후에는 혼인을 통해 초원으로 온 공주를 위한 정주 시설을 갖추었다.[117] 최근 몽골에서 활발하게 발굴되는 흉노 시

115 정재훈, 「司馬遷이 그린 匈奴의 '眞相'과 후대의 이해 — 『史記』「匈奴列傳」冒頭의 先祖와 遊牧 관련 기록의 재검토」, 『중앙아시아연구』 25-2, 2020, p. 198.

116 護雅夫, 「ソグド人の東方發展に關する考古學的一資料」, 『古代トルコ民族史研究』 II, 山川出版社, 1992, pp. 216~229; 岩佐精一郎, 「元代の和林」, 和田清 (編), 『岩佐精一郎遺稿』, 岩佐傳一, 1936, p. 233.

대 농경지나 궁궐을 중심으로 한 거주 유적은 유목국가의 이런 '**복합적**' 성격을 잘 보여준다.[118] 이는 정주 시설이 초원의 이질적 요소가 아니라 국가 유지를 위한 필수적인 일부였음을 뜻한다.[119] 현재 몽골공화국의 수도 울란바토르에 초원과 전혀 어울리지 않는 현대식 아파트와 유목민의 이동식 가옥 게르ger가 공존하는 것도 마찬가지다. 이른바 '정주적 요소'가 유목 생활을 하는 초원에 '**공존**'하는 것 자체가 유목국가의 본모습이고, 이런 양상은 현재도 계속되고 있다.

750년대 후반 위구르가 당과 혼인 관계를 맺어 공주가 초원에서 생활하게 되면서 함께 온 많은 정주민들이 사용할 편의 시설의 확충이 시급해졌다. 카라발가순에는 이때 건설한 궁성으로 보이는 성채를 비롯해 많은 유적이 남아 있는데,《시네 우수 비문》의 기록을 보면 이와 같은 성채는 카를륵 카간 시기부터 건설되었음을 알 수 있다. 카라발가순은 오르두 발릭Ordu Balïq, 즉 군주의 궁장宮帳(오르두)이 있는 도시로 불렸다. 오르콘강을 끼고 있는 돌궐의 중심지 호쇼 차이담 및 몽골제국의 수도 카라코룸과 인접한 항가이산맥 북사면에 위치한 이곳은 840년

---

117 C. B. 吉謝列夫(Киселев),「C. B. 吉謝列夫通訊院士在北京所作的學術報告」,『考古』1960-2, p. 45; Nicola Di Cosmo, "Ancient Inner Asian Nomads: Their Economic Basis and Its Significance in Chinese History", *The Journal of Asian Studies* v.53-4, 1994, pp. 1100~1104.

118 흉노 시기 정주지 발굴에 대한 지역별 성과 정리는 다음을 참조. 니콜라이 크라딘,「자바이칼의 북흉노 유적」, (재)중앙문화재연구원 (편),『북방고고학개론』, 진인진, 2018, pp. 310~329; G. 에렉젠·한진성,「몽골의 흉노유적」, 같은 책, pp. 330~346; 샤웨잉,「남흉노의 고고학적 문화」, 같은 책, pp. 348~375; 판링,「흉노에서 선비로」, 같은 책, pp. 376~393. 이 책에는 외국의 연구 성과도 같이 정리되어 있다.

119 林俊雄,「匈奴における農耕と定着集落」, 護雅夫 (編),『內陸アジア·西アジアの社會と文化』, 山川出版社, 1983, pp. 13~26; 林俊雄,「掠奪, 農耕, 交易から觀た遊牧國家の發展 — 突厥の場合」,『東洋史研究』44-1, 1985, p. 129; Sümer Faruk, *Eski Türklerde Şehircilik*, Ankara, 1994, pp. 1~23.

키르기스에 함락될 때까지 위구르의 겨울 수도였다.[120] 오르콘강을 사이에 두고 동쪽에는 호쇼 차이담, 서쪽의 평원에는 카라발가순이 있다(제1편 [그림 10] 참조). 위구르는 계절 이동을 할 때 북쪽으로 갔다가 겨울에 돌아왔는데, 카라발가순은 동영지였다.

위구르 시기에 카라발가순이 번성했다는 것은 이곳을 방문했던 아랍 여행가 타밈 이븐 바흐르Tamīm ibn Bahr의 여행기를 통해 엿볼 수 있다. 타밈 이븐 바흐르는 자신이 토쿠즈구즈Toquzyuz 칸이 살던 오르두를 방문했다고 썼는데, 이는 위구르에 관한 설명으로 이해할 수 있다. 방문 시기와 장소에 대해 다른 해석도 있으나, 여행기를 번역한 미노르스키Vladimir Minorsky가 카라발가순을 방문했다고 논증했다.[121] 그에 따르면, 타밈 이븐 바흐르가 방문했던 카라발가순에는 12개의 큰 철문으로 둘러싸인 성곽 안에 상점이 즐비하고 사람이 넘쳐났으며 가장자리에 100여 명이 올라갈 만큼 커다란 군주의 궁장이 있었다. 이런 묘사와 발굴 조사 내용을 연결하여 카라발가순의 실체를 이해해볼 수 있다.

카라발가순 유적에 대한 조사는 여러 차례 실시되었지만, 도시 전체에 대한 발굴은 이루어지지 않았다. 19세기 말 라들로프Vasily Radlov (Wilhelm Radloff)와 클레멘츠Dmitry Alexandrovich Klementz를 시작으로,[122] 1949년 몽골과 키셀레프Sergei Vladimirovich Kiselev의 구소련 발굴대가

---

120 정재훈, 「유목 세계 속의 도시 — 위구르 유목제국(744~840)의 수도 카라발가순」, 『동양사학연구』 84, 2003, pp. 20~25.

121 Vladimir Minorsky, "Tamīm ibn Bahr's Journey to the Uyghurs", *Bulletin of the School of Oriental and African Studies* v.12-2, 1948, pp. 275~278; 정재훈, 「위구르의 수도를 방문한 아랍 여행가 타밈 이븐 바흐르」, 『유라시아로의 시간 여행: 새롭게 쓴 실크로드 여행가 열전』, 사계절, 2018, pp. 53~63.

122 W. Radloff, *Arbeiten der Orchon Expedition: Atlas der Alterthümer der Mongolei*, St.

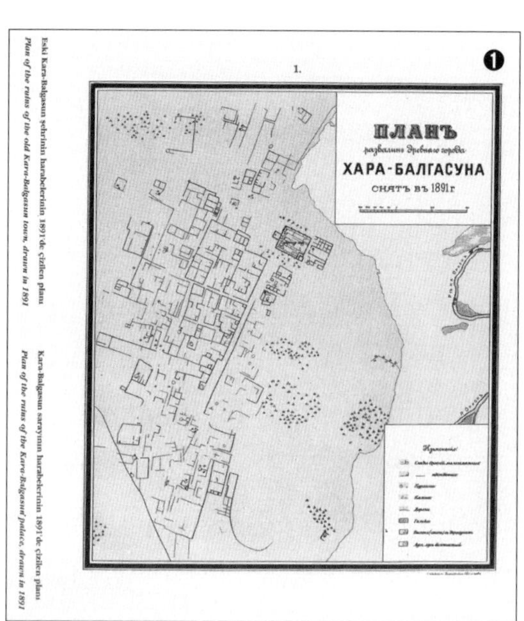

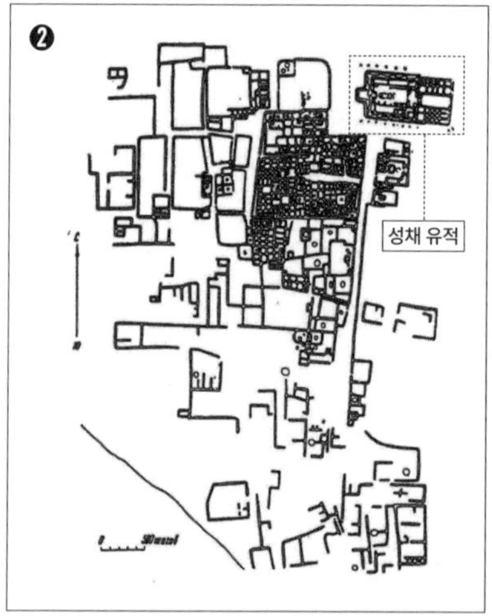

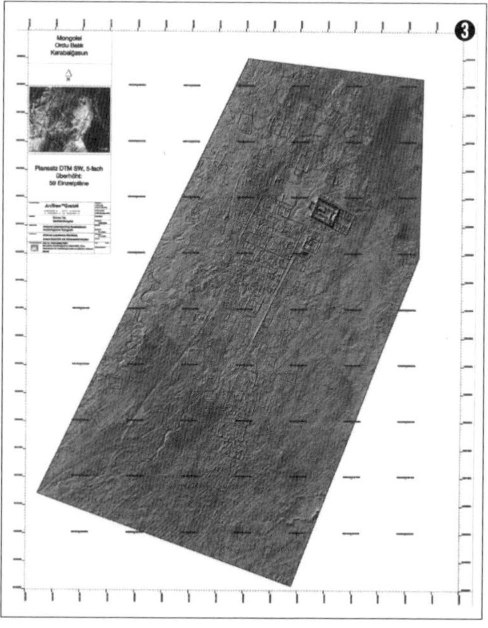

(그림 6) 라들로프(❶), 키셀레프(❷), 독일 본대학(❸)의 카라발가순 유적 발굴도

조사해 그 일부를 밝혔다.[123] 그 이후 1980년대 후댜코프Yuliy Khudyakov, 1990년대 후반 일본 중앙유라시아학연구회, 2000년대 독일 본대학의 조사와 발굴을 통해 또 다른 일부를 알 수 있었다.[124] 필자 역시 1996년부터 여러 차례에 걸쳐 답사를 실시했는데, 이미 유적의 훼손이 심해 과거 도시 전체의 규모를 눈으로 확인하기는 어려웠다. 궁궐로 보이는 성채 유적만이 다른 곳과 구분되는 정도였다.

발굴 조사에 따르면 도시 전체에서 시가 구역은 반경 25제곱킬로미터의 넓은 면적에 걸쳐 있는데, 궁궐로부터 남서 방향으로 난 길을 따라 늘어서 있다. 발굴이 전체적으로 이루어지지 않아서 전체 규모와 내용은 알 수 없으나, 조사 결과에 따라 성곽이 있었다고 보기도 한다. 그러나 타밈 이븐 바흐르가 기록한 것처럼 12개의 철문으로 이루어진

Petersburg, 1892(В. В. Радлов, *Атрас древностей Монголин*, Сант-Петербург, 1892); Д. А. Клеменц, "Археологический дневник поездки в Среднюю Монголию в 1891 году", *Сборник трудов Орхонский экспедиции*, II, Сант-Петербург, 1895, pp. 48~59. 이상과 같은 초기 현지 조사 이외에 야드린체프Nikolai Yadrintsev와 코트비치Vladislav Ludvigovich Kotvich의 답사 보고도 있다. Н. Ядрицев, "Отчет и дневник о путшествии по Орхону и в 1891 году", *Сборник трудов Орхонский экспедиции*, V, Сант-Петербург, 1901, pp. 1~54; В. Л. Котвич, "Поездка в дорину Опхона летом 1912 года", *Записки Восточного Отбеления Императорского Русского Археорогического Общества* 22, вып. 1-2, Сант-Петербург, 1914, pp. V-VII.

123 С. В. Киселев, "Древний город Монголии", *Советская Археология* 1957-2, p. 93.

124 Ю. С. Худяков, *Керамика Орду-Балыка, Апхеология Северной Азии*, Новосибирск, 1982, pp. 85~94; Ю. С. Худяков, *Памятники уйгурской културы в Монголии, Централъная Азия и соседние меппимории в средние века*, Новосибирск, 1990, pp. 84~89; 森安孝夫·オチル (編), 『モンゴル國現存遺蹟·碑文調査研究報告』, 中央ユーラシア學研究會, 1999, pp. 199~208; Hans-Georg Hüttel·Ulambayar Erdenebat, *Karabalgasun und Karakorum: zwei spätnomadische Stadtsiedlungen im Orchon Tal: Ausgrabungen und Forschungen des Deutschen Archäologischen Instituts und der Mongolischen Akademie der Wissenschaften 2000-2009*, Ulaanbaatar, 2009.

거대한 도시였는지는 정확하게 알 수 없다.

성채 유적에서 남쪽으로 500미터 정도 떨어진 곳에 있는, 《구성회골가한비문》의 잔편이 있는 유구遺構(옛 건축의 구조와 양식을 알 수 있는 실마리가 되는 자취) 주변의 건물 흔적이 중요한 유적으로 여겨진다. 카라발가순 유적에 대한 조사는 주로 이곳을 중심으로 이루어졌다. 《구성회골가한비문》은 현재까지 이수螭首(용의 형체를 새겨 장식한 비석의 머릿돌)와 소그드문 면의 일부 파편이 몇 점 남아 있다. 전형적인 중국풍 모양을 하고 있다는 점에서 중국에서 기술자가 재료를 가지고 와서 만든 것으로 추정한다. 고대 투르크 문자, 한자, 소그드 문자 이렇게 세 가지 다른 문자로 기록되었다. 19세기 말 처음 발견되었을 당시 관심을 모았던 비편은 모두 현지에 남아 있지 않다. 관련 연구에 따르면, 비문 내용을 파악할 수 있는 한문 면의 주요 부분은 상트페테르부르크에 있는 에르미타주박물관에 옮겨졌다고 하는데, 현재까지 소재를 알 수 없다. 이후 탁본을 통해 한문 면의 내용을 복원하려는 시도가 있었다. 고대 투르크문 면은 판독이 어렵고 소그드문 면은 일부만 판독되나 한문 면은 땅에 파묻혀 있었던 덕분에 많은 부분이 남아 탁본을 통한 복원 연구가 가능했다.[125]

비문 주변의 유적은 일부 발굴이 이루어졌는데, 건립 위치로 볼 때 집회나 모임을 위한 광장 혹은 제의와 관련된 공간이었던 것으로 보인다. 랜드마크라 할 만한 약 3.38미터의 거대한 비석을 세울 정도였다면 이곳은 매우 중요한 장소였을 것이다. 비문이 있는 곳이 궁성으로 보이는 성채와 도시 사이라는 점 또한 그 성격을 짐작하게 한다. 비문의 내

---

125 이 책의 「부록 1 — 고대 투르크 비문 연구」에서 《구성회골가한비문》에 대한 해제 참조.

(그림 7) 《구성회골가한비문》 잔편(잔편 이동 이전인 2005년 촬영)

용은 위구르의 역사를 정리하면서 에디즈 왕조의 정당성을 자랑하는 등 '기념비의 성격'이었다. 현재 이곳은 마니교 사원으로 추정하고 있는데, 향후 이 일대에 대한 발굴 연구를 통해 비문 주변 유적의 성격을 더 구체화할 필요가 있다.

[그림 6]의 키셀레프의 발굴도에서 약간 돌출된 형태의 옹성이 있는 직사각형 모양 유적은 지금도 그 규모를 짐작할 수 있을 정도로 양호한 상태로 남아 있다. 덕분에 다른 곳에 비해서는 상대적으로 많은 조사가 이루어졌으나 발굴 성과가 크지는 않다. 궁궐이 있었다고 추정되는 이곳의 중심부에서 당 후기 기와가 발견되기도 했다. 현재 이곳은 침식이 계속 진행되고 있어 유적의 원형을 확인하기가 점점 어려워지고 있으므로 보전 작업이 시급하다.

100년 전에 이곳 유적을 조사한 결과에 따르면 남아 있는 성채의 규모는 둘레 약 1600미터(라들로프는 동벽 341미터, 서벽 350미터, 남벽

필자 촬영

[그림 8] 2011년 《구성회골가한비문》 주변에서 발굴된 기와(왼쪽)와 유구 발굴 상황(오른쪽)

478미터, 북벽 448미터라고 했는데, 측량 시기에 따라 오차가 있다)에 높이 약 7.5~8.5미터 정도이다. 흙을 판축版築해서 쌓은 성벽으로 둘러싸여 있고, 동남과 서북 방향으로 문이 있었다. 서북쪽 방향의 문은 옹성으로 둘러싸여 있고, 동남쪽 방향에는 출입문만 있다. 서북쪽에 있는 문이 정문이고, 동남쪽에 난 문은 이와 붙어 있는 다른 시설과 연결되거나 아니면 이후 재건 과정에서 만들어진 것으로 보인다. 현존하는 성채의 동남쪽 문밖에 있는 건물의 흔적은 라들로프와 키셀레프의 발굴 평면도 및 최근의 항공사진에서도 분명하게 확인할 수 있다([그림 9] 참조).

서북쪽의 문으로 들어서면 12.8미터 정도의 탑이 있었을 것으로 추정되는 높은 단과 그 옆으로 큰 건물의 유구가 남아 있다. 이 유구에 회색과 재색의 와당이 널려 있던 것을 보면 제법 큰 건물이 있던 터이다. 이 유구 옆에 있던 탑은 종교 시설이었다는 설명[126]과 군주의 천막이 있었던 곳이라는 설명 등이 있는데,[127] 건물의 크기나 위치로 볼 때 종교 시설로 추정된다. 군주의 황금 천막이 있었다고 보기에는 터가 너무 작

---

126 С. В. Киселев, "Древний город Монголии", *Советская Археология* 1957-2, p. 94.

127 森安孝夫·オチル (編), 『モンゴル國現存遺蹟·碑文調査研究報告』, 中央ユーラシア學研究會, 1999, p. 199.

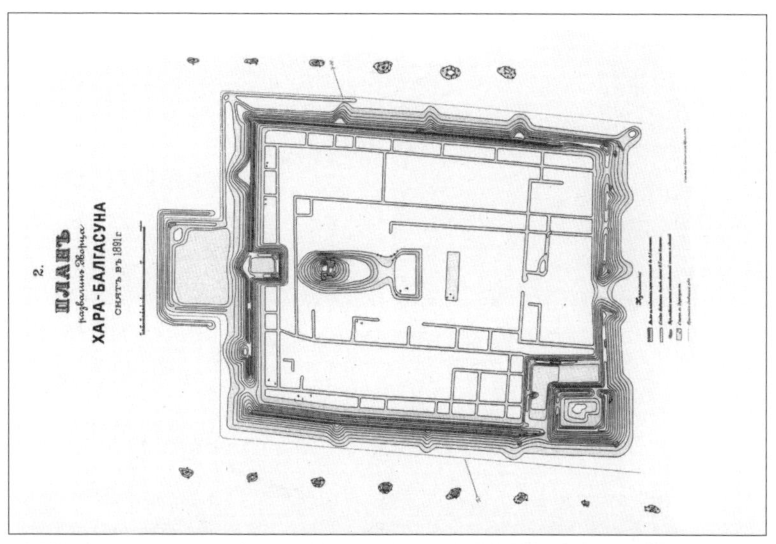

(그림 9) 라들로프가 제작한 카라발가순 성채 유적 조사도(위)와 항공사진(아래)

은 데다가 그런 곳이라면 시설물이 높이 솟아 있을 이유가 없기 때문이다.

이제까지 발견된 다른 성채에서도 이런 모양의 유구는 종교 시설인 경우가 대부분이었다. 유구가 성채 중간에 있고, 거대한 건물을 담이 둘러싸고 있으며 그 옆에 탑과 같은 건축물이 서 있는 것은 전형적

필자 촬영

(그림 10) 성채 유적 중앙부 발굴 현장(2011년)

인 사원의 배치이다. 발굴 결과 상당 규모의 건물이 있었는데, 이 또한 종교 시설임을 짐작하게 한다. 동쪽 성벽과 만나는 부분에는 탑 혹은 망대로 보이는 높은 구조물이 있다. 이로부터 동쪽으로 이어지는 부분은 남아 있는 흔적이 없어 원형을 확인하기 어렵다. 내부에 성벽을 따라 주거용 건물이 줄지어 있었던 것으로 보이나, 아직 발굴 조사가 이루어지지 않아 그 용도는 정확하게 알기 어렵다.

이런 성채 유적은 위구르 시기 당에서 온 공주와 그 일행을 위한 궁궐이었다고 추정된다. 궁궐을 지어 공주가 머물게 했다는 한문 기록을 통해서도 확인할 수 있다. 카간도 이곳에 종종 머무르기는 했으나, 궁궐보다는 그 주변 공지에 자신의 궁장을 세우고 지냈다. 현존 성채의 경우 규모 면에서 군주가 살기는 어렵고, 또한 유목 습속을 가진 카간이 그 내부에서 지냈다는 것은 상식적이지도 않다. 생활 습관의 측면에서 유목 군주는 성채를 건설해도 그 안에 살지 않았다. 일례로 몽골제국 2대 우구데이 카안Ögödei Qa'an(태종太宗, 1186~1241, 재위 1229~1241)은 카라코룸이라는 거대한 도시를 세우고 이곳을 다양한 주민에게 거주 공간으로 제공하고는 자신은 성곽 밖에 대규모 천막을 짓고 다른 유

몽골고고학연구소 제공

(그림 11) 카라발가순 성채 유적을 위에서 내려다본 모습

목민 수장들과 함께 지냈다.[128] 이렇게 두 가지 다른 생활 방식이 같은 공간에 공존하는 것이 유목국가의 도시가 지닌 일반적인 특징이었다.

위구르의 카간이 살던 거대한 궁장은 성채 동쪽 오르콘강 방향의 넓은 공지에 있었다. 도시의 중앙부를 가로질러 궁성으로 이어지는 대로의 남쪽으로 오르콘강을 따라 발달한 드넓은 초원에 카간의 궁장을 중심으로 유목민의 천막이 펼쳐져 있었다. 즉 도시 북쪽에는 정주민이 살고, 남쪽에는 위구르 유목민이 사는 것이 카라발가순의 본래 모습이었음을 추정할 수 있다. 다만 이런 이동식 가옥은 관련 유적이 남아 있거나 발굴되기 어렵기 때문에 실제로 확인하기는 쉽지 않다.

예외적으로 공주가 살았던 성채 유적은 1200여 년이 지난 지금도 어느 정도 윤곽과 구조([그림 9]와 [그림 11] 참조)를 확인할 수 있다. 성채의 전체적인 모습을 살펴보면 현재 남아 있는 것 이외에도 다른 구조물이 더 있었던 것을 알 수 있다. 건물이 온전하게 있다가 없어진 흔적도

128 杉山正明,「草原のメトロポリス、カラコルム再現」,『大モンゴル』2, 角川書店, 1992, pp. 113~116.

있고, 840년에 불에 타서 파괴되었다는 기록처럼 심하게 불탄 상태의 와당이 발견되기도 했다. 초원에 지은 건물이나 성곽은 보통 풍화로 쉽게 파괴되는데, 현존하는 성채는 다른 유적들과 달리 본모습을 크게 잃지 않은 채 남아 있는 것으로 보아 840년경 키르기스에 의해 파괴된 이후 건물들이 재건되었음을 짐작할 수 있다. 처음 이곳을 조사했던 라들로프는 이 성채를 몽골제국 시기에 만들어진 것으로 설명하기도 했다.

현재 남아 있는 유적과 그 옆의 폐허 부분([그림 11] 참조)을 함께 살펴보면 성채가 변화된 양상을 알 수 있다. 기록에 따르면, 현존하는 성채는 거란(요) 시기까지 사용되다가 거란이 붕괴된 이후에는 더 이상 사용되지 않았고, 몽골제국 시기에 이르러 완전히 폐허가 되었다고 한다. 즉 위구르 시기에 쓰다가 파괴된 성채를 거란이 10세기 이후에 수리해 사용하다가 폐기한 것이다. 9세기 중반 위구르가 떠난 후에 들어온 몽골계 족속(과거에는 실위의 하나였고 거란 시기에는 조복阻卜이라 지칭) 중에서 북조복北阻卜(몽골제국 시대의 케레이트)의 왕부王府가 이곳에 있었던 것을 통해서도 재건 사실을 확인할 수 있다. 이 무렵 이곳은 고회골성古回鶻城(오르두 발릭, 와로타성窩魯朵城)[129]이라고 불리며 여전히 몽골 초원의 중심지로서 역할을 했다. 당시 거란에서는 북조복을 견제하기 위해 그 이웃한 곳에 초주招州를 두고 성채를 만들어 병력을 주둔시키기도 했다.

위구르가 만든 성채를 거란이 수리해 사용하는 과정에서 카라발가순은 일부 그 모습을 되찾기도 했으나, 대부분은 이전과 다른 구조로 만들어졌다. 본래의 성채보다 규모가 작아져 궁궐보다는 '**카라반사**

129 譚其驤 (主編), 『中國歷史地圖集 6 — 宋·遼·金時期』, 中國地圖出版社, 1982, p. 6.

(그림 12) 러시아연방 투바공화국 포르 바진 유적(왼쪽)과 복원 상상도(오른쪽)

라이'와 흡사한 모습으로 재건되었다.[130] 즉 지금 남아 있는 성채는 유목 군주의 거주지가 아니라 정주민이 와서 교역 활동을 하던 곳이다. 2010년대 발굴 결과에서도 확인할 수 있듯이 건물과 탑으로 보이는 유구 역시 숙박과 거주를 위한 시설이었다. 거란 시기에 도시를 수리하고 재건한 것은 이곳이 초원을 연결하는 교통로의 한 거점이었기 때문이다. [그림 14]의 지도에서 볼 수 있듯이 거란(요) 시기 상경도上京道 소속으로 몽골 초원을 통제하던 서북로초토사西北路招討使의 관할하에 있

130 러시아연방 투바공화국에 남아 있는 포르 바진 유적은 위구르 시대에 만들어진 성채로 현재 남아 있는 카라발가순 성채 유적과 비슷하다. 이곳은 최북방에 있는 성채로서 위구르 시대 이래 교역 거점의 하나였고, 이후 키르기스 시기에도 계속 사용된 것으로 보인다. 위구르 시기 이래로 이곳뿐만 아니라 몽골 초원에 많은 성채를 세웠는데, 그 구조가 '**카라반사라이**'와 유사하다는 점에서 그곳이 교역 거점이었음을 알 수 있다. С. И. Вайнштейн, "Древний Пор-бажин," *Советская Этнография* 1964-6, pp. 103~114; I. Arzhantseva·O. Inevatkina·V. Zav'yalov·A. Panin·I. Modin·S. Ruzanova, H. Härke, "Por-Bajin: An Enigmatic Site of the Uighurs in Southern Siberia", *The European Archaeologist* v.35, 2011(서론 주17 참조).

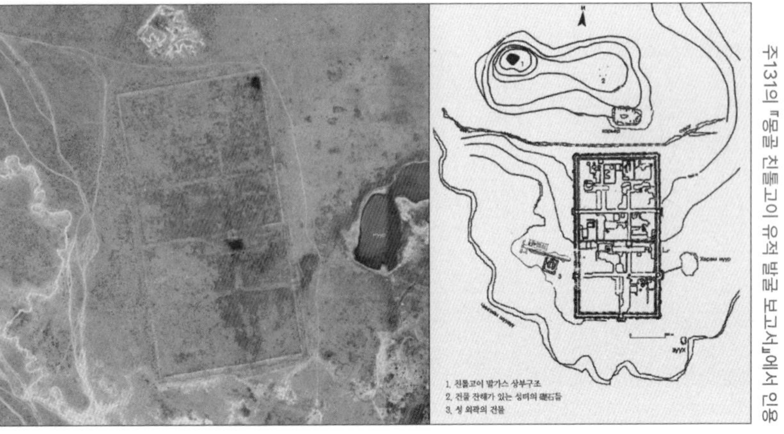

주131의 『몽골 친톨고이 유적 발굴 보고서』에서 인용

(그림 13) 친톨고이 유적 위성사진(왼쪽)과 발굴 평면도(오른쪽)

던 초주招州, 유주維州, 진주鎭州(친톨고이Chintolgoi 유적)[131], 방주防州 등 여러 도시가 카라발가순과 일렬로 연결되어 있다. 이 길은 동쪽에 있는 거란의 수도와 연결되었다. 이 시기의 동서 교역은 카라발가순과 함께 만들어진 '도시 네트워크'를 바탕으로 크게 발전할 수 있었다.[132]

---

131 친톨고이 성채 유적은 위구르 시기에 만들어진 성채를 거란(요) 시기에 재건축한 결과 2개의 성곽이 붙어 있는 이중 성곽 구조로 되어 있다. 이곳에서 온돌 유적이 발견된 것에 주목해 발해인의 이주와 그 문화의 서전西傳을 중요하게 다뤘다. A. 오치르 외, 엥흐톨(역), 『몽골 친톨고이 유적 발굴 보고서(2004~2007)』, 동북아역사재단, 2009.

132 카라발가순뿐만 아니라 하영지에 건설된 바이 발릭의 성채 유적 역시 이런 구조 변화를 보여준다. 바이 발릭 유적은 세 곳의 성채 유적으로 이루어져 있는데, 모두 아르슬란 투르고라 불리는 6미터 정도의 낮은 구릉 남쪽에 있다. 세 유적은 구릉의 동남쪽에 있는 비 불락Bi-Bulag 성채(성벽 한 면의 길이가 250미터 정도의 정사각형 모양)와 그로부터 남으로 800미터 정도 떨어져 있는 보르 톨고이Bor Tolgoi 성채(성벽 한 면의 길이가 150미터 정도의 정사각형 모양), 구릉의 서남쪽에 있는 아르슬란 우드Arslan Üüd 성채(성벽 한 면의 길이가 325미터 정도의 정사각형 모양) 등이다. 이 가운데 비 불락과 보르 톨고이 성채만 윤곽을 확인할 수 있고, 아르슬란 우드 성채는 희미하게 드러나는 정도다. 발굴 결과에 따르면,

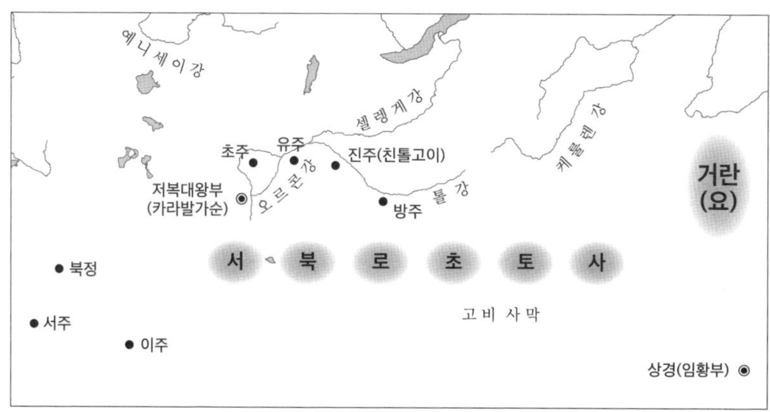

(그림 14) 거란 상경도 서북로초토사

[그림 11]에서 확인할 수 있는 것처럼, 카라반사라이와 같은 모습인 현존 성채와 맞붙어 있는 영역은 지금은 거의 실체를 알 수 없을 정도로 흔적만 남아 있다. 이곳은 위구르 시대 군주의 궁장과 인접한 궁궐 구역의 일부로 중국에서 온 화번공주와 그 일행의 생활공간이었으나 840년경 파괴된 이후 버려졌다. 즉 파괴된 구역과 현존 성채 모두 원래는 궁궐로 카라발가순의 핵심 시설의 하나였다. 현재 남아 있는 모습

비 불락 성채에서는 주로 거란 시기 이후로 추정되는 유물만 발견되었다. 이와 달리 나머지 두 유적에서는 위구르 시기 이후부터 거란과 송까지의 유물이 발견되었다. 이곳에서 발견된 위구르 시기의 도기는 두 성채의 건설 연대를 밝혀주며 거란과 송의 유물은 성채가 언제까지 사용되었는가를 보여준다. 발굴 결과를 기초로 가장 규모가 큰 아르슬란 우드 성채와 보르 톨고이 성채를 위구르 시기의 바이 발릭으로 비정할 수 있다. 이 성채들은 위구르 멸망 이후 거란과 송 시기까지도 계속해서 역할을 한 것이다. 비 불락 성채는 둘레가 약 1킬로미터이고 그 내부의 중앙부에 큰 건물 유구가 있다. 이 성채는 거란 시기에 만들어졌다가 이후에 개축되었는데, 그 용도는 지금 남아 있는 카라발가순 성채 유적과 동일하다. 林俊雄·白石典之·松田孝一, 「バイバリク遺蹟」, 『モンゴル國現存遺蹟·碑文調査研究報告』, 中央ユーラシア學研究會, 1999, pp. 196~198.

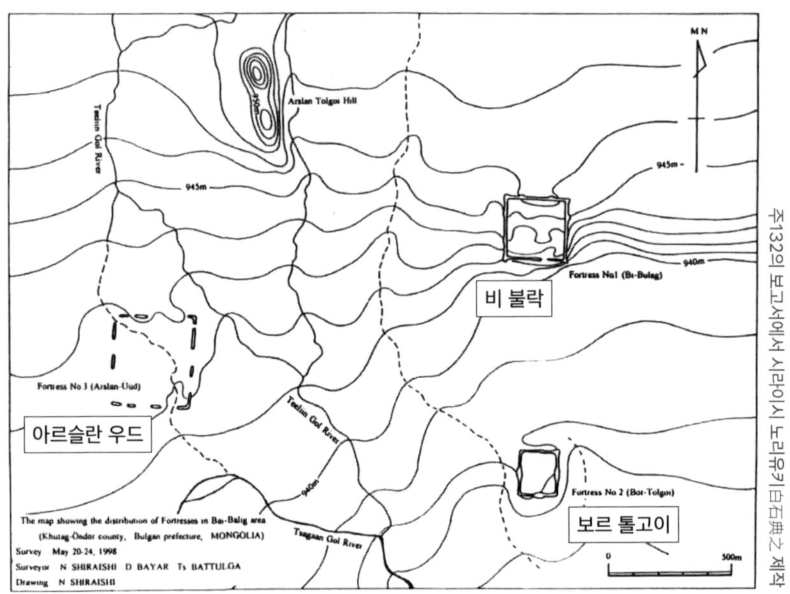

(그림 15) 바이 발릭 성채 세 곳

만으로는 과거의 모습을 상상하기 어렵고, 현존 유적만을 과거의 궁궐로 보는 것도 오류이다.[133]

카툰(황후)이 머무는 궁궐과 그 옆의 유목민을 위한 궁궐 구역, 이를 둘러싼 거대한 도시 권역은 대외 교류와 국가 운영에 종사하는 소그드 상인을 비롯한 다양한 내원을 가진 사람들을 위한 시설이었다. 과거에는 상상도 할 수 없었던 규모로 확장된 도시에는 유목 군주를 위해 봉사하는 정주민이 많았다. 타밈 이븐 바흐르는 성안이 많은 상점과 다

133 840년 파괴 이후 카라발가순 성채 유적의 변화는 다음 연구를 참조. 정재훈, 「유목 세계 속의 도시 — 위구르 유목제국(744~840)의 수도 카라발가순」, 『동양사학연구』 84, 2003.

필자 촬영

(그림 16) 바이 발릭의 비 불락 성채(2005년)

양한 사람들로 크게 번성했다고 기록했다. 《구성회골가한비문》에는 외래 요소인 마니교가 위구르 사회에 급속도로 유입되어 유목사회를 변질시켰다는 내용도 남아 있다.[134]

이처럼 위구르는 앞 시기의 유목국가보다 고도화된 체제를 갖추었다. 카를륵 카간 시기부터 계속 도시를 건설하고, 이 도시들을 연결해 국가 운영에 필요한 공간을 확보했다. 이는 카간 권력의 중요한 기반이자 위구르 유목제국이 발전할 수 있는 기초가 되었다. 나아가 이는 교역국가를 만들기 위한 노력이기도 했다. 위구르는 건국 시기부터 소그드 상인을 받아들이며 교역을 준비했고, 줄곧 당의 경제적 지원을 받기 위해 노력했다. 카를륵 카간은 부왕과 마찬가지로 하서에서 교역에 종사하면서 세력을 유지했던 기억을 가지고 있었다. 이를 이어받은 뵈귀 카간 역시 당과 활발한 교역을 추진하며 체제를 고도화하려 노력했다.

뵈귀 카간은 자신을 지원하는 소그드 상인의 요구를 수용해 그들의 신앙인 **마니교**도 받아들였다. 과거 유목국가에 불교나 조로아스터교를 믿는 소그드 상인이 있었던 것처럼, 위구르 조정에서는 마니교를

134 주152 참조.

믿는 소그드 상인이 활동했다.[135] 이들은 카간과 결합해, 즉 '**정경유착政經癒着**'을 통해 카간의 권력 강화에 중요한 역할을 했다. 교역 거점이기도 한 도시의 건설이 제국의 '**하드웨어**'를 확보한 것이었다면, 마니교와 같은 고등 종교의 수용은 다양한 능력을 지닌 외래 집단의 문화 전반을 받아들여 국가 발전의 동력으로 삼는 '**소프트웨어**'의 완비였다고 할 수 있다.

위구르의 마니교 수용은 1890년《구성회골가한비문》이 발견되고 그 한문 면이 번역되면서 주목받기 시작했다.[136] 몽골 초원에서 발견된 비문에서 마니교와 관련된 내용이 확인된 것은 충격적인 일이었다. 이어서 20세기 초 투르판을 비롯한 현재의 신장 지역에서 마니교 문헌의 잔권殘卷과 자료 등이 발견되면서 관심이 더 집중되었다. 마니교의 중앙아시아 전파는 문명사적 측면에서도 흥미를 끌 만했다.[137] 이런 맥락

---

135 山崎宏,「柔然突厥族に於ける佛教」,『史潮』11, 1942; 石田幹之助,「突厥における佛教」,『史學雜誌』56-10, 1945; 羽田亨,「トルコ族と佛教」,『宗教研究』5-18(『羽田博士史學論文集 下』(言語·宗教篇), 京都大學文學部內東洋史研究會, 1957), pp. 490~525; 護雅夫,「古代トルコ民族と佛教」,『現代思想』5-14, 1977; 耿世民,「佛教在古代新疆和突厥·回鶻人中的傳播」,『新疆大學學報』1978-2, pp. 69-76; ルイ バザン, 濱田正美 (譯),「6~8世紀のチュルク人と佛教」,『東方學』78, 1989.

136 林悟殊,「回鶻奉摩尼教的社會歷史根源」,『摩尼教及其東漸』, 中華書局, 1987, pp. 87~96; 楊富學·牛汝極,「牟羽可汗與摩尼教」,『敦煌學輯刊』1987-2, pp. 86~93; 高永久,『西域古代民族宗教綜論』, 高等教育出版社, 1997, pp. 192~205.

137 마니교 관련 연구 정리는 다음을 참조. 林悟殊,「本世紀來摩尼教資料的新發見及其研究概況」, 위의 책, 1987, pp. 1~11. 마니교 경전의 복원과 역주 등을 통한 교의의 이해와 마니교 전파 과정, 각 문명권에 끼친 영향 등이 중요 연구 주제였다. 특히 경전 복원 관련 중요한 연구 성과는 다음을 참조. Hans-Joachim Klimkeit, *Gnosis on the Silk Road: Gnostic Texts from Central Asia*, Harper San Francisco, 1993, pp. 377~405. 마니교의 전파와 관련해서는 페르시아에서 중앙아시아를 거쳐 중국으로 전해지면서 각지에 끼친 영향을 다룬 것이 많은데 초기의 연구로는 다음을 참조. Edouard Chavannes · Paul Pelliot, *Un Traité*

에서 위구르뿐만 아니라 당에서 발전한 마니교에 주목한 연구도 많이 나왔다.[138] 762년 뵈귀 카간은 사조의의 봉기를 진압하기 위해 친정을 나가 낙양을 함락했을 때, 마니교 사제를 만나 교리를 받아들였다. 이에 대해 다음과 같은 기록이 있다.

> 예식睿息 등 4명의 [마니교] 승려가 [카간을 따라서 위구르] 나라에 들어왔는데, **이사二祀를 널리 떨쳤고 삼제三際를 통달했다.** 하물며 법사는 **명문明門의 [도道에] 묘달妙達했고, 칠부七部에 정통했다.** 재능이 바다와 산같이 높았으며 언변은 흐르는 물과 같았다. **이런 이유로 위구르에 정교正敎(마니**

Manichéen Retrouvé En Chine, Imprimerie Nationale, Paris, 1914(馮承鈞 (譯), 「摩尼教流行中國考」, 『西域南海史地考證譯叢 2』, 商務印書館, 1995, pp. 43~104); 陳垣, 「摩尼教入中國考」, 『北京大學國學季刊』 1-2, 1923, pp. 138~146(『陳垣史學論著選』, 上海人民出版社, 1981에 재수록). 이후의 더 자세한 연구는 다음을 참조. Ugo Marazzi, "Alcuni problemi relativi alla diffusione del manicheismo presso i Turchi nei secoli VIII-IX", *Annali* 39-2, Instituto Orientale di Napoli, 1979, pp. 239~252; Samuel N. C. Lieu, *Manichaeism in the Later Roman Empire and Medieval China: A History Survey*, Manchester Univ. Press, 1985; 林悟殊, 위의 책, 1987; 王見川, 『從摩尼教到明教』, 臺灣: 新文豊出版公司, 1992; 高永久, 위의 책, 1997; Samuel N. C. Lieu, *Manichaeism in Central Asia and China,* Brill, 1998; Ian Gillman · Hans-Joachim Klimkeit, *Christians in Asia before 1500*, Surrey: Curzon, 1999; Richard C. Foltz, *Religions of the Silk Road: Overland Trade and Cultural Exchange from Antiquity to the Fifteenth Century*, St. Martin's Press, 1999; 王媛媛, 『從波斯到中國: 摩尼教在中亞和中國的傳播』, 中華書局, 2012.

138 艾尙連, 「試論摩尼教與回鶻的關係及其在唐朝的發展」, 『西北史地』 1981-1, pp. 34~40; Géza Uray, "Tibets Connections with Nestorianism and Manicheism in the 8th~10th Centuries", Ernst Steinkellner and Helmut Tauscher (eds.), *Proceedings of the Csoma de Kőrös Symposium: held at Velm-Vienna*, Austria, 13-19 September 1981, Wien: Arbeitskreis für tibetische und buddhistische Studien, Universität Wien, 1983, pp. 399~429; 陳俊謀, 「試論摩尼教在回鶻中的傳播及其影響」, 『中央民族學院學報』 1986-1, pp. 37~42; Samuel N. C. Lieu, 위의 책, 1985, pp. 193~198; 王媛媛, 위의 책, 2012.

교)를 전파할 수 있었다.[139]

뵈귀 카간이 만난 사제가 마니교도였음은 '이사'와 '삼제'라는 용어에서 알 수 있다. 이사는 명明과 암暗, 또는 선善과 악惡을 대비시키는 이종론二宗論이고, 삼제는 과거·현재·미래의 시간적 변화를 설명하는 것으로 둘 다 마니교에서 가장 중요한 개념이다.[140] 뵈귀 카간이 마니교의 교의를 적극적으로 받아들인 것에 대해 다음과 같은 기록이 있다.

> [마니교의 교리는] **채식을 하고 유제품을 멀리하는 것을 법으로 삼아 큰 공적을 세우는 것이었다.** 이에 [카간이] "[너희는] 어떻게 덕을 갖출 수 있는가?"라고 말씀하셨다. 그러자 도독, 자사, 내·외재상, 사마司馬가 모두 말하기를 "지금 이전의 잘못을 반성하고, 정교를 받들고 섬깁니다. [그] 뜻을 받들어 널리 알렸습니다. [그러나] 이 법이 미묘해 받아들이기 어렵습니다. 재삼 [카간으로부터] 동정을 구하고자 합니다. 이전에 무식해 귀신을 부처라 했기 때문입니다. 이제 진실을 깨닫고 다시 잘못하지 않게 되었습니다. 특히…… (마모) …… 바랍니다"라고 했다. …… [카간이] 말씀하기를 "[그렇다면] 이미 [마음속에 품은] 뜻을 성실하게 [행]해라. 임지로 갈 때 하사품을 가지고 가라. 마땅히 마귀魔鬼의 모습을 새기고 그린 것이 있으면 모두 불태우라고 명해라. 신에게 제사하고 귀鬼에게 절하는 것을 모두 없애라. 그다음에 **명교明敎(마니교)를 받아들여라**"라고 말씀하셨다.[141]

---

139 《九姓回鶻可汗碑文》(VIII) 睿息等四僧入國闡揚二祠洞徹三際況法師妙達明門精通七部才高海岳辯若懸河故能開正教於廻鶻.

140 林悟殊,「摩尼的二宗三際論及起源初探」,『摩尼教及其東漸』, 中華書局, 1987, pp. 12~34.

141 《九姓回鶻可汗碑文》(VIII) 以茹葷屛湩酪爲法立大功績乃曰汝傒悉德于時都督刺史內外宰相司

출처: wikimedia commons

(그림 17) 고창 위구르 시기 백의·백관 차림의 마니교도 모습을 묘사한 벽화

이 내용에 따라 기존에는 마니교가 카간의 지원을 받아 샤머니즘 또는 애니미즘과 같은 원시 종교적 관습을 대체하고 위구르 국가 내에서 공식적 지위를 얻어 국교가 되었다고 보았다.[142] 뵈귀 카간이 마니교 교리를 충분히 이해하고 수용했음을 보여주는 연구도 있었다.[143] 다소

馬僉 (Ⅸ) 曰今悔前非崇事正教奉 旨宣示此法微妙難可受持再三懇惻往者無識謂鬼爲佛今已悞眞不可復非特望□□□□□曰旣有志誠往卽持賫應有刻畵魔形悉令焚熱祈神拜鬼幷擯斥 (Ⅹ) 而受明教.

142 760년대 뵈귀 카간 시기부터 마니교가 위구르의 국교가 되었다고 보는 연구로는 다음을 참조. 高永久, 『西域古代民族宗教綜論』, 高等教育出版社, 1997, pp. 195~196. 이와 달리 마니교가 국교가 된 이후로도 기독교, 불교와 기존의 전통적 샤머니즘도 함께 믿었다는 지적도 있었으나 근거는 없다. Richard C. Foltz, *Religions of the Silk Road : Overland Trade and Cultural Exchange from Antiquity to the Fifteenth Century*, St. Martin's Press, 1999.

143 뵈귀 카간의 마니교 수용에는 사회, 경제적 측면보다 카간 개인의 심리적 요소가 더 큰 영향을 미쳤다고 보는 관점도 있다. 王見川, 『從摩尼教到明教』, 臺灣 : 新文豊出版公司,

일방적인 느낌이 들기도 하나 위구르에서 마니교를 확실하게 받아들였다는 인식을 주기에는 충분했다.

마니교가 위구르에 전파된 과정에는 종교 자체의 특성도 영향을 미쳤다. 마니교는 원래 중앙아시아에서 비주류였다. 주류 종교의 탈을 쓰고 음성적으로 암약하며 마치 '**뱀파이어**'처럼 기존 종교를 숙주 삼아 교의를 전파한다고 인식되기도 했다. 실제로 토하라Tochara(토화라吐火羅)에 근거를 둔 마니교가 중앙아시아로 진출할 때 교의를 불교로 변형해 침투했다. 이는 선교를 위한 변용이었다. 이런 사례를 보면 마니교도가 아주 공격적인 선교를 했음을 알 수 있다.

마니교는 어디에서나 다른 교단으로부터 '이단異端'으로 여겨졌으며 심한 탄압의 대상이 되기도 했다.[144] 당에서도 비슷한 대접을 받았다. 당에 처음 소개된 과정에 대해 여러 설명이 있으나, 694년경 대모작大慕闍(Mojak, 대마니大摩尼라는 뜻, 라틴어로는 마지스테르Magister)과 불다탄拂多誕(Atfādān, 소마니小摩尼라는 뜻, 라틴어로는 에피스코푸스Episcopus)이 토하라에서 왔다는 기록을 공식적 전파의 시작으로 본다.[145] 이후 마니교도는 당의 수도였던 장안과 낙양을 중심으로 본격적으로 선교 활

1992, pp. 36~37. 이런 관점은 『모우가한입교기牟羽可汗入敎記』의 내용을 바탕으로 한 것인데(楊富學·牛汝極, 「牟羽可汗與摩尼教」, 『敦煌學輯刊』 1987-2, p. 89), 이는 이후에 작성된 자료로 그 내용의 신빙성이 의문시된다. 마니교에 대한 뵈귀 카간의 개인적 호감을 지적한 것은 수용할 만하다(王見川, 같은 책, pp. 155~163).

144 Samuel N. C. Lieu, *Manichaeism in the Later Roman Empire and Medieval China: A History Survey*, Manchester Univ. Press, 1985, pp. 178~184.

145 『冊府元龜』 卷971 「外臣部 朝貢 4」, p. 11406. 중국의 마니교 수용에 대해서는 다양한 접근이 있는데, 대개 마니교 사절의 공식 방문 시점을 전래 시점으로 본다. 이에 대한 논쟁은 다음을 참조. 林悟殊, 「摩尼教入華年代質疑」, 『摩尼教及其東漸』, 中華書局, 1987, pp. 46~63.

동을 했으나, 이전에 주요 활동 무대였던 사산조 페르시아에서 쫓겨났던 것처럼 732년에 불교라고 거짓말을 하는 '**마교魔敎**'를 엄단해야 한다는 말과 함께 탄압의 대상이 되었다.[146]

당이 마니교도를 탄압한 이유는 외래 종교 포교 금지라는 원칙을 어기고, 당의 주민들에게 접근해 활발한 선교 활동을 벌였기 때문이다. 다른 외래 종교였던 동방기독교(경교景敎 또는 네스토리우스파 기독교)나 조로아스터교(배화교拜火敎 또는 천교祆敎)는 당의 지원을 받는 대신 특정 구역에서 외국인을 상대로만 종교 활동을 했으나, 마니교도는 민간 확산에 적극적이었다. 이는 창시자인 마니가 포교를 가장 중요하게 여겨 제자들에게 외부 선교 활동을 강조했기 때문이다. 당은 물론 중앙아시아의 다른 여러 지역에서 탄압을 받던 마니교도는 자유로운 선교 활동을 지원해줄 세력을 확보하려 했다. 이들에게 위구르는 새로운 선교 지역이면서 동시에 당에서의 활동도 지원해줄 수 있는 세력이었다.

마니교도는 762년 낙양까지 온 위구르의 군주를 상대로 국가 운영과 당과의 교섭에 필요한 협조를 제공하면서 자신의 입지를 확보했다. 뵈귀 카간은 중앙아시아의 다른 국가나 당처럼 마니교도에게 배타적이지 않았다. 오히려 국가 운영과 발전에 도움이 된다면 얼마든지 받아들일 수 있다는 관용적인 태도를 보였다. 초원을 중심으로 동서 교역을 발전시키려 했던 위구르의 입장에서 오아시스 출신의 유능한 상인과 결합하는 것은 자연스러운 일이었다. 마침 이 무렵 마니교 교의로 무장한 소그드 상인이 활발하게 활동하고 있었다. "**칠부(산술算術)에 정통했다**"라는 비문 기록은 마니교도가 상업적 능력도 뛰어났음을 보여

146 『佛祖統紀』 卷54 「史傳部 2」, p. 856(『佛敎大藏經』 75冊, 佛敎書局, 1978).

준다. 이들은 이런 능력을 바탕으로 국가 경영에 필요한 다양한 자문을 했다.[147] 고대에 승려 집단이 최고의 지성을 갖춘 엘리트 집단으로서 국가 운영에 깊숙이 개입했던 것은 주지의 사실이다.

뵈귀 카간은 마니교 사제를 적극적으로 초원으로 초치招致했다. 다음의 기록을 보면 뵈귀 카간의 지원을 받은 마니교가 유목사회의 여러 면모를 바꿀 만큼 큰 영향을 미쳤음을 알 수 있다.

> **육식하는 다른 습속이 바뀌어 곡식을 끓여 먹는 고장이 되었다.** [가축을] 잡아먹는 나라가 바뀌어 선을 권하는 나라가 되었다. 그런 까닭에 성인의 [도가] 사람들을 지배하게 되었고, 윗사람이 행하면 아랫사람이 본받았다. [대大]법왕法王이 정교를 받아들였다는 것을 듣고, 지극함을 깊게 찬양했다. …… (마모) …… 여러 승려를 거느리고 입국해 [자신의 도를] 발양하고자 했다. …… **모작慕闍의 일행들이 이리저리로 돌아다녔다.** [또한 그들이] **왕래하며 교화했다.**[148]

이 내용만 보면 유목민이 고기를 먹지 않게 되었을 정도로 큰 변화가 있었다고 생각할 수 있다. 그러나 이는 수사적 표현으로 봐야 한다. 자신의 습속을 완전히 버리다시피 할 만큼 위구르가 마니교 수용에 진심이었음을 설명한 것이다. 이렇게 위구르에서 성공적으로 자리 잡은 마니교는 이제 당으로 포교를 확대해나갔다. 활동 영역을 넓히기 위해

---

147 Hans-Joachim Klimkeit, "Manichaean Kingship : Gnosis at Home in the World", *NUMEN — International Review for the History of Religious* v.29, 1982, pp. 22~23.

148 《九姓回鶻可汗碑文》(X) 熏血異俗化爲蒸飯之鄕宰殺邦家變爲勸善之國故聖人之官人上行下效法王聞受正教沈贊虔誠 □ □ □ □愿領諸僧尼入國闡揚自道令慕闍徒衆東西循環往來教化.

771년 당에 형주荊州(지금의 후베이성湖北省 쑹쯔시松滋市와 스서우시石首市 사이 창강長江 유역의 북부), 양주揚州(지금의 장쑤성江蘇省 양저우시揚州市), 홍주洪州(지금의 장시성江西省 융슈현永修縣, 난창시南昌市, 진셴현進賢縣과 서쪽으로 퉁구현銅鼓縣, 슈수이현修水縣, 남쪽으로 상가오현上高縣, 완짜이현萬載縣 등지), 월주越州(지금의 저장성浙江省 푸양강浦陽江, 차오어강曹娥江, 융강甬江 유역) 등 주로 장강長江 주변 지역에 마니교 사원인 대운광명사大雲光明寺의 설치를 요구했다. 이곳에 온 위구르인들이 마니교의 상징인 백의白衣와 백관白冠을 착용하고 활동했다는 것[149]에서 이들이 마니교도였음을 알 수 있다.

위구르의 지원을 받은 마니교의 성장이《구성회골가한비문》이나 다른 한문 기록에 나오는 것[150]은 그것이 중국 내지의 상업과도 연결되었기 때문이다. 신라인이 당에서 신라방新羅坊과 그 내부 사찰인 신라원新羅院을 무대로 활동한 것처럼, 외래인이 내지에서 활동할 때의 경제적 거점은 대부분 종교 사원이었다.[151] 뵈귀 카간이 중국 내지에 마니교도 활동을 위한 사원 건축을 요구한 것 역시 포교와 경제적 욕구를 둘 다 충족하기 위함이었다.[152]

---

149 『佛祖統紀』 卷39 「史傳部」2, p. 703.

150 《九姓回鶻可汗碑文》(X) 熏血異俗化爲蔬飯之鄉宰殺邦家變爲勸善之國故聖人之官人上行下效法王聞受正教沈贊虔誠 □ □ □ □愿領諸僧尼入國闡揚自道令慕闍徒衆東西循環往來教化.

151 라이샤워, 조성을 (역), 『중국 중세사회로의 여행 — 라이샤워가 풀어쓴 엔닌의 일기』, 한울, 1991, pp. 276~282; 김문경, 『唐代의 社會와 宗教』, 숭전대학교출판부, 1984, p. 65.

152 돌궐이 불교를 받아들인 것이나 하자르가 유대교를 비롯한 여러 종교에 관용적이었던 것처럼 유목 군주는 대개 자신을 돕는 상인의 종교에 관대한 정책을 폈다(하자르에 대해서는 서론 주37 참조). 돌궐 제1제국 시기《부구트 비문》의 기록을 통해 불교 수용을 카간을 돕던 소그드 상인과 연결한 설명도 있다. 護雅夫, 「ソグド人の東方發展に關する考古學的一資料」, 『古代トルコ民族史研究』 II, 山川出版社, 1992, pp. 216~229; 岩佐精一郎, 「元代の和林」,

760년대 위구르는 당으로부터 확보한 막대한 양의 비단을 바탕으로 교역 체제를 정비하기 위해 마니교도 상인의 도움이 절대적으로 필요했다. 뵈귀 카간은 이들이 머물 수 있는 도시를 건설하고 마니교를 받아들였다. 이는 유목국가 운영에 필요한 기본 요소 중 하나였다. 막북 초원이라는 공간적 제약을 극복하고 유목제국을 발전시키려면 외부의 다양한 요소를 받아들여야 했다. 기존 연구들에서 지적한 바와 달리, 위구르가 정주적 성격을 보이는 외래 요소를 수용한 것은 붕괴 이후 오아시스 등지로 이주해 정주하기 위한 것, 즉 '문명화'의 전제가 아니었다. **교역 국가**로 발전하기 위해 체제를 고도화하는 데 그것이 절대적으로 필요했을 뿐이다.

그러나 유목 군주와 상인 집단의 관계가 고정적이지는 않았다. 유목 군주는 상황에 따라 소그드 상인에 대한 지원을 줄이거나 다른 집단과 손을 잡을 수도 있었다. 또한 유목 군주와 당의 관계가 달라지면 그 여파가 상인들에게까지 미칠 수도 있었다. 즉 유목국가에 유입된 고등 종교나 이 과정을 돕던 상인들의 위상에는 부침이 있었기 때문에, 이를 바탕으로 권위주의 체제를 구축하고자 하는 유목 군주에게는 오히려 이 부분이 취약함의 한 요인이 될 수 있었다.

2. 소그드 상인 문제와 톤 바가 타르칸의 정변(780)

뵈귀 카간은 당의 경제적 지원에 힘입어 활발한 활동을 벌인 소그드 상인과 이들을 매개로 유입된 마니교, 이들의 거주를 위해 건설한 도

『岩佐精一郎遺稿』, 1936, p. 233; 서론 주35 참조.

시 등을 바탕으로 권력을 강화했다. 카간과 결합한 소그드 상인은 당과 많은 문제를 일으켰다. 유목사회 내부에서도 급격히 늘어난 외래 요소에 반감을 갖고 소그드 상인에 도전하는 세력이 등장했다. 이는 결국 780년 뵈귀 카간이 죽임을 당하고 새로운 카간이 즉위하는 정변으로 이어졌다. 이와 함께 소그드 상인에 대한 탄압이 일어났다. 이를 소그드 상인에 대한 유목사회 내부의 '**반동反動**'으로 설명하기도 한다.[153] 즉 뵈귀 카간과 결합한 소그드 상인 세력과 위구르 내부의 기존 유목 세력이 충돌했다고 보는 것이다.

유목 군주는 권력을 강화하기 위해 외부로부터 유입되는 경제적 이익을 '**독점**'하면서, 동시에 내적 안정을 위해 자신을 지지하는 내부 유목 세력에게 '**혜시惠施**'도 해야 했다. 즉 대외 교역을 확대해 이익을 독점하기 위해서는 소그드 상인을 반드시 끌어들여야 했는데, 이는 다른 한편으로 내부 세력에 대한 혜시가 부족해지는, 즉 재화 분배 구조를 왜곡시키는 결과를 낳을 수 있었다. 카간은 이러한 모순을 키우지 않기 위해 분배 구조를 왜곡시키지 않는 범위 내에서 이익을 축적하고자 했다.

뵈귀 카간도 내부 문제가 발생하지 않도록 늘 혜시 확대에 신경을 썼다. 그러나 758년 영휘공주와의 결혼 이후 본격화된 양국 간의 무역 역조와 그에 따른 당의 무역 제한으로 위구르는 경제적 어려움에 빠졌

153 780년에 있었던 돈 바가 타르칸의 정변을 유목사회 내부에 정주 요소가 확대되고 소그드 상인이 뵈귀 카간과 결탁하자 이에 반발한 움직임이라 보면서 '친중국이고 반소그드적인' 성격이었다고 설명하는 연구가 있었다. 田坂興道, 「回紇に於ける摩尼教迫害運動」, 『東方學報』 v.11-1, 1940, pp. 223~232; Colin Mackerras, "The Uyghurs", *The Cambridge History of Early Inner Asia*, Cambridge Univ. Press, 1990, p. 318.

다. 특히 775년부터 발생하기 시작한 위구르 사신의 불법 행위로 인해 양국 관계가 나빠지기 시작했다. 장안에 와서 홍려시鴻臚寺(조회 의례 및 외국 사신 접대를 맡던 관청)에 머물던 위구르 사신들이 대낮에 동시東市에서 현지 사람들을 죽여 체포되자, 위구르 사신의 우두머리인 강적심이 당의 관리를 공격했다.[154] 그 밖에도 위구르는 당의 조치에 반발해 11월에 1000기를 보내 하주夏州(지금의 산시성陝西省 징볜현靖邊縣 북쪽에 있는 홍류허紅柳河 유역과 네이멍구자치구 항진기杭錦旗, 우선기烏審旗 지역)를 약탈하는 등 군사적 움직임을 보였다. 당의 양영종梁榮宗이 오수烏水에서 위구르를 격파하자, 곽자의도 3000명의 군사를 보내 이에 호응했다. 이후 위구르는 당에 조공하지 않았고, 양국 사이에 호시 교역도 없었다. 당은 위구르의 공격에 대비해 776년 2월 삭방에 주둔하는 군대를 증원했다.[155] 그러나 위구르와의 관계를 깨려고 한 것은 아니었다. 670년대 이래로 당은 안서사진安西四鎭과 하서 지역을 둘러싸고 토번과 대치하는 상황이었기 때문에 계속해서 위구르의 도움이 필요했다.

770년대 말 당은 위구르와의 무역에서 손해가 커지고, 위구르의 지원을 받던 소그드 상인이 중간에서 엄청난 축재를 하자 강력한 무역 제재를 실시했다.[156] 위구르는 당의 제재를 약화시키기 위해 778년 정월 태원을 공격해 양곡陽曲(지금의 산시성 타이위안시)에서 당군 1만여 명을 죽이는 등 압박을 가했다. 그러나 2월 대주도독代州都督 장광성張光晟(?~784)에게 양무곡羊武谷에서 크게 패했다.[157] 이어진 위구르의 군사

154 『新唐書』 卷217上 「回鶻上」, p. 6121.

155 『資治通鑑』 卷225 代宗 大曆11(776)年條, p. 7237.

156 『新唐書』 卷217上 「回鶻上」, p. 6121.

적 도발 역시 성공하지 못했다. 779년 당은 장안에 살던 소그드 상인이 중국인의 복식을 입고 첩을 두는 것을 금지했지만[158] 위구르가 더 적대적인 태도로 돌아서지 않도록 신경을 썼다. 779년 즉위한 덕종은 위구르에 대한 적대감이 컸으나 관계 악화를 막으려 위구르를 위무하면서 화해를 시도했다. 당의 어정쩡한 입장과 강한 제재에 불만을 품은 뵈귀 카간은 피해를 보았다는 소그드 상인의 말에 다시 원정에 나서려고 했다.[159]

이때 위구르 조정에서 당에 대한 대응을 둘러싸고 논의가 벌어졌다. 카간의 숙부 톤 바가 타르칸Ton baγa tarqan(돈막하달간頓莫賀達干)은 다음과 같이 군사적 압박을 반대하고 화친을 주장했다.

> 당은 대국으로 우리에게 잘못한 것이 없습니다. 이전 날에 태원에 침입해 양과 말을 수만이나 얻었는데, [길이 멀고 험해] 나라에 이르니 죽고 줄어서 남은 것이 없습니다. 지금 거국적으로 멀리 원정해 승리를 거두지 못한다면 어찌 무사하게 돌아올 수 있겠습니까?[160]

이런 생각을 가진 톤 바가 타르칸은 "**남침을 바라지 않는 사람들의 마음을 이용해**"[161] 뵈귀 카간과 그를 돕던 구성호(소그드 상인) 2000여 명을 죽이는 정변을 일으켰다. 그러고는 스스로 알프 쿠틀룩 빌게 카간

---

157 『舊唐書』 卷195 「迴紇」, p. 5207.

158 『資治通鑑』 卷225 代宗 大曆14(779)年條, p. 7265.

159 『新唐書』 卷217上 「回鶻上」, p. 6121.

160 위와 같음.

161 『資治通鑑』 卷226 德宗 建中元(780)年條, p. 7282.

Alp qutluγ bilge qaγan(합골돌록비가가한合骨咄祿毗伽可汗, 재위 780~789)이라 칭하며 즉위했다.[162] 알프 쿠틀룩 빌게 카간은 당에 대한 무력시위가 별다른 이익도 없이 양국 관계를 냉각시킬 뿐이라고 생각했다. 약탈을 통한 일시적 이익이 있을 수 있으나 그보다는 패배로 인한 타격이 클 것이고, 만약 승리한다고 해도 당과의 관계가 악화되어 교역을 할 수 없게 된다면 결국 더 큰 손해를 입게 될 터였다. 따라서 당이 제의한 화친 요구를 수용하는 것이 가장 현실적인 길이었다. 마침 이 무렵 당에서 보낸 화의 사절이 도착해 관계 개선을 논하기에도 적절한 시점이었다.

앞서 뵈귀 카간은 주변의 반대를 무릅쓰고 남침을 감행했다. 자신의 경제적 기반을 확충하려면 소그드 상인의 이권을 보장해야 했고, 그러기 위해서는 당에 대한 무력시위가 필요하다고 보았기 때문이다. 군사 원정은 카간 개인의 역량을 과시하면서 동시에 내부의 이견을 조율하고 국론을 통일하는 중요한 수단이었다. 뵈귀 카간은 원정을 통해 자신의 능력과 권위를 내보이며 이익을 확보하고자 했다. 이렇게 확연히 입장이 다르다 보니 뵈귀 카간과 톤 바가 타르칸은 충돌할 수밖에 없었다. 유목국가 조정 내부에서 소그드 상인에 대한 의견 충돌은 이 시기에만 일어났던 일이 아니다. 돌궐 시기에도 소그드 상인과 결탁한 카간에 반발해 내분이 일어났다.[163] 이는 돌궐 제1제국의 붕괴 원인에 대한 빌게 카간의 회상에도 잘 드러난다.[164] 뿐만 아니라 빌게 카간이 초원에 중국의 도관道觀과 사원 같은 시설을 마련하려 한 것을 그의 장인이자

162 위와 같음.

163 『通典』 卷197 「邊防13 北狄4 突厥上」, p. 5411.

164 《퀼 테긴 비문》(동면:04)~(동면:05).

(그림 18) 당삼채로 만들어진 다양한 소그드인의 모습

킹메이커 역할을 했던 빌게 톤유쿠크가 반대한 것도 비슷한 맥락이었다. 정주 요소가 지나치게 확대되면 유목적 요소가 우위를 잃을까 우려한 것이다.[165] 좀 더 정확히 말한다면 주변의 강력한 군사적 위협이 있는 상황에서 정주 요소를 받아들일 때 발생할 현실적 어려움에 대한 문제 제기였다.[166]

톤 바가 타르칸의 정변으로 뵈귀 카간과 그의 지원을 받던 소그드 상인은 결정적 타격을 입었다. 이 정변에 대해서는 소그드 상인에 대한 유목사회 내부의 대응이었다, 당에서 더 많은 물자를 얻어내 경제적 이익을 확대하는 방식에 대한 의견 차이였다는 등의 설명이 있었다.[167] 뵈

165 『新唐書』 卷215下 「突厥下」, p. 6052.

166 정재훈, 「突厥第二帝國時期(682~745) 톤유쿠크의 役割과 그 位相 — 《톤유쿠크 碑文》의 분석을 중심으로」, 『동양사학연구』 44, 1994, pp. 52~53.

귀 카간은 오랜 내전을 통해 당의 약화를 지켜보았기 때문에 당을 굴복시켜 경제적 이익을 확대하는 일이 가능하리라 여겼고, 톤 바가 타르칸은 당과의 화의를 통해 당장 얻을 수 있는 현실적 이익에 중점을 두었다. 양자 모두 경제적 이익을 얻으려는 욕구에는 큰 차이가 없었으나, 겉으로 보기에는 각기 소그드 상인의 입장과 유목민의 입장을 대변하는 것처럼 보였다. 게다가 톤 바가 타르칸이 소그드 상인을 여럿 살해했기 때문에 이런 입장이 더욱 선명하게 대비되었다.

이런 내부 갈등이 발생한 것은 위구르가 경제적으로 지나치게 당에만 의존했기 때문이다. 막북 초원에 고립되어 있던 위구르는 당과의 관계에 문제가 생겨 물자 조달이 되지 않으면 심각한 상황에 놓일 수 있었다. 또 다른 경제적 토대가 될 수 있는 오아시스 지역에는 아직 영향력을 행사하지 못하는 처지였기 때문이다. 당과 토번이 여전히 하서와 오아시스를 분점하며 위구르의 진출을 막고 있었다. 위구르가 서방으로 교역을 확대하기 위해서도 당과의 원만한 관계가 필요했다. 이런 의존은 위구르의 최대 약점이자 해결해야 할 현안이었다. 이를 해결할 방법으로 군사적 압박을 택할지, 화친을 택할지를 두고 위구르 내부에서 갈등이 발생한 것이다.

상대적으로 현실적 입장이었던 알프 쿠틀룩 빌게 카간, 즉 톤 바가 타르칸은 소그드 상인 문제를 해결하고 당과의 관계를 회복해 위구르가 지향하던 '**교역 국가**'를 이룩하려고 했다. 이러한 바탕이 있어야 유

---

167 위구르가 당을 상대로 했던 약탈과 교역을 정리하면서 톤 바가 타르칸이 일으킨 정변의 성격을 '**경제 정책상의 대립**'으로 본 연구가 있었다. 여기서는 톤 바가 타르칸 이후 위구르가 여전히 당과의 교역을 중시하는 정책을 취했다는 점도 강조했다. 林俊雄, 「ウイグルの對唐政策」, 『創價大學人文論集』 4, 1992, p. 132.

목 군주 중심의 권위주의 체제를 확립할 수 있었다. 물론 당과의 관계 회복은 당에 대한 의존을 더욱 강화할 수도 있는 일이라, 적절한 균형점을 찾으며 유목 권력을 회복하는 것이 위구르의 장기적인 과제일 수밖에 없었다.

제3장

780년대 당과의 갈등과 고립

1. 당의 위구르 사신 토둔 살해(782)와 알프 쿠틀룩 빌게 카간의 소그드 상인 탄압

780년 톤 바가 타르칸이 권력을 장악하고 알프 쿠틀룩 빌게 카간으로 즉위할 무렵, 당에서는 덕종이 즉위했다. 덕종은 양문수梁文秀를 사자로 보내 양국 관계를 회복했다. 이에 고무된 알프 쿠틀룩 빌게 카간[168]은 욜 타르칸Yol tarqan(율달간聿達干)을 당에 사자로 보냈다. 카간은 자신의 입지를 확보하고자 덕종에게 뵈귀 카간이 당과 맺었던 형제 국가의 지위를 포기하고 번신藩臣이 되겠다는 뜻을 전했다. 뵈귀 카간 말기 군사적 대결로 치닫던 상황을 이전의 화친 관계로 되돌려 당의 경제적 지원을 통한 내적 안정을 도모하려는 카간의 의도를 엿볼 수 있는 일이다. 정변 이후 흐트러진 체제를 정비하는 과정에서 가장 절실했던 것은 당의 경제적 지원이었다.[169] 위구르는 이미 당에 의존할 수밖에 없는 상

168 『舊唐書』 卷195 「迴紇」, p. 5207.

태였다. 정변 과정에서 소그드 상인을 제거했다고 해서 당과의 교역 자체를 포기한 것은 아니었다. 막북 초원에 고립된 위구르가 체제를 유지하기 위해서는 그동안 당을 통해 누렸던 경제적 이익을 소그드 상인이 아닌 유목민에게 돌려야 했다. 이것이 780년의 정변을 통해 알프 쿠틀룩 빌게 카간이 집권한 이유였다.[170]

카간이 당과의 관계 개선에 적극적으로 나서자, 덕종은 그를 무의성공 카간武義成功可汗으로 책봉했다.[171] 위구르 역시 양국의 현안인 소그드 상인 문제를 해결하려고 토둔Todun(돌동突董)을 사신으로 보냈다.[172] 그동안 소그드 상인이 문제가 된 것은 위구르를 배경 삼아 당에서 불법 행위를 벌이며 부를 축적하고, 이를 제재한 당에 군사적 도발까지 했기 때문이다. 덕종은 정변 이후 어려워진 위구르의 처지를 십분 이용해 토둔에게 양국 관계 개선을 조건으로 소그드 상인 철수를 주문했다.[173] 토둔도 이를 받아들였으나 소그드 상인의 귀환은 생각처럼 순조롭게 진행되지 않았다. 귀환 도중에 선우도호單于都護 장광성이 이들

169 『資治通鑑』 卷226 德宗 建中元(780)年條, p. 7288.

170 780년 정변 이후 위구르가 당에 보인 저자세는 위구르의 '친중국적' 입장을 나타내는 근거로 해석되곤 했다. Colin Mackerras, "The Uyghurs", *The Cambridge History of Early Inner Asia*, Cambridge Univ. Press, 1990, p. 318. 그러나 이는 일면적인 이해이다. 위구르가 체제를 유지하기 위해서는 당과의 관계가 무엇보다 중요했다는 점에서 정변 이후 위구르의 대응을 이해할 필요가 있다.

171 『新唐書』 卷217上 「回鶻上」, p. 6121.

172 『資治通鑑』 卷226 德宗 建中元(780)年條, p. 7282.

173 뵈귀 카간 시기 활발하던 마니교도의 움직임이 9세기 초까지 당의 기록에 나타나지 않는다는 점에서 덕종 시기 다른 외래 종교와 달리 위구르의 지원을 받던 마니교가 약화했다고 추정할 수 있다. 이는 당이 이전부터 마니교에 대해 금령을 내리는 등 제약을 가한 것과도 연결해볼 수 있다.

을 모두 살해해버렸다. 장광성은 이미 덕종에게 소그드 상인에 관한 대책을 다음과 같이 주청한 바 있었다.

> 위구르는 본래 종족이 많지 않은데 **[그를] 도와서 강하게 만드는 것이 소그드 상인(군호群胡)입니다.** 듣건대 지금 서로 참살을 하고 돈 바가가 새로 일어나니 뵈귀 카간의 아들과 국상國相, 부의룩 등이 각각 수천 명의 병사를 거느리고 공격해 나라가 안정되지 않았습니다.[174]

당시 내분 상태였던 위구르의 위기를 이용해 토둔 일행을 죽이고, 그의 재물을 압수하자는 장광성의 상주는 위구르에게 구원舊怨이 있었던 덕종의 심사에 부합했다.[175] 그러나 덕종은 양국 관계가 나빠질 것을 우려해 이를 받아주지 않았다. 장광성은 덕종의 지시를 무시하고 토둔을 비롯한 소그드 상인을 모두 살해하고 재물까지 압수했다. 이는 귀국하던 소그드 상인들이 진무군振武軍(지금의 네이멍구자치구 허린거얼현)에 머물 때 혹시 자신들이 귀환해 카간에게 죽임을 당하지는 않을까 걱정하며 장광성에게 토둔을 죽여달라 부탁하면서 시작된 일이다. 그런데 장광성은 토둔만이 아니라 동행하던 소그드 상인들마저 모두 죽여버렸다. 그가 황제의 명까지 듣지 않으면서 이런 행동을 한 것은 앞의 주청 내용에서 알 수 있듯이 내분에 빠진 위구르가 이에 절대로 반발하지 못할 것이라 예상했기 때문이다. 그는 위구르에게도 문제였던 소그드 상인을 죽이면 카간도 좋아할 것이라고 보았다.

---

174 『資治通鑑』 卷226 德宗 建中元(780)年條, p. 7288.

175 『資治通鑑』 卷233 德宗 貞元3(787)年條, p. 7502.

장광성의 주청을 받아주지 않았던 덕종이지만 구원을 해소했기에 이런 결과에 나름대로 만족했던 듯하다. 덕종의 구원이란 뵈귀 카간이 중국에 친정을 하러 왔을 때 자신에게 춤을 추도록 해서 모욕을 준 사건을 말한다. 이는 덕종의 위구르 정책이 결국 적대적인 방향으로 흐르는 중요한 원인이 되었다. 장광성의 행위로 당은 무역 역조의 원인이었던 소그드 상인 문제를 완전히 해소하며 위구르를 견제할 수 있게 되었다. 이때 죽은 소그드 상인의 숫자가 900명이 넘었는데,[176] 이 규모를 통해 대종 시기 소그드 상인에게 입은 당의 피해를 짐작할 수 있다. 덕종은 원래 위구르에 보내려고 했던 사신 원휴源休를 다시 태원으로 돌아오게 하여 위구르와의 화친 약속마저 철회했다. 이 진무군 사건은 장광성의 예상처럼 위구르가 적극적인 대응을 하지 못하면서 쉽게 정리되었다.

당시 위구르는 여전히 내분이 진정되지 않은 상황이었다. 카간의 권력 기반이 공고하지 않아 지배 집단의 분열과 대결이 끊이지 않았다. 당으로부터 부당한 일을 당해도 군사적 도발 등 대응을 할 수 있는 상황이 아니었다. 당과의 관계를 개선하여 내적 안정을 얻으려던 알프 쿠틀룩 빌게 카간의 시도는 좌절되었다. 당의 강경 대응으로 위구르의 입지는 더욱 줄어들었다. 그러나 이런 상황이 오래가지는 않았다. 당의 덕종은 즉위 초부터 내지內地 번진藩鎭인 평로, 범양 등의 도전으로 어려운 상황에 놓여 있었는데,[177] 이에 도움을 얻기 위해 결국 위구르에 사신을 보내 관계를 회복할 수밖에 없었다.

---

176 『자치통감』에서는 900여 명, 『책부원구』와 『구당서』에서는 1000여 명이라고 했다. 『冊府元龜』 卷448 「將帥部 殘酷」, p. 5314; 『舊唐書』 卷127 「張光晟」, p. 3574.

177 『新唐書』 卷225中 「逆臣中 朱泚」, p. 6442.

위구르 역시 당이 다시 사신을 보낸 이유를 잘 알고 있었다. 카간은 토둔을 비롯한 네 구의 시신을 가지고 온 원휴를 만나주지 않았다. 50일이 지나서야 비로소 사자를 보내 자신의 뜻을 전할 만큼 당에 대한 큰 반감을 드러냈다.[178] 카간은 원휴에게 재상을 보내서, 보복하지 않을 테니 그 대신 이전에 주기로 했던 말의 구매 대금인 비단 180만 필을 빨리 달라고 했다.[179] 복수보다 경제적 실익을 챙겨야 할 만큼 위구르의 상황이 어려웠던 것이다. 양국은 각자의 이해관계에 따라 사신을 교환했고, 사신으로 파견된 산지장군散支將軍 강적심에게 덕종은 비단 10만 필, 금과 은 10만 냥을 말의 대가로 주었다.[180] 뵈귀 카간 시대부터 활동한 강적심의 재등장은 진무군에서 당 내부에 있던 소그드 상인을 학살했음에도 여전히 카간을 돕던 소그드 상인들이 있었음을 뜻한다. 소그디아나 출신인 강적심은 이전에도 위구르의 사신으로 당에 온 적이 있었다.[181]

정변은 뵈귀 카간이 소그드 상인을 과도하게 지원해 유목민에게 돌아가는 경제적 혜택이 축소되자 위구르 내부의 유목 세력이 반발한 일이었다. 당에서 공급하는 물자가 적은 것이 원인이었다면 당과의 관계를 통해 해결할 수 있었겠지만, 소그드 상인으로 인한 분배 구조의 왜곡은 다른 방식의 해결책을 요구했다. 알프 쿠틀룩 빌게 카간은 정변을 통해 소그드인을 대량 학살하여 뵈귀 카간의 동조 세력을 제거하고, 나아가 당을 곤란하게 했던 소그드 상인 문제도 해결했다. 진무군 사건

178 『新唐書』 卷217上 「回鶻上」, p. 6122.

179 위와 같음.

180 위와 같음.

181 『舊唐書』 卷195 「迴紇」, p. 5207.

은 당 쪽에서 저지른 일이었지만 그에 적극 대응하지 않는 방식으로 당 내부에서 활동하던 문제의 소그드 상인들을 없앴다. 이후 알프 쿠틀룩 빌게 카간은 자신에게 협조하던 소그드 상인 강적심을 당에 보내 경제적 관계를 회복하고자 했다.

알프 쿠틀룩 빌게 카간은 정변 이후에도 막북 초원에 고립된 유목국가 위구르의 한계를 그대로 보여주었다. 어떻게 해도 당에 대한 의존에서 벗어날 수 없었다. 당과 우호적 관계를 맺는 것이 늘 위구르의 최대 현안이었으나 이는 카간 혼자만의 힘으로 가능한 일이 아니었다. 카간은 당의 움직임은 물론, 경쟁 상대인 토번의 세력 변화에 따라 달라지는 덕종의 입장에 휘둘릴 수밖에 없었다. 게다가 위구르에 대한 덕종의 불신이 너무나 커서 양국 관계는 불안정한 상태에서 벗어나기 어려웠다.

2. 당과 토번의 청수지맹(783)과 위구르의 외교적 고립

위구르의 관계 회복 의지와 상관없이 당은 782년 이후 토번과의 관계 개선에 집중했다. 토번은 이제까지 안서 지역으로 이어지는 교통로를 공격하면서 자신을 인정하지 않는 당과 적대적 관계를 유지했다. 이런 상황을 바꿔야겠다고 생각한 덕종은 토번이 평화적 관계를 회복하려 하자 받아주었다.[182] 그 결과 783년 당과 토번은 청수淸水에서 회맹會盟을 했다(청수지맹淸水之盟).[183] 781년 덕종은 번진의 반란으로 장안까지

182 청수지맹이 이루어진 것은 토번과 화친하려는 당의 의지 때문만이 아니라, 토번 역시 내적으로 당에 공세를 취할 수 없는 상황이었기 때문이다. 佐藤長, 『古代チベット史研究』 下, 東洋史研究會, 1959, pp. 575~636.

잃은 상황에서도 위구르에 도움을 청하지 않았다. 이는 당이 위구르와 연계해 토번을 고립시키려던 그동안의 정책을 포기한다는 뜻이었다.

이후 외교적 '**고립**' 상태가 된 위구르는 덕종에게 반발한 노룡군盧龍軍(유주幽州에 위치) 절도사 주도朱滔를 도왔다. 783년 초 3000명의 군사를 북변에 보냈다. 위구르가 개입한 이유는 주도의 측실側室이 위구르 여성이었기 때문이라고도 하나[184] 그보다는 외교적 고립에서 벗어나기 위해서였다. 이에 당은 회맹을 근거로 토번에 군사 원조를 요청했다. 토번에서는 조정과 대치하던 경원군涇原軍(지금의 산시성 평상현 지역) 절도사 주차朱泚(742~784)를 공격하기 위해 군사를 보냈다. 그러나 토번은 오히려 주차에게서 뇌물을 받고 당을 약탈했다.[185] 또한 784년 반란 진압의 대가로 당에 오아시스를 통제하겠다고 요구했다.[186] 이는 덕종의 생각과는 전혀 다른 방향이었는데, 이렇게 되면 조정과 단절된 상태였던 안서와 북정을 완전히 포기하는 것이었다.[187] 덕종은 토번의 요구를 받아들일 수 없었다. 결국 당은 다시 토번과 적대 관계가 되었고, 내지의 번진과 토번의 공세라는 이중고에 시달리게 되었다.

783년 초 위구르는 주도의 요청으로 거란과 함께 북변까지 왔지만 이후 별다른 움직임을 보이지 않았다. 당의 기록에도 783~787년 사이에 위구르와 관련된 내용이 없다. 이를 위구르가 당과의 화의를 염두에 두고 움직이지 않은 것이라 보기도 하나,[188] 위구르가 당에 반기를

---

183 『資治通鑑』 卷228 德宗 建中4(783)年條, p. 7338.

184 위의 책, pp. 7365~7366.

185 『資治通鑑』 卷231 德宗 興元元(784)年條, p. 7429.

186 위의 책, p. 7442.

187 위의 책, p. 7403.

출처: wikimedia commons

(그림 19) 예니세이강 유역에서 발견된 키르기스의 고대 투르크 문자 명문 탁본

든 주도를 도운 것은 사실상 불만의 표시였다. 또한 주도의 요청을 빌미로 삼아 물적 욕구를 해소하려는 것이었을 수도 있다. 다른 한편으로 위구르가 이즈음 당에 군사적 공세를 가할 수 없었던 것은 내부 문제 때문이었다. 《구성회골가한비문》에 이 무렵에 있었던 키르기스 원정이 기록되어 있다. 이때 위구르는 꽤 다급한 상황이었던 것으로 보인다.

처음에 북방 키르기스 나라에는 궁사가 30만 명이었다. [우리] 카간은 어

188 위구르가 번진의 봉기에 군사를 보낼 때 카간이 아니라 타르칸이 원정을 나갔다는 점에서 소극적인 개입이었고 당과 화의하려는 입장이었다는 견해가 있다. Colin Mackerras, *The Uighur Empire According to the T'ang Dynastic Histories: A Study in Sino-Uighur Relations 744-840*, Australian National Univ. Press, 1972, p. 41.

려서부터 재능과 담력이 뛰어나고 지략과 용맹이 있었으며 위엄이 있어 남을 복종시킬 수 있었다. [또한] 한 발의 화살로도 [목표물을] 정확히 맞힐 수 있었다. **키르기스 카간이 화살에 맞아 죽었다. 우마와 곡식, 그리고 병장기가 산같이 쌓여 있었는데, [키르기스의] 국업國業을 모두 써버리니 [그] 땅에는 사람이 살지 않게 되었다.**[189]

이에 따르면, 당시 재상이었던 쿠틀룩Qutluγ(골돌록骨咄祿)이 30만 명의 군대를 거느리고 키르기스를 굴복시켰음을 알 수 있다.[190] 쿠틀룩 개인의 공적을 자랑하는 내용이기는 하나, 정변 이후 내분을 종식한 위구르가 이 무렵 키르기스 등 주변 세력으로부터 위협을 받았음을 짐작할 수 있다. 783년 당이 토번과 청수에서 회맹을 맺고 '친토번' 노선으로 선회하는 상황에서 위구르가 적극적인 움직임을 보이지 못한 것은 아마 이런 내적 어려움 때문이었을 것이다.

위구르는 당과의 관계 개선도 여의하지 않았고, 서방 오아시스에 대한 영향력을 확보하는 일도 순조롭지 않았다. 이 또한 토번 및 당과의 관계 속에서 해결해야 할 문제였기 때문이다. 덕종이 토번과 손을 잡고 위구르를 고립시키려고 하는 한 어느 방향으로도 상황을 타개할 수 없었다.[191] 이런 상황에서 벗어나려면 당이 다시 토번을 견제하고 위구르를 그 대안으로 삼게 해야 했다. 당이 위구르와의 관계 개선에 나설 계기도 필요했다. 문제 해결을 위해서도 당에 의존해야 하는 것이

---

189 《九姓回鶻可汗碑文》(XIII) 初北方堅昆之國控弦卌餘萬彼可汗 (XIV) 自幼英雄智勇神武威力一發便中堅昆可汗應弦殂落牛馬穀量仗械山積國業蕩盡地無居人.

190 위와 같음.

191 『資治通鑑』卷232 德宗 貞元3(787)年條, p. 7493.

위구르가 직면한 한계였다. 알프 쿠틀룩 빌게 카간은 유목 세계 내부의 도전 세력이었던 키르기스를 물리쳤지만, 그럼에도 교역 국가로의 발전을 도모하기란 쉬운 일이 아니었다.

제3편

확장과 발전:

막북 고립 탈피와 체제의 고도화(787~839)

제1장

북정 진출과 지배 집단의 교체

1. 고립 타개 노력과 북정 진출 시도(787)

780년대 초 위구르는 정변에 따른 지배 집단의 내분과 당과의 관계 단절, 주변 세력의 도전 등으로 취약한 상태에 처해 있었다. 당에서 활동하던 소그드 상인마저 크게 위축되면서 경제적으로도 큰 어려움을 겪었다. 알프 쿠틀룩 빌게 카간은 당과 관계를 회복하려 노력했으나 위구르에 원한이 있던 덕종의 거부로 소기의 목적을 이루지 못했다.[1] 위구르는 기회를 엿보다가 당이 번진의 도전으로 인한 어려움에서 막 벗어난 787년이 되어서야 토번이 군사적 움직임을 보인다며 당에 사신을 보내 적극적으로 화의를 청했다.

"이들이 중국과 화친할 것을 생각한 것이 오래다"[2]라는 한문 기록처럼, 당도 위구르의 관계 개선 의지를 알고 있었다. 당의 입장에서 위구

1 780년대 후반 당은 토번을 포위 공격하는 것뿐만 아니라 장안의 서북을 방어하는 대응책도 마련했다. 劉玉峰,「唐德宗與中唐民族關係的改善」,『雲南社會科學』1993-3, pp. 82~84.

2 『資治通鑑』卷233 德宗 貞元3(787)年條, p. 7505.

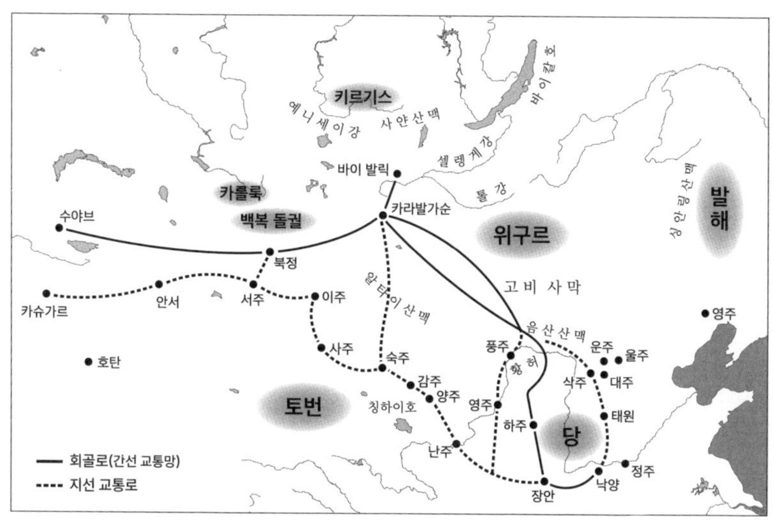

(그림 1) 787년 회골로 개통과 동서 교통로

르와의 관계 회복이 필요했던 것은 토번 때문에 북정으로 가는 교통로가 막혔기 때문이다. 781년 북정절도사 이원충李元忠과 안서사진의 유후留後 곽흔郭昕 등이 북정에서 위구르를 거쳐 당으로 연결되는 교통로에 대해 10여 년 만에 조정에 보고하면서 위구르와의 관계 회복 논의가 시작되었다.[3]

당과 위구르는 토번의 간섭으로 막힌 하서 교통로 대신 위구르를 경유하여 당으로 연결되는 '**회골로回鶻路**'를 개통하자는 데서 이해관계가 일치했다.[4] 안서와 북정 지역은 안녹산의 봉기 이후 토번이 진출하면서 조정과의 관계가 단절되었다. 그럼에도 당의 관리가 머물고 있었고,

3 『資治通鑑』 卷227 德宗 建中2(781)年條, p. 7303.

4 서론 주14 참조.

이들은 계속해서 조정과의 연결을 시도했다. 그러나 이즈음 번진의 도전이 본격화되고 토번이 회맹을 파기함에 따라 연락을 취할 수 없었다. 위구르를 통한 서방 지역과의 연결은 오랫동안 장안에 거주하던 호객胡客, 즉 소그드 상인의 본국 귀환과 관련해서도 논의된 바 있었다. 787년 7월 재상 이필李泌은 위구르와의 통교를 전제로 당에 장기 체류하고 있는 소그드 상인을 지원하는 데 너무나 큰 비용이 발생한다는 사실을 지적했다. 소그드 상인을 본국으로 귀환시키겠다는 그의 의지는 대단히 강력했는데, 이는 위구르를 경유하는 교통로가 열리지 않는다면 해로를 통해서라도 귀국시키겠다고 한 데서도 확인된다. 그러나 장안에 머물던 소그드 상인들이 귀국을 거부했을 뿐만 아니라 덕종이 위구르를 고립시키겠다는 뜻을 고집해 이 일은 더 이상 진행되지 못했다.[5]

이필은 토번에 대응하기 위해 둔전屯田 설치를 논의하는 과정에서도 위구르와 대식, 운남雲南과 연계해 토번을 포위하자고 했다. 이런 포위망을 구상한 것은, 787년 4월 토번과의 회맹 시도가 실패하고[6] 토번에 포섭된 운남이 수탈에서 벗어나기 위해 당에 귀속하고 싶다며 사신을 보낸 일과도 관련되었다.[7] 그러나 덕종은 여전히 이필의 주장을 받아들이지 않았고, 787년 8월 토번이 농주隴州(지금의 산시성陝西省 톈수이

5 『資治通鑑』卷232 德宗 貞元3(787)年條, p. 7493.

6 위의 책, p. 7485; 787년 평량平凉의 위맹僞盟이 실패의 원인이었다고 본 입장도 있다. 佐藤長, 『古代チベット史研究』上·下, 東洋史研究會, 1958/1959, pp. 638~651 참조. 이와 달리 평량의 위맹이 덕종이 위구르와의 화친을 받아준 중요한 원인이었다고 설명하기도 한다. 馬大正, 「公元650~820年唐蕃關係述論」, 『民族硏究』 1989-6, p. 77. 덕종 시기의 번진 정책과 관련된 토번 및 위구르 대책은 다음의 연구를 참조. 조종성, 『唐 德宗의 국가 운영과 帝國 재건』, 2023년 서울대학교 박사학위 논문.

7 『資治通鑑』卷232 德宗 貞元3(787)年條, p. 7480.

현千水縣과 간쑤성 화팅현華亭縣 지역)를 공격했을 때[8]도 위구르 사신으로 온 뵉 초르 타르칸 탈루이(카) 셍귄Bög čor tarqan talui(qa) seŋün(묵철달간다람[갈]장군墨啜達干多攬[葛]將軍), 알프 퀼 타르칸Alp kül tarqan(합궐달간合闕達干)의 화친 요구를 받아주지 않았다.[9]

이필은 위구르와 연계하려던 자신의 주장이 좌절되자 사임을 청했다. 그러면서도 토번에 대응하기 위한 군마를 수급하려면 위구르와 손을 잡아야 한다고 덕종을 재차 설득했다.[10] "**위구르와 화친하면 토번이 감히 우리 변경을 넘보지 못할 것입니다**"[11]라면서 운남, 대식, 천축天竺(인도) 등으로 이어지는 대토번 포위망을 구축하는 데 위구르와의 연합 전선이 중심이 되어야 한다고 말했다. 덕종은 이필의 거듭된 설득과 위구르가 제시한 다섯 가지 화친 조건을 확인한 뒤에야 비로소 의심을 풀고 관계 개선을 허락했으며[12] 위구르의 청혼도 받아들였다. 곧이어 위구르에 함안공주咸安公主를 보내주기로 했다. 덕종은 위구르에서 사신으로 온 알프 퀼 타르칸에게 공주를 보여주고, 그 모습을 그린 그림을 카간에게 보냈다. 이후 혼인 절차가 급속히 진행되었고, 위구르가 원했던 호시의 개설도 수용되었다.[13] 덕종이 이런 파격적 조치를 한 것은 위구르의 화친 조건이 입맛에 맞았기 때문이다.

위구르는 화친을 위해 ① 당에 칭신稱臣, ② 카간이 덕종에게 칭자

8 『資治通鑑』 卷233 德宗 貞元3(787)年條, p. 7501.

9 『舊唐書』 卷195 「迴紇」, p. 5208.

10 『新唐書』 卷217上 「回鶻上」, p. 6123.

11 위와 같음.

12 『資治通鑑』 卷233 德宗 貞元3(787)年條, p. 7506.

13 『新唐書』 卷217上 「回鶻上」, p. 6123.

稱子, ③ 매번 파견되는 사신 숫자를 200명으로 제한, ④ 호시에서 교환하는 말의 수량 제한, ⑤ 중국인이나 소그드 상인과 함께 위구르로 출경 금지 등을 제시했다.[14] 이는 위구르가 과거 7세기 말 하서에서 당에 복속되어 기미 지배를 받을 당시의 약속에 따른 것으로 750년대 후반부터 누렸던 권익을 포기하는 것이었다. 카간이 황제에게 칭신이나 칭자를 하는 것은 정략적 명분에 불과하나, 경제적 이익과 관계된 사신 숫자와 호시 교역량 제한은 위구르의 입장에서는 쉽지 않은 결정이었다. 양국 간 최고 현안이었던 소그드 상인까지 포함한 것은 위구르가 실질적 이익의 감소를 감수하겠다는 의미였다. 그만큼이나 위구르에게 당과의 관계 회복은 절실한 문제였다.

화친 직후에 말의 값으로 5만 필의 비단을 받았다는 데서 위구르의 다급한 경제 상황을 짐작해볼 수 있다.[15] 당의 사신이 위구르에 파견갈 때마다 불법으로 비단을 가지고 가서 무역을 했다는 기록도 위구르의 경제적 욕구를 잘 보여준다.[16] 공식적 관계가 악화된 상황에서는 밀무역密貿易을 통해서라도 욕구를 해소하고자 했던 것이다. 이런 상황에서 성사된 양국의 혼인은 대단히 큰 경제적 기회였다.

함안공주를 맞이하기 위해 카간의 누이인 쿠틀룩 빌게Qutluɣ bilge(골돌록비가骨咄祿毗伽) 공주와 대신의 부인들, 국상 에디즈 투툭Ediz tutuq(혈질도독跌跌都督) 이하 1000여 명의 대규모 사절이 당에 왔다. 카간은 용맹분상지혜장수천친 카간勇猛分相智慧長壽天親可汗으로, 공주는

---

14 『資治通鑑』卷233 德宗 貞元4(788)年條, pp. 7515~7516.

15 위와 같음.

16 『冊府元龜』卷654「奉使部 廉愼」, p. 7837.

효순단정지혜장수 카툰孝順端正智慧長壽可敦으로 책봉되었다.[17] 이를 통해 위구르는 당과 구서 관계를 회복했다. 이어서 위구르는 국호를 '회흘回紇'에서 '**회골回鶻**'로 바꾸겠다고[18] 상주했다. 이 역시 당과의 관계에서 더 많은 지원을 받아내기 위해서였다. 위구르는 최대한의 이익을 관철하기 위해 다방면의 노력을 기울였다.

양국의 화해 움직임에 대응해 788년 7월 몽골 동부에 있던 해와 실위 등이 진무군에서 함안공주를 맞으러 갔던 사절단을 공격하고 에디즈 투툭 등을 살해했다.[19] 이는 780년대에 고립 상태에 있었던 위구르가 내부적으로 강력한 지배력을 갖지 못했음을 보여주는 일로, 위구르가 왜 그렇게까지 당에 저자세를 보이며 관계를 회복하려 했는지를 짐작하게 한다.

토번 역시 양국의 밀착에 민감하게 반응했다. 당과 위구르의 혼인이 성사되자 당의 변경에서 무력시위를 했다. 그러나 토번의 이런 움직임은 당에 별다른 압박이 되지 못했고, 오히려 위구르와 당의 관계를 더욱 긴밀하게 만들었다. 이 무렵 위구르 사절은 덕종에게 "이전에는 형제였는데 지금은 사위가 되었으니 아들입니다. **만약 토번이 중국의 화가 된다면 아들이 마땅히 아버지를 위해 그들을 없애버리겠나이다**"라고 했다. 이는 혼인 이후 양국의 군사적 연합까지도 고려한 언급이었다.[20] 이런 약속까지 한 위구르는 북정과 당을 잇는 교통로에서 토번을

---

17 『資治通鑑』卷233 德宗 貞元4(788)年條, pp. 7515~7516.

18 제1편 주155 참조.

19 주17 참조.

20 『資治通鑑』卷233 德宗 貞元4(788)年條, p. 7515.

방어하고 안전을 유지하기 위해 군사적 대응을 하려고 했다. 이는 위구르가 당과의 관계를 유지하면서 다른 한편으로 발전을 도모하는 새로운 계기가 될 수 있었다.

2. 북정 재진출(789~791)과 지배 집단 야글라카르의 내분

787년 당은 위구르와의 화의를 통해 개설한 회골로를 이용해 북정과 안서로 이어지는 교통로를 연결했다. 한편 위구르는 북정에서 몽골 초원을 거쳐 중국으로 이어지는 교통망의 안전을 유지하기 위해 북정 주변에 있던 유목 세력인 사타 돌궐沙陀突厥을 이용했다. 군대를 파견하기보다는 문제가 발생했을 경우에만 군대를 동원하는 방식으로 통제했다. 이렇게 해서 위구르는 비로소 막북 초원을 벗어나 서방의 톈산산맥 주변의 오아시스와 초원으로 진출할 수 있었다. 이는 그동안 당에만 의존했던 물자 구득 경로를 다변화하는 기회였다.[21]

위구르는 교통로의 운영과 안정 확보에 필요한 비용을 주변의 오아시스나 소규모 유목 세력에게서 통행세 성격의 '**공납**'을 받아 충당했다. 위구르가 가렴주구苛斂誅求를 했다는 기록에서 알 수 있듯이, 여기서 많은 이익이 발생했으리라 짐작할 수 있다.[22] 오아시스나 유목 세력은 점차 이를 감당하기 어려워지자 위구르에 강력하게 저항했다. 이러한 저항은 가렴주구뿐만 아니라 위구르가 내부 문제로 이를 제대로 관리하지 못했기 때문이기도 하다.

---

21 陳俊謀,「唐代回紇路的開通及其影響」, 張志堯 (主編),『草原絲綢之路與中亞文明』, 新疆美術攝影出版社, 1994, pp. 34~41.

22 『資治通鑑』卷233 德宗 貞元5(789)年條, p. 7520.

787년에 당과 관계를 개선하고, 함안공주가 위구르에 온 지 얼마 지나지 않은 789년[23]에 알프 쿠틀룩 빌게 카간이 사망했다.[24] 카간의 사망으로 위구르는 일시적으로 주변에 통제력을 행사하기 어려워졌다. 이어 판 퀼 테긴Pan kül tegin(판관특근判官特勤 또는 반관특근泮官特勤)인 탈라스Talas(다라사多羅斯)가 즉위하자 당에서 그를 텡그리데 볼미쉬 퀼뤽 빌게 [충정] 카간Teŋride bolmïš külüg bilge qaγan(등리라몰밀시구록비가[충정]가한登里囉沒密施俱錄毗伽[忠貞]可汗, 재위 789~790, 이하 충정 카간忠貞可汗으로 약칭)으로 책봉했다.

카간 교체기를 틈타 789년 카를룩과 백복 돌궐白服突厥이 위구르를 공격했는데, 이는 가혹한 공납 요구에 대한 저항이었다. 이들은 토번과 연합하여 당의 관리가 통제하던 북정도 공격했다.[25] 이 공격으로 위구르로 연결되는 교통로의 안전이 위협받았을 뿐만 아니라, 북정과 안서 지역에 대한 당의 통제도 어려워졌다. 다급해진 충정 카간은 당과의 약속에 따라 북정을 방어하기 위해 12월에 대상大相인 힐간가사頡干迦斯를 북정으로 보냈다. 위구르의 1차 원정은 토번이 북정을 포위 공격하자 북정 주민이 모두 항복하고 절도사 양습고楊襲古마저 서주西州(지금의 신장위구르자치구 투르판吐魯番 지역)로 옮겨 감에 따라 실패로 끝났다.[26]

가렴주구로 인심을 잃은 상황에서 제대로 된 대응이 어려워지자 북정으로 갔던 힐간가사가 급거 돌아왔다. 그의 빠른 귀환은 또다시 발

---

23 위의 책, p. 7516.

24 『舊唐書』 卷195 「迴紇」, p. 5208.

25 『資治通鑑』 卷233 德宗 貞元5(789)年條, p. 7520.

26 『舊唐書』 卷195 「迴紇」, p. 5209.

생한 카간 계승 분쟁을 수습하기 위해서이기도 했다. 이때 위구르 카간정에서는 충정 카간의 카툰인 예 공주(소가둔엽공주少可敦葉公主, 복고회은의 손녀)가 카간을 살해하자 이에 반발해 충정 카간의 동생이 자립했는데, 동생마저 차상次相에 의해 죽임을 당하고 다시 충정 카간의 어린 아들인 아 초르A Čor(아철阿啜)가 추대되는 등 내분이 폭발했다.[27]

힐간가사가 북정에서 바로 회군해 막북 초원의 카간정 근처로 돌아오자 새로 옹립된 어린 카간과 차상이 직접 교외까지 나와 정변의 시말과 새로운 카간의 즉위 등을 설명했다. 어린 카간은 자신의 생사여탈에 대한 처분을 힐간가사에게 맡기고 그를 아버지로 모시겠다면서 선물로 받은 당의 기물들을 바쳤다. 이전부터 카간정 내에 강력한 세력을 확보하고 있었던 힐간가사는 어린 카간에게 신하의 예를 표하고 받은 물품들을 부하들에게 나누어 주며 상황을 수습했다.

힐간가사는 바로 당에 사신을 보내 새로운 카간이 쿠틀룩 빌게[봉성] 카간Qutluγ bilge qaγan(골돌록비가[봉성]가한汨咄祿毗伽[奉誠]可汗, 재위 790~795, 이하 봉성 카간奉誠可汗으로 약칭)으로 책봉받도록 했다.[28] 그는 내분을 수습하고 어린 봉성 카간의 섭정이 되어 권력을 장악한 다음 다시 북정으로 원정을 갔다. 2차 원정도 성공하지 못했으나 서주로 철수했던 북정절도사 양습고를 죽이고 그곳을 차지했다. 카를룩이 북정 인근의 부도천浮圖川 지역을 점령하자 힐간가사는 다시 초원으로 철수했다.[29]

---

27 위와 같음.

28 위와 같음.

29 『資治通鑑』卷233 德宗 貞元6(790)年條, p. 7522.

791년 8월에 위구르는 다시 북정을 공격해 토번에 동조한 카를룩을 격파하고 이곳을 점령했다. 위구르의 승리는 토번의 대수령 상결심尙結心을 잡아 당에 보낸 것을 통해 알 수 있다.[30] 이후 위구르는 토번과 대결해 북정을 차지했을 뿐만 아니라 완전한 지배권도 확립했다.[31] 나아가 토번과 경쟁을 벌이면서 톈산산맥 주변 지역을 경영할 수 있었다. 토번이 북쪽에 큰 신경을 쓰지 못하고 위구르에게 톈산산맥 북방 지역을 넘겨준 것은 운남이 배후를 공격하는 등 당의 토번 포위 정책이 어느 정도 성공을 거둔 결과이기도 했다.[32] 위구르는 회골로 개통을 뒷받침하기 위해 벌인 북정 공격으로 톈산산맥 주변을 확보하고 토번을 견제하면서 새로운 발전의 기회를 마련할 수 있었다.

3. 쿠틀룩의 북정 점령과 집권(791), 그리고 에디즈로의 지배 집단 교체(795)

한문 기록에는 위구르의 북정 탈환에 대해 791년 3차 원정에서 위구르가 승리를 거두었다는 내용이 있을 뿐이다. 누가 이를 지휘했는가는 밝히지 않았다. 비문 기록에는 한문 기록에서 790년까지만 언급되는 힐간가사와 같은 역할을 한 인물이 나오는데, 그는 795년에 야글라카르 출신이 아니면서도 카간이 된 에디즈 출신 쿠틀룩Qutluγ(골돌록骨咄祿)이었다. 3차 북정 원정을 지휘한 인물이 이후 집권해 카간이 되었다는

30 『舊唐書』 卷195 「迴紇」, p. 5210.

31 森安孝夫, 「增補: ウイグルと吐蕃の北庭爭奪戰及びその後の西域情勢について」, 流沙海西奬學會 (編), 『アジア文化史論叢 3』, 山川出版社, 1979, pp. 209~231.

32 『資治通鑑』 卷234 德宗 貞元8(792)年條, p. 7522.

점에서 관련 기록을 정확하게 검토해볼 필요가 있다.

790년 2차 북정 원정을 지휘했던 힐간가사에 관해서는 이후 별다른 기록이 없다. 그가 죽었다고도 볼 수 있으나,[33] 그의 행적을 살펴보면 줄곧 북정 진출과 관련이 있고 795년 봉성 카간 사망 이후 카간이 된 쿠틀룩과도 연결된다.[34] 790년대에 등장했던 두 인물은 똑같은 행적을 보일 뿐만 아니라 한문 기록과 비문 자료를 연결해보면 동일인일 가능성이 크다.[35] 789년 1차 북정 원정을 이끈 힐간가사에 관한 한문 기록을 보면, 그는 이미 알프 쿠틀룩 빌게 카간 즉위 초부터 활동하고 있었다.[36] 782년 토둔 사건을 해결하려고 원휴가 위구르의 카간정을 방문했을 때 이미 그는 재상이었다. 다른 기록에서는 그를 '힐우가사頡于迦斯'라고 기록해 '힐간가사頡干迦斯'와 다른 인물로 볼 수도 있으나 이는 단지 '간干'과 '우于'를 혼동하여 잘못 표기한 것일 뿐이다.[37] 한문 기록에

---

33 힐간가사와 쿠틀룩이 동일인임을 부정하고, 정변 과정에서 쿠틀룩이 힐간가사를 살해했기 때문에 그에 대한 기록이 없어졌다고 보는 견해도 있다. 薛宗正, 『吐蕃王國的興衰』, 民族出版社, 1997, p. 154.

34 『新唐書』 卷217上 「回鶻上」, p. 6126.

35 安部建夫, 『西ウイグル史の研究』, 彙文堂書店, 1958, pp. 191~192; 山田信夫, 「九姓回鶻可汗の系譜 — 漠北時代ウイグル史覺書 1」, 『北アジア遊牧民族史研究』, 東京大學出版會, 1989, p. 114.

36 『舊唐書』 卷127 「源休」, p. 3574.

37 이미 혼동된 기록을 검토한 연구도 있다. Hilda Escedy, "Uigurs and Tibetians in Pei-t'ing(790~791 A.D.)", *Acta Orientalia Academiae Scientiarum Hungaricae* v.17-1, 1964, pp. 97~99; Colin Mackerras, *The Uighur Empire According to the T'ang Dynastic Histories: A Study in Sino-Uighur Relations 744-840*, Australian National Univ. Press, 1972, p. 155. 기록을 혼동한 사례로 『당회요』에서 790년 대장군 힐우가사가 토번을 공격했다가 돌아오지 않았다고 한 것을 다른 곳에서 힐간가사가 한 일이라고 기록한 것을 들 수 있다. 『唐會要』 卷98 「回鶻」, pp. 1746~1747.

는 이 두 글자를 혼용한 사례가 많다. 따라서 앞선 시기에 나온 힐우가사와 이후 나온 힐간가사가 동일인임을 확인해볼 필요가 있다.

먼저 힐우가사 또는 힐간가사라는 기록이 과연 인칭인가 관칭인가를 살펴보면, 한문 기록에는 위구르 관련 인물에 대한 정확한 정보가 없고 인칭과 관칭을 혼동하여 같은 인물을 인칭 또는 관칭으로 다르게 기록한 경우가 많다. 이를 염두에 두고 힐간가사와 힐우가사를 살펴보면, 기록의 오류임을 분명히 알 수 있다. 이를 확인하기 위해 고대 투르크어로 전사하면, 힐간가사가 아니라 힐우가사라고 표기해야 한다. **힐우가사頡于迦斯**는 고대 투르크어 '**일 위게시il ügesi**' 또는 '엘 위게시 el ögesi'의 중국어 전사이다. 고대 투르크어에서 [il/el(국가國家)] + [üge/öge(고문顧問, 장관長官)] + [si(명사 수식 어미)]는 '나라의 장관 내지는 고문'이라는 뜻이다.[38] 또한 일 위게시(혼란을 피하려 관습적으로 통용되는 전사에 따라 표기)는 한문 기록에 따르면 '국상國相', '재상宰相' 또는 '대상大相' 등의 용례와 연결된다.[39] 힐우가사, 즉 일 위게시는 한문 기록에서 국상, 재상, 대상 등 관칭 앞에 붙어 있는 것이 상례이다. 이는 힐우가사가 원래 보통명사인데 당이 이를 정확히 알지 못해 마치 인명처럼 오인해 기록했음을 뜻한다.

---

38 Sir Gerard Clauson, *An Etymological Dictionary of Pre-Thirteenth-Century Turkish*, Oxford Univ. Press, 1972, p. 101, p. 121; Ahmet Cafesoğlu, *Eski Uygur Türkçesi Sözlüğü*, İstanbul : Enderun Kitabevi, 1993, p. 63.

39 힐우가사에 대해서는 다양한 기록이 남아 있다. 781년에 재상宰相(『舊唐書』 卷127 「源休」, p. 3574), 789년에 대상大相(『資治通鑑』 卷233 德宗 貞元5(789)年條, p. 7520; 『舊唐書』 卷195 「迴紇」, p. 5209; 『冊府元龜』 卷444 「將帥部 陷沒」, p. 5274), 789년에 대장大將(『冊府元龜』 卷663 「奉使部 羈留」, p. 7937), 790년에 대상大相(『舊唐書』 卷13 「德宗 本紀下」, p. 370), 790년에 대장군大將軍(『唐會要』 卷98 「回鶻」, p. 1747) 등으로 기록되어 있다.

또한 힐간가사가 위구르 카간정에서 했던 중요한 역할을 통해 그와 쿠틀룩이 동일인임을 알 수 있다. 한문 기록에 따르면, 쿠틀룩은 본래 에디즈 출신으로 어린 나이에 고아가 되었다가 대수령의 양육을 받아 성장했다.[40] 그는 판단력과 무예가 뛰어나 알프 쿠틀룩 빌게 카간 시대 이래 여러 번 군대를 지휘했고 수령들로부터 존경을 받아 이후에 카간으로 자립했다.[41] 이에 대해서는 비문 기록도 비슷하게 설명했다.

> 카간이 재형宰衡의 지위에 있을 때 여러 상相과 아주 달랐다. 태어날 때에도 상서로운 기상이 두드러졌다. 어릴 때부터 성인이 되어서까지 재능과 담력이 탁월하고 무예에 뛰어났다. 장막 아래에서 작전 계획을 세워 1000리나 떨어진 곳에서도 승리를 거두었다. [됨됨이가] 따뜻하고 부드러우며 은혜를 베풀어 사람들을 교화했다. [또한] 백성을 어루만져 길렀다. 세상의 모범이 되어 나라를 다스리니 공적을 이루 헤아릴 수 없었다.[42]

두 기록 모두 그의 탁월한 능력과 훌륭한 마음가짐, 그리고 북정 원정의 성과를 다뤘다. 한문 기록에서 쿠틀룩을 그 이전에 기록할 수 없었던 것은 795년 카간이 된 다음에야 비로소 그의 이력이 알려졌기 때문이다. 카간이 되기 전에 그는 상 또는 장군이라 불렸고, 알프 쿠틀룩 빌게 카간 시기 이래 군대를 지휘했다는 정도만 알 수 있다. 이는 북정에 진출한 이후 한문 기록에서 사라진 힐우가사에게 붙었던 재상, 대

---

40 『新唐書』 卷217上「回鶻上」, p. 6126.

41 『資治通鑑』 卷235 德宗 貞元11(795)年條, p. 7568.

42 《九姓回鶻可汗碑文》(XIII) 可汗宰衡之時與諸相殊異爲降誕之際禎祥奇特自幼及長英雄神武坐籌帷幄之下決勝千里之處溫柔惠化撫育百姓因世作則爲國經營筭莫能紀.

상, 대장군 등의 관칭과 연결된다. 권력을 장악한 이후에 그를 힐우가사라고 하지 않은 것은 그가 789년 계승 분쟁을 해결한 다음에 섭정이 되었기 때문이다. 이전 힐우가사의 관칭이 쿠틀룩과 대응할 뿐만 아니라 같은 의미였다는 점에서 둘은 동일 인물이다. 쿠틀룩의 즉위에 대한 비문 기록을 통해서도 이를 확인할 수 있다.

> 쿠틀룩 빌게 카간(봉성 카간)이 지위를 계승했는데, 천성이 편안하고 낙천적이었다. [그가] 사망한 다음 텡그리데 울룩 볼미쉬 알프 쿠틀룩 퀼뤽 빌게 카간(쿠틀룩, 회신 카간懷信可汗)이 [지위를] 계승했다. [그 이]전에 알프 빌게 카간(쿠틀룩, 회신 카간)이 등극하지 않은 상태에 있을 때 여러 왕 중에서 가장 나이가 많았다. 도독, 자사, 내·외재상, 친국□관親國□(사마司馬?)官 등이 아뢰기를 "텡그리 카간(쿠틀룩 빌게 카간)이 팔짱을 끼고 아무것도 하지 않으면서 보위에 있는데도 보필하는 것이 제대로 이루어졌습니다. 지금 알프 빌게 카간께서는 **정치를 보좌하는 재능을 바다와 같이 [넓고] 산과 같이 [높게] 갖고 계십니다. 국가의 체모는 커지고 법령은 모름지기 분명해졌습니다.** 특히 천은을 바라니 신들이 청한 바를 윤허해주시옵소서"라고 했다.[43]

쿠틀룩이 즉위 이전 여러 왕 중에서 가장 나이가 많았다는 점은 그가 카간정에서 이전부터 활동했음을 보여주며 그의 영향력이 상당히

43 《九姓回鶻可汗碑文》(XI) 汨咄祿毗伽可汗嗣位天性康樂崩後 登里羅羽綠沒蜜施合汨咄祿胡祿毗伽可汗繼承 (XII) 前合毗伽可汗當龍潛之時于諸王中最長都督刺史內外宰相親國□(司馬?)官等奏日 天可汗垂拱寶位輔弼須得今合可汗有佐治之才海岳之量國家體大法令須明特望 天恩允臣等所請.

켰음을 짐작하게 한다. 또한 섭정을 했다는 내용은 앞서 봉성 카간이 북정에서 돌아온 일 위게시에게 카간 즉위를 인정받고 아버지로 모시겠다고 한 것과도 연결해볼 수 있다.[44] 쿠틀룩은 어린 나이에 카간으로 추대된 봉성 카간을 인정하기보다는 정권을 장악하고 섭정이 되었다. 양자가 동일인임을 확증하는 근거는 일 위게시가 거둔 북정 원정 성공을 다음과 같이 쿠틀룩의 업적으로 다루었다는 점이다.

> 다시 카를룩과 토번이 연합해 쳐들어왔다. 에디즈[跌跌](쿠틀룩)가 군대를 이끌고 균갈호匀曷戶에서 대적했다. [그의] 지모는 크고 선견지명이 있다.[45]

이를 한문 기록과 연결하면 카를룩과 토번이 연합한 북정을 공격한 이는 일 위게시이다. 그리고 비문 자료에 따르면 이 원정을 지휘한 사람은 쿠틀룩이다. 즉 한문 기록의 일 위게시(힐우가사)와 쿠틀룩이 같은 사람이다. 쿠틀룩은 인명이고 일 위게시는 알프 쿠틀룩 빌게 카간 시기 이래 그가 섭정이 될 때까지 사용한 관칭이었다. 한문 기록에서는 같은 의미를 중복해서 재상 힐우가사라고 했는데, 단어의 뜻을 정확히 알지 못해 마치 뒤에 나오는 힐우가사를 인명처럼 기록한 것이다. 또한 필사 과정에서의 착오로 힐우가사를 힐간가사라고 적기도 했다.

그는 이미 알프 쿠틀룩 빌게 카간 시기부터 일 위게시, 즉 재상이었고 791년 이후 섭정으로서 권력을 장악했다. 고아로 야글라카르 집

44 『舊唐書』 卷195 「迴紇」, p. 5209.

45 《九姓回鶻可汗碑文》(XIV) 復葛祿與吐蕃連入寇 跌跌偏師于匀曷戶對敵智謀弘遠.

안에서 성장하여 알프 쿠틀룩 빌게 카간을 도우며 일 위게시의 자리에까지 오른 그는 780년 정변 이후 대내외적인 어려움 속에서 위구르의 안정을 위해 노력했다. 또한 780년대 키르기스 원정을 주도해 키르기스 카간을 죽이고 재물을 모두 약탈해 일 위게시로서의 능력을 인정받았다. 이는 알프 쿠틀룩 빌게 카간 시기 위구르가 어려움을 극복하는 중요한 계기가 되어 비문 기록에서도 중요하게 다루어졌다. 그는 이런 성과를 바탕으로 군사권을 장악할 수 있었다.[46]

이후 쿠틀룩이 카를룩과 토번의 공격을 막기 위해 북정에 1차 원정을 나갔다가 실패하고, 이어 791년에 2차 원정을 나가 탈환한 것[47]도 그의 능력을 보여주는 중요한 계기가 되어 다음과 같이 기록되었다.

> 북정이 반은 함락되고 반은 포위되었다. 텡그리 카간(쿠틀룩)이 친히 대군을 지휘해 원흉을 토멸하고 다시 성읍을 회복했다. 온 세상의 백성들과 생물 중에서 착한 것을 어루만져 키우고 나쁜 것을 없애버렸다. 마침내 사막 세계의 여러 행인을 감언으로 꾀어 [정착하도록 했다?] 백성을 어루만져 길렀다.[48]

---

46 『新唐書』 卷217上 「回鶻上」, p. 6126.

47 『資治通鑑』 卷226 德宗 建中元(780)年條, p. 7288.

48 《九姓回鶻可汗碑文》(XV) 北庭半收半圍之次 天可汗親統大軍討滅元兇却復城邑食土黎庶含氣之類純善者撫育悖戾者屛除遂甘言以斌媚磧凡諸行人及撫育百姓. 이와 같은 복원 결과에 따라 '감언이무甘言以斌'라 옮기면 전후 문맥이 맞지 않는다. 따라서 '미적媚磧'을 사막 이름으로 보고 그 뒷부분을 "범제행인급우축산凡諸行人及于畜産"이라고 복원하고 '甘言以斌'는 공백으로 남겨두는 것이 더 타당하다. 程溯洛, 「釋漢文《九姓回鶻毗伽可汗碑》中有關回鶻和唐朝的關係」, 『唐宋回鶻史論集』, 人民出版社, 1994, pp. 113~114.

이와 같이 위구르는 원정 승리를 통해 북정까지 세력을 확대하여 당과 토번이 반분하던 서방 오아시스에 영향력을 행사했다. 이는 그동안 당에만 의존하던 위구르에게 새로운 '전기轉機'가 되었다. 이후 위구르는 막북 초원에 고립된 유목국가가 아니라 서방까지 진출한 유목제국으로 발전할 수 있었다. 이 과정에서 쿠틀룩은 어린 카간의 섭정으로서 카간정의 실권을 장악했다.

790년 쿠틀룩은 봉성 카간을 인정한 뒤 곧바로 당에 사신을 보내 책봉을 받아냈고, 말 판매 대금으로 비단 30만 필도 받았다.[49] 이는 위구르 내부의 경제적 욕구를 신속하게 처리해 자신이 카간이 될 수 있는 여건을 만들기 위함이었다. 그는 봉성 카간이 당에서 온 물품을 바치자 곧장 자신을 따르는 부족민에게 나누어 주었다. 유목 지도자가 자기 능력을 과시하는 전형적인 방식이었다.[50] 쿠틀룩은 795년 스무 살 남짓의 봉성 카간이 후사가 없는 상태에서 죽자 그를 이어 카간이 되었다. 이처럼 쿠틀룩은 5년 이상의 섭정을 거치며 자기 능력을 검증받고 카간이 되었다. 고아 출신이었던 그는 야글라카르를 모칭冒稱하면서도 그들을 약화시키기 위해 야글라카르 집안의 자제를 모두 당에 보내버렸다.[51] 그는 개인적 능력이 뛰어났지만, 자신을 정당화하기 위해 황금씨족의 정통성, 즉 '퇴뤼'의 확보도 중요하게 생각했다.[52] 비문 기록에서 쿠틀룩이 섭정 기간에 이룬 업적을 집중적으로 다룬 것도 이런 맥락에

---

49 『舊唐書』 卷195 「迴紇」, p. 5209.

50 위와 같음.

51 『新唐書』 卷217上 「回鶻上」, p. 6126.

52 하자노프, 김호동 (역), 『유목사회의 구조』, 지식산업사, 1990, pp. 206~207.

서였다. 정통성 문제는 비문을 세운 그의 후손들에게도 계속해서 중요한 문제였다.

쿠틀룩이 북정을 점령해 톈산산맥 주변으로 진출한 것은 위구르가 유목제국으로 발전하는 핵심적인 계기가 되었다. 앞서 흉노, 유연, 돌궐 등도 그랬듯이 서방 지역은 공납이나 물자의 획득뿐만 아니라 교통로 확보를 위해서도 중요했다. 몽골 초원에서 성립한 유목국가가 유목제국으로 발전하기 위해서는 중국에서 얻어낸 물자를 유통할 수 있는 '교통로'가 필수적이었다. 이는 오아시스 지역 주민의 입장에서도 마찬가지였다. 소규모 도시국가라는 취약한 상태를 극복하기 위해서는 유목 세력과 연계해 교역하고, 좀처럼 문호를 열지 않는 중국과도 교류할 여건을 만들어야 했다. 소그디아나 출신뿐만 아니라 톈산산맥 주변의 오아시스 주민들은 유목국가와 공생 관계를 유지하며 발전을 도모했다. 즉 유목국가와 오아시스는 한쪽을 잃으면 다른 한쪽도 존립에 문제가 생긴다고 할 수 있을 정도로 긴밀한 관계였다. 후한 시대 서역을 경략經略했던 반초班超(32~102)가 "서역 36국을 얻는 것은 흉노의 오른쪽 팔을 자르는 것이다"[53]라고 말했던 것도 같은 맥락이다. 중국은 이후 북위와 수당 시기에도 유목국가와 오아시스를 분리해 직접 경영하려고 했다. 당도 640년에 톈산산맥 주변으로 진출해 서주에 안서도호부, 북정에 북정도호부를 설치한 다음 791년까지 이를 유지했다.

위구르는 당과 함께 서부의 카를룩, 서남부의 토번을 밀어내고 새로운 발전을 모색했다. 막북 초원에서 벗어나 동서 교역에 적극적으로 참여할 수 있는 물적 기반을 마련한 것이다. 당은 하서와 농우 등 내지

---

53 『後漢書』 卷47 「班超」, p. 1575.

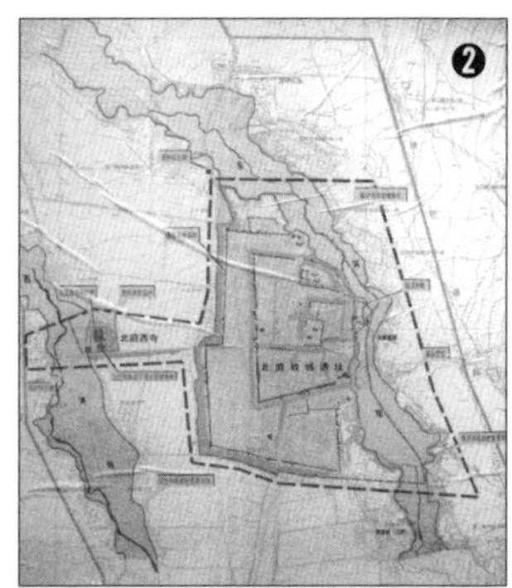

필자 촬영

(그림 2) 고창 위구르 시기 북정 고성 유적 북서 구역의 일부(❶)와 평면도(❷), 그리고 짐사르박물관에 있는 복원 모형(❸)

에 계속 공세를 취하던 토번은 공격했지만, 북정에 진출한 위구르는 인정해주었다. 멀리 떨어져 있고 오래전에 통제력을 잃은 북정과 안서를 위구르에 넘겨준 것을 그다지 심각하게 여기지 않았다. 서방과의 교통

(그림 3) 7세기 중반 이후 당의 중앙아시아 진출과 기미 지배

역시 위구르와 관계를 유지하면서 '회골로'를 이용하는 쪽을 택했다. 당 중기 이후로는 해상무역이 발달하면서 육상을 통한 교류의 비중이 줄어들었던 점 역시 영향을 미친 것으로 보인다.

위구르는 북정과 고창(투르판) 등지를 완전히 확보하고 이를 바탕으로 서방으로 더 나아가려고 했다. 8세기 중반 이후 동서 무역이 발전하면서 톈산산맥 주변 지역이 매우 중요해졌다. 더욱이 9세기에 접어들면서 중동 지역에서 아바스 왕조가 우마이야 왕조를 대체한 뒤 동방의 당과 서방, 비잔티움(동로마제국)과 왕래하며 무역을 크게 발전시켰다.[54]

---

54 山田信夫 (編), 『ペルシアと唐』, 平凡社, 1971, pp. 184~275.

그 여파로 오아시스뿐만 아니라 인근의 유목 지역까지 경제적 번영의 혜택이 직접 전달되었다. 1950년대부터 이루어진 카자흐스탄 발굴을 통해 초원에도 교역을 위한 소규모 식민 촌락이 늘어났음을 확인할 수 있었다.[55]

위구르는 서방의 오아시스에서 통행세 성격의 공납을 받던 수준을 넘어 교역의 이익을 독점하려 했다. 경제적 토대를 다변화하고 당에 대한 지나친 의존에서 벗어나고자 한 것이다. 이 지역에 대한 당의 지배력이 점차 후퇴하면서 위구르와 토번은 사활을 건 각축을 벌였다. 이 과정은 위구르가 지금까지와 달리 다양한 종족, 문화를 포괄하는 새로운 '**제국empire**'[56]으로 발전하는 기회가 되었다. 위구르는 당에서 서방으로 이어지는 '교역 체제'를 고도화하여 더욱 강력한 유목제국으로의 발전을 도모해나갔다.

---

55 서론 주16과 주17 참조.

56 Peter F. Bang, "Empire — a World History: Anatomy and Concept, Theory and Synthesis"; Walter Scheidel, "The Scale of Empire: Territory, Population, Distribution", Peter F. Bang · C. A. Bayly · Walter Scheidel (eds.), *The Oxford World History of Empire*, Oxford Univ. Press, 2021; 서론 주49 참조.

제2장

오아시스 경영과 대외 발전

1. 오아시스 경영, 그리고 당과의 견마무역 확대

795년 즉위한 쿠틀룩은 자신의 지위를 인정받기 위해 신속하게 당에 사절을 파견했다. 관례에 따라 책봉을 받기 위함이었다. 당은 그동안은 쿠틀룩이 어떤 인물인지 잘 알지 못하다가 이때가 되어서야 비로소 그에 대한 구체적 정보를 파악했다.[57] 790년대 초 위구르가 당과 연합 작전을 펼치던 도중 북정절도사 양습고를 살해하고 서주 및 북정을 차지한 것을 알았음에도[58] 당은 그를 텡그리데 울룩 볼미쉬 알프 쿠틀룩 퀼뤽 빌게 [회신] 카간Teŋride uluγ bolmïš alp qutluγ külüg bilge qaγan(등리라우록몰밀시합골돌록호록비가[회신]가한登里囉羽錄沒蜜施合汨咄祿胡祿毗伽[懷信]可汗, 재위 795~805, 이하에서는 회신 카간懷信可汗으로 약칭)으로 책봉했다.[59] 당에서

57 『新唐書』 卷217上 「回鶻上」, p. 6126.

58 『舊唐書』 卷195 「迴紇」, p. 5210.

59 위와 같음.

도 그와의 관계 악화를 원치 않았음을 짐작해볼 수 있다.

책봉 이후 796년에 회신 카간이 조공 사절을 한 차례 보낸 것을 제외하면 이후 별다른 기록이 없다.[60] 당 쪽에도 위구르와의 관계에 대한 기록이 없다. 위구르가 내부 문제로 당과의 관계에 신경 쓰지 못했다고 추정할 수도 있으나, 회신 카간은 카간이 되기 전부터 이미 일 위게시와 섭정의 지위를 맡아 권위를 인정받았고 북정 원정에서도 승리하는 등 능력을 보여주었기 때문에 심각한 내부 문제가 있었을 가능성은 크지 않다. 그는 카간 등극 과정에서도 내부의 지지를 받았고, 즉위 이후에 생길 문제들을 방지하기 위해 야글라카르 출신 자제들을 전부 당으로 보내버리는 등 체제 정비도 마무리했다. 따라서 접촉 기록이 없었던 것은 양국 관계의 악화를 뜻하는 것이 아닐까 추측해볼 수 있다.

당이 위구르의 도발에 대비하고 있었다는 기록을 통해 양국 사이에 긴장감이 감돌았음을 알 수 있다. 796년 9월 당은 이경략李景略을 풍주도방어사豊州都防禦使로 파견했다. 통상적 활동으로 볼 수도 있으나, 사실상 이는 위구르를 방어하기 위한 조치였다. 위구르의 공격을 우려하던 덕종은 이경략을 풍주豊州(지금의 네이멍구자치구 오르도스 서북부 지역)로 보내 2년 동안 군사적 대비를 충실히 하고 방어에 힘쓰도록 했다.[61] 797년 위구르는 토번이 통제하던 양주를 공격했는데, 이는 토번에 대한 견제였으나 당의 위기감을 키우기에 충분했다. 당은 위구르가 언제든지 변경을 약탈할 수 있다고 생각했다.[62] 방비를 서두른 당의 예

60 『舊唐書』 卷195 「迴紇」, p. 5210; 『冊府元龜』 卷972 「外臣部 朝貢五」, p. 11417; 『舊唐書』 卷13 「德宗 本紀下」, p. 385.

61 『資治通鑑』 卷235 德宗 貞元2(796)年條, pp. 7574~7575.

62 『資治通鑑』 卷237 憲宗 元和3(808)年條, p. 7652.

상과 달리 이후 양국 사이에 별다른 충돌은 없었으나 경제적 교섭 역시 없었다.

다른 한편으로, 회신 카간이 서방 진출에 좀 더 치중했기 때문에 당과의 접촉이 적었던 것으로도 볼 수 있다. 그가 재위했던 795년부터 805년까지 약 10년간 위구르는 지배 집단이 바뀌고, 새롭게 오아시스로 진출하는 등 큰 변화를 겪었다. 이 무렵 본격화된 오아시스로의 진출은 당을 배신하면서까지 추진할 만큼 중요했다.[63] 경제적 이익을 확보하기 위해서뿐만 아니라, 당의 후퇴에 따라 토번과 직접 대치하게 된 위구르는 전략적으로도 과거와 다른 상황에 놓여 있었다. 적대 세력인 카를룩이 토번과 연합하면 더 심각한 위협이 될 수 있었다. 이런 상황을 막기 위해서는 몽골 초원에서 서부로 진출하는 출구인 북정과 서주(투르판), 안서의 확보가 필수적이었다.

회신 카간의 서방 경영 상황을 밝혀줄 만한 구체적 기록은 존재하지 않는다. 비문 자료에는 쿠틀룩이 북정을 점령한 기록만 간단하게 남아 있을 뿐이다. 회신 카간의 서방 진출 범위는 몽골제국 시기 타림 분지에 있었던 위구르 왕가에 전해져 내려오는 '뵈귀 카간 전설'에 대한 연구를 통해 추정할 수 있다.[64] 앞선 연구들에 따르면 전설 속의 뵈귀

---

63 安部建夫, 『西ウイグル史の研究』, 彙文堂書店, 1958, p. 229.

64 이 연구들에서는 몽골제국 시기 '**뵈귀 카간 전설**'에 관한 세 가지 기록(알라 웃딘 아타 말릭 주베이니Alā al-Dīn Atā Malik Juvaini의 『세계 정복자의 역사*Tarīkh-i jahāngushā*』, 『고창왕세훈비高昌王世勳碑』, 『고창계씨가전高昌契氏家傳』)과 위구르 시기의 기록(《구성회골가한비문》과 한문 사료)을 비교해 '뵈귀 카간'의 실체를 회신 카간으로 추정했으며 《구성회골가한비문》에서 문제가 된 '천가한天可汗' 역시 회신 카간으로 보았다. 전설 속의 뵈귀 카간을 3대 뵈귀 카간으로 보는 연구도 있었으나 회신 카간으로 보는 것이 일반적이다. 安部建夫, 위의 책, pp. 169~199; 孟凡人, 「唐代回鶻控制北庭的過程」, 『北庭和高昌研究』, 商務印書館, 2020, pp. 180~183.

카간은 회신 카간으로 볼 수 있고, 그가 북정에서 톈산산맥 남부의 안서(쿠차Kucha)로, 북쪽으로는 발라사군Balasagun을 넘어 시르다리야 지역까지 진출했음을 알 수 있다. 그 사실 여부를 확인하려면 더 많은 사료가 보충되어야 하지만, 이러한 견해에 기초한다면 회신 카간이 이 지역들에 진출해 에디즈 위구르의 초기 카간권을 확립했음을 알 수 있다. 회신 카간이 확보한 전체 영역을 확인할 수는 없으나 당이 통제하던 안서, 북정, 서주 등을 차지했던 것은 틀림없다.

이즈음 위구르는 주요한 몇 개 도시를 제외한 톈산산맥 주변의 오아시스를 두고 토번과 쟁탈전을 벌였다. 회신 카간 사망 이후 그 뒤를 이은 퀼뤽 빌게Külüg Bilge(구록비가俱錄毗伽), 즉 아이 텡그리데 알프 퀼뤽 빌게 카간Ay Teŋride alp külüg bilge qaγan(애등리야합구록비가가한愛登里野合俱錄毗伽可汗, 재위 805~808)[65]이 쿠차를 공격한 토번과 전투를 벌인 기록을 통해 이러한 상황을 알 수 있다.

> 토번의 대군이 쿠차(구자龜玆)를 포위 공격했는데, 텡그리 카간(퀼뤽 빌게)이 군대를 이끌고 구원했다. 토번이 당황해 우쉬(우수于術)로 도망해 들어갔다. 사면을 모두 포위해 일시에 박멸했다. 시체 썩는 냄새가 사람이 견디지 못할 정도로 진동했다. 마침내 경관京觀을 쌓고, 나머지를 패배시켜 죽였다.[66]

---

65 아이 텡그리데 알프 퀼뤽 빌게 카간에게 당의 책봉명이 없는 것은 회신 카간 이후 관계가 냉각되면서 책봉이 이루어지지 않았기 때문이라고 추정할 수 있다.

66 《九姓回鶻可汗碑文》(XVI) 吐蕃大軍圍攻龜玆 天可汗領兵救援吐蕃落荒奔入于術四面合圍一時撲滅尸骸臭穢非人所堪遂築京觀敗沒餘燼.

아이 텡그리데 알프 퀼뤽 빌게 카간은 805년부터 808년 사이에 토번의 쿠차 공격을 물리치고 이곳에 대한 지배력을 유지했다. 이때까지도 위구르가 회신 카간 시기에 확보한 안서(쿠차)에 지배력을 행사하고 있었음을 알 수 있다.[67] 위구르와 경쟁하던 토번은 당이 약해지자 톈산 산맥 남쪽에서 당으로 이어지는 교통로와 그 동쪽의 하서를 지배했다. 토번은 줄곧 당의 견제를 받아 호시에도 직접 나설 수가 없었기 때문에 탕구트를 매개로 교역을 해왔다.[68] 당과 토번이 대립하는 사이에 위구르가 하서로 진출하려 하자 토번이 이를 막기 위해 사타 돌궐을 동원했다.[69] 토번은 위구르의 진출을 막으며, 하서와 쿠차 등에서도 계속 경쟁을 벌였다.

위구르는 회신 카간이 사망한 이후 당과 관계를 회복했다. 806년 **"마니(마니교도)가 비로소 사신으로 왔다"**[70]라는 기록을 통해 위구르가 사신을 파견했음을 알 수 있다. 그동안 소원했던 양국 관계는 회신 카간, 덕종과 순종順宗(이송李誦, 761~806, 재위 805)의 연이은 죽음, 헌종憲宗(이순李純, 778~820, 재위 805~820)의 즉위 등 어수선한 상황에서 재개되었다.[71] 카간이나 황제의 교체는 관계 변화의 중요한 기회로 위구르가 이런 시기에 사절을 보내는 것은 통상적인 일이었다.

---

67 서역을 중심으로 한 위구르와 대식(아랍), 토번의 관계는 다음을 참조. Christopher I. Beckwith, *The Tibetan Empire in Central Asia: A History of the Struggle for Great Power among Tibetans, Turks, Arabs, and Chinese during the Early Middle Ages*, Princeton Univ. Press, 1987, pp. 158~163.

68 黨誠恩·陳寶生 (主編), 『甘肅民族貿易史稿』, 甘肅人民出版社, 1988, p. 29.

69 『資治通鑑』 卷237 憲宗 元和3(808)年條, p. 7652.

70 『新唐書』 卷217上 「回鶻上」, p. 6126.

71 『冊府元龜』 卷965 「外臣部 封冊3」, p. 1353上; 『新唐書』 卷217上 「回鶻上」, p. 6126.

위구르의 사신으로 마니교도가 왔다는 것은 전에 없던 일이었다. 위구르의 지원을 받은 마니교도가 당에서 활동한 일은 많지만 사신으로 왔다는 기록은 없었다. 이는 당시 위구르의 오아시스 진출로 동서 무역이 활성화된 결과라고 볼 수 있다. 806년 마니교도가 사신으로 오자 당에서는 이들이 **백의·백관**을 했으며 "**그 법은 해가 지면 밥을 먹는데, 물을 마시고 채소를 먹으며 유제품을 멀리한다.** [위구르] 카간이 늘 나라의 일을 도모하는 사람들이다. 마니교도가 경사京師에 오면 매년 서시西市를 왕래했는데, 상고商賈가 이들과 결탁하니 간사하게 되었다"[72]라고 기록했다. 교리에 따라 금욕적인 생활을 하며 장안에 와서 상업 활동을 하는 마니교도의 모습에 주목했다.

마니교도가 내지까지 들어와 활동한 것은 교역뿐만 아니라 포교를 위해서이기도 했다. 위구르는 이들의 활동을 지원하기 위해 장안 이외에도 하남부河南府와 태원부太原府에 사원을 건축해달라고 요청했다.[73] 마니교도의 활동 거점을 삼부三府의 하나인 하남, 즉 낙양에 설치해달라고 한 것은 770년대 장강 지역에 사원 건설을 요구했던 것과 같은 맥락이었다. "**카간이 늘 나라의 일을 도모하는 사람들이다**"[74]라는 기록처럼 마니교도는 카간을 위해 봉사하는 중요한 관료 집단이었다. 카간이 마니교도를 중용한 것은 그들이 카간의 권력 강화에 필요한 물적 토대를 제공해줄 수 있었기 때문이다.

808년 2월 함안공주가 죽자 당과 위구르의 관계에는 새로운 전기

---

72 『新唐書』 卷217上 「回鶻上」, p. 6126.

73 『唐會要』 卷49 「摩尼寺」, p. 804.

74 『新唐書』 卷217上 「回鶻上」, p. 6126.

가 마련되었다.[75] 함안공주는 788년 결혼하여 위구르로 간 이래 21년 동안 형사취수兄死取嫂 관행에 따라 천친 카간, 충정 카간, 회신 카간 시기 내내 카툰으로 있었다. 화번공주로서 양국 간의 친선 관계를 상징하는 인물이었다.[76] 그러나 회신 카간 이후 10년간은 양국의 교류가 원만하지 않았기 때문에 별다른 역할을 하지 못했다. 함안공주 사후 위구르가 관례에 따라 당에 공주를 요구했는데,[77] 이것이 양국 간 외교적 교섭을 재개하는 명분이 되었다.

당은 위구르의 요구를 받아주지 않았다. 한 달이 지난 808년 3월에 텡그리 카간(아이 텡그리데 알프 퀼뤽 빌게 카간)이 죽고 새로운 카간이 즉위하자, 5월에 그를 아이 텡그리데 쿠트 볼미쉬 알프 빌게 [보의] 카간Ay Teŋride qut bolmïš alp bilge qayan(애등리라골몰밀시합비가[보의]가한愛登里囉汨沒蜜施合毗伽[保義]可汗, 재위 808~821, 이하 보의 카간保義可汗으로 약칭)으로 책봉해주었을 뿐이다.[78] 이후에도 당이 혼인 요구를 받아주지 않아 양국 관계는 위구르가 원하는 방향으로 전개되지 않았다. 호시가 열리지 않자 물자가 절실했던 위구르는 당에 군사적 압력을 가하려 했다. 813년에 당이 우려할 만한 작전을 벽제천에서 전개했고, 유곡柳谷(지금의 칭하이성青海省 젠자현尖紥縣 서북쪽에 있는 황허 남쪽 지역)에서도 토번을 공격한다며 작전을 벌여 당을 긴장시켰다.

공주를 보내달라는 요구도, 경제 관계를 강화하자는 제안도 받아

---

75 위와 같음.

76 崔明德, 「唐與突厥和親述論」, 『中央民族大學學报』 1992-3, pp. 196~199.

77 『唐會要』 卷6 「雜錄」, p. 77.

78 『新唐書』 卷217上 「回鶻上」, p. 6126.

들이지 않던 당은 위구르의 준동을 심상치 않게 느낄 수밖에 없었다. 어떻게 대응할지에 대해 서로 다른 두 입장이 대립했는데,[79] 예부상서禮部尙書 이강李絳이 변경의 다섯 가지 걱정거리와 함께 위구르와 혼인할 경우 얻는 세 가지 이익을 주장했다.[80] 가상의 적 위구르와 토번을 견제하고, 당의 영역을 유지하기 위해 변경에 군대의 배치를 늘리고 성곽을 보수해 방위력을 강화하자는 것이 그의 주장이었다. 그는 오로지 북적北狄(위구르)과 서융西戎(토번)의 연합 공격에 대한 방어 대책이 없는 것이 걱정이라 했다. 당이 위구르의 호시 개설 요구를 받아들이지 않는 상황에서 위구르가 토번과 연합하면 최악의 상황이 전개될 것이라는 우려였다.[81] 이강은 이를 해결하려면 위구르와의 혼인이 필요하다고 말했다. 혼인을 하면 화친을 통해 방비를 위한 시간적 여유를 얻을 수 있고, 북방의 위협을 없애 남방의 일에 치중할 수 있으며, 북적과 서융의 원한 관계가 깊어져 어부지리를 얻을 수 있으니 세 가지 이익이 있다고 했다. 이는 당이 위구르와 토번 사이에서 취했던 기존의 입장으로 복귀하자는 뜻이나 마찬가지였다. 이런 소극적 태도에 조정에서는 반대 의견을 냈다. 가장 큰 이유는 경제적 부담이 크다는 것이었다. 이에 이강은 혼인이 변방 방비보다 비용이 적게 든다며 헌종을 설득했다.[82]

당시 실권자였던 재상 이길보李吉甫(758~814)도 생각이 달라 이

---

79 810년대 당 조정에서 있었던 논의는 840년대에 위구르를 어떻게 처리할 것인가를 둘러싸고 벌어졌던 일, 소위 '우이당쟁牛李黨爭'과 비슷하다. 810년대 조정 내부의 논쟁을 이해하기 위해 840년대의 당쟁 내용을 참조할 만하다. 하원수, 「牛僧孺와 李德裕의 對外認識上의 差異와 그 背景」, 『위진수당사연구』 1, 1994, pp. 307~395.

80 『新唐書』 卷217上 「回鶻上」, pp. 6126~6127.

81 위의 책, p. 6127.

82 위와 같음.

를 받아들이지 않았다. 이길보는 위구르의 공격을 막기 위해 하주에서 천덕군으로 이어지는 곳에 있던 폐쇄된 관館 11곳을 다시 개통해 역참을 정비했다. 이와 함께 유주宥州(지금의 네이멍구자치구 어퉈커기鄂托克旗, 어퉈커전기鄂托克前旗, 우하이시烏海市 지역)를 복구하는 등 변방 방어에 주력했다.[83] 그러자 위구르는 태도를 바꿔 사신을 보내 화의를 청했다. 당은 여전히 혼인 비용을 걱정하며 위구르의 요구를 받아주지 않았다. 위구르는 사신 은유殷侑(767~838)를 위압했다가 다시 그의 의사를 존중하는 등 화친에 대한 강력한 의사를 전하기 위해 적극적으로 노력했다.[84]

당은 혼인 요구를 받아주지는 않았으나 위구르의 변화에 호응해 호시를 열어주었다. 이는 815년 토번에게 농주새隴州塞에서 호시를 허락한 것[85]과 비슷하게 이루어졌다. 호시 무역을 재개하면서 당은 815년에 수입한 말의 대가로 비단 15만 필, 816년 2월에 6만 필, 4월에 2500필을 위구르에 주었다.[86] 이렇게 교역이 재개되기는 했으나 참여 인원은 제한적이었다. 위구르뿐만 아니라 토번, 남조의 사신도 매회 30명 이하였고, 당에서 사신을 보내는 경우에도 10명 이하로 제한되었다.[87] 당은 호시와 조공 등으로 인한 경제적 어려움을 겪는 걸 원치 않았다.

이와 같이 위구르는 호시의 재개를 통해 교역을 다시 시작했으나

---

83 『舊唐書』 卷148 「李吉甫」, p. 3996.

84 『新唐書』 卷164 「殷侑」, p. 5053.

85 『資治通鑑』 卷239 憲宗 元和10(815)年條, p. 7720.

86 『冊府元龜』 卷999 「外臣部 互市」, p. 11727.

87 『唐會要』 卷97 「吐蕃」, p. 1737.

경제적 욕구를 모두 채울 수는 없었다. 당에서 얻어내는 물자는 820년까지 크게 늘지 않았다. 위구르가 서방으로 진출하여 동서 무역을 장악한다고 해도 당의 물자 지원이 원활하지 않으면 큰 이익을 얻을 수 없었다. 오아시스 경영 효과를 극대화하기 위해서는 당의 공주를 받아들여 위구르의 위상을 인정받고 당과의 관계를 안정적으로 유지해야 했다. 그러나 당은 계속 미온적 태도를 보였다. 위구르로서는 당의 제한을 풀고 물자를 확보해 '교역 국가'로 발돋움할 계기가 필요했다.

2. 820년대 당과의 화의와 서방 경략

820년대가 되면서 토번과 당의 관계에 중요한 변화가 나타났다. 그리고 이것이 위구르와 당의 현안이었던 화번공주 문제를 해결하는 실마리가 되었다. 토번에서 815년 깐보贊普(토번의 왕) 치데송첸Khri lde Srin Brtsan(지덕송찬墀德松贊, 804~815)[88]이 죽고 새롭게 등극한 치주데첸Khri Gtsug lde Brtsan(지조덕찬墀祖德贊, 816~838)이 그동안 유지하던 당과의 평화를 깨고 공격을 시작했다. 위구르는 이 기회를 이용해 10년 넘게 경제적 부담을 핑계로 차일피일 미뤄왔던 화번공주를 맞아들일 수 있었다. 820년 2월에 헌종은 위구르에서 사신으로 온 알프 타르칸Alp tarqan(합달간合達干)의 혼인 요구를 받아주었으나[89] 그 직후 헌종이 죽는 바람에 혼사가 이루어지지 못했다. 이어 즉위한 목종穆宗(이항李恒, 795~824, 재위 820~824)이 태화공주太和公主를 위구르 카툰으로 책봉

88 797년부터 815년까지 토번의 군주 깐보의 계보는 혼란스러운데 다음의 정리를 참고할 수 있다. 薛宗正, 『吐蕃王國的興衰』, 民族出版社, 1997, pp. 164~169.

89 『資治通鑑』 卷241 憲宗 元和15(820)年條, p. 7779.

하면서 통혼이 성사되었다. 위구르에서는 820년 2월 보의 카간이 죽고 4월에 즉위한 퀸 텡그리데 울룩 볼미쉬 알프 퀴췰뤽 빌게 [숭덕] 카간 Kün Teŋride uluɣ bolmïš alp küčlüg bilge qaɣan(군등리라우록몰밀시합구주록비가[숭덕]가한君登里邏羽錄沒蜜施合句主錄毗伽[崇德]可汗, 재위 821~824, 이하 숭덕 카간崇德可汗으로 약칭)이 책봉을 받았다.

숭덕 카간은 태화공주와의 혼인이 결정되자 그녀를 맞이하기 위해 2000명이 넘는 대규모 사절을 보냈다. 당은 이 가운데 500여 명만을 장안에 오게 하고, 나머지는 태원에 머무르게 했다.[90] 사절단의 규모에서 알 수 있듯이 788년과 마찬가지로 위구르는 당과의 혼인을 통해 많은 경제적 이익을 얻어내려 했다. 위구르는 답례로 낙타 털(타갈駝褐), 백금白錦, 백련白練, 초서구貂鼠裘, 압두자옥요대鴨頭子玉腰帶 등과 함께 말 1000필과 낙타 50두를 공물로 바쳤다.[91] 이런 대량의 공물은 반대급부에 대한 기대를 표하는 것이었다. 820년 당이 위구르와의 관계를 강화한 것은 토번을 견제하기 위해서였다. 821년 유원정劉元鼎의 다음과 같은 말에서 이를 확인할 수 있다.

> 위구르는 [우리] 나라의 어려움을 구해준 공이 있고, 또한 일찍이 조금의 땅도 침탈하지 않았는데 어찌 후하지 않겠습니까?[92]

그의 말처럼, 당이 토번과 위구르 중 하나만 선택해야 한다면 위구

---

90 『新唐書』 卷217下 「回鶻下」, p. 6129.

91 『唐會要』 卷98 「回鶻」, p. 1748.

92 『冊府元龜』 卷660 「奉使部 敏辯 2」, p. 7900.

르와 관계를 개선하는 편이 유리했다. 당은 위구르와 혼인 관계를 맺어 적대 관계가 되는 것을 막았고, 호시의 개설을 통해 부족한 말을 구매했다. 이를 바탕으로 토번을 견제하는 군사 동맹도 맺었다.[93] 6월에 토번이 청새보靑塞堡를 공격하자 염주자사鹽州刺史 이문열李文悅(?~834)이 이를 막았다. 위구르도 북정에서 1만 기, 안서에서 1만 기를 동원해 토번을 제압하고 공주를 맞겠다고 주청하는 등 동맹을 과시했다.[94] 822년 당의 배도裴度(765~839)가 유幽, 진鎭을 공격할 때 위구르 군대를 동원하려 했으나 조정에서 이를 받아주지 않았다. 동맹에 따라 군사 지원을 할 수도 있었으나 이전에 겪었던 위구르의 약탈에 대한 기억이 이를 저지했다. 당에서 위구르 군대를 동원한다는 것은 양국 간의 군사적 협력을 보여주는 일이었다. 당은 배도의 제안을 수용하지는 않았지만 그 대신에 위구르의 반발을 무마하기 위해 증백繒帛 7만 필을 주는 것으로 마무리했다.[95]

820년 당이 태화공주를 보내면서 808년 함안공주 사망 이후 끊어졌던 양국 관계가 공식적으로 복원되었다. 화번공주는 위구르 카간이 자신의 위상을 대외적으로 과시하는 방법이자 이를 매개로 동서 교역에 필요한 물자를 안정적으로 확보하는 수단이기도 했다. 위구르는 오아시스 경영에 절대적으로 필요한 비단을 당에서 얻어내면서 경쟁 관계였던 토번을 제칠 수 있었다.

---

93 견마무역은 당에게 큰 경제적 부담이었으나, 760년대 이후 마정馬政이 약화한 상황에서 군마 확보라는 현실적 이유로 계속되었다. 劉義棠, 「回鶻馬研究」, 『維吾爾研究』, 臺北 : 正中書局, 1977, p. 329.

94 『資治通鑑』 卷241 穆宗 長慶元(821)年條, pp. 7791~7792.

95 『新唐書』 卷217下 「回鶻下」, p. 6130.

당과의 관계를 강화한 위구르는 이후 서방 진출에 더욱 박차를 가했다. 이런 움직임은 보의 카간이 교통로상에서 무역에 종사하던 상인의 약탈을 막으려 원정을 나간 다음의 기록을 통해서도 알 수 있다.

> …… 백성과 도적들이 연합해 공물을 훼손했다. **텡그리 카간(보의 카간)이 친히 군대를 지휘해 크게 패배시켰고, 도망한 것을 추적해 시르다리야(진주하眞珠河)에 이르렀다. 인민을 포로로 잡은 것이 수만을 넘었고, 낙타, 말, 가축, 수레는 셀 수가 없었다. 나머지 백성이 와서 귀부했다.** …… (마모) …… 스스로의 잘못을 알고 애절하게 사면을 청했다. 텡그리 카간이 그 성의를 가상히 여겨서 그 죄를 용서해주었다. 마침내 그에게 왕을 주고, 백성에게는 생업으로 돌아갈 것을 명령했다. 이로부터 얼마 되지 않아 항복하고, 왕들이 스스로 조회에 참례해 방물方物을 바쳤다. 퇼리스 타르두쉬 샤드 타시르…….[96]

위구르는 서방으로 이어지는 교통로에서 도적이 대상 행렬을 약탈하는 것을 막기 위해 원정을 했고, 과거 서돌궐 지역인 시르다리야 상류의 오아시스를 공격해 이곳 왕들로부터 직접 조공을 받았다. 이와 같이 보의 카간은 과거 서돌궐이 지배하던 오아시스 지역까지 거대한 유목제국을 건설해나갔다. 이 과정에서 경쟁 상대인 토번과 카를룩 등을 제압했는데, 820년대 초에 있었던 원정에 대해 다음과 같은 기록이

---

96 《九姓回鶻可汗碑文》(XVII) □ □ □百姓與狂寇合縱有毁職貢 天可汗躬總師旅大敗賊兵奔逐至眞珠河俘掠人民萬萬有餘馳馬畜乘不可勝計餘衆來歸□ (XVIII) □ □ □自知罪咎哀請祈訴 天可汗矜其至誠赦其罪戾遂與其王令百姓復業自玆已降王自 朝覲進貢方物餘左右廂沓實力□ □ □ □.

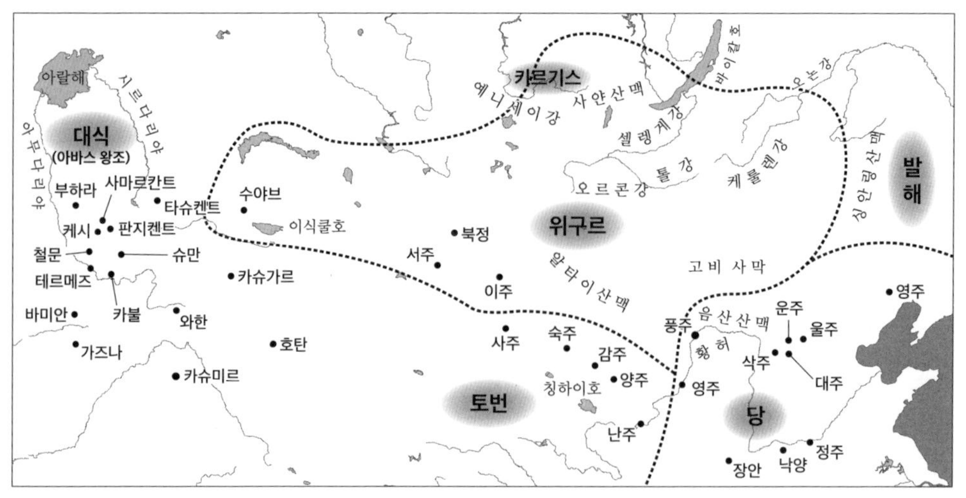

(그림 4) 830년대 위구르 유목제국의 지배 영역도

남아 있다.

> **카를룩과 토번을 공격해 정벌했다.** [그의] 깃발을 찢고 [그의] 목을 베었다. 도망한 것을 쫓아갔다. 서로 페르가나까지 이르렀다. 인민과 그 가축을 얻었다. [카를룩의] 야브구가 교령敎令을 받아들이지 않고 그 땅을 버렸다.[97]

위구르는 토번이 영향력을 행사하던 페르가나 지역까지 가서 약탈을 벌였다. 타림 분지 북부 지역과 시르다리야 연안의 카자흐 초원뿐만 아니라 파미르를 넘어서까지 원정을 이어갔다. 그 결과 토번을 격파

97 《九姓回鶻可汗碑文》(XX) 攻伐葛祿吐蕃搴旗斬馘追奔逐北西至拔賀那國俘獲人民及其畜産葉護爲不受教令離其土壤.

하고 돌궐에 버금가는 영역을 차지할 수 있었다. 태화공주와의 혼인이 성장에 날개를 달아준 셈이었다.

824년 숭덕 카간이 죽고 동생인 카사르 테긴Qasar tegin(갈살특근曷薩特勤)이 당에서 아이 텡그리데 쿠트 볼미쉬 알프 빌게 [소례] 카간Ay teŋride qut bolmïš alp bilge qaγan(애등리라골몰밀시합비가[소례]가한愛登里囉汨沒蜜施合毗伽[昭禮]可汗, 재위 824~832, 이하 소례 카간昭禮可汗으로 약칭)으로 책봉을 받았다.[98] 이후 당과의 관계 강화로 호시 교역량이 비약적으로 늘어났다. 당에서 위구르로 넘어간 비단의 양은 826년에 50만 필, 827년 3월에 26만 필, 6월에 20만 필, 829년에 23만 필이었다.[99] 830년에는 교역에 쓰인 비단의 양에 대한 기록은 없으나 위구르에서 들어온 말이 1만 필이었다.[100] 이 정도의 교역량은 위구르가 **서방까지 아우르는**

---

98 『新唐書』 卷217下 「回鶻下」, p. 6130.

99 『冊府元龜』 卷999 「外臣部 互市」, p. 11727; 『新唐書』 卷217下 「回鶻下」, p. 6130; 『舊唐書』 卷195 「迴紇」, p. 5213.

100 견마무역에 관한 기존 연구에서 중요한 논쟁은 말과 비단의 교환 비가를 계산하는 방식에 관한 것이었다. 특히 750년대 양국 간의 공식 교환비였던 '말 1필匹 : 비단 40필疋'의 비율이 원화 연간, 즉 9세기에 어떻게 바뀌었는가 하는 부분이 쟁점이었다. 『백씨장경집白氏長慶集』 권40에 실려 있는 「여회골가한서與回鶻可汗書」에 말 2만 필에 비단 55만 필을 교환했다는 내용에 따라 천인커陳寅恪는 '말 1필 : 비단 44필'로 계산했고, 첸중몐岑仲勉은 기록 자체에 문제를 제기하며 55만 필이 아니라 25만 필이라고 했다. 다른 연구에서는 교환비가 50필로 상승했다고 보기도 했다(馬俊民, 「唐與回紇的絹馬貿易」, 『中國史硏究』 1984-1, pp. 71~73). 이에 따라 평균적으로 비단 38필이 교환 비가였다고 추정하며 이에 관해서는 다음 연구를 참조. Christopher I. Beckwith, "The Impact of Horse and Silk Trade On the Economics of T'ang China and Uighur Empire : On the Importance of International Commerce in the Early Middle Ages", *Journal of the Economic and Social History of the Orient* v.34-3, 1991, p. 192. 그 밖에 당 재정에 끼친 견마무역의 영향 역시 중요하게 다루어졌다. 벡위스Beckwith는 당의 전체 재정에서 말 구입 비용이 차지하는 비중이 740년대에 4.6퍼센트에서 839년에 14.9퍼센트로 증가했다고 보았다(같은 글, p. 195). 당과 위구르의 견마무역을 정리한 표는 다음 연구를 참조. 橫山貞裕, 「唐代の馬政」, 『國士館大學人文學會紀要』

유목제국으로서 발전의 절정에 이르렀고, 당과의 교류 역시 최고점에 다다랐음을 보여주는 것이다.

이렇게 해서 위구르는 철문(서돌궐 지역의 서쪽 끝)에서 싱안링산맥까지 지배했던 돌궐에 버금가는 유목제국이 되었다. 오랜 설득 끝에 820년대에 당의 입장을 바꿔 화친 관계를 강화하고, 이를 매개로 동서 교통로를 경영하며 많은 이익을 낼 수 있었다.[101] 소례 카간은 이렇게 확보한 이익을 바탕으로 큰 성장을 이루었다. 640년 당이 안서도호부를 설치해 오아시스를 비롯한 동서 교역로를 장악하자 세력이 약화되었던 돌궐과 달리, 위구르는 당을 대체해 이 지역을 지배하며 성장의 동력을 마련했다. 이후 위구르는 서방으로 더욱 확장하여 다른 유목 세력에 대해서도 지배력을 행사하려고 했다.

3. 대외 확장 노력과 마니교의 발전

위구르는 북정을 비롯한 오아시스로 진출한 이후 동서 교역로를 둘러싸고 토번과 치열한 경쟁을 벌였다. 당이 약화된 상태에서 이 지역의 경제적 이권을 독점한다면 누구든 크게 성장할 수 있었다. 두 거대 세

---

v.3, 1971, pp. 170~171.

101 위구르가 경제적 중심지를 서방으로 옮겨 발전을 도모한 것으로 이해한 연구(安部建夫, 『西ウイグル史の研究』, 彙文堂書店, 1958, p. 200~228)가 있었는데, 위구르의 이런 움직임은 이후 정주 지역으로 이주하기 위한 전제였다기보다는 당에 대한 의존에서 벗어나 새로운 경제적 토대를 확보하기 위한 것이었다. 위구르가 서방 오아시스 경영을 통해 경제적 이익을 확대했음은 사실이나, 그 중심이 서쪽으로 옮겨졌다는 근거는 없다. 위구르가 붕괴한 이후 잔여 세력이 서방으로 이주한 것은 이 무렵 이곳에 강력한 세력이 없었기 때문이었다.

력만이 아니라 주변의 키르기스 및 두 세력의 틈바구니에 낀 다양한 투르크계 유목 세력, 그리고 동진하던 아랍 세력 등까지 복잡하게 얽히며 각축전이 전개되었다. 여러 세력의 복잡한 합종과 연횡은 서방 지역을 확실하게 장악하려 했던 위구르에게 몹시 중요한 일이었고, 그 결과는 이후 중앙아시아의 역사 전개에 큰 영향을 미쳤다.

위구르의 서방 진출은 세력이 약화된 당을 대신해 타림 분지 남부와 파미르의 서쪽, 그리고 하서를 차지하고 있던 토번에게 큰 타격이었다. 토번은 동서 교역의 이권을 차지하고자 했기 때문에 당에 협조적인 위구르와 강하게 대립할 수밖에 없었다. 두 세력의 충돌은 앞서 인용한 비문 기록을 통해 그 일부를 알 수 있다.[102] 한문 기록에도 타림 분지와 하서 지역의 오아시스 주변에 있던 사타 돌궐을 두고 두 세력이 갈등을 벌인 일이 남아 있다.

사타 돌궐은 돌궐 시기부터 북정을 중심으로 살던 유목민으로 처음에는 치길Čigil(처월處月)이라고 알려졌다. 이들은 위구르가 787년 북정에 진출해 가렴주구를 일삼자 토번에 투항해 봉사했다.[103] 797년 위구르가 다시 양주를 공격하자, 막북 초원으로 도망가 외튀켄 산지 동부에 숨었다가 토번의 공격에 패배하고 남하해 염주鹽州(지금의 산시성陝西省 딩볜현定邊縣)에 들어와 당의 기미 지배를 받았다.[104] 우여곡절을 겪으며 동쪽으로 이주한 사타 돌궐은 토번의 지배에서 벗어나 하서를 중심으로 삼국의 틈바구니에서 각 세력의 동향에 따라 움직이다가 결국 당의 기

---

102 주96과 주97 참조.

103 『新唐書』 卷218 「沙陀」, p. 6154.

104 위의 책, p. 6155; 徐庭雲, 「內遷中原前的沙陀給其族源」, 『中央民族學院學報』 1993-6, pp. 10~15; 李萬祿, 「古代沙陀部的興衰演變與漢族李姓」, 『西北史地』 1995-4, p. 17.

미 지배를 받으며 세력을 유지하게 되었다. 위구르가 하서 지역에 영향력을 행사하려고 몇 차례 공격했을 때 이를 방어하는 역할도 맡았다.[105]

사타 돌궐만이 아니라 다른 유목 세력도 위구르와 토번의 대립에 민감하게 반응했다. 위구르가 북정에 진출했을 때인 789년 그 주변에 살던 백복 돌궐, 카를룩 등도 위구르의 가렴주구를 빌미로 토번과 연합했다.[106] 이후에도 이들은 토번과 연합하기도 하고 독립적으로 대응하기도 하며 세력을 유지했다. 스스로 취약했기 때문에 강한 세력과 연계하여 자신의 위상을 지키려 한 것이다. 따라서 오아시스 인근 초원에 살던 유목 세력은 위구르가 오아시스로 지배력을 확대하는 과정에서 중요한 변수의 하나가 되었다.

서쪽에서 세력을 확대하던 아랍 역시 유목민의 동향에 영향을 미쳤다.[107] 위구르에게 밀려난 카를룩은 위구르의 서진과 아랍의 동진에 위협을 느끼고 토번과 연계했다.[108] 토번 역시 위구르의 진출에 위협을 느끼고 군소 세력들과 연계했으나 위구르가 차지한 안서와 북정을 탈환하지 못했다. 당에 대한 군사 도발 역시 별다른 성과를 거두지 못했다.[109]

822년 토번은 당과 다시 관계를 회복해 장경회맹長慶會盟을 맺은

---

105 西村陽子, 『唐代沙陀突厥史の研究』, 汲古叢書, 2018.

106 『資治通鑑』 卷233 德宗 貞元5(789)年條, p. 7520.

107 토번과 대식(아랍)은 파미르 이서 지역의 영유권을 두고 갈등을 벌였다. 특히 불교와 이슬람교라는 종교의 차이가 양자의 경쟁을 더 강화했다. Christopher I. Beckwith, *The Tibetan Empire in Central Asia: A History of the Struggle for Great Power among Tibetans, Turks, Arabs, and Chinese during the Early Middle Ages*, Princeton Univ. Press, 1987, pp. 157~163.

108 高永久, 『西域古代民族宗教綜論』, 高等教育出版社, 1997, p. 76.

109 『資治通鑑』 卷241 穆宗 長慶元(821)年條, pp. 7791~7792.

뒤 위구르를 공격했다.[110] 한문 기록에 따르면 823년 토번의 상기심尙綺心은 위구르와 탕구트를 격파해 큰 승리를 거두었다.[111] 그러나 이와 달리 비문 기록에서는 숭덕 카간이 카를룩과 튀르기쉬까지 지배했을 뿐만 아니라 당과의 무역에서도 경제적 이익을 많이 얻었다고 했다. 위구르는 823년 토번에 패배했으나 약화한 것은 아니었고, 오히려 820년대 후반 대외 팽창을 통해 중앙아시아의 패권을 차지했다.

이런 양상은 820년대 후반 위구르의 성장에 대항하기 위한 토번의 움직임을 통해서도 확인할 수 있다. 토번은 북방의 키르기스가 동서 무역에 참여하자 키르기스와 카를룩을 끌어들여 위구르를 견제했다. 키르기스는 위구르를 위협하는 가장 강력한 세력으로 계속 대결 관계를 유지했다.[112] 한문 기록에 따르면 건원 연간(758~760)과 780년대에 키르기스는 위구르에 패배했고,[113] 820년대에 위구르가 서방으로 진출해 당과의 교통이 막히자 토번을 경유했다. 이 과정에서 키르기스와 토

---

110 823년 토번에 패배하여 위구르의 국세가 크게 약화되었고 양국 관계도 악화되었다고 보는 것은 비문 기록에 나오는 820년대 후반 위구르의 발전과는 전혀 다른 내용이다. 823년 토번이 위구르 원정에서 승리했다는 것은 추정에 불과하다. 薛宗正, 『吐蕃王國的興衰』, 民族出版社, 1997, p. 183. 토번이 당과 장경회맹을 맺은 것은 당을 중심으로 위구르 포위망을 형성하려는 의도에 더해 당시 깐보였던 가려가족可黎可足(혹은 지조덕찬墀祖德贊, 816~836)이 병세가 심각해 대외적으로 소극적이었기 때문이었다. 佐藤長, 『古代チベット史研究』 下, 東洋史研究會, 1959, pp. 695~696.

111 『新唐書』 卷216下 「吐蕃下」, p. 6104.

112 [그림 5]에 제시한 무덤 유적은 몽골공화국 아라항가이아이막 호톤트솜 호라하계곡의 1호묘이다. 위구르 유목제국의 수도 카라발가순 인근에 있는 곳으로 몽골과 중국이 같이 발굴했다. 中國內蒙古自治區文物考古研究所·蒙古國遊牧文化研究國際學院·蒙古國國家博物館 (編), 『蒙古國後杭愛省浩騰特蘇木胡拉哈三號墓園發掘報告』, 文物出版社, 2008; 『蒙古國後杭愛省浩騰特蘇木胡拉哈一號墓園發掘報告』, 文物出版社, 2015(2015년 보고서는 몽골어로도 출간되었다).

주112의 2015년 보고서에서 인용

(그림 5) 카라발가순 인근에서 발굴된 위구르 시기의 무덤(❶, ❷)과
무덤에서 발굴된 유물 및 금속 장신구(❸, ❹).

번은 동맹을 맺었는데 여기에 아랍과 카를룩도 참여하면서 그 규모가 더 커졌다.

키르기스는 토번을 매개로 위구르를 우회해 당과 무역 관계를 유지할 수 있었다. 이런 움직임은 토번을 왕래하는 사람들이 위구르의 약탈을 두려워하며 먼저 카를룩에 머물렀다가 키르기스로 갔다는 기록

113 『新唐書』卷217下「回鶻下」, p. 6149.

이나, 대식으로 가는 비단을 운반할 때 키르기스가 3년에 한 번 공납을 받았다는 기록에서 확인할 수 있다.[114] 키르기스는 직접 교역에 참여하지는 않았지만 토번을 통해 아바스 왕조에서 온 상인의 안전을 보장해 주고 공납을 받았다. 키르기스가 이렇게 경제적 수혜를 받은 결과, 상업 활동에 필요한 거점인 카라반사라이 유적이 예니세이강 유역에서도 발견되었다.[115]

이후 키르기스는 위구르의 서방 진출로 토번과 카를룩이 밀려난 뒤에야 비로소 위구르를 인정했다. 위구르는 키르기스의 군장인 아열阿熱을 빌게 톤 이르킨Bilge ton irkin(비가돈힐근毗伽頓頡斤)으로 책봉했다.[116] 위구르가 키르기스의 군장을 카간이 아닌 이르킨으로 책봉하고, 이를 키르기스가 받아들인 것은 양국 관계를 위구르의 패권을 인정하는 쪽으로 재설정하였음을 보여준다. 이 무렵 위구르는 페르가나까지 영향력을 행사했다. 이렇게 해서 위구르는 820년대 후반 서방에 진출한 이래로 최대 영역을 확보했다.[117]

이 무렵 위구르는 이와 같은 발전을 자랑하기 위해《구성회골가한

---

114 위와 같음.

115 서론 주17과 제2편 주130 참조.

116 『新唐書』 卷217下 「回鶻下」, p. 6149.

117 위구르의 경제 성장과 중국 내지의 마니교도를 중심으로 한 고리대의 발전은 위구르 붕괴 이후인 845년 회창폐불會昌廢佛(당 무종 시기에 불교를 비롯해 마니교, 조로아스터교, 네스토리우스파 기독교 등을 배척한 사건)에서 마니교도를 탄압한 중요한 배경이 되었다. Christopher I. Beckwith, "The Impact of Horse and Silk Trade On the Economics of T'ang China and Uighur Empire : On the Importance of International Commerce in the Early Middle Ages", *Journal of the Economic and Social History of the Orient* v.34-3, 1991, pp. 196~198. 마니교도가 당에서 행한 경제적 수탈 내용을 보면 위구르의 발전이 어느 정도였는지를 짐작해볼 수 있다.

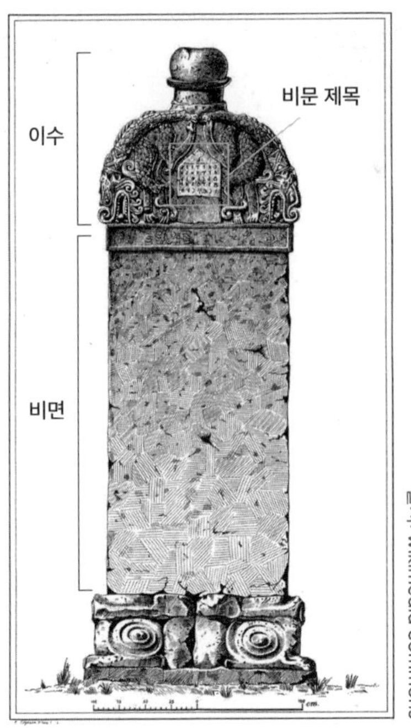

[그림 6] 《구성회골가한비문》 복원도

비문》을 제작했다. 이 비문은 크기가 약 3.38미터로 추정되는데, 네 면을 고대 투르크 문자와 소그드 문자, 한자 등 세 가지 문자로 기록했다. 각기 다른 세 문자가 하나의 비문에 따로 새겨진 것은 당시 활발하게 전개되었던 문화 교류와 위구르 사회의 발전 정도를 보여준다. 고대 투르크문 면은 대부분 파손되어 내용을 확인하기 어렵지만 소그드문 면과 한문 면은 상대적으로 내용이 많이 남아 있다(부록의 [그림 1] 비문 파편 조립도 참조). 비문은 전체적으로 중국풍 양식으로 만들어졌고, 한문 면은 유려한 예서체로 되어 있다. 이는 위구르에서 활동하던 중국인이나 마니교도(소그드 상인) 중에서도 뛰어난 학식을 가진 사람이 제작에 참여했음을 짐작하게 한다.

기본적으로 카간의 업적을 자랑하는 기공비의 성격이지만, 마니교의 수용과 발전에 대해서도 기록되어 있는 것을 보면 마니교도가 제작에 깊숙이 개입했음을 알 수 있다. 비문 제작 시기는 본격적인 서역 경영과 대외 확장을 통해 유목제국으로 발전하면서 당과 활발한 경제 교류를 전개했던 소례 카간 시기(824~832)로 추정된다. 혹자는 보의 카간 시기(808~821)로 추정하기도 하나[118] 이는 소례 카간의 이름이 아이 텡그리데 쿠트 볼미쉬 알프 빌게 카간으로 보의 카간과 같아 빚어진 착오에 불과하다. 더욱이 비문 내용에 보의 카간과 숭덕 카간 시기(821~824)에 추진한 원정도 포함되어 있기 때문에 보의 카간 시기에 제작되었다고 보기는 어렵다.

비문 내용은 모두冒頭 부분의 천지개벽天地開闢부터 위구르 유목제국의 성립을 거쳐 소례 카간 시기까지 중요 사건을 연대순으로 기술하고 있다. 이 중에서도 마니교의 전파와 회신 카간의 795년 카간 계승, 800년대 서방 진출 관련 내용이 가장 자세하다. 다른 자료에서 확인되지 않는 카간의 공식 명칭이 남아 있다는 점에서 사료적으로도 매우 중요하다. 또한 앞서 다룬 카를륵 카간 시기의 비문과 비슷한 역사관이 여기에도 보인다. 즉 천지개벽과 초기 전설상의 카간이 유목 세계를 평정하고 나라를 세웠음을 내세우고 있다. 이는 국가를 세운 조상이 유목 세계를 지배하는 이념적 정당성을 어떻게 만들었는가를 설명하는 부분이다. 이어서 조상이 물려준 퇴위를 이어받은 호수護輸와 그의 아들 쿠틀룩 보일라(쿠틀룩 빌게 퀼 카간, 초대 카간)가 돌궐을 붕괴시키고

---

118 耿世民 (譯),「回紇突厥文碑銘譯文」, 林幹·高自厚,『回紇史』, 內蒙古人民出版社, 1994, p. 395.

오르콘강 유역에 정도定都해 건국했다는 내용이 기록되어 있다.[119] 특히 천지창조 이후 텡그리로부터 명을 받은 조상의 퇴위를 돌궐이 어떻게 단절시켰으며, 이를 위구르가 어떻게 다시 회복할 수 있었는가를 다뤘다. 이는 모두 카를륵 카간 시기에 만들어진 다른 여러 비문과 비슷한 구성인데, 건국의 '**정통성**'을 설명하는 부분이다.

또 하나 주목할 만한 기록은 첫 번째 카간의 재위 시기에 맞춰 그의 업적을 정리하고, 이어서 795년에 즉위한 쿠틀룩(이후 회신 카간)의 계승 과정을 자세하게 다룬 것이다. 이는 에디즈로의 **왕조 교체**가 정당했음을 설명하기 위한 내용이다.[120] 기존 지배 집단인 야글라카르가 아닌 에디즈 출신의 회신 카간이 계승한 것을 비문을 세운 그의 후손이 정당화한 것으로, 이 과정을 '에디즈 위구르Ediz Uyγur'의 성립이었다고 특필했다. 이를 중요하게 다룬 것은 위구르 내부에 변화가 있었음을 짐작하게 한다. 회신 카간은 즉위 이후 스스로 야글라카르라고 모칭하며 에디즈 출신임을 부각하지 않았다.[121] 그런데 비문 기록에서는 회신 카간의 북정 원정을 정리하며 그를 '에디즈'라고 적시했다.[122] 이는 물론 그의 후손인 자신이 에디즈이기 때문이었다. 다시 말해서 회신 카간의

---

119 《九姓回鶻可汗碑文》(III) 聞夫乾坤開闢日月照臨受命之君光宅天下德化昭明四方幅湊刑罰峭峻八表歸信□□□□□□□□□□□□□□□□□□□□制平了表里山河中建都當先骨力悲囉之父 護輸 (IV) 襲國於北方之隅建都於嗢昆之野.

120 《구성회골가한비문》의 제작 배경을 다음과 같이 정리했다 ① 야글라카르의 제거와 에디즈의 정권 장악, ② 마니교의 진흥과 소그드인 중용을 통한 통치 기반 확충, ③ 서방 진출, ④ 당과의 우호 관계 유지 선전. 薛宗正, 「藥羅葛汗朝衰亡與跌跌汗朝的代興」, 『內蒙古社會科學』 1998-3, pp. 51~52.

121 『新唐書』 卷217上 「回鶻上」, p. 6126.

122 《九姓回鶻可汗碑文》(XIV) 復葛祿與吐蕃連入寇跌跌偏師于匀曷戶對敵智謀弘遠.

정통성, 즉 왕조 교체의 정당성을 강조하며 위구르가 돌궐을 뛰어넘는 유목제국으로 성장했음을 그 후손인 소레 카간이 자랑스럽게 언급하고 있는 것이다.

그 밖에 **마니교의 수용**과 발전 역시 중요하게 다루고 있다. 한문 기록에도 나오는 "[마니교도는 위구르] 카간이 늘 나라의 일을 도모하는 사람들이다"[123]라는 언급, 비록 단편적이기는 하나 806, 813, 817, 821년에 사신으로 마니가 와서[124] 활발한 활동을 벌였다는 것도 같은 맥락이다. 마니교도의 이런 움직임은 당으로부터 막대한 경제적 이익을 확보하기 위해 위구르가 기울인 노력의 일환이었다.[125] 위구르는 마니교를 적극적으로 수용하면서 유목제국의 '**내적 통합**'을 도모하고, 기존의 샤머니즘적 종교관을 대체하는 '**이념적 토대**'를 확보했다.[126]

이것이 위구르 내에서 마니교가 발전한 이유를 설명하는 근거가 되기는 하지만, 위구르의 카간이 마니교를 어떻게 인식하고 받아들였는가를 뚜렷하게 보여주지는 않는다. 동서 무역이 발달하고 위구르의 서방 경영이 본격화되면서 마니교도가 중요해졌으리라는 정황적 설명이 가능할 뿐이다. 따라서 마니교의 수용이 위구르 카간에게 권력 강화와 제국 운영에 어떤 도움이 되었는가를 살펴볼 필요가 있다.

마니교의 확산으로 육식을 하지 않을 정도로 습속이 바뀌었다는 기록처럼 유목사회에 급격한 변화가 있었을 것이라는 추정도 가능하지

---

123 『新唐書』 卷217上 「回鶻上」, p. 6126.

124 『新唐書』 卷217上 「回鶻上」, p. 6126(806년); 『舊唐書』 卷195 「迴紇」, p. 5210(813년); 『資治通鑑』 卷240 憲宗 元和12(817)年條, p. 7730(817년); 『舊唐書』 卷195 「迴紇」, p. 5211(821년).

125 林悟殊, 「回鶻奉摩尼教的社會歷史根源」, 『摩尼教及其東漸』, 中華書局, 1987, pp. 91~98.

126 高永久, 『西域古代民族宗教綜論』, 高等教育出版社, 1997, p. 201.

만,[127] 위구르 유목민들이 육식 식습관을 완전히 버릴 만큼 마니교를 믿는 사람들이 되었고 카간도 개종했다는 기록은 다소 의심스럽다.[128] 위구르의 마니교 수용의 실제 모습은《구성회골가한비문》에 남아 있는 카간의 명칭을 통해 추측해볼 수 있다. 기존 연구에서도 이에 주목하여 카간의 호칭에 마니교의 중요 개념인 광명光明을 상징하는 **'퀸kün**('君'으로 표기, 태양을 의미함)'이나 **'아이ay**('愛'로 표기, 달을 의미함)'가 있는가 없는가를 통해 마니교 수용 여부를 확인했다.[129] 카간의 공식 명칭에 이를 붙인 경우 마니교를 받아들였다고 보았는데, 마니교를 수용한 3대 뵈귀 카간이나 마니교의 발전을 기록한 비문을 남긴 소례 카간은 '아이'를 사용했다. 전체 카간 중에 마니교에 호의적이었던 3명의 이름에만 '퀸'이나 '아이'가 사용되었다.[130] 그러나 이러한 한문 기록만으로 마니교 수용 정도를 정확히 알기는 어렵기 때문에 현재 남아 있는 소그드 문자와 고대 투르크 문자로 된 카간 명칭을 확인해볼 필요가 있다.《구성회골가한비문》은 고대 투르크문 면이 모두 마모되어 소례 카간의 고대 투르크 명칭을 확인하기는 어렵고, 소그드문 면에는 '아이 텡그리데 쿠트 볼미쉬 알프 빌게 위구르 카간'이라고 되어 있다.[131] 두 곳 모두에서 소례 카간의 명칭에는 마니교의 교리를 암시하는 '아이'가 사용되었다.

---

127 《九姓回鶻可汗碑文》(X) 熏血異俗化爲蔬飯之鄕宰殺邦家變爲勸善之國.

128 劉義棠,「維吾爾宗教信仰硏究」,『維吾爾硏究』, 臺北 : 正中書局, 1977, pp. 455~456.

129 田坂興道,「回紇に於ける摩尼教迫害運動」,『東方學報』v.11-1, 1940, pp. 229~231.

130 위구르 카간의 명칭을 확정하는 문제는 한문 기록에 따라 많이 달라 중요한 연구 주제의 하나였다. 그 명칭과 계보에 대해서는 다음의 연구를 참조. 羽田亨,「唐代回鶻史の硏究」,『羽田博士史學論文集 上』(歷史篇), 京都大學文學部內東洋史硏究會, 1957, pp. 298~303.

131 O. Hansen, "Zur soghdischen Inschrift auf dem dreisprachigen Denkmal von Karabalgasun", *Journal de la Société Finno-Ougrienne* v.44-3, 1930, p. 149.

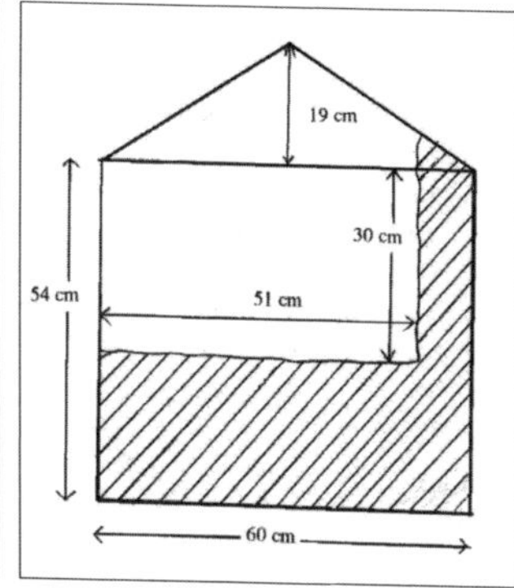

[그림 7]《구성회골가한비문》의 남아 있는 이수(왼쪽)와 글자 잔존 및 소실 부분 도식(오른쪽)

위의 두 기록 이외에도 고대 투르크 문자로 된 소례 카간의 이름을 확인할 수 있는 단서가 있다. [그림 6]에서 볼 수 있는 것처럼 비문의 이수 부분 제목에 고대 투르크 문자가 일부 남아 있다. 한문 면과 소그드문 면이 번역문인 것과 달리, 이는 원문인 고대 투르크문이자 전체 비문의 제목이다. 이를 통해 소례 카간의 고대 투르크식 명칭을 추정해 볼 수 있다. 이수 부분도 일부가 깨져 있어 제작 당시의 모습을 정확히 알기는 어렵지만 가능한 수준에서 복원을 해볼 수 있다. 이수에는 원래 6행 48자가 새겨졌던 것으로 추정되는데, 현재 판독할 수 있는 글자는 5행 35자에 불과하다.[132] 복원의 열쇠는 한문 면으로, 그 면을 비교하여 명칭 복원을 시도해볼 수 있다.

132 이 부분의 복원에 관해 기존 연구에서는 이수 부분에 9행 72자가 있었다고 추정하고 6행이 마모된 것으로 보았다. 설사 9행이 있었다고 하더라도 6~8행까지의 내용을 복원하는 것은 불가능하다. 森安孝夫·吉田豊·片山章雄,「カラ=バルガスン碑文」, 森安孝夫·オチル(編),『モンゴル國現存遺蹟·碑文調査研究報告』, 中央ユーラシア學研究會, 1999, p. 219.

양자를 대조하면 대응 부분의 실마리를 찾을 수 있다. 한문 기록에서 “九姓回鶻愛登里囉汨沒蜜施合毗伽可汗聖文神武碑”라고 한 것과 이수 기록 내용이 일치한다는 가정하에 없어진 부분을 복원해보면 다음과 같다.

원문 복원	복원 전사
1 : ɻꟻΓϒ⊦h>[d]	1 : [b]u t(e)ŋrik(e)n
2 : ↓ʃXΓϒ⊦h[D]	2 : [(a)y] t(e)ŋride q-
3 : ɺ|≫ɺ>d♁[>]	3 : [u]t bolm(ï)š (a)l-
4 : ⊦hʃƐYΓՋ[1]	4 : [p] bilge t(e)ŋ-
5 : ɦЧ>ϒD>Γ[ϒ]	5 : [r]i uyγur q(a)-
6 : [ΓƐhΓՋ))ϒ]	6 : [γ(a)n(ï)n bit(i)gi]

* [ ] 안의 내용은 필자 복원.

이상과 같이 복원한 다음 전사해보면, 비문의 명칭은 ‘부 텡그리켄 아이 텡그리데 쿠트 볼미쉬 알프 빌게 텡그리 위구르 카가는 비티기 bu teŋriken ay teŋride qut bolmïš alp bilge teŋri uyγur qaγanïn bitigi’, 즉 ‘이 하늘(신) 같고, 달과 하늘(신)에서 복을 받은 용감하고 현명한 위구르 텡그리 카간의 비문’이 되고, 소레 카간의 명칭은 ‘텡그리켄 아이 텡그리데 쿠트 볼미쉬 알프 빌게 텡그리 위구르 카간’이 된다. 이수 부분의 고대 투르크 문자가 원래 투르크식 이름에 가깝다고 보면, 마니교의 개념인 ‘아이ay’만이 아니라 그 앞에 ‘텡그리teŋri(天 또는 神)’가 함께 사용되었음을 알 수 있다.

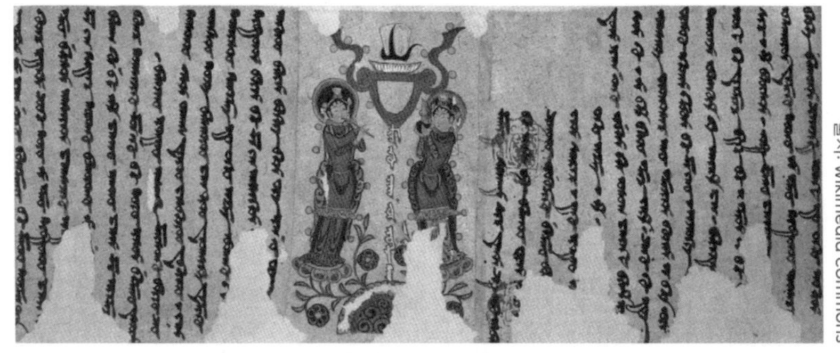

(그림 8) 고창 위구르 시기의 마니교 서신 잔편

이 고대 투르크문 복원 전사 결과는 한문 면이나 소그드문 면의 호칭과 다른데, '아이'의 위치가 맨 앞이 아니고 텡그리켄, 즉 "하늘(신)과 같은"이라는 형용사 다음에 있다. '아이'가 뒤에 있다는 것은 마니교의 개념보다 '텡그리'라는 투르크 고래의 신을 더 중요하게 여겼음을 보여준다. 기존의 이해와 달리 위구르가 마니교 교리만을 우선하지는 않았다는 뜻이다. 다시 말해서 유목 군주가 고등 종교로 개종할 때 그 종교의 신이나 교리를 충분히 이해하고 받아들였다기보다는 자신이 그동안 알고 있던 텡그리에 대한 이해의 연장선상에서 받아들였다고 볼 수 있다.[133] 또한 '아이'의 개념 역시 반드시 마니교에서만 나온다고는 할 수 없다. 마니교 수용 이전 카간의 샤머니즘적 세계관에서도 익숙한 개념으로, 텡그리가 주재하는 세계 내의 정령 가운데 하나였다. 따라서 위구르 카간은 마니교도가 제시한 광명의 상징인 '아이'를 텡

133 투르크 유목민은 고등 종교를 수용할 때 기독교의 하느님이나 이슬람교의 알라를 자신들의 최고신 텡그리(천 또는 신)와 비슷한 것으로 인식하고 받아들였다. Osman Turan, *Türk Cihan Hakimiyeti Tarihi*, Istanbul : Boğaziçi, 1997, pp. 149~156.

그리와 함께 자신의 사고 체계 안에 받아들였다고도 볼 수 있다.

이와 같이 위구르 카간은 자신의 상식에 기초해 마니교의 신학적 개념을 수용했고, 텡그리에 대한 기존의 신앙과 '아이'를 연결해 이해했다. 고도로 발달한 종교 체계나 개념을 이해할 수 없거나 이해할 필요가 없었던 유목민의 입장에서는 기존의 사고 체계에 기초해 다른 종교를 받아들이는 것이 당연했다. 카간을 비롯한 위구르인들이 마니교의 교리를 받아들이는 데 어려움이 있었다는《구성회골가한비문》의 기록에서도 이를 짐작해볼 수 있다. 카간의 지시로 유목민들이 마니교 교리에 따라 생활하게 되었다는 내용도 있지만, 이를 곧이곧대로 믿기는 어렵다. 아마도 자신들에게 익숙한 방식으로 받아들였으리라 보는 편이 더 타당할 것이다. 마니교를 전파한 선교사들 역시 자신들의 주요 교리를 그 사회의 토착 개념에 맞춰 선교를 수월하게 하려 했고, 이는 여러 지역에서 확인할 수 있다.[134]

소례 카간은 서방 진출을 통해 더 넓은 영토와 새로운 보둔을 확보한 것, 그리고 마니교도를 지원하여 경제적 이익을 얻은 것을 비문에 남겨 마니교를 현창했다. 뿐만 아니라 마니교의 교리를 적극적으로 받아들여 자신의 권위를 강화했다. 현존하는《구성회골가한비문》은 기공비로서의 성격과 함께 마니교의 발전을 칭송하는 측면을 모두 담고 있다. 유목국가에 수용된 고등 종교는 '**통합의 이념**'이 될 뿐만 아니라, 나아가 이것을 기초로 '**성전聖戰**'을 전개할 수 있는 종교적 명분까지 제공할 수 있었다.[135] 소례 카간은 유목 세계의 패자로서 텡그리(하늘)의 명

---

134 Samuel N. C. Lieu, *Manichaeism in the Later Roman Empire and Medieval China: A History Survey*, Manchester Univ. Press, 1985, pp. 178~184.

135 김호동,「모굴汗國의 初期 무슬림 聖者들」,『역사학보』119, 1988, p. 14.

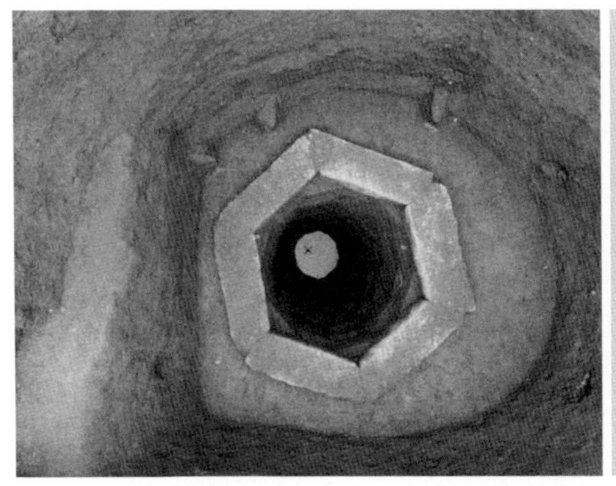

몽골고고학연구소 제공

(그림 9) 2018년 몽골·독일 발굴팀이 카라발가순에서 발굴한 우물 유적(왼쪽)과 청동종(오른쪽)

령과 예르(땅)의 보육, 카라 숩(물의 정령)과 카라 보둔(성스러운 백성)의 인정을 통해 자신의 위상을 확고히 하고, 나아가 마니교의 개념인 '아이(달)'를 수용해 한층 더 고도화된 통치 논리를 세웠다. 이는 퇴뤼를 회복하여 과거 돌궐의 권위를 극복하고 "해가 뜨는 곳부터 해가 지는 곳까지 세상의 네 구석" 모두를 실제로 지배하는 카간이 되고자 한 소례 카간에게 몹시 중요한 일이었다. 이처럼 위구르는 기존 유목민의 가치뿐만 아니라 서방의 이질적 문화까지 포괄하는 거대한 유목제국으로서 통치력을 행사하기 위해 마니교와 같은 고등 종교의 이념까지도 적극 수용했다.

제4편

이산과 기억:
빅뱅과 위구르 후예의 과거 기억(839~848)

제1장

붕괴(840)와 이산

1. 붕괴: 지배 집단의 갈등과 자연재해, 그리고 키르기스의 공격

위구르 말기의 내적 동요는 832년 즉위해 당에서 아이 텡그리데 쿠트 볼미쉬 알프 퀼뤽 빌게 [창신] 카간Ay teŋride qut bolmïš alp külüg bilge qaγan(애등리라골몰밀시합구록비가[창신]가한愛登里囉汨沒蜜施合句錄毗伽[彰信]可汗, 재위 832~839, 이하 창신 카간彰信可汗으로 약칭)으로 책봉된 퀼 테긴Kül tegin(호특근胡特勤)이 839년에 죽으면서 시작되었다. 이 사건은 상相(부의록)인 안윤합安允合과 테긴 칙시Tegin čigsi(특근시혁特勤柴革)가 공모해 카간을 죽이려고 한 데서 비롯했는데, 그 원인은 다음 기록을 통해 알 수 있다.

> 이전에 [창신] 카간이 백성을 다스리는 길을 잃어버리고, 서로 사랑하는 너그러움이 없어 여러 오랑캐를 쳐들어가서 마음이 가는 대로 드세고 나쁘게 굴었기 때문에 **친속親屬이 안에서 받아들이지 않고 일어났으며, [거느리던] 부락이 밖으로 떨어져 나가게 되어 나라가 무너지고 피붙이들이 죽었는데**, 이것은 정말로 이런 이유 때문이었다.[1]

이 기록은 위구르가 아니라 이후 당에서 남긴 단편적인 설명이고, 내분에 대한 중국인의 전형적 이해를 보여주는 것이라 실제 상황을 정확히 반영했다고 볼 수는 없다. 창신 카간이 백성들에게 폭악하게 굴었기 때문에 대내외적 도전이 있었다는 정도만 알 수 있을 뿐이다.

안윤합은 그 이름을 통해 부하라(안국) 출신이며 위구르 내에서 활동하던 소그드 상인이었음을 알 수 있는데, 당시 소그드인의 이익과 카간의 이익이 충돌하는 상황이 있었으리라 추정할 수 있다. 정변의 정확한 원인은 알 수 없으나 소그디아나 출신 관리가 카간에게 도전한 것은 분명하다. 이런 일은 돌궐 시기인 734년 빌게 카간이 자신을 보좌하던 관리에게 살해당했던 사건에서도 확인된다.[2] 카간에 대한 내부의 도전은 체제 약화로 이어질 수 있고, 이것을 제대로 처리하지 않는다면 내분이 꼬리에 꼬리를 물고 이어져 유목사회의 내적 결속력을 약화시킬 수 있었다. 창신 카간은 모반을 미리 감지하고 선수를 쳐서 안윤합과 테긴 칙시를 죽여버렸다. 이에 반발해 남쪽으로 도망갔던 상 퀴레뮈르Küremür(굴라물掘羅勿)는 다시 카간을 공격하기 위해 사타 돌궐을 끌어들였다. 퀴레뮈르의 공격에 패배한 창신 카간은 결국 자살했고, 종실의 일원인 카사르 테긴Qasar tegin(합삽특근盍馺特勤)이 그를 대신해 카간으로 추대되었다.

내분은 여기서 끝나지 않았다. 퀴레뮈르에 반발한 셍귄 퀼뤽 바가Seŋün külüg baγa(장군구록막하將軍句祿莫賀)가 북방의 키르기스를 끌어들여 사태가 더 복잡해졌다. 그동안 위구르를 위협하다가 일시 복속되었

1 李德裕,「賜回鶻可汗書意」, 傅璇琮·周建國 (校箋),『李德裕文集校箋』, 河北教育出版社, 2000, p. 66.

2 『舊唐書』卷194上「突厥上」, p. 5177.

던 키르기스의 카간은 셍귄 퀼뤽 바가가 도움을 요청하자 10만 명의 대규모 원정군을 보내 카라발가순을 공격했다. 키르기스가 이끄는 연합부대는 840년 셍귄 퀼뤽 바가의 인도를 따라 쿼레뮈르와 그가 추대한 카간을 죽였고 이는 위구르의 붕괴로 이어졌다.[3]

위구르는 거대한 유목제국으로 발전했지만, 불시에 발생한 내부 문제로 인해 그동안 쌓은 성과를 한꺼번에 잃고 말았다. 이는 정치, 경제적 측면에서 정주 농경을 바탕으로 한 중국과 같은 제국에 비해 상대적으로 미성숙한 체제 때문이기도 했다. 카간을 중심으로 한 권위주의 체제이다 보니 카간의 권력이 얼마나 강력한가에 따라 국가의 운명이 달라졌다. 이는 법적, 제도적 장치를 바탕으로 권력을 유지하고 국가를 운영하는 중국에 비해 불완전한 모습이었다. 이러한 통치 환경에서는 군주의 계승 과정이 중요할 수밖에 없었다. 계승의 기본 원칙인 장자 상속을 지키지 못할 경우 일시적으로 '**적임자 상속**'을 암묵적으로 용인해 혼란을 최소화했다. 어리거나 무능한 카간이 즉위해 지배 집단이 무너지는 것보다는 임시변통이라도 능력 있는 군주를 추대해 국가를 유지하는 것이 낫다는 공감대가 형성되었기 때문이다. 이와 같은 방식은 유목사회의 약점을 극복하는 데 도움이 되었다. 개인의 능력을 중시했던 것은 초원의 열악한 환경에서 **생존**해야만 하는 유목사회의 현실에 대한 인식과 무관하지 않았다. 그러나 이처럼 제도화된 장치에 기초한 권력 계승이 아닌 경우 암묵적으로 수용되던 내적 약속이 깨지면 언제라도 분쟁이 일어날 소지가 있었다.

이러한 근본적인 약점이 있었기 때문에 유목국가의 카간은 즉위

---

3 『新唐書』卷217下「回鶻下」, p. 6130.

이후 곧바로 권위적인 질서를 확립하는 데 몰두했다. 마치 창업 군주처럼 지배 질서를 확립하기 위해 체제를 정비하고, 나아가 대외 확장을 도모했다. 이렇게 해야만 지배 집단을 포함한 유목 부락민의 지지를 얻을 수 있었고, 이들에게 분배할 재화를 안정적으로 확보할 수 있었다. 정복전을 벌일 수도 있었지만, 그보다는 당과의 화친 관계 속에서 정기적 공납을 받거나 호시를 여는 쪽이 안정적인 방식이었다. 오아시스 출신의 소그드 상인이 이 과정에서 중요한 역할을 했다. 카간은 이들과 정치에 관해 상의하거나 이들의 종교인 마니교를 적극 수용하면서 권력 강화에 도움을 받았다. 다른 한편으로 이들의 활약은 유목 사회 내부 세력들의 불만을 살 수도 있었기 때문에 카간은 외부에서 온 세력과 내부 지배 집단 간의 평형 관계를 유지하는 데도 신경을 써야 했다. 이처럼 권력을 자신에게로 통합하면서도 서로 다른 집단 간의 균형을 유지하는 것, 이질적인 요소를 받아들이면서도 항상성을 유지하는 것이 카간에게 필요한 역량이었다. 재화를 적절히 분배하지 않고 독점하거나 특정 집단에게만 몰아줄 경우에도 큰 반발에 직면할 수 있었다. 이는 이미 뵈귀 카간을 살해한 톤 바가 타르칸의 780년 정변에서도 경험한 바가 있다.[4] 이처럼 유목제국을 유지하는 것은 간단한 일이 아니었고, 카간은 늘 정변의 위험 속에 놓여 있었다.

820년대 이후 위구르는 오아시스 경영과 서방 진출, 당과의 혼인 등을 통해 과거 돌궐에 버금가는 제국으로 성장했다. 그럼에도 불구하고 카간정 내부에서 분란이 폭발했다. 이는 카간의 개인적 권위에 바탕을 둔 유목국가의 '**태생적 취약함**'을 보여준다. 유목국가에서는 국가를

---

4 『資治通鑑』卷225 代宗 大曆14(779)年條, p. 7265.

유지하는 평형 상태가 깨지면 내적인 안정을 유지할 수 없고, 특히 카간 계승을 둘러싼 지배 집단 내부의 갈등이 표출되면 상황이 더욱 어려워진다. 위구르는 이런 상태에서 외부의 공격을 받아 제국이 완전히 무너졌는데, 이는 100년 전 돌궐의 말기 상황과 같았다.[5]

790년대 중반 야글라카르가 약화하면서 에디즈 출신의 쿠틀룩이 카간이 되었을 때도 '**계승 분쟁**'이 발생했다.[6] 이때 이성異姓으로 카간이 바뀌는 정도로 상황이 정리된 것은 다른 유목 세력의 도전이나 당의 이간책 등 기타 간섭 요인이 없었기 때문이다. 795년에 즉위한 회신 카간은 북정 진출을 발판으로 내적 안정을 확보하며 곧바로 상황을 수습하면서 더 이상 문제를 키우지 않을 수 있었다. 이와 달리 840년에는 내적인 문제에 키르기스의 군사적 개입이 더해지면서 위구르가 패망하고 말았다. 셍귄 퀼뤽 바가가 도움을 청하자 키르기스의 카간 아열은 "위구르 너희의 운도 이제 다 되었다. 내가 반드시 너의 황금 천막을 취할 것이다"라면서 카라발가순을 공격했다. 아열은 그동안 위구르의 지배를 받던 거란, 타타르, 해, 실위 등 '오부연맹五部聯盟'을 지휘했는데, 종속 집단이 봉기한 것은 돌궐이 멸망했을 때와 비슷한 상황이었다.[7]

---

5 629년 돌궐 제1제국 말기에 일릭 카간과 퇼리스 카간(돌리가한突利可汗)이 계승 분쟁을 벌였고, 740년대 초 돌궐 제2제국 말기에도 퇼리스 카간(등리가한登利可汗)을 옹립한 카툰과 숙부인 퇼리스 샤드가 대결했다. 지배 집단의 분열과 내부 유목 세력의 도전은 제국 붕괴의 결정적 원인이 되었다.

6 정재훈, 「위구르의 北庭地域 進出과 에디즈 위구르(795~840)의 成立」, 『동양사학연구』 64, 1998, pp. 182~194.

7 위구르를 멸망시킨 키르기스의 카간 아열은 어머니가 서부 투르크계 부락인 튀르기쉬 출신이고 부인이 카를룩 출신이었다. 튀르기쉬와 카를룩은 연합 관계로 위구르와 경쟁하던 세력이었다. 『新唐書』 卷217下 「回鶻下」, p. 6130; 薛宗正, 「黠戛斯的崛興」, 『民族研究』 1996-1, p. 93.

위구르의 패망은 '**자멸**'이라고 평가할 수 있을 만큼, 카간이 살해당한 이후 응집력을 잃은 지배 집단의 내분이 가장 큰 원인이었다. 앞서 832년에도 소례 카간이 부하에게 살해당했지만, 이때는 창신 카간이 상황을 잘 해결했다. 그러나 830년대 말에는 권력 다툼을 벌이던 쿼레뮈르가 고비 남부에 있던 사타 돌궐을, 퀼릭 바가가 북방의 키르기스를 끌어들이는 바람에 돌이킬 수 없는 참담한 결과가 초래되었다. 840년 카라발가순이 함락되고 위구르는 패퇴하였으며, 그 일부는 막남으로 이주했다. 당시의 상황은 다음의 기록을 통해 확인할 수 있다.

> [위구르가] 키르기스의 공격을 받아 [그] 군대가 패배하자 백성이 따르지 않았으며, **가축이 많이 없어져 국인國人들이 거듭 기근에 빠지게 되어 흩어져 돌아다니는 무리가 되자 멀리 고비를 넘어왔다.**[8]

키르기스의 공격으로 카라발가순이 함락되자 위구르 유목민들은 굶주림에 지쳐 흩어지게 되었다. 가축의 폐사가 이어지면서 "**거듭 기근에 빠지게 되었다**"라는 기록처럼 기근을 초래한 다른 원인도 예상해볼 수 있다.[9] 키르기스를 중심으로 한 오부연맹의 공격이 있었다고는 해도 위구르가 이렇게 쉽게 무너진 데는 계속된 재해로 인한 기근도 영향을 미쳤을 것으로 보인다. 830년대 말 초원의 기근에 대해서는 다음과 같

8 李德裕, 傅璇琮·周建國 (校箋), 『李德裕文集校箋』, 河北教育出版社, 2000, p. 27.

9 840년 위구르가 키르기스의 공격을 받기 이전부터 초원에 대기근이 발생해 그 예하에 있던 유목민들이 독자적 움직임을 보였음은 다음의 기록을 통해 확인할 수 있다. "考異曰: 後唐獻祖紀年錄曰: 開成四年, 回鶻大饑, 族帳離散, 復黠戛斯所逼, 漸過積口, 至於楡林."(『資治通鑑』 卷246 文宗 開成4(839)年條, p. 7942). "近聞爲紇扢斯所敗. 加以饑荒, 國邑爲墟, 尸僵道路."(李德裕, 「賜回鶻可汗書」, 傅璇琮·周建國 (校箋), 위의 책, p. 62).

은 여러 기록을 통해 알 수 있다.

> 『당회요』: 해를 이어 **기근과 전염병[饑疫]**으로 양과 말의 사체가 땅에 널렸고, 또한 큰 눈이 재난이 되었다.
>
> 『신당서』: 바야흐로 그해에 **기근이 심해 끝내 전염병[疫]**이 돌았다. 또한 큰 눈이 내려 양과 말이 많이 죽어 살아 있는 것이 없었다.
>
> 『자치통감』: 마침 **전염병[疫]이 일어나고, 큰 눈이 와** 양과 말이 많이 죽어 위구르가 마침내 무너져 없어졌다.[10]

이를 통해 위구르 붕괴 즈음에 몽골 초원에서 연이어 자연재해가 발생했음을 알 수 있다. 자연재해가 유목민을 큰 기근에 처하게 하는 것은 유목 생산 양식 자체의 태생적 약점과 무관하지 않다. 초원의 유목민은 농경 지역 거주민들과 달리 환경 변화에 적응하는 힘이 약했고, 재해에 대처할 수 있는 시설을 만들거나 대안을 찾는 데도 어려움이 있었다. 게다가 건조한 환경의 초원은 한번 파괴되면 회복되기까지 많은 시간과 노력이 필요했다.[11] 사실상 유목 자체가 자연의 '회복'에 필요한 시간을 얻기 위한 생산 양식이라, 회복할 새 없이 몰아닥친 재해는 한순간에 재생산 구조를 완전히 파괴할 수도 있었다. 이렇게 되면 유목국가 역시 큰 타격을 입기 마련이었다. 도시가 건설되고 농경지도 개발되었던 막북 초원도 사람이 살기 어려울 만큼 큰 타격을 입을 수 있었다.[12] 자연재해로 생존 기반이 와해하면 백성은 군주에게 복종하지 않고 생

10 『唐會要』 卷98 「回鶻」, p. 1749; 『新唐書』 卷217下 「回鶻下」, p. 6130; 『資治通鑑』 卷246 文宗 開成4(839)年條, p. 7942.

11 梁景之, 「自然災害與古代北方草原遊牧民族」, 『民族研究』 1994-3, pp. 42~49.

존을 위한 독자적 방안을 모색하는 등 원심적 경향을 보였다. 이런 움직임이 갑작스러운 국가 붕괴의 원인이 될 수도 있었다.

위구르가 7세기 중반 이후 당의 기미 지배를 받으며 막북의 패자로 군림하다가 680년대에 막남에서 부흥한 돌궐에 막북을 빼앗기고 당에 투항했던 것도 초원의 자연재해와 깊은 관련이 있었다.[13] 686년 진자앙陳子昻의 기록에 따르면 막북에 3년 이상 가뭄이 들어 초원이 모두 붉은 땅이 되었고, 살아남은 풀이 적어 죽은 양과 말이 열에 일고여덟이었다. 이를 피해 고비를 넘어 남하해도 좋은 수초가 없어 가축들은 죽고 말았고, 목민들은 쥐를 잡아먹거나 뿌리를 캐서 먹거나 심지어 서로 잡아먹기도 하는 등 참혹한 상황이 벌어졌다.[14] 687년 돌궐이 막북으로 돌아가 위구르 등을 밀어내고 부흥할 수 있었던 데는 이와 같은 재해와 기근이 영향을 미쳤다.

물론 자연재해와 기근만이 아니라 그에 대한 국가의 대응 능력이 충분하지 못했기에 체제 붕괴에 이르렀던 것이다. 초원은 본래 3년에 한 번 소재小災, 5년에 한 번 중재中災, 10년에 한 번 대재大災가 일어난다는 말이 있을 만큼 재해가 잦았다.[15] 따라서 단순히 재해가 집중되어

---

12 Nicola Di Cosmo · Amy Hessl · Caroline Leland · Oyunsanaa Byambasuren · Hanqin Tian · Baatarbileg Nachin · Neil Pederson · Laia Andreu-Hayles and Edward R. Cook, "Environmental Stress and Steppe Nomads : Rethinking the History of the Uyghur Empire(744–840) with Paleoclimate Data", *Journal of Interdisciplinary History* v.48-4, 2018, pp. 439~463.

13 『舊唐書』 卷195 「迴紇」, p. 5196.

14 "先九姓中遭大旱, 經今三年矣, 野皆赤地, 少有生草, 以次羊馬死耗, 十至七八, 今所來者皆亦稍能勝致, 始得渡磧, 磧路旣長, 又無好水草, 羊馬因此, 重以死盡, 莫不掘野鼠, 食草根, 或自相食, 以活喉命."(陳子昻, 「爲喬補闕論突厥表」, 『新校陳子昻集』 卷4, 文淵閣四庫全書本, 商務印書館, 1998, p. 87).

국가가 망했다는 식으로만 붕괴의 원인을 설명할 수는 없다. 유목 권력이 권위를 유지하며 예하의 유목민을 제대로 통제했다면 자연재해는 큰 문제로 확대되지 않을 수도 있었다. 혹은 군주가 신속히 대응하지 못했더라도 주변 세력의 위협이 없었다면 자연의 힘으로 초원의 항상성이 회복될 수도 있었다. 따라서 자연재해를 국가 멸망과 곧바로 연결하기보다는 그 과정을 좀 더 구체적으로 이해해볼 필요가 있다.

몽골 초원에서 초지가 파괴되거나 가축이 폐사하면 원래 상태로 되돌리는 데 3~5년 정도 시간이 걸린다고 한다.[16] 위구르 말기에 일어난 자연재해처럼 몇 년간 지속된다면 회복에는 훨씬 더 긴 시간이 필요했을 것이다. 이런 경우에 목민들은 다른 곳으로 이주하는 것 말고는 방법이 없었다. 위구르는 키르기스의 공격뿐만 아니라 재해를 피하기 위해서라도 이주하지 않을 수 없었다. 그러나 막남으로 이주한 이후에도 '**큰 기근**(대기大饑)'에 직면했다는 기록에서 알 수 있듯이[17] 심각한 재해는 사람이 살기 어려울 만큼 초원에 큰 타격을 주었다.[18]

위구르가 고지를 버리고 막남으로 이주했으나, 키르기스는 막북 초원에 머물며 국가를 유지하지 않고 사얀산맥 북방에 있는 예니세이강 주변의 원주지로 철수했다. 이런 대규모 이주가 있었던 것으로 보아 당시 초원은 초지 파괴와 기근뿐만 아니라 전염병의 창궐과 폭설 등 여러 가지 재해가 중층적으로 발생한 상황이었음을 추정해볼 수 있다.

---

15 額爾敦布和, 「牧區"白災"及防禦對策」, 內蒙古自治區蒙古族經濟史硏究組 (編), 『蒙古族經濟發展史硏究 2』, 呼和浩特, 1988, p. 146.

16 暴慶五, 「談草原畜牧業基本特徵」, 위의 책, p. 197.

17 『新唐書』 卷180 「李德裕」, p. 5336.

18 주12 참조.

당시 상황을 좀 더 입체적으로 살펴보기 위해서는 자연재해에 대한 이해가 필요하다. 초원에 발생하는 자연재해로는 가뭄(흑재黑災), 한파寒波, 폭설(백재白災) 등의 기상 악화와 겨울철에 늑대들이 가축을 공격하는 피해(낭해狼害), 가축 전염병 등이 있었다. 이 가운데 가뭄과 폭설이 초지에 가장 심각한 영향을 주었고, 가축 전염병 역시 직접적인 타격을 주는 문제였다.

686년 재해에 대한 기록에서 확인할 수 있듯이,[19] 이 무렵의 기근은 '**가뭄**'과 관련되었다. 가뭄은 초지를 줄어들게 해 가축의 생존을 어렵게 했고, 약해진 가축들은 굶어 죽거나 병에 걸려 죽었다. 황무지(적지赤地)라고 불릴 정도로 초원에 풀이 더 이상 자랄 수 없게 되면, 목민은 재생산 기반 자체를 잃었다. 초지의 축소는 오늘날에도 목민에게 매우 심각한 문제로 기근이 발생하는 중요한 요인이다.[20] 몇 년간 계속된 가뭄으로 초지가 파괴되면 초원은 자연 회복력이 약해져 인간도 가축도 더 이상 살 수 없게 된다.

그다음으로 심각했던 것은 **폭설**로 겨울이나 겨울에서 봄으로 넘어가는 계절에 유목민을 어려움에 빠뜨리곤 했다. 북위 41도 이북, 해발 2500~3000미터 이상의 지역에서는 폭설이 빈발하기 때문에 몽골 초원은 언제든지 폭설의 피해를 입을 수 있었다. 폭설은 예측할 수 없는 데다가 눈보라와 한파를 동반하기 때문에 유목민과 가축을 고립시켜 얼어 죽거나 굶어 죽게 만들었다.[21] 유목민이 폭설에 특히 취약했던

19 주13 참조.

20 內蒙古農牧業資源編委會 (編), 『內蒙古農牧業資源』, 內蒙古人民出版社, 1965, p. 36~37.

21 額爾敦布和, 「牧區"白災"及防禦對策」, 內蒙古自治區蒙古族經濟史研究組 (編), 『蒙古族經濟發展史研究 2』, 呼和浩特, 1988, pp. 144~159.

(그림 1) 몽골 초원의 겨울철 가축 방목

것은 유목이라는 생산 양식 자체가 축적이 어렵기 때문이다. 즉 정주 지역처럼 건초를 마련하거나 축사를 설치해 가축을 추위와 재해로부터 보호하는 방식이 아니라, 겨울철에도 초지에 가축을 그대로 방목했기 때문에 폭설의 피해가 더 클 수밖에 없었다. 물론 이런 상황에 처하더라도 군주를 비롯한 지배 집단이 적절히 대처한다면 체제의 와해로까지 이어지지는 않았다. 유목민은 기본적으로 자연재해에 익숙하기 때문에 피해가 확산되지 않도록 대처할 수 있었고, 다른 지역으로 이주했다가 초지가 어느 정도 회복되면 돌아올 수도 있었다. 그러나 위구르 말기에는 자연재해의 중층적 발생에 내외의 여러 집단들의 갈등까지 더해져 결국 제국의 붕괴를 맞고 말았다.

초원에 기근이 발생하는 또 하나의 원인은 **전염병**이었다. 전염병도 목축 경험이 많은 유목민으로서는 어느 정도 예방과 대처가 가능했으나, 재해 등으로 환경 조건이 나빠졌을 경우에는 심각한 위협이 될 수 있었다. 유목제국의 멸망에 전염병이 언급된 기록은 적은 편이다. 630년 동돌궐이 붕괴할 때도 서리가 일찍 내렸다(塞北霜早)[22]는 내용이 있을 뿐이고, 686년 위구르가 막북에서 부흥한 돌궐에 쫓겨날 때도 가뭄이 극심했다는 기록만 있다. 전염병과 관련해서는 582년 돌궐이 동서로 분열했을 때와 위구르 말기에 초원에 '기근과 전염병'이 발생했다는 기록 정도가 있다.[23] 따라서 위구르 말기에 기근으로 인한 전염병이 발생했다는 부분에 주목해 그 실체를 구체적으로 복원해볼 필요가 있다.

환경이 열악해진 상황에서 일어나는 전염병은 많은 가축을 한꺼번에 폐사시켜 유목민을 굶주리게 하고, 때로는 사람까지 감염시켜 사망에 이르게 한다. 전통 시대에는 전염병이 생기면 병에 걸린 가축을 도살하거나 발생 지역 밖으로 옮기는 것이 일반적 대응이었다.[24] 근대 이전까지는 백신 같은 대처 수단이 없어 전염병을 치료하거나 예방하는 식으로 대응할 수 없었다.

위구르 말기에 발생한 전염병이 어떤 것인지 알아내기 위해서는 당시 초원 상황에 대한 기록부터 검토해야 한다. 초원은 건조하고 한랭하여 병이 발생할 수 있는 숙주가 현저히 적은 편이나, 이런 조건에 맞는 병도 있었다. 그 양상이 다양해 위구르 말기에 발생한 전염병이 무엇이었는지 그 정체를 정확히 알기는 어렵다. 1919년 몽골 초원에서 실

---

22 『舊唐書』 卷68 「張公瑾」, p. 2507.

23 "竟無雨雪, 川枯蝗暴, 卉木燒盡, 饑疫死亡, 人畜相半. 舊居之所, 赤地無依, 遷徙漠南, 偸存晷刻."(『隋書』 卷84 「北狄 突厥」, p. 1867).

24 納古單夫, 「關于邁斯其《蒙古畜牧調査報告書》(1919年)的說明」, 內蒙古自治區蒙古族經濟史研究組 (編), 『蒙古族經濟發展史研究 2』, 呼和浩特, 1988, p. 218.

시한 현지 조사 내용을 바탕으로 이를 거꾸로 추적해보려고 한다.[25] 아직 근대적인 산업이 크게 발전하지 않았던 1919년과 위구르 시기의 자연환경 및 식생이 큰 차이가 없다는 가정하에 전염병의 발생 상황을 다음과 같이 추정해볼 수 있다.

이때 작성된 보고서에 따르면, 몽골 초원에서 발생한 주요 전염병으로는 흑사병黑死病(페스트), 탄저병炭疽病, 비저병鼻疽病, 유행성 폐렴, 양자습진羊子濕疹, 낙타진선駱駄疹癬, 급성 고창증鼓脹症 등이 대표적이었다. 이후 전자현미경 기술의 발달로 구제역이나 조류독감 등의 바이러스성 전염병도 있었음이 밝혀졌지만, 그 비중이 크지는 않기 때문에 위에 예시한 전염병을 중심으로 검토해보고자 한다. 유행성 폐렴이나 양자습진, 낙타진선, 급성 고창증 등은 가축들이 걸리는 일상적 질병으로 재해라 할 만한 심각성을 지니지 않는다. 반면에 흑사병, 탄저병, 비저병 등은 전염성이 강해 주목해야 할 질병이라 할 수 있다.

세계사의 전개에 거대한 영향을 미쳤던 흑사병은 설치류를 매개로 전염되는 질병으로 쥐벼룩에 접촉한 사람은 감염되나 가축에게는 별다른 전염성이 없다. 즉 목축 자체에는 별다른 영향이 없기 때문에 여기서 고려할 필요는 없다고 볼 수 있다. 더욱이 흑사병은 13세기 이후 몽골제국의 남방(운남, 미얀마) 원정 과정에서 들어온 질병이라 위구르 시기에는 초원에 존재하지 않았다.[26] 비저병은 호흡기와 림프절, 피부 등에 결절結節을 만드는 비저균Pseudomonas mallei에 감염되면 발생하는데 말, 노새, 당나귀 등 말과(단제류單蹄類)에는 제한적 영향만을 미

25 위와 같음.

26 윌리엄 H. 맥닐, 허정 (역), 『전염병과 인류의 역사』, 한울, 1998, pp. 176~177.

치기 때문에[27] 목축 생산 체계를 붕괴시킬 만한 병은 아니었다.

따라서 위구르 말기에 양을 비롯한 가축 전반에 큰 영향을 미친 병이라면 **탄저병Anthrax**이라고 추정할 수 있다. 탄저병은 인류 역사상 가장 오래된 병의 하나로 세계적으로 광범위하게 퍼져 있었고, 특히 18~19세기 유럽 남부에 퍼져 많은 사람과 동물의 생명을 앗아갔다. 현재는 백신이 개발되어 대처가 쉬워졌으나, 여전히 주요 전염병 가운데 하나이고 생물학전의 무기로 사용되기도 한다. 기록에 처음 등장한 것은 『성경』「출애굽기」 9장 9절 모세의 언급으로, 이후 고대 그리스와 로마의 고전뿐만 아니라 중세와 근현대의 많은 저작에서도 관련 내용을 찾아볼 수 있다. 무엇보다 탄저병은 가축과 사람을 모두 감염시킬 수 있는 인수공통전염병人獸共通傳染病이라 더 심각한 결과를 낳을 수 있다.[28] 초원에서는 가축의 폐사만으로도 큰 타격인데, 사람도 감염시키니 유목민의 보건 위생까지 위협할 수 있었다.

물론 오래되고 흔하다는 이유만으로 위구르 말기에 발생한 전염병을 탄저병이라고 단정하는 것은 아니다. 그렇게 추정하는 이유는 탄저균 자체의 발병 특성 때문이다. 탄저균은 온화한 기후, 알칼리성(석회질) 토양, 주기적으로 홍수가 일어나는 곳에서 많이 발생하지만 몽골 초원처럼 숙주가 거의 없는 건조하고 추운 지역에서도 오래 살아남을 수 있다. 세균 중에서도 크기가 큰 편이고 외부의 영향에서 자신을 보호하기 위해 단단한 '아포芽孢'로 둘러싸여 있어 토양 속에서는 50년 정도까지 생존할 수 있고, 건조한 곳에서도 22년 정도 살 수 있다. 게다

---

27 수의전염병학교수협의회, 『수의전염병학』, 경북대학교출판부, 1997, p. 189.

28 닭 등의 조류와 돼지, 개 등은 탄저균에 저항력이 있어 잘 걸리지 않는데, 이러한 동물들은 몽골 초원에서 중요한 가축이 아니었다(위의 책, p. 60).

가 비가 내리거나 인위적 혹은 자연적으로 땅이 뒤집혀 지표 속의 균이 밖으로 노출될 경우 접촉한 생체를 감염시켜 자가 증식할 수도 있다.[29]

병을 발생시키는 '**탄저균**Bacillus anthracis'은 동물의 병소, 분비물, 배설물 및 사체의 혈액을 비롯한 전신의 장기에 존재하고, 사체에 붙어 있는 수모, 수피, 골제품 및 배설물이나 오염된 사료, 물, 토양, 기구, 축산물 등 어디에나 있다. 그중에서도 토양 속에 가장 많이 존재한다는 점이 생체를 숙주로 하는 다른 세균들과 다르다. 또한 탄저균은 토양과 접할 기회가 많은 초식동물이 쉽게 감염될 수 있다. 유목에서 가장 큰 비중을 차지하는 양이 탄저균에 대한 저항성이 가장 약하기 때문에 유목민에게 특히나 치명적이다.[30] 양이 소나 말 등에 비해 병에 걸릴 확률이 더 높은 이유는 식물의 뿌리까지 먹는 습성으로 인해 토양과 접촉하는 빈도가 높기 때문이다. 양의 이런 습성은 유목민이 초지의 파괴를 막기 위해 이동을 하는 이유이기도 하다.

탄저균은 대개 가축이 직접 균을 입으로 섭취해 감염된다. 직접 섭취할 경우 균을 둘러싸고 있던 아포가 체내에서 녹으면서 균의 독성이 생체에 영향을 주어 병을 일으킨다. 혈액으로 들어간 균에서 나온 독성이 호흡 곤란을 일으키고 급성 패혈증으로 이어져 고열이 난다. 가축의 급성 폐사는 체내의 조혈 기능에 문제가 생겨, 즉 비장이 괴사壞死하여 발생한다. '탄저炭疽'라는 말처럼 감염된 가축의 혈액이 숯처럼 검은색으로 변해 마치 흑사병에 걸린 것처럼 보인다.[31] 겉으로 보이는 모습 때

---

29 梁旭東, 『炭疽防治手冊』, 中國農業出版社, 1995, pp. 3~20; 수의전염병학교수협의회, 위의 책, pp. 58~60.

30 梁旭東, 위의 책, p. 21.

31 梁旭東, 위의 책, pp. 27~30; 수의전염병학교수협의회, 위의 책, p. 60.

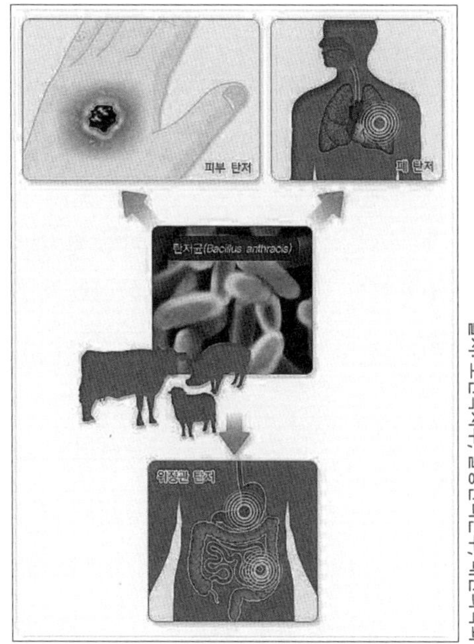

출처: 보건복지부, 질병관리본부, 대한의학회

(그림 2) 탄저균의 감염과 발병

문에 병원균이 무엇인가와 관계없이 대부분 흑사병이라고 불렀다.

이와 같은 특성들이 위구르 말기에 발생한 전염병을 탄저병이라고 추정하는 이유다. 이 병은 특히 가뭄이나 홍수와 같은 자연재해를 동반하는 경우가 많았다.[32] 초원에서 **가뭄**이 발생하면 초지가 파괴되고, 양들은 줄어든 풀을 조금이라도 더 뜯어 먹기 위해 토양 깊숙한 곳의 뿌리까지 파먹게 된다. 그러다 보면 토양 속에 있던 탄저균에 노출되는 것이다. 더욱이 이미 기근으로 영양 상태가 나빠진 터라 탄저병은 더 쉽게 확산되었고, 결국 가축의 대량 폐사로 이어졌다. 가축에 의존

---

32 梁旭東, 위의 책, p. 22.

하는 유목 경제의 재생산 구조가 파괴될 수밖에 없었다. 위구르에게 자연재해는 주기적으로 나타나는 현상이었으나, 기근에 빠진 상황에서 전염병이 창궐하고 폭설까지 몰아닥치자 대응이 쉽지 않았다. 이런 상황은 "**살아남은 것이 없다**"라는 말로 기록되었다. 막남으로 남하한 집단 역시 심각한 기근에 직면해 당의 물자 지원을 받았다는 기록이 있는 것을 보면 당시의 참혹한 상황을 짐작해볼 수 있다.[33] 더욱이 탄저병은 인수공통전염병이라 일정 시간이 경과한다고 해서 바로 해결되는 문제가 아니었다.

전염병의 여파는 제국의 와해와 위구르인들의 이주에서 끝나지 않았다. 위구르를 무너뜨린 키르기스도 이곳에서 세력화를 시도하다가 머지않아 자신들의 고지인 예니세이강 유역으로 복귀했다. 그 결과 이곳 초원은 동부에 있던 몽골계 집단이 이주해 올 때까지 상당 기간 공동화空洞化된 채로 남겨졌다. 유목민들이 초원을 포기한 이유가 전적으로 재해와 전염병 때문만은 아니겠으나, 이런 측면도 비중 있게 고려해야 함은 분명하다.

840년 위구르 유목제국의 갑작스러운 붕괴는 자연재해에 의해 유목 생산 구조가 파괴되고, 지배 집단의 내분이 발생한 상황에서 키르기스를 비롯한 종속 집단의 공격까지 받는 등 다양한 원인이 **복합적**으로 작용한 결과였다. 이후 위구르는 키르기스가 떠난 몽골 초원으로 돌아와 재기한 것이 아니라, 여러 세력으로 쪼개지고 흩어져 각자도생하게 되었다.[34] 하나의 유목제국을 형성했던 초원과 오아시스 세계가 해

---

33 『新唐書』卷180「李德裕」, p. 5336.

34 山田信夫,「9世紀ウイグル亡命移住者集團の崩壞」,『北アジア遊牧民族史研究』, 東京大學出版會, 1989; 華濤,『西域歷史研究: 八至十世紀』, 上海古籍出版社, 2000; Michael R. Drompp,

체되고 만 위구르의 '**빅뱅big bang**'은 그 주변의 여러 지역에 큰 영향을 끼쳤다. 9세기 후반 국제 질서의 재편을 가져왔을 뿐만 아니라, 나아가 10세기에 본격화되는 이른바 동아시아 '**민족 이동**'의 발단이 되었다.

2. 이산과 주변 세계의 재편

키르기스를 비롯한 여러 세력이 카라발가순을 공격하자, 위구르는 막북 초원을 떠나 주변 세계로 흩어졌다(이산離散). 먼저 카라발가순 주변의 13부를 이끌던 위게 테긴Üge tegin(오개특근烏介特勤) 집단과 욀뮈쉬Ölmüš(올몰사嗢沒斯)가 고비를 넘어 막남 초원에 내려왔다.[35] 이 가운데 마지막 카간인 카사르 테긴과 형제 관계였던 욀뮈쉬가 상인商人 칙시 뵈귀Čigsi bögü(적심복고赤心僕固), 테긴 나일 초르Tegin nail čor(특근나힐철特勤那頡啜) 등을 이끌고 840년 10월 천덕군天德軍(지금의 네이멍구 자치구 어얼덩부라거소목額爾登布拉格蘇木 북쪽 경계에 있는 우량쑤하이烏梁素海 동쪽)으로 내려와 약탈을 벌였다. 이에 진무군 절도사인 유면劉沔(784~848)이 대비하자 욀뮈쉬 집단은 천덕군의 치소 부근까지 와서 당에 식량을 요구하며 내부內附하겠다고 청했다. 이것이 여의하지 않자 욀뮈쉬는 841년 정월에 물러나 돌아갔다.[36]

841년 2월에 소례 카간의 동생이자 창신 카간의 숙부로 종실 세력

"The Uighur-Chinese Conflict of 840-848", Nicola Di Cosmo (ed.), *Warfare in Inner Asian History*, Brill, 2002, pp. 73~103; Michael R. Drompp, *Tang China and the Collapse of the Uighur Empire: A Documentary History*, Brill, 2004.

35 『舊唐書』 卷195 「迴紇」, p. 5213.

36 『資治通鑑』 卷246 文宗 開成5(840)年條, p. 7947.

을 대표하던 위게 테긴이 카간정 주변에 있던 13부를 이끌고 막남으로 왔다.[37] 대규모 집단을 이끌고 왔던 위게 테긴은 막남의 벽제천 북쪽 착자산錯子山(음산산맥)까지 온 다음에 위구르 카간을 자칭하면서 세력화했다. 그런 다음 키르기스의 사신 타르칸Tarqan(달간達干)을 공격해 그가 당으로 모시고 가던 태화공주를 되찾아 왔다. 태화공주는 키르기스에 포로로 잡혀 있다가 당과 우호 관계를 회복하고자 했던 키르기스가 송환을 허락해 당으로 돌아가던 길이었다. 이후 위게 카간은 태화공주의 주선으로 당의 책봉을 받아낸 다음 부흥 움직임을 보였다.[38]

당에서도 변경의 안정을 위해 위게 카간을 대동천大同川 부근에 임시로 머무르게 한 다음 기근을 구제할 식량을 제공해주었다. 이후 8월에 위게 카간은 일 위게시(재상)를 보내 천덕성天德城에 태화공주가 살 곳과 필요한 양식 및 가축을 공급해달라고 요구했는데, 당에서는 이를 거절하고 그 대신 위게 테긴을 카간으로 책봉할 때 주지 않았던 말값에 상응하는 양식 3000석을 지원해주었다.[39] 이는 태화공주를 당으로 조속히 송환하기 위함이었다.

무종武宗(이염李炎, 814~846, 재위 840~846)은 위구르에서 사신으로 온 일 위게시에게 내분으로 나라가 망한 것을 교훈 삼아 위게 카간을 중심으로 재기할 것을 권했다. 그러면서 위게 카간은 인정하고 키르기스의 군장은 카간으로 인정하지 않음으로써 세력 갈등을 조장했다. 위게 카간을 중심으로 위구르를 결속시켜 초원의 혼란을 수습하고 키르

37 『資治通鑑』 卷246 武宗 會昌元(841)年條, p. 7949.

38 위의 책, p. 7957.

39 李德裕, 「賜回鶻可汗書意」, 『李德裕文集校箋』, 河北教育出版社, 2000, p. 66.

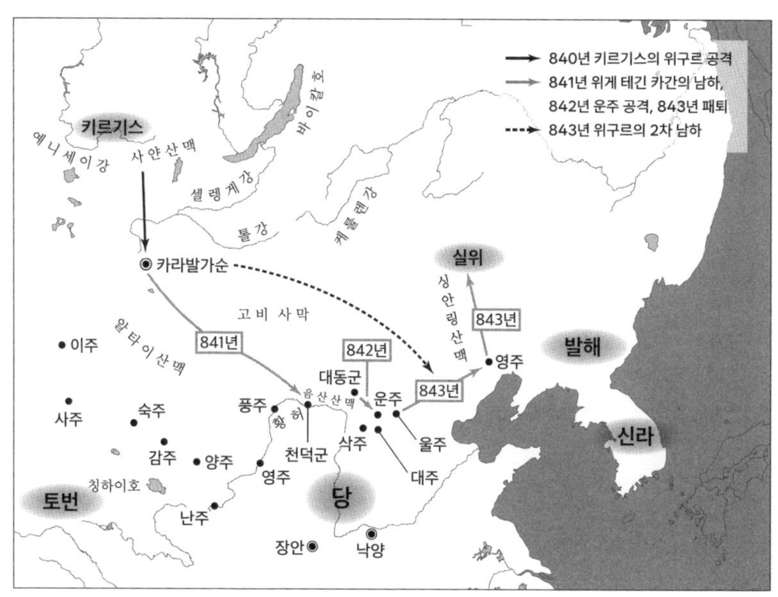

(그림 3) 위구르 붕괴 이후 막남의 상황

기스의 성장을 견제하려는 의도였다.[40] 또한 당에서는 욀뮈쉬와 위게 카간 양자 사이에서 어떤 입장을 취할지도 논의했다. 당에 들어오겠다는 의사를 표한 욀뮈쉬 집단이 의심스럽다며 항복을 받아주지 말자는 의견이 대부분이었다. 천덕군 군사軍使 전모田牟 같은 이는 공을 세우기 위해 욀뮈쉬를 공격하자는 의견을 내기도 했다. 이에 당의 실권자인 재상 이덕유李德裕(787~850)가 위구르에게는 양식을 주어 위무하고, 위게 카간에 반발하며 당에 투항하려던 욀뮈쉬는 위협이 될 경우에만 군사적 대응을 하자고 했다.[41]

---

40 李德裕, 「賜回鶻嗢沒斯特勤等詔書」, 위의 책, pp. 73~74.

41 『資治通鑑』 卷246 武宗 會昌元(841)年條, pp. 7952~7954.

842년 욀뮈쉬 집단 내부에서 당을 약탈하자는 칙시 뵈귀와 당에 항복하자는 욀뮈쉬가 서로 대립하면서 분열했다. 욀뮈쉬가 반기를 든 칙시 뵈귀를 유인해 죽이려고 하자, 이에 반발한 나일 초르는 칙시 뵈귀가 이끌던 7000장을 수습해 동쪽으로 달아났다가 유주절도사幽州節度使 장중무張仲武(?~849)에게 패했고, 칙시 뵈귀는 위게 카간에게 사로잡혀 죽었다. 이에 욀뮈쉬는 842년 5월에 역지왕자歷支王子, 탈루이 셍귄Talui seŋün(다람장군多攬將軍) 등 7인과 함께 부하 장사 3168명을 이끌고 투항했다. 욀뮈쉬는 좌금오위대장군左金吾衛大將軍 겸 군사軍使로 임명되고 이씨李氏로 사성賜姓을 받아 이사충李思忠(또는 이전충李全忠)이 되었으며, 그의 집단은 귀의군歸義軍으로 편제되었다. 투항한 내재상 수야물受耶勿 역시 부사副使로 이씨로 사성을 받아 이홍순李弘順이 되었다.[42]

이때 위게 카간은 10만 명 정도의 병력을 거느리고 대동군 북쪽 여문산閭門山 주변에 머물러 있었는데, 욀뮈쉬의 투항 소식을 듣고 당에 그의 송환과 함께 부족한 식량과 가축의 공급을 요청했다.[43] 당은 그의 요구에 응하지 않았는데, 이는 과거 740년대 중반 돌궐이 붕괴한 다음 막남에 내려왔을 때와 비슷한 반응이었다. 당은 과거에도 세력화가 가능한 집단에는 명분상의 지원만 하며 그 세력을 약화시키려 했고, 그

---

42 『자치통감』(『資治通鑑』 卷246 武宗 會昌2(842)年條, p. 7962, p. 7965)의 기록과 달리 『책부원구』에는 욀뮈쉬가 귀부해 관직과 사성을 한 것이 841년 7월(『冊府元龜』 卷976 「外臣部 褒異3」, p. 11466上, 下) 혹은 841년 5월(『冊府元龜』 卷170 「帝王部 來遠」, p. 2056)로 되어 있다. 그러나 이를 842년의 일로 보는 것이 타당한 것은 욀뮈쉬가 842년 칙시(적심)와의 내분 이후 당에 오기 전에는 내부한 적이 없고, 또한 『구당서』(『舊唐書』 卷17 「文宗本紀」, p. 591)에 842년 6월에 욀뮈쉬가 입조하자 사성을 하고 관직을 주었다고 기록되어 있기 때문이다.

43 『舊唐書』 卷195 「迴紇」, p. 5214.

와 경쟁 관계에 있는 집단 가운데 당에 동조하는 세력은 적극 지원하여 양자를 경쟁하도록 했다. 즉 위게 카간을 견제하기 위해 세력이 쪼그라든 욀뮈쉬의 입조를 받아준 것이다.

투항한 욀뮈쉬를 이용한 당의 이간책에 반발해 위게 카간은 842년 가을 대동천에서 나와 운주雲州(지금의 산시성山西省 화이런현懷仁縣 지역) 등지를 공격했다. 이에 무종은 조칙을 내려 위게 카간을 안무하면서도 동시에 방어를 위한 원정군을 조직했다. 유면을 초무회골사招撫回鶻使로, 장중무를 동면초무회골사東面招撫回鶻使로 삼아 해, 거란, 실위 등의 병력을 지휘하도록 했다. 또한 욀뮈쉬를 하서당항도장회골서남면초토사河西黨項都將回鶻西南面招討使로 삼아 그가 이끄는 계필, 사타, 토욕혼吐谷渾 등 6000기가 위게 카간을 공격하게 했다.[44] 이후 욀뮈쉬에게 패한 위게 카간은 843년 정월 다시 진무군을 공격했다가 유면이 인주자사麟州刺史 석웅石雄, 도지병마사都知兵馬使 왕봉王逢을 시켜 사타의 주야적심朱邪赤心 3부와 계필, 탁발 기병을 이끌고 반격하자 패배해 동쪽으로 도망갔다. 그 결과 막남에 억류되었던 태화공주가 장안으로 돌아올 수 있었다.[45]

842년 겨울에서 843년 봄으로 넘어갈 때 테긴 방구차龐俱遮, 아돈녕阿敦寧 2부, 위구르 공주 빌게 카툰Bilge qatun(밀갈가돈密羯可敦) 1부, 외상外相 제락고諸洛固의 아즈(아질阿跌) 1부, 아장대장牙帳大將 조마니曹磨你 등 7부 총 3만 명이 유주로 와서 항복했다. 이들은 이후 모두 내지의 여러 도道에 분산 안치되었는데, 이는 당이 과거 동돌궐에 취했던 정책

44 『資治通鑑』卷246 武宗 會昌2(842)年條, pp. 7965~7969.

45 『資治通鑑』卷247 武宗 會昌3(843)年條, pp. 7971~7972.

과 같았다.[46] 상황이 더 어려워진 위게 카간은 다시 막남 초원에 돌아오지 못하고, 동몽골 초원의 실위로 갔다가 결국 846년 그의 상相 이인 초르Yiyin čor(일은철逸隱啜)에게 살해당했다. 이후 위게 카간의 동생 게념揭捻이 카간을 자칭하고 해의 도움을 받아 세력을 규합하기도 했으나, 그 역시 847년 장중무에게 대패한 다음 흩어졌다. 그 세력의 일부가 다시 실위로 가서 7부로 나뉘어 복속되기도 했으나, 그들 역시 848년 키르기스의 공격을 받아 완전히 소멸했다.[47] 이로써 막남 초원에서 위게 카간을 중심으로 몇 년에 걸쳐 전개된 위구르의 부흥 시도는 실패로 끝났다. 욀뮈쉬 역시 귀의군이 해산된 다음 특별대우를 받았으나 다시 세력화하지는 못했다.[48]

막남 초원으로 온 위구르 주류 세력이 당에 흡수된 것과 달리 서방으로 간 집단은 명맥을 유지했다.[49] 이들의 재기 과정은 기록의 한계로 정확히 알기 어려우나 다음 기록을 통해 그 행적을 추측해볼 수 있다.

위구르 상相 삽직馺職이 외조카(외질外姪) 방 테긴Bang tegin(방특근龐特勤)과

---

46 『舊唐書』 卷195 「迴紇」, p. 5214.

47 『新唐書』 卷217下 「回鶻下」, p. 6133.

48 위와 같음.

49 막남으로 이주해 온 위구르 유민의 몰락 과정에 대해서는 기록이 많이 남아 있다. 그러나 서방으로 이주한 집단에 대한 기록은 매우 적어 위구르의 서천 과정에 대해서는 알려진 바가 거의 없다. 당 말기 오대五代 시기에 여러 위구르 왕국이 등장한 것을 통해 이들의 이주 상황을 추측할 뿐인데, 이들이 과거의 어떤 위구르 집단과 연결되는가는 제대로 알기 어렵다. 붕괴 이후 위구르의 주류 집단이 왔는지, 아니면 『구당서』의 기록처럼 세 집단으로 나뉘어 서천했는지도 정확히 알 수 없다. 서위구르의 기초를 만든 방 테긴의 세력화 과정이나 9세기 말에 등장한 감주, 하서, 고창 위구르 정권의 성립에 대해서도 다양한 논의가 있다. 林幹·高自厚, 『回紇史』, 內蒙古人民出版社, 1994, pp. 104~109.

남록南鹿, 알분遏粉 등 형제 5인과 15부를 이끌고 서쪽 **카를룩**으로 도망했는데, 한 무리는 **토번**으로 갔고 한 무리는 **안서**로 갔다.[50]

위의 내용처럼 서방으로 이주한 집단 가운데 안서에서 세력화한 방 테긴이 두드러졌는데, 그동안 위구르와 경쟁하던 토번이 이 무렵 세력이 약해진 것과도 관계가 있다. 830년대 말 토번은 이태찬보彝泰贊普가 사망하고 그 동생인 달마達磨가 등극했으나, 내적 안정을 확보하지 못하고 자연재해가 계속되면서 쇠락했다.[51] 이는 위구르 말기의 상황과 비슷했다. 또한 842년경 달마 사후 계승 분쟁으로 정권을 장악한 논공열論恐熱과 상비비尙婢婢 세력이 대결하면서 지배 집단이 분열했다.[52] 이런 혼란을 틈타 방 테긴이 이끄는 위구르가 그동안 안서 등지에서 영향력을 행사하던 토번을 대신해 이곳으로 옮겨 와 세력화했다.

토번의 통제를 받던 하서 지역 역시 분화되면서 각각의 세력이 독자적 움직임을 보였다. 상비비에게 패배한 논공열은 하서에 머무르다가 847년 무종이 붕어하자, 이곳으로 이주해 온 위구르와 현지 탕구트 등을 끌어들여 당을 공격했다. 그러나 하동절도사 왕재王宰가 사타의 주야적심을 동원해 방어하여 더 이상 세력을 확장하지 못했다.

---

50 토번으로 간 위구르 집단은 하서로 들어갔다가, 이후 토번을 대체한 당의 장의조 정권에 복속되었다. 이후에 이들은 장의조 세력에서 분리해 나와 감주를 차지하고 세력화했다. 방 테긴이 이끈 집단은 하서에서 더 서쪽으로 진출해 이주伊州(하미)와 톈산산맥을 지나 언기焉耆, 구자龜玆까지 가서 세력화했다. 당대에 도호부都護府가 있던 타림 분지 북부 안서로 간 방 테긴은 848년 카간을 칭하고 당의 책봉을 받았다가 얼마 지나지 않아 바로 쇠퇴했다. 『新唐書』 卷217下 「回鶻下」, p. 6133; 『舊唐書』 卷195 「迴紇」, p. 5213.

51 『資治通鑑』 卷246 文宗 開成3(838)年條, p. 7938.

52 『新唐書』 卷216下 「吐蕃下」, p. 6105.

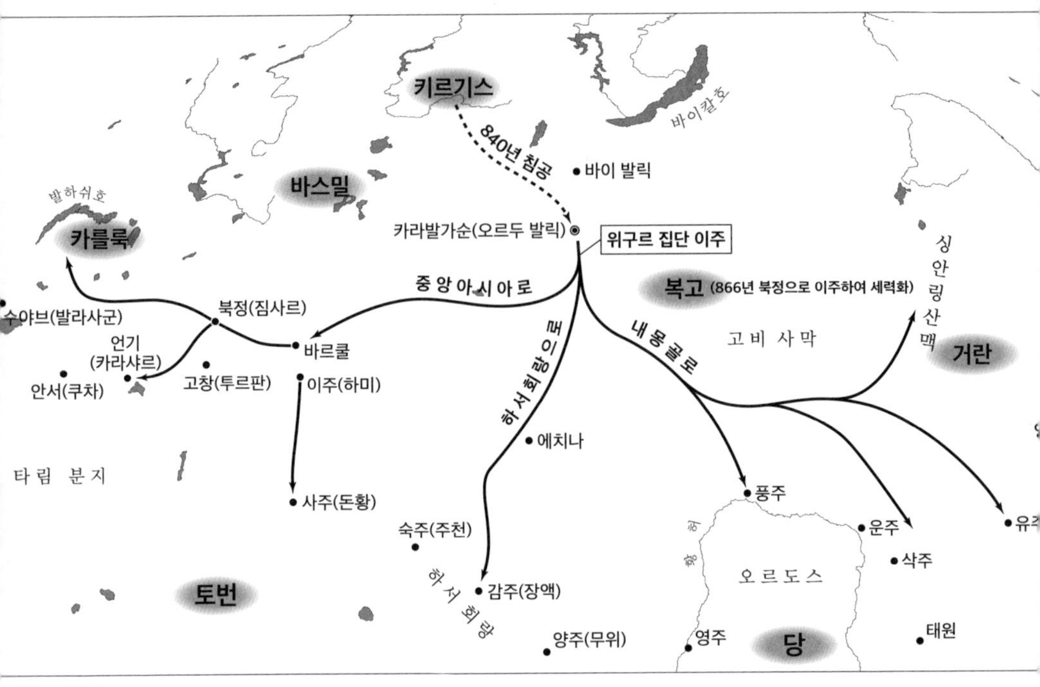

(그림 4) 위구르 붕괴 이후 주변으로의 이주 양상

848년에 사주沙州(지금의 간쑤성 둔황시敦煌市)의 한인漢人 장의조張義潮(799~872)가 논공열이 상비비에게 패배한 상황을 이용해 토번 세력을 몰아내고 세력화하면서 토번의 하서 지배는 완전히 끝이 났다.[53] 이후 장의조가 하서를 통제했는데, 그 역시 세력을 오래 유지하지 못했다. 이를 틈타 위구르, 탕구트, 사타 돌궐 같은 군소 세력들이 여러 지역에서 정권을 세웠다.[54]

53 薛宗正, 『吐蕃王國的興衰』, 民族出版社, 1997, pp. 192~198.

54 馮培紅, 『敦煌的歸義軍時代』, 甘肅教育出版社, 2013; 榮新江, 『歸義軍史研究 — 唐宋時代敦煌歷史考索』, 上海古籍出版社, 1996.

위구르 가운데는 동쪽의 거란으로 옮겨가 거란의 발전을 도우며 성장한 세력도 있었다.[55] 840년 패망 이후 위구르는 '**빅뱅**'이라는 말이 어울릴 만큼 카를룩, 토번, 안서, 막남, 거란 등 여러 곳으로 흩어졌다. 이들의 이주와 세력화 과정은 기록이 부족하고 남아 있는 것조차 파편적이라서 제대로 복원하기는 어렵지만, 위구르의 이산이 9세기 후반 유목 세계의 재편을 촉발했음은 분명하다.

한편 위구르를 몰아내고 막북 초원을 차지한 키르기스는 유목 세계의 패권을 차지하지 못했다. 위구르가 돌궐을 대체하면서 초원의 새로운 패자가 된 것과는 달랐다. 처음에는 키르기스의 카간 아열에게도 이런 야심이 있었다. 아열은 카라발가순에 있던 위구르 카간의 금장金帳을 불태우고 약탈한 재화를 챙겨 북부의 탐한산貪汗山으로 갔다가, 다시 돌아와 당과 관계를 개선하고 자신의 위상을 확보하려 했다. 이를 위해 포로로 잡았던 태화공주를 당으로 돌려보내려고 했는데, 앞서 살펴본 것처럼 위게 카간이 키르기스의 사신을 공격하면서 실패했다. 키르기스의 의도와 달리 당은 관계 개선을 위한 노력을 절대로 받아주지 않았고, 아열을 카간으로 인정하지 않으며 키르기스의 성장을 견제했다.

이후 키르기스는 위게 카간이 당에 반기를 들고 공격하는 것을 보고, 당에 사신을 보내 안서와 북정에서 방 테긴이 이끄는 위구르를 같이 공격하자고 제안하기도 했다. 842년에는 장군 답포합조踏布合祖 등을 천덕군에 보내 위게 카간을 직접 공격했다.[56] 이런 움직임에도 불구

---

55 위구르 유민 소씨蕭氏의 거란 투항과 국가 운영 참여에 관한 연구는 다음을 참조. 蕭之興, 「回鶻後裔在遼朝"共國任事"」, 林幹 (編), 『突厥與回紇歷史論文選集』 下, 中華書局, 1987, pp. 783~790.

56 『資治通鑑』 卷246 武宗 會昌2(842)年條, pp. 7968.

(그림 5) 10세기 중반 동아시아 형세도

하고 키르기스의 노력은 실패로 끝났다.[57] 재상 이덕유가 키르기스를 인정하지 않고 견제하는 것을 막남 위구르 유민에 대한 대책만큼이나 중요하게 여겼기 때문이다. 843년과 844년까지도 당은 키르기스의 책봉 요구를 받아들이지 않았다. 845년 5월 위게 카간을 완전히 제압한 뒤에야 비로소 키르기스 카간을 영무성명 카간英武誠明可汗으로 책봉하겠다고 했다. 그러나 의사만 표했을 뿐 정식 책서를 보내지 않았고 사

57 위와 같음.

신 역시 교환하지 않았다.[58]

키르기스는 막남과 동부로 간 위구르의 잔여 세력을 소멸시키기 위해 848년 동부의 해와 실위까지도 원정했다. 이제까지 위구르에 대항하기 위해 연합했던 실위와도 싸운 것이다. 그런 움직임에 반발한 거란이 키르기스를 격파했고, 결국 키르기스와 연합했던 타타르마저 떨어져 나갔다.[59] 그럼에도 당은 계속해서 키르기스를 견제하기 위해 안서에 가 있던 방 테긴을 857년에 울룩 텡그리데 쿠트 볼미쉬 알프 퀼뤽 빌게 [회건] 카간Uluγ teŋride qut bolmïš alp külüg bilge qaγan(온록등리라골몰밀시합구록비가[회건]가한溫祿登里邏汨沒蜜施合俱錄毗伽[懷建]可汗)으로 책봉했다.[60] 당은 이제 더 이상 위협이 되지 않는 안서의 위구르 세력만 인정하고 막북 초원을 차지한 키르기스를 철저히 견제했다.

결국 키르기스는 몽골 초원을 버리고 예니세이강 유역의 고지로 철수했다. 이후로는 더 이상 유목 세계의 패권을 장악하려는 움직임을 보이지 않았다.[61] 그 후 몽골 초원은 상당 기간 공동화되면서 새로운 유목제국의 중심이 되지 못했다. 위구르와 경쟁했던 토번 역시 재기하지 못하고 분열했다. 뿐만 아니라 당도 주변 세계에 강력한 영향력을 행사하지 못했다. 위구르의 붕괴를 시작으로 거대 세력들이 몰락하자 당의 주변 세계에서는 그동안 거대 세력의 틈바구니에 끼어서 두각을 나타

---

58 『新唐書』 卷217下 「回鶻下」, p. 6150.

59 薛宗正, 「黠戛斯的崛興」, 『民族硏究』 1996-1, p. 93.

60 『新唐書』 卷217下 「回鶻下」, p. 6133.

61 Michael R. Drompp, "Breaking the Orkhon Tradition: Kirghiz Adherence to the Yenisei Region after A.D. 840", *Journal of the American Oriental Society* v.119-3, 1999; Nikolay N. Kradin, "Kyrgyz Khaganate", John M. MacKenzie (ed.), *Encyclopedia of Empire*, Wiley & Sons, 2016.

내지 못했던 소규모 세력들이 활발한 움직임을 시작했다.

동부 톈산산맥 북방에 살던 **사타 돌궐**은 원래 궁월弓月이라고 했는데, 9세기에 토번과 위구르의 대결 과정에서 밀려나 동쪽으로 옮겨 온 다음 중국 내지에 들어왔다. 이들은 10세기 초 당의 붕괴 이후 혼란을 틈타 북중국에 진출해 후당後唐(923~936)을 세웠으나 전국의 패권을 차지하지 못하고 약화했다.[62] 하서에는 소규모 위구르 정권이 성립했다가 약화한 이후 **탕구트**가 등장했다.[63] 탕구트는 개별 오아시스를 차지한 위구르의 후예들이 하나의 큰 세력을 형성하지 못하고 할거하던 상태를 일소하고 서하西夏(1038~1227)를 세워 발전했다.

동몽골 초원에 있던 **거란** 역시 당의 약화를 틈타 10세기 초 세력을 형성하고, 북중국의 혼란에 개입해 요遼(907~1125)를 세웠다. 몽골 초원 전체와 북중국의 일부인 '연운燕雲 16주'를 차지하고, 동부의 발해渤海마저 무너뜨린 다음 세력을 크게 확장했다. 위구르의 일부 집단이 거란의 지배 집단과 결합하여 과거 몽골 초원의 전통을 계승하며 유목 세계의 패자로 발전했다. 거란은 몽골 초원뿐만 아니라 북중국 일부와 구 발해의 영역인 만주滿州를 망라한 '**모자이크**' 같은 다원적 성격의 국가를 건설했다.[64]

---

62 趙榮織·王旭送,『沙陀簡史』, 新疆人民出版社, 2015; 西村陽子,『唐代沙陀突厥史の研究』, 汲古叢書, 2018.

63 周偉洲,『早期黨項史研究』, 中國社會科學出版社, 2004; 周偉洲,『唐代黨項』, 廣西師範大學出版社, 2006.

64 기존의 연구에서는 거란이 10세기 건국 이후 초원과 한지漢地인 연운 16주를 함께 지배했다는 점에서 '**이중 체제**'에 기초한 이른바 '**정복 왕조**'였다고 설명했다. 이는 유목국가인 거란(요)의 한 측면을 중국사와 연결한 설명이었다(서론 주39 참조). 그러나 거란이 몽골 초원을 차지한 이후 위구르가 남긴 도시 네트워크를 재구축하여 동서 교역을 발전시켰

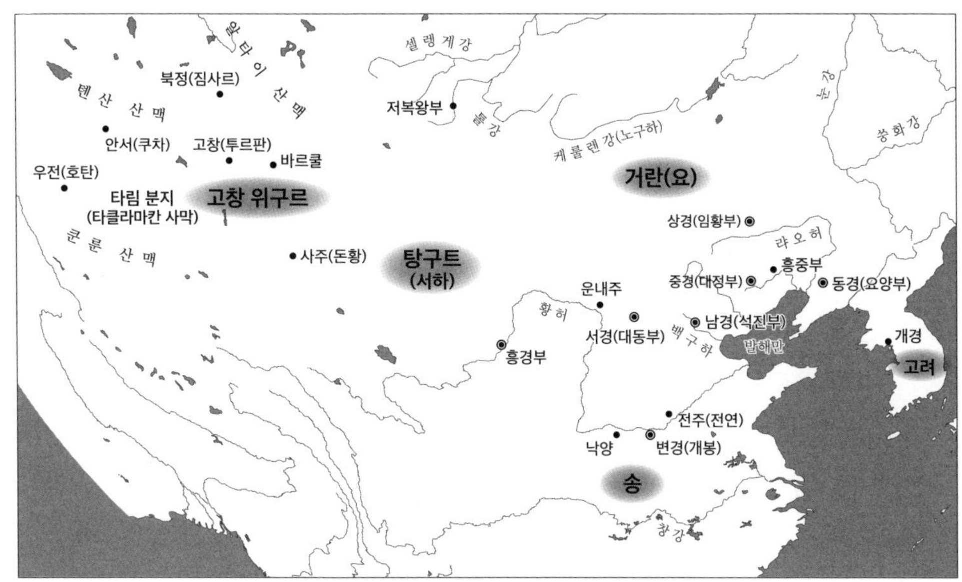

(그림 6) 11세기 동아시아 형세도

그동안 유목민의 주요 역사 무대였던 막북 초원은 일정 기간의 공동화를 거친 다음 동부에 있던 몽골 계통의 실위가 대거 옮겨 와 차지했다. 이제까지 돌궐과 위구르가 통제하던 **투르크의 땅**, 즉 투르키스탄

던 것에 주목한 연구는 없었다. 따라서 거란 역시 이전의 유목제국처럼 '**교역 국가**'를 지향한 점에 초점을 맞춰 국가의 성격을 이해해볼 필요가 있다. 거란은 멸망 이후에도 위구르처럼 서쪽으로 이주해 서요西遼(1124~1218), 즉 카라 키타이Qara Qitai를 건국했고 이곳에서도 여전히 '**복합적 성격**'의 국가를 건설했는데, 이 부분도 함께 연결해 살펴볼 필요가 있다. Michal Biran, *The Empire of the Qara Khitai in Eurasian History: Between China and the Islamic World*, Cambridge Univ. Press, 2005. 또한 거란이 멸망한 이후 그 후예들이 13세기 몽골제국의 건국을 도우며 금을 멸망시키고, 몽골제국의 체제 정비 과정에서 중요한 역할을 한 것과 관련해 거란의 국가 운영 경험을 이해해볼 수도 있다. 이는 이른바 '정복왕조'만이 아니라 유목국가의 '운영'이라는 측면에서 접근하는 시각인데, 향후 이런 방식의 새로운 이해가 필요하다.

이었던 몽골 초원은 이제 '**몽골의 땅**'이 되었다. 이런 변화에도 불구하고 이곳은 13세기 초 칭기스칸과 그의 후계자들이 세계사에 엄청난 영향을 미친 '대몽골의 시대'[65]를 열기 전까지는 역사의 무대 뒤편에 물러나 있었다. 이곳에서는 거란(요)을 이어 북중국을 차지한 **여진女眞**이 세운 금金(1115~1234)이 통제하는 여러 유목 세력이 할거하며 경쟁했다. 거란의 등장 이후 여진 시기까지 동아시아에 '**다극多極 체제**'[66]가 형성되어 각축하고 공존하는 동안에도 몽골 초원은 외부의 간섭과 견제에서 벗어나지 못해 세력의 한 축을 형성하지 못했다.

한편 서방에서 위구르의 '계승 국가'를 자처했던 **고창 위구르**(서주회골西州回鶻 또는 천산회골天山回鶻이라고도 함)[67]는 '서위구르'라고도 불릴 만큼 위구르의 명맥을 유지했는데, 톈산산맥 주변의 오아시스를 차지하고 이곳에 큰 영향을 남겼다. 이러한 역사적 경험은 이후 이곳이 '위구리스탄' 혹은 '투르키스탄'이라고 불리며 '**투르크화**'를 가속화하

---

65 김호동, 『몽골제국과 세계사의 탄생』, 돌베개, 2010; 스기야마 마사아키, 임대희·김장구·양영우 (역), 『몽골 세계제국』, 신서원, 1999.

66 古松崇志, 『ユーラシア東方の多極共存時代: 大モンゴル以前』, 名古屋大學出版會, 2024.

67 866년경 고창(당대에는 서주, 지금의 투르판)을 중심으로 한 톈산산맥 주변의 오아시스로 이주해 온 복고준僕固俊이 세운 고창 위구르는 1209년 몽골제국에 의해 멸망할 때까지 존속했다. 고창 위구르에 대한 정리는 다음을 참조. 安部建夫, 『西ウイグル史の研究』, 彙文堂書店, 1958; M. S. Asimov·C. E. Bosworth (eds.), *History of Civilizations of Central Asia IV, The Age of Achievement: A.D. 750 to the end of the Fifteenth Century, Part One: The Historical, Social and Economic Setting*, UNESCO Publishing, 1988, pp. 200~206; 華濤, 『西域歷史研究 — 八至十世紀』, 上海古籍出版社, 2000, pp. 85~93; 田韋疆, 『高昌回鶻史稿』, 新疆人民出版社, 2006; 李樹輝, 『烏古斯和回鶻研究』, 民族出版社, 2010; 森安孝夫, 『東西ウイグルと中央ユーラシア』, 名古屋大學出版會, 2015; 付馬, 『絲綢之路上的西州回鶻王朝』, 社會科學文獻出版社, 2019; 서론 주38 참조.

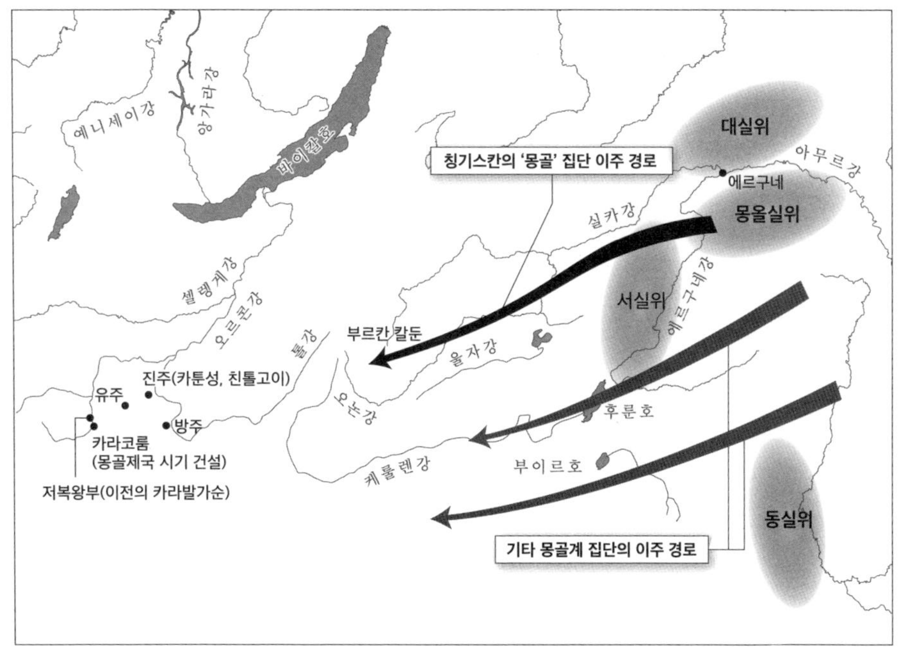

(그림 7) 몽골계 집단의 막북 초원 이주

는 토대가 되었다.[68] 이와 같이 위구르의 이주와 확산, 그리고 다양한 계승 국가의 등장 등 위구르의 멸망이 중앙아시아에 야기한 변화는 이후 세계사의 전개에 대단히 큰 영향을 미쳤다.

계승 국가였던 고창 위구르는 기존 유목제국의 지배 집단인 에디즈가 아니라 **복고僕固**가 주도했음에도 여전히 자신이 위구르의 후예이며 그 전통을 잇는다는 인식을 보여주었다. 이는 795년 새로운 지배 집단이 된 에디즈가 기존의 야글라카르를 대체하고 새로운 왕조를 세웠

---

68 서론 주33과 주36 참조.

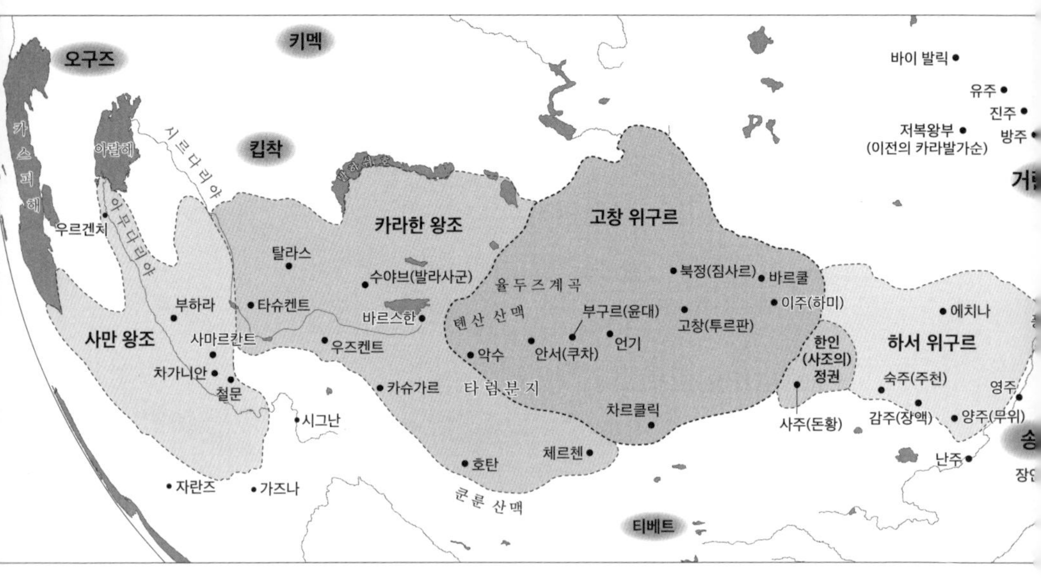

(그림 8) 10세기 말 중앙아시아의 투르크계 국가

을 때 자신의 권위를 설명하려 했던 방식과 비슷했다. 이렇게 고창 위구르가 전통을 계승하며 위구르의 정체성을 잃지 않았던 것은 몽골 초원에서 펼쳐진 조상의 영광스러운 역사에 대한 기억을 신화화하여 기록했던 것을 통해 확인할 수 있다. 초원을 떠나고 오랜 시간이 흐른 뒤인 14세기에도 고창 위구르의 후예는 조상의 원주지인 몽골 초원과 시조에 관한 기억을 신화로 남겼다. 이를 검토하면 고창 위구르와 그 후예가 기울인 '**정통성**' 계승 노력이 이후 중앙아시아사의 전개에 어떤 영향을 남겼는가를 알 수 있다. 이는 이후에 이른바 '**위구르**'라는 정체성이 만들어질 수 있었던 배경을 탐색하는 일이기도 하다.

제2장

14세기 위구르 후예가 기억하는 몽골 초원과 조상

1. 영광스러운 유목제국에 대한 기억

866년 상대적으로 늦게 서방에 이주한 복고준僕固俊이 세운 고창 위구르가 1209년 서진하던 몽골에게 멸망한 이후, 그 후예는 고창을 떠나 하서에 있는 영창永昌(지금의 간쑤성 우웨이시)으로 옮겨 가 고창왕高昌王으로 책봉되어 명맥을 유지했다. 이후 1330년경 고창왕은 자신의 공적을 기록한 **《역도호고창왕세훈비亦都護高昌王世勳碑》**(이하 《세훈비》로 약칭)[69]에 과거 위구르에 대한 '**기억**'을 기록했다. 고창왕은 자신을 위구

69 《역도호고창왕세훈비》는 간쑤성 우웨이시 융창진永昌鎭 스비촌石碑村에서 발견되었다. 현존 비문은 땅속에 묻혀 있다가 청대의 주민들이 일부를 파괴하고 다시 묻은 것을 1933년에 재발굴한 것이다. 이를 발굴한 탕파커唐發科와 자탄賈壇 등이 1934년 현재 우웨이시박물관이 있는 문묘文廟에 옮겨 보관하고, 비문 옆 부분에 발문跋文을 적어놓았다. 현존 비문은 상단이 유실되고 아랫부분만 남아 있는데, 남아 있는 부분 역시 이동 과정에서 둘로 잘렸다가 합체되었다. 아랫부분은 높이 1.82미터, 넓이 1.73미터, 두께 0.47미터 정도로 앞면에는 한문 36행이 적혀 있고, 1행에는 41자 정도가 새겨져 있다. 뒷면은 중세 위구르 문자로 작성되었는데, 비슷한 내용이었으리라 추정된다. 비문의 반리蟠螭(뿔 없는 용

필자 촬영

〔그림 9〕《세훈비》의 한문 면(왼쪽)과 뒷면의 중세 위구르문 면 탁본(오른쪽)

르식 군주의 칭호인 으둑 쿠트ïduq qut(역도호亦都護, '성스러운 축복'이라는 뜻)라 칭하고, 고창왕이라는 몽골제국(원元)의 중국식 책봉명도 함께 사용했다. 또한 이 비문은 한문뿐만 아니라 위구르 문자로도 표기해 위구르로서의 자부심도 보여주었다.[70] 위구르의 유구한 '퇴뤼'를 강조했

으로 비석의 머리 부분 장식에 많이 사용)는 1964년에 매몰된 곳에서 발굴되어 현재 문묘에 나란히 전시되어 있다. 반리의 높이는 약 1.5미터 정도이고, 비문 전체의 크기는 약 6미터 정도로 추정된다. 비문의 한문 내용을 지은 사람은 원대 우집虞集(1272~1348)이고, 글씨는 조세염趙世炎이 썼다고 전해진다. 위구르 문자로 된 부분의 작성자는 알 수 없다. 비문의 제작 연대는 원 문종文宗 지순至順 2년(1331) 또는 순종順宗 원통元統 2년(1334) 정도로 추정하나 정확하게 알 수 없어 논의가 분분하다. 何金蘭, 「元《亦都護高昌王世勳碑》瑣談」, 『河西學院學報』 2012-1, pp. 31~35.

70 이 비문과 동일한 장소에서 《대원칙사추봉서녕왕흔도공신도비大元敕賜追封西寧王忻都公神道碑》([그림 10] 참조)가 발견되었는데, 이 역시 동시대 고창 위구르 출신 왕족 서녕왕西寧王의 비문으로 한문과 몽골문으로 되어 있다. 1362년 이후에 만들어진 것으로 추정되는데, 《세훈비》와 함께 14세기 위구르 왕족의 행적과 계보를 알 수 있는 중요한 자료이다. 두 가지를 비교한 연구로는 다음을 참조. 羅賢佑, 「元代畏兀兒亦都護譜系及其地位變遷」, 『民族研究』 1997-2, pp. 70~80; 賈叢江, 「元朝前期西域政治史的幾個問題」, 『喀什師範學

다는 점에서 고창 위구르의 후예가 지닌 역사 인식을 엿볼 수 있다.

비문 첫 부분에 기록된 내용, 즉 고창왕의 선조가 9세기 후반 투르판 등지로 옮겨 오기 전에 살던 몽골 초원, 시조 뵈귀 카간의 탄생과 즉위 과정을 담은 신화 이야기는 몽골제국 시기의 페르시아어 자료 등 여러 가지가 남아 있다.[71] 따라서 이를 비교 분석하면, 으둑 쿠트 고창왕(이하 고창왕으로 표기)의 과거에 대한 기억, 즉 역사 인식을 복원할 수 있다. 현존 위구르 신화는 구비 전승된 이야기적 특징만 달리 하여 한문과 페르시아어로도 채록되었다. 전승 과정에서 구성이 혼란스러워지고 분량도 줄어들어 많은 내용을 추출하기는 어렵지만, 다양한 기록을 확인할 수 있다는 데 의의가 있다. 안타깝게도 현존 비문은 신화가 기록된 상단 부분이 유실된 데다가 한문 면뿐만 아니라 그들 자신의 언어인 위구르문 면 역시 없어져 내용을 확인하기 어렵다.[72] 다만 한문 면의 내용은 그 작성자인 우집이 다른 저작에 채록해놓은 것이 남아 있어 신화 분석이 가능하다.

기존에는 기록의 한계로 내용 분석보다는 사료 정리와 비교에 비

院學報』 1999-12, pp. 40~47; 賈叢江, 「元代畏兀兒遷居永昌事輯」, 『西域研究』 2002-4, pp. 16~25. 이 비문에는 고창 위구르의 시조에 대한 신화 기록은 없다.

71 페르시아어 기록은 알라 웃딘 아타 말릭 주베이니의 『세계 정복자의 역사』에 나오는 부쿠 카간의 탄생 신화와 라시드 앗 딘Rashid-al-Din Hamadani의 『집사*Jami' al-Tawarikh*』에 있는 위구르 종족에 대한 설명이 대표적이다.

72 《세훈비》 뒷면의 중세 위구르문 역시 상단부가 망실되어 본래 기록되어 있었으리라 추정되는 신화 내용을 확인할 수 없다. 위구르어로 된 기록이 없다는 점에서 아쉽기는 하나, 하단부 내용의 비교 연구를 통해 위구르문과 한문 면의 내용이 크게 다르지 않았음을 짐작해볼 수 있다. 위구르문 면에 대한 연구는 다음을 참조. 耿世民, 「回鶻文亦都護高昌王世勳碑研究」, 『考古學報』 1980-4; 劉迎勝, 「亦都護高昌王世勳碑回鶻文碑文之校勘與研究」, 『元史及北方民族史研究集刊』 8, 1984, pp. 57~106.

필자 촬영

(그림 10) 투르판박물관이 소장한 《세훈비》 하단부와 반리가 결합된 모형(왼쪽), 《대원칙사추봉서녕왕흔도공신도비》(오른쪽)

중을 두었고,[73] 주로 신화의 주인공인 **'뵈귀 카간'**이 누군가에 대한 해명을 중요하게 다뤘다.[74] 이를 통해 그 내용이 주로 고창 위구르의 지배 집단인 복고의 통치 정당성을 대변하는 것이었다고 설명하곤 했다.[75]

---

73 《세훈비》 앞면의 한문 내용은 그 작성자인 우집의 문집 『도원학고록道園學古錄』뿐만 아니라 『원문류』「고창왕세훈비」, 『원사元史』, 「파리주아륵단덕제전巴哩珠阿勒坦德濟傳」, 『철경록輟耕錄』「고창세가高昌世家」, 『옥지당담회玉芝堂談薈』 등에 남아 있다. 비문을 채록한 내용과 현존 비문을 연결한 연구는 다음을 참조. 黃文弼, 「亦都護高昌王世勳碑復原并校記」, 『文物』 1964-2; 黨壽山, 「亦都護高昌王世勳碑考」, 『考古與文物』 1983-1.

74 기존의 논의 가운데는 뵈귀 카간을 795년 위구르의 정권을 교체한 에디즈 씨족의 회신 카간으로 본 연구(安部建夫, 『西ウイグル史の研究』, 彙文堂書店, 1958, pp. 169~175)와 3대 카간인 뵈귀 카간(759~780)으로 본 연구(山田信夫, 「「ウイグルの始祖說話」について」, 『北アジア遊牧民族史研究』, 東京大學出版會, 1989, pp. 95~106) 등이 있다(제3편 주64 참조).

75 9세기 후반 몽골 초원에서 톈산산맥 주변으로 이동해 정권을 세웠던 복고준을 뵈귀 카간

그러나 신화에 고창왕의 역사 인식이 어떻게 투영되었는가에 대해서는 구체적 분석이 없었다. '뵈귀 카간 전설'에 등장하는 나무(신수神樹)와 성산聖山 등의 모티브에 대한 초보적 접근을 시도하거나, 이 신화를 돌궐, 거란, 몽골 등의 신화와 비교하는 연구들이 있었다. 따라서 개별 신화 모티브를 분석하고 종합해 고창왕이 과거를 기억하는 방식과 그 기저에 있는 역사 인식을 살펴볼 필요가 있다. 다시 말해서 시조인 뵈귀 카간에서 비롯한 복고라는 족속이 투르크계 족속의 통칭인 정령, 칙륵, 고차, 철륵 같은 부족연합체에 속했던 시기부터 돌궐, 위구르 등과 같은 유목제국 시기를 지나 고창 위구르와 몽골제국까지 전개된 역사를 고창왕이 어떻게 바라보는가를 주목해볼 것이다.

《세훈비》에 담긴 시조 신화는 우집이 한문으로 채록한 것이 여러 기록에 남아 있는데, 표기나 음차 등 사소한 차이만 있을 뿐 내용은 거의 흡사하다. 이 가운데 가장 대표적인 『**원문류元文類**』의 기록을 번역해 소개하면 다음과 같다.

> [기록 A] [옛날] 위구르(외오아畏吾兒) 땅에는 **카라코룸 다아(화림산和林山)가 있었는데, 이로부터 2개의 강이 나오니 [하나를] 투훌라강(독홀차禿忽刺)이라고 하고, [다른 하나를] 셀렝게강(설령가薛靈哥)이라고 했다. 어느 날 저녁 하늘에서 나무에 햇빛이 비치자 두 강 사이에 사는 나라의 사람이 [그 나무를] 보살폈다. [마침내 빛을 받은] 나무가 혹처럼 부풀어 올랐는데, 모습이 마**

이라고 이해하고, 고창 위구르의 후예인 복고가 자신의 권위를 보여주기 위해 뵈귀 카간 신화를 만들었다고 이해한 연구도 있다. 田韋疆, 「"卜古可汗傳說"史實解析 — 把打開高昌回鶻史硏究之門的鑰匙」, 『民族硏究』 2000-3, pp. 79~87. 시조 신화의 내용을 복고 중심으로 이해하는 것은 대부분의 연구가 공통적이다.

치 사람이 임신한 몸과 같았다. 이때부터 햇빛이 늘 비추기를 아홉 달 하고 다시 열흘이 지나자, 혹이 터지면서 어린아이 5명이 나왔다. [위구르 사람들이 그들을] 거두어 길렀는데, 가장 늦게 태어난 아이를 뵈귀 카간(복고가한卜古可汗)이라 했다. 그가 어른이 되어 결국 그 나라의 백성과 땅을 차지하고 임금이 되었다.

30여 명의 임금이 이어진 다음 울룩 테긴(옥륜적근玉倫的斤)이 임금이 되자 당나라 사람과 서로 오랫동안 싸우다가 마침내 화친을 논의하게 되어 백성이 쉬고 군대를 멈출 수 있었다. 이에 당나라가 금련공주金蓮公主를 [울룩] 테긴의 아들 카를륵 테긴(갈려적근葛勵的斤)에 주어 **카라코룸(화림和林)과 바이 발릭 다아(별력파력답합別力跛力荅哈)**에 살게 했다. 이로 인해 이곳은 아내가 사는 산을 뜻하게 되었다. 또한 산이 있어 **텡그리켄 다아(천가리간답합天哥里干荅哈)라고 불렀는데, 천령산天靈山이라는 뜻이다. 남쪽에 돌로 된 산이 있어 퀼뤽 다아(호력답합胡力荅哈)라고 불렀는데, 복산福山이라는 뜻이다.** 당나라의 사신이 땅을 자세히 살피는 사람과 함께 그 나라에 가서 그 사람이 "카라코룸이 크게 일어나고 강한 것이 이 산이 있기 때문이니 이 산을 부수면 그 나라가 약해질 것이다"라고 말했다. 이에 테긴에게 "이미 두 나라가 혼인했으니, 당신에게 얻고자 하는 것을 주실 수 있으십니까? 복산의 돌이 당신 나라에는 쓸모가 없고 당나라 사람이 보고 싶어 하니 돌아갈 때 주셨으면 좋겠습니다"라고 말했다. 그런데 돌이 커서 움직일 수 없자 당나라 사람이 불을 놓아 태운 다음 물을 뿌려 부드럽게 해서 녹여서 깨진 돌을 싣고 가버렸다. 이에 위구르에서 새와 짐승이 슬피 울었는데, 이로부터 이레가 지나지 않아 울룩 테긴이 죽었다. 이로부터 나라에 이상한 일들이 많아져 백성이 편하게 살 수 없게 되었으며, 임금이 된 사람이 여러 명 죽자 바로 투르판(교주交州)의 여러 곳으로 옮겨 와 살게 되었다.[76]

이 내용을 통해 몽골 초원에 투흘라강과 셀렝게강이라는 2개의 강이 있었고, 그 사이에 있던 나무에 햇빛이 비추자 잉태되어 태어난 5명의 아이 중에 막내인 뵈귀 카간이 시조가 되었다는 것을 알 수 있다. 중요한 두 도시인 카라코룸과 바이 발릭 주변에 텡그리켄 다아와 퀼릭 다아 같은 산이 있었다는 점, 아울러 위구르가 붕괴해 서천한 것은 당이 카라코룸에 있는 성스러운 돌을 태워 없앴기 때문이었다는 점도 확인할 수 있다.

몽골제국 시기에 저술된 페르시아어 자료인 주베이니의 『**세계 정복자의 역사**』에도 '부쿠 카간'[77]의 탄생 기록이 있다. [기록 A]의 내용과 비슷한 부분도 있으나 일부는 더 자세하면서도 조금 다르게 기록되어 있다. 서로 다른 부분을 확인하기 위해 '부쿠 카간'([기록 B]에는'부쿠 칸'이라고 되어 있으나 '부쿠 카간'으로 통일해 표기) 신화 내용을 번역해 소개하면 다음과 같다.

> [기록 B] 옛날에 카라코룸에 2개의 강이 있었는데, 하나를 투글라Tuyla라고 했고, 다른 하나를 셀렝게Selenge라고 했다. 두 강은 참란추Qamlanchu에서 만났는데, 이 두 강 사이에 두 그루의 나무가 서 있었다. 그중 하나를 쿠숙qusuq이라고 했는데, 소나무처럼 생겼다. 겨울철에는 그 잎사귀가 삼나무와 비슷했고 열매의 맛과 모습은 호두와 비슷했다. 다른 하나를 토즈toz라고 했다. **두 나무 사이에 하나의 커다란 흙 둔덕이 솟았는데, 하늘의 빛이 이곳을 비춰 시간이 지나자 흙 둔덕이 점점 더 커졌다. 이런 이상한 모습을 본**

76 蘇天爵 (編), 『元文類』 卷26 「高昌王世勳碑」, 世界書局, 1989, p. 259.

77 [기록 B]의 부쿠 테긴 또는 부쿠 칸과 [기록 A]의 뵈귀 카간은 같은 인물이다.

위구르가 흥분해 존경하는 마음과 겸허한 자세를 갖고 그 흙 둔덕에 다가가자 마치 노래하는 것같이 사랑스럽고 기분 좋은 소리가 들렸다. 그리고 매일 밤 흙 둔덕 주위에서 서른 발걸음 정도 떨어진 곳까지 빛이 비치자, 임신한 여인이 해산할 때처럼 흙 둔덕이 열렸다. 그 안의 쪼개진 5개 천막 모양의 방에 5명의 사내아이가 앉아 있었다. 각각의 사내아이는 우유를 먹여주는 관에 매달려 있었고, 천막은 위쪽이 은으로 된 그물로 싸여 있었다. 추장들이 이런 기적과 같은 모습을 보고 우러르는 마음을 갖고 충성스럽게 무릎을 꿇었다. [이곳에] 바람을 불어 넣자, 사내아이들이 힘을 차리며 밖으로 나오기 시작했다. 아이들이 방에서 나오자, 추장들이 이들을 유모에게 맡기고 다른 한편으로 모셔 받드는 의식을 했다. 아이들이 젖을 떼고 말을 할 수 있게 되자 자기 부모가 누군가 궁금해했는데, 사람들이 **두 그루의 나무가 부모**라고 말해주었다. 사람들이 나무에 다가가 존경을 다해 공손하게 부모를 만나는 예를 표하자, 아이들도 나무가 자란 땅에 존경과 경의를 보였다. 이때 나무들이 "가장 명예로운 가치를 갖고 태어난 신의 아이들이 자신들이 할 일을 알게 되어 이제 이곳으로 왔구나! 너희가 사는 동안에 너희의 이름은 영원하게 될 것이다!"라고 말했다. 이곳의 모든 족속이 자기 왕을 만나러 왔다 가면서 각각의 소년에게 하나의 이름을 붙여주었다. 가장 나이가 많은 아이를 손쿠르 테긴Sonqur tegin, 다음을 코투르 테긴Qotur tegin, 셋째를 튀켈 테긴Tükel tegin, 넷째를 오르 테긴Or tegin, 다섯째를 부쿠 테긴Buqu tegin이라고 했다.

이러한 신기한 일들이 지나고 난 다음, 사람들이 아이 중에서 하나를 뽑아 자기 왕으로 삼아야 한다고 말했다. 이들은 그 이유를 신이 아이들을 보냈기 때문이라고 말했다. 이들은 **부쿠 칸Buqu Khan이 다른 아이에 비해 용모가 뛰어나고, 마음이 굳세며 정의롭다는 점을 알아차렸고, 더욱이 그는 다른**

나라 사람의 말과 글도 모두 알았다. 따라서 모든 사람이 그가 칸이 되어야 한다는 점을 받아들이고, 함께 모여 제전을 열어 그가 카간으로 즉위하도록 했다. 이로부터 그가 정의로운 지평을 열어주며 고통의 굴레를 풀어주자, 종복과 부하들이 많이 늘어났다. 신이 그에게 모든 말을 알아들을 수 있는 세 마리의 까마귀zaγ를 보내니 그가 어디에 있든 그의 가까이에 있으면서 까마귀는 마치 간첩처럼 가서 행동하여 소식을 가지고 돌아왔다.

얼마의 시간이 흘러 그가 집에서 잠이 들었는데, 소녀가 연기가 나는 구멍에서 나와 그를 깨웠다. 하지만 그는 무서워 잠들어 있는 척했다. 그다음 날도 그녀가 다시 오자 그는 세 번째 날에 재상의 조언을 받아들여 **아크 탁Aq Taγ이라고 부르는 산**으로 가서 그곳에서 그녀와 해가 뜰 때까지 사랑을 나누었다. 그리고 7년 6개월 22일 동안 그곳으로 매일 밤에 가서 서로 사랑을 나누었다. 마지막 날이 되자 소녀가 그에게 작별을 고하면서 "동쪽에서부터 서쪽까지 당신이 다스리게 될 것입니다. 이 사업과 백성을 돌보는 일을 부지런히 열정적으로 하십시오"라고 말했다.[78]

이 기록은 뵈귀 카간의 탄생과 그 이후의 군주 즉위 과정에 초점을 맞추었는데, 중요 모티브는 [기록 A]와 비슷하다. 다만 이를 더 구체화해 나무가 두 그루였고 그 사이에 있는 흙 둔덕에서 아이들이 태어났다고 기록했다. 두 기록은 내용이 비슷해 둘 다 신화 주인공의 이름을 따서 '뵈귀 카간 전설'이라고 부른다. 이는 고창 위구르만이 아니라 현재 남아 있지 않은 위구르의 시조 신화를 설명하는 중요한 자료이다. 비슷

78 Alā al-Dīn Atā Malik Juvaini, John Andrew Boyle (tr.), *The History of the World-Conqueror*, Harvard Univ. Press, 1958, pp. 55~57.

한 내용을 여러 기록에서 확인할 수 있다는 점에서 이 신화가 오랫동안 유행했고 14세기까지도 널리 퍼져 있었음을 알 수 있다.

다음으로, 위의 두 기록에 나오는 지리 정보를 더 구체화할 수 있는 라시드 앗 딘의 『**집사**』의 기록이 있다. 이를 통해 고창 위구르를 세운 복고가 이전에 위구르의 일원이었음을 알 수 있다. 번역해 소개하면 다음과 같다.

> [기록 C] 전해지는 바에 의하면, 위구리스탄 땅[79]에는 **2개의 [매우 큰 산이 있는데, 하나는 부크라투 부줄룩이라는 이름이고 다른 하나는 우쉬쿤룩 텡그림이다. 그 두 산 사이에 카라코룸] 산이 있고, [우구데이] 카안이 건설한 도시는 이 산의 이름을 따서 불렀다. 그 두 산의 옆에는 쿠트 탁(복산福山)이라고 부르는 산이 하나 있다.** 그 산들 주위의 지역에는 10개의 강이 있고, 또 한 지역에는 9개의 강이 있다. 옛날에 위구르 종족의 거처는 이 강·산·초원들 사이에 있었다. 그 10개의 강에 있던 사람들을 '**온 위구르**'라고 불렀고, 9개의 강에 있던 사람들을 '**토쿠즈 위구르**'라고 불렀다.[80]

위의 기록은 분량은 적지만, 여기서 쿠트 탁을 설명한 부분을 통해 [기록 A]의 카라코룸 다아와 텡그리켄 다아, 퀼뤽 다아, 그리고 [기록 B]의 아크 탁 등의 의미를 이해할 수 있다. 또한 원주지에 대한 기억을 '성산'과 관련지어 표현한 부분을 통해 시원지始原地에 대한 정보와 유

79 위구리스탄은 지금의 신강위구르자치구의 위구르가 사는 곳이라는 의미가 아니라, 8세기 위구르 유목제국 시기의 몽골 초원을 말한다.

80 라시드 앗 딘, 김호동 (역주), 『라시드 앗 딘의 집사 1: 부족지』, 사계절, 2002, pp. 238~240.

목민들의 성산 신앙도 알 수 있다.

위의 세 가지 신화 기록은 위구르의 후예로서 가진 기억을 응축하여 이야기 형식으로 풀어놓았다. 그래서 신화적 색채가 강하고 허구적이며 생략이나 비약이 많지만, 이를 통해 **두 강의 합류**와 그 주변의 **성산, 모태가 된 나무가 햇빛을 받아 잉태해 낳은 다섯 사내아이**(목생오자木生五子), 그중 **막내였던 뵈귀 카간** 등의 요소가 영광스러운 조상이 살던 몽골 초원과 시조의 탄생을 설명하는 신화 모티브임을 알 수 있다. 이러한 요소들을 분석하면 14세기 고창 위구르의 후예 고창왕이 조상의 원주지인 몽골 초원과 시조인 뵈귀 카간에 대해 어떻게 기억하고 있으며, 그에 반영된 역사 인식은 어떤 것인지 확인할 수 있을 것이다.

2. 두 강과 성산에 대한 기억

[기록 A]와 [기록 B]에 따르면, 뵈귀 카간이 태어난 장소는 두 강 사이에 있었다. [기록 A]에서는 "[옛날] 위구르 땅에는 카라코룸 다아가 있었는데, 이로부터 2개의 강이 나오니 [하나를] 투흘라강이라고 하고, [다른 하나를] 셀렝게강이라고 했다"라고 말했으며, [기록 B]에서는 "옛날에 카라코룸에 2개의 강이 있었는데, 하나를 투글라라고 했고, 다른 하나를 셀렝게라고 했다. 두 강은 참란추에서 만났는데"라고 말했다. 뵈귀 카간을 낳은 모태인 나무가 자란 투흘라(또는 투글라)와 셀렝게강, 그리고 이 둘이 만나는 지점을 확인하기 위해서는 현재 몽골 초원의 지리를 살펴볼 필요가 있다.

'투흘라' 또는 '투글라'는 당대 기록상으로는 독락하獨洛河로 지금의 톨강을 가리킨다. 항가이산맥에서 발원해 북쪽으로 흘러가는 셀렝게강의 다른 여러 지류와 달리, 톨강은 동쪽 헨티산맥에서 발원해 서북쪽으로 흐르다가 먼저 하르부힌강과 만나고 북상하여 오르콘강과 합류한다. 오르콘강은 더 흘러가 셀렝게강과 합류하는데, 위의 기록에서는 합류 지점까지만 기록하며 오르콘강은 언급하지 않고 셀렝게강이라고만 표기했다. 신화 속의 설명과 현실의 지리 정보가 일치하지 않음을 알 수 있다.

톨강은 현재 몽골공화국의 수도인 울란바토르를 가로지르는 중요한 하천이지만, 자연지리나 인문지리적으로 신화에 나온 카라코룸과 관련된 하천은 오르콘강이다. 오르콘강 유역은 흉노와 돌궐 유목제국 이래로 초원의 중심이었다. 위구르의 겨울 수도인 카라발가순은 오르콘강 서안에 있었고, 몽골제국의 수도로 신화에서 카라코룸이라고 한 곳도 그 동안에 있었다. 이처럼 오르콘강은 톨강과 비교할 수 없을 정도의 위상을 가진 곳인데 신화에서 톨강만 기록한 것은 상식적이지 않다. 이에 대해서는 지금까지 특별히 주목하지 않았고, 단지 지리 정보상의 혼란 정도로 보았다. 그러나 신화에 톨강을 기록한 위구르의 후손이 지리 정보를 혼동했다고 보기는 어렵다. 그보다는 고창왕이 과거 위구르의 지배 집단이었던 야글라카르나 에디즈가 아니라 복고 출신이었다는 점에서 근거지에 대한 다른 기억을 가졌을 가능성을 생각해볼 수 있다.

복고는 원래 북위 시기에 고차(이전에는 정령 또는 칙륵이라고 불렸다)라는 집단의 일원이었고, 수대에는 철륵이라고 기록된 투르크계 유목민의 하나였다.[81] 6세기 중반 돌궐이 제국을 세우고 초원을 지배하자

---

81 段連勤, 『丁零, 高車與鐵勒』, 上海人民出版社, 1988.

그에 복속되었다가[82] 630년 당의 공격으로 동돌궐이 멸망한 뒤 647년까지 설연타의 지배를 받았다. 이후 설연타가 멸망하자, 당의 기미 지배를 받으며 금미주도독부金微州都督府에 속했다.[83] 687년 돌궐이 부흥해 막북 초원을 차지하자 다시 밀려나 당에 투항해 하서에서 지내다가 727년 막북 초원으로 다시 돌아갔다. 이후 위구르와 함께 744년 돌궐을 무너뜨리고 국가를 건설하며 그 일원이 되었다. 한편 이 집단과 달리 막남 초원에서 당의 기미를 받던 집단은 삭방군에서 당에 군사적 봉사를 하며 지냈다.[84] 763년 그 수령인 복고회은이 당의 견제에 반발했다가 실패한 이후 그 일부가 다시 초원으로 돌아갔다.[85] 복고는 위구르 유목제국 시기에 위구르의 중요 연합 세력의 하나로 [기록 C]에서 '토쿠즈 위구르(구성회흘)'라고 언급한 연합체의 일원이었다. 이에 대해서는 앞서 다룬 카를륵 카간 시기의 비문에도 분명하게 나온다.[86]

복고에 대한 최초의 기록인 『북사北史』에서는 이들을 복골覆骨이라고 부르며 톨강(독락하) 북쪽에 산다고 했다.[87] 이후 『신당서』에서는 이들은 강건하고 오만하여 불러들여 통솔하기 힘들었는데 647년에 당이 막북 초원에서 이들을 기미 지배하며 금미주를 설치했다고 기록했

82 『北史』 卷99 「鐵勒」, p. 3303.

83 『新唐書』 卷219下 「北狄」, p. 6240.

84 李鴻賓, 『唐朝朔方軍研究 — 兼論唐廷與西北諸族的關係及其演變』, 吉林人民出版社, 2000.

85 『舊唐書』 卷121 「僕固懷恩」, p. 3477.

86 위구르가 남긴 비문 기록에는 토쿠즈 위구르가 아니라 토쿠즈 오구즈로 되어 있는데, 이는 중국에서 구성철륵을 나타낸 표기이다. 그 구조와 내용에 대해서는 필자의 연구를 참조. 정재훈, 「위구르 初期(744~755) '九姓回紇'의 部族 構成 — '토쿠즈 오구즈(Toquz Oγuz)' 問題의 再檢討」, 『동양사학연구』 68, 1999, pp. 103~135.

87 『北史』 卷99 「鐵勒」, p. 3303.

다.[88] 이런 기록을 통해 복고의 원주지가 톨강의 북쪽 어딘가였음을 알 수 있다. 이들과 다른 투르크계 유목민들이 함께 톨강 북쪽에 살았다는 기록이 있으나 원주지를 구체적으로 특정하기는 어렵다.

복고의 근거지였던 금미주의 위치는 2010년 톨강 북안에서 몽골과 러시아의 합동 조사로 발견된 무덤의 묘지명에서 그 실마리를 찾을 수 있었다. 이 유적은 위구르와 거란 시기에 사용된 성지의 하나인 헤르멘 덴지Khermen denj 인근에 있는 자마르 쇼룬 붐바가르Zaamar shoroon bumbagar라고 불리는 무덤이다. 이 무덤은 전형적인 당의 양식을 취한 벽화 고분으로 묘주의 이름이 복고을돌삭야僕固乙突朔野(635~678)였다. 발견된 묘지명에 따르면, 그는 647년 우무위대장군右武衛大將軍 금미주도독으로 책봉된 가람발연의 손자였다. 그는 할아버지와 아버지를 이어 금미주도독을 지내다가 678년 3월 29일에 병으로 사망했다.[89] 그의 조부인 가람발연은 한문 기록에서도 확인되는데, 한해도독이었던 위구르와 함께 당시 가장 유력한 인물 가운데 하나였다.

복고을돌삭야의 무덤이 톨강 북안에 있다는 사실을 통해 복고의 중심지가 이곳 주변이었음을 알 수 있다.[90] 신화에서 톨강을 강조한 이

---

88 『新唐書』 卷219下 「北狄」, p. 6240.

89 이 무덤에서 출토된 묘지명의 복제품과 유물이 몽골공화국 울란바토르 잔나바자르미술관에 전시되어 있다. 이에 대한 번역과 연구는 다음을 참조. 楊富學, 「唐代僕固部世系考 — 以蒙古國新出僕固氏墓誌銘爲中心」, 『西域硏究』 2012-1, pp. 69~76.

90 복고의 시원지는 신화 기록과 최근의 발굴 결과로 확인된 곳을 통해 추정할 수 있다. 묘지명의 출토 지점 및 두 강이 만나는 곳에 있다는 기록과 연결해볼 수 있는 곳은 톨강이 하르부힌강과 만나 북쪽으로 꺾여 흐르는 곳에 펼쳐진 현재의 볼간아이막 바얀 누르솜의 이흐 차간 호수를 중심으로 한 저습지 북쪽의 봉우리 주변이다. 신화 기록에 근거해 구체적 장소를 추정하는 것은 무리이지만, 현재 이곳에서 복고와 관련된 묘가 발굴되었다는 점과 이후 거란 시기에도 이곳이 요충지의 하나였다는 점 등을 통해 이곳

유도 아마 그 때문일 것이다. 복고의 후손인 고창왕이 자신의 조상이 톨강 주변에 살았다는 점, 그리고 자신의 뿌리가 여기에 있다는 점을 기록한 것으로 볼 수 있다. 다시 말해서 고창 위구르의 복고는 위구르의 지배 집단인 야글라카르나 에디즈와 다른 지역적 배경을 가졌던 것이다.

신화 기록에서 톨강을 강조하긴 했으나 주변의 다른 지리 정보는 실제와 맞지 않는다. 이는 자신들의 모태인 톨강과 셀렝게강이 합류하는 지점에 성스러움을 부여하기 위한 수사적 기술로 보인다. 톨강과 셀렝게강의 합류, 즉 **'양하兩河'의 결합**은 신화에서 흔히 보이는 보편적 이야기 구조이다. 서로 다른 둘의 만남, 예를 들어 견우와 직녀라든가 백白(서쪽)과 청靑(동쪽)의 대칭 같은 것은 신화의 일반적 이야기 구조라고 할 수 있다. 합류나 결합이라는 신화의 보편적 구조를 빌려서 시조가 탄생한 신성한 모태를 좀 더 쉽게 받아들이도록 했던 것이다. 고

을 시원지로 추정해볼 수 있다. 또한 [그림 12]에서 확인할 수 있듯이 2010년에 복고을돌삭야의 묘지가 발굴된 지점(GPS 좌표: N47° 59' 17.51" E104° 41' 32.23")에서 남서쪽으로 몇 킬로미터 정도 떨어진 곳에서 7세기 후반 당대의 전형적 양식을 보이는 벽화 무덤이 발견되었다. 이곳은 2011년 몽골과 카자흐스탄이 공동으로 발굴해 이른바 '바얀 누르 벽화 고분'이라고 불리는데, 전시된 출토 유물과 출간된 도록으로 결과의 일부를 확인할 수 있다. А. Очир.Л. Эрдэнэболд, *Нүүдэлчдийурлагийн галерей-ТусгайҮзэсгэлэнд зориусанкаталоги*, Улаанбаатар, 2013; 박아림, 「몽골 볼간 아이막 바양노르 솜 울란 헤렘 벽화묘 연구」, 『중앙아시아연구』 19-2, 2014. 이 벽화 무덤은 톨강의 남쪽에 있는데, 거란 시대의 성채였던 울란 헤렘 인근에 있다(GPS 좌표: N47° 55' 31.55" E104° 30' 48.24"). 이곳에서는 묘지명과 같은 문자 자료가 발견되지 않아 묘주가 누구인지 정확히 알 수 없다. 조성 양식이 7세기 중후반 당의 기미 지배 시기에 해당한다는 점, 복고을돌삭야의 무덤 인근에 있다는 점, 무덤의 형식이나 크기 등으로 볼 때 복고을돌삭야의 조부인 가람발연이나 그 부친의 무덤으로 추정할 수 있다. 두 무덤의 관계는 불분명하지만 톨강을 사이에 두고 인접해 있다는 데서 양자의 긴밀한 관계를 추정할 수 있다. 또한 비슷한 두 무덤의 존재 자체가 복고의 근거지가 이곳이었음을 보여주는 것이기도 하다.

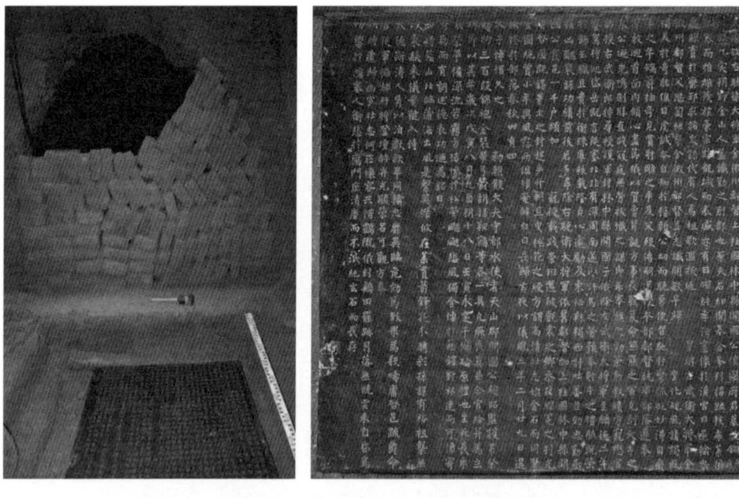

(그림 11) 복고을돌삭야 무덤의 묘지명 출토 현장(왼쪽)과 묘지명(오른쪽)

(그림 12) 톨강에 인접한 복고 관련 유적 표시도

창 위구르뿐만 아니라 그 영향을 강하게 받은 거란 신화[91]의 시조 탄생 이야기에서도 비슷한 구조를 확인할 수 있다.[92] 두 신화의 모티브가 비

91 楊富學, 「契丹族源傳說借自回鶻論」, 『歷史研究』 2002-2, pp. 150~153.

슷한 것은 같은 원형에서 비롯했기 때문이다.[93]

시조를 낳은 모태의 신성성을 설명하는 모티브인 두 강의 합류점과 그 발원지인 카라코룸 다아를 비롯한 여러 '**성산**'을 강조하는 내용도 이런 신화의 표현 방식과 연결해볼 수 있다. [기록 A]에서는 카라코룸 다아에서 두 강이 발원했다고 했으나, 톨강과 셀렝게강의 본류는 실제로 직접 만나지 않는다. 이는 신화에서는 지리 정보가 굳이 정확할 필요가 없기 때문이다. 신화에서는 정확성보다는 신성성을 위해 '가공된 기억'을 집어넣는 것이 일반적이다. 셀렝게강의 지류 대부분이 항가이산맥에서 발원하기 때문에 카라코룸 다아가 항가이산맥을 말하는 것이라면 초원을 흐르는 모든 강이 이곳에서 발원했다고 이해할 수도 있다. 본래 신화는 자신이 떠올리고 싶은 기억, 이야기를 만들기에 좋

92 거란의 건국 신화는 크게 세 가지 정도가 남아 있는데, 시조의 탄생에 대한 직접적인 묘사는 다음이 대표적이다. "동쪽으로 황하潢河(시라무렌)가 있고, 서쪽으로 토하土河가 있어 두 물이 만나기 때문에 영주永州라고 불렀다. 겨울철 아장을 대부분 여기에 두어 동나발冬捺鉢이라고 했다. 목엽산木葉山이 [이곳에] 있어 그 위에 거란 시조의 묘를 세웠는데, 기수가한奇首可汗을 남묘南廟에 모시고 가돈可敦을 북묘北廟에 모시면서 2명의 성인聖人과 8명의 신상神像 그림을 그리고 깎았다. 전하기를 백마白馬를 탄 신인神人이 마우산馬盂山에서 나와 토하를 타고 동쪽으로 왔고, 어느 날에 청우靑牛가 끄는 수레를 탄 천녀天女가 초원과 소나무 숲에서 나와 황하를 타고 내려와 목엽산에 있는 두 물이 만나는 곳에서 서로 만나 배우자가 되어 8명의 아들을 낳았다고 한다."(『遼史』 卷37 「地理志」 1 〈上京道 永州 永昌軍〉, pp. 445~446).

93 두 강이 만나고 그 사이에 성산이 있다고 한 기본적인 구성뿐만 아니라 시조인 기수가한이 투르크어 'iki sub', 즉 '두 곳의 물(강)'을 의미한다는 점, 물이 합류하는 곳에 있는 목엽산의 목엽 자체가 강을 의미하는 'mure(n)'의 음사라는 점에서 거란 신화가 없어진 위구르 본래의 신화를 바탕으로 했으리라 추정할 수 있다. 위구르가 신봉했던 마니교의 영향으로 성경에 나오는 아담과 이브의 이야기가 백마청우白馬靑牛 신화에 영향을 미쳤을 수 있다는 설명도 있다. 王小甫, 「契丹建國與回鶻文化」, 『中國社會科學』 2004-4, pp. 190~191; 王小甫, 『中國中古的族群凝聚』, 中華書局, 2012.

은 기억으로 구성하는 것으로 고창왕도 그렇게 했던 것이다.

[기록 A]에서 톨강과 셀렝게강이 발원한 카라코룸 다아는 분명 산 이름이지만, 이를 [기록 B]에 나오는 몽골제국의 수도 카라코룸과 연결하면 카라코룸을 둘러싼 산지를 표현한 것으로 볼 수 있다. [기록 C]에 나오는 카라코룸을 둘러싼 2개의 봉우리 부크라투 부줄룩과 우쉬쿤룩 텡그림은 구체적 지리 정보와 관련된 것은 아니다. 이는 실제와 전혀 다른 가상의 공간을 설정해 신앙의 대상인 '성산'을 설명함으로써 시원지의 성스러움을 보충하는 장치였다. 오래전부터 몽골 초원에 살던 유목민에게는 성산에 대한 신앙이 있었기 때문에 그 연속선상에서 했던 묘사라고 볼 수 있다.[94]

이는 돌궐과 위구르의 비문에서 '신성한 곳'으로 표현된 '**외튀켄 Ötüken**' 숭배와도 관련된 부분이다. 성스럽게 여기는 유목 세계의 중심지 외튀켄에 대한 신앙을 기억하고 이를 신화의 성산 모티브와 연결한 것이다. 신화에서는 외튀켄의 범위 안에 있던 성산을 더 구체적으로 기록했다. [기록 A]에 등장하는 카라코룸 다아 이외에 텡그리켄 다아(원문에서 천령산天靈山이라고 번역)와 그 남쪽에 돌로 이루어진 산인 퀼뤽 다아(원문에서 복산福山이라고 번역), 그리고 [기록 B]에 나오는 아크 탁(하얀 봉우리라는 의미로 백산白山이라고 번역할 수 있는데, 하얗다는 뜻의 '아크'는 성스럽다는 뜻으로도 해석이 가능하다) 등은 모두 위구르 비문에

---

94 돌궐의 지배 집단 아사나에게는 시조가 태어난 동굴이 자리한 성산에 대한 신앙이 있었다(『周書』 卷50 「異域 突厥」, p. 910). 원래 동부 톈산산맥의 산지 초원에서 목축을 하며 살던 아사나는 동쪽으로 이주해 몽골 초원을 차지하고, 돌궐이라는 국가를 세운 이후에도 원주지에 있던 성산에 대한 신앙을 유지했다. 정재훈, 「突厥 阿史那氏 原住地 再檢討 — 阿史那氏의 發生과 移住, 그리고 勢力化 過程」, 『중앙아시아연구』 16, 2011, pp. 15~22.

서 성산을 나타낸 봉우리의 이름과 연결된다. 예를 들어 카를륵 카간이 계절 이동한 봉우리는 모두 신화에 나오는 성산처럼 **성스러움**을 뜻하는 이름을 갖고 있었다.[95] 또한 각각 겨울 수도와 여름 수도였던 카라발가순과 바이 발릭 역시 [기록 A]에서 카라코룸 다아로, 공주가 살던 바이 발릭 다아로 기록되었는데, 이 역시 산은 아니지만 외튀켄과 관련된 성산에 대한 신앙과 연결해볼 수 있다.

초원의 유목민이 외튀켄을 성스럽게 이해했던 정서가 신화로 이어져 모태의 신성성을 설명하는 모티브인 두 강의 합류와 여러 곳의 성산으로 표현되었다. 두 강의 발원지이자 시원지를 둘러싸고 있는 성산은 실제 지리 정보와는 맞지 않지만, 신성성을 극대화하는 중요한 요소로 쓰였다. 이곳에서 태어난 시조 뵈귀 카간은 자연스럽게 성스럽고 신성한 존재로 강조되었고, 고창왕은 조상이 살던 **톨강**을 강조해 신성한 존재의 후예로서 자신의 정체성을 분명히 보여주었다.

3. 뵈귀 카간 전설과 위구르의 유산

복고의 시조 뵈귀 카간의 모태에 대한 [기록 A]와 [기록 B]의 내용은 약간 다르다. [기록 A]에는 하늘에서 나무에 햇빛이 비치자, 이곳이 혹처럼 부풀어 올라 5명이 태어났다고 되어 있고, [기록 B]에는 소나무처럼 생긴 나무와 삼나무 비슷한 나무 사이에 있는 커다란 흙 둔덕에 햇

95 《타리아트 비문》에 따르면, 카를륵 카간은 신성한 땅인 외튀켄에서 계절 이동을 하며 하영지를 '으둑 봉우리'의 뒤쪽에, 동영지를 '아스 욍귀즈 봉우리'와 '칸 으둑 봉우리'의 뒤쪽에 두었다. 여기에 나온 봉우리의 이름 역시 모두 '**성스럽다**'는 뜻이라는 점에서 신화 속 두 봉우리와도 대응해볼 수 있다.

(그림 13) 마니교 생명수 벽화(베제클릭 제38호 석굴)

빛이 비치자, 이곳이 부풀어 오른 다음 열리면서 그 안에 있던 5명의 사내아이가 태어났다고 되어 있다. 아이를 잉태한 것이 나무 혹은 나무 사이에 있는 흙 둔덕이라고 한 부분이 다르고, 나무가 등장하며 다섯 사내아이를 '**햇빛**(일광日光)'이 잉태시킨다는 내용은 같다.

뵈귀 카간을 비롯한 다섯 형제를 품고 낳은 모태는 모두 '**성스러운 나무**'였다. 이를 적시한 [기록 A]는 말할 것도 없고, [기록 B]의 '두 나무 사이에 있던 흙 둔덕'에서도 생명을 낳는 공간으로서 나무가 드리운 장소가 제시되었다. 성스러운 나무에 관한 묘사를 위구르 특유의 것이라 이해하고 두 그루의 나무를 생명을 잉태하고 낳는 장소로 설정한 것을 마니교 벽화의 '**생명의 나무**(생명수生命樹)'와 연결하거나[96] 오래전부

96 김남윤,「베제클릭 38굴 마니교 벽화 연구」,『중앙아시아연구』10, 2005, p. 54.

터 전해 내려온 오아시스 나무에 대한 민간 신앙과 결부해 설명하기도 한다.[97]

그러나 이를 위구르만의 독특한 요소로 보기는 어렵다. 최고의 권위를 가진 존재의 축복을 받아 성스러운 영웅, 고귀한 존재를 잉태할 자격을 갖춘 접신의 대상을 성스러운 나무로 형상화했을 뿐이다. 성스러운 '처녀'의 잉태는 여러 신화 속에서 다양한 모티브로 나타나지만, 기본적으로 하늘[神]이 변신變身을 통해 축복을 전달한다는 점에서 유사하다. 예를 들어 고구려를 비롯한 동몽골의 신화에 햇빛 모티브가 나타나는 것처럼[98] 이는 위구르만의 것은 아니었다.[99] 최고의 신 하늘의 대리자인 부계를 햇빛으로 형상화하고 이 햇빛이 실체를 알 수 없는 나무[100]의 혹으로 상징되는 모태에 축복, 즉 '쿠트qut'를 주어 시조가 탄생했다는 서사는 신화의 일반적인 설정과 크게 다르지 않다.[101] 복고 역시

97 山田信夫, 『北アジア遊牧民族史研究』, 東京大學出版會, 1989, p.104.

98 『三國史記』 卷13 「高句麗本紀」〈始祖 東明聖王〉(김부식 지음, 이병도 (역주), 『삼국사기』, 을유문화사, 1983). 동몽골 신화에서 '일광'이 가장 잘 확인되는 것은 칭기스칸 신화인데, 이 역시 과거 선비의 신화와도 맥을 같이한다. 몽골 신화는 『집사』의 기록에 잘 남아 있다(라시드 앗 딘, 김호동 (역주), 『라시드 앗 딘의 집사 2 : 칭기스 칸기』, 사계절, 2003, p. 24). 다른 한편으로 '일광' 모티브를 광명을 중시하는 마니교 교리와 연결해 설명하기도 한다.

99 2세기경 흉노의 뒤를 이어 초원을 일시 제패했던 선비의 단석괴檀石槐는 그 어머니가 하늘을 쳐다봤다가 우박을 먹고 임신했다고 하는데, 우박 역시 일광과 비슷한 신화 모티브였다(『後漢書』 卷90 「烏桓鮮卑」, p. 2989).

100 田韋疆, 「試論古代回鶻人的"樹木"崇拜」, 『新疆大學學報』 1994-2, pp. 62~66.

101 13세기경에 만들어진 위구르의 다른 신화 기록인 《오구즈 나메Oghuz Name》의 '오구즈 카간 전설'에도 이와 같은 다양한 신화 모티브가 15세기경의 위구르문으로 기록되어 있다. 이에 관한 번역과 연구는 다음을 참조. Paul Pelliot, "Sur la Légende d'Uguz khan en Écriture Ouigoure", *T'oung Pao* v. 27, 1930; 耿世民, 『烏古斯可汗的傳說』, 新疆人民出版社, 1980. 《오구즈 나메》는 지금의 신장 지역에 살았던 투르크의 시조 신화를 알려준다는 점에서 일

이런 보편적 모티브를 통해 자신의 권위가 하늘에서 유래했음을 설명하려 했다.

그런데 이《세훈비》의 기록은 5세기경 복고가 속했던 고차가 **'이리[狼]'**를 모티브로 부계를 설명한 것[102]과는 다르다. 고차는 수컷 이리(웅랑雄狼)를 신의 은총을 전하는 존재, 하늘의 변신으로 설정하여 이리가 흉노 공주와 결혼해 시조를 낳았다고 했다. 고창왕이 이와 다른 설명을 한 것은 복고를 비롯한 투르크계 유목민의 경험과 연결해 생각해 볼 수 있다. 고차는 6세기 중반 돌궐에 복속되었고, 그 이후 투르크계 유목민의 통합을 원한 돌궐이 이리 모티브를 가져가면서 그것은 더 이상 고차만의 것이 아니게 되었다.[103] 또한 위구르는 유목제국을 건국한 이후 돌궐의 권위를 극복하려 했기 때문에[104] 돌궐의 상징이 된 이리 모티브를 이용하지 않았다. 따라서 복고는 고차의 후손이었으나 더 이상 이리 모티브로 하늘의 축복을 설명할 수 없었다. 나무로 묘사된 성스러운 모태가 햇빛을 받아 시조를 잉태했다는 서사는 돌궐과 위구르 시기를 거치며 변화한 투르크계 유목민의 정서를 반영한다.[105] 이는 거란의

부 내용을 고창 위구르와도 연결할 수 있다. 그러나 몽골 초원에서 이주해 온 복고의 입장을 강하게 반영한《세훈비》와는 내용 구성이 다르다. 이 책에서《오구즈 나메》의 신화 분석을 기초로 고창 위구르의 신화를 살펴보지 않은 것은 두 기록의 성격과 맥락이 다르기 때문이다.

102 『魏書』 卷103 「高車」, p. 2307.

103 정재훈, 「突厥 初期史의 再構成 — 建國 神話 硏究의 再檢討를 중심으로」, 『중앙아시아연구』 14, 2009, pp. 1~32.

104 8세기 중반 위구르가 돌궐의 권위를 해소하면서 정통성을 강조한 것에 관한 연구는 다음을 참조. 정재훈, 「야글라카르 위구르(744~795) 初期 葛勒可汗(747~759)의 世界觀 — 突厥第二帝國 빌게 카간(716~734)과의 比較를 中心으로」, 『중앙아시아연구』 3, 1998, pp. 1~22.

105 '오구즈 카간 전설'에도 이리, 신수神樹, 햇빛 등 다양한 모티브가 보이는데, 여기서는 여

필자 촬영

(그림 14) 돌궐 제1제국 시기 《부구트 비문》에 새겨진
암이리가 사내아이에게 수유하는 모습 조각(왼쪽)과 《부구트 비문》(오른쪽)

신화에서 위구르와 유사하게 두 강의 합류와 성산 모티브, 천인과 천녀의 결합이라는 모티브를 사용한 것과도 연결해볼 수 있다.[106]

뵈귀 카간이 탄생한 나무에서 '**5명의 사내아이**'가 같이 태어났다는 표현도 이와 같은 역사적 경험의 맥락에서 이해할 수 있다. [기록 A]

전혀 이리가 자신의 권위를 설명하기 위한 중요한 모티브로 등장한다. 이 점이 바로 몽골 초원에서의 역사 경험과 복고의 자의식을 강하게 표현한《세훈비》의 '뵈귀 카간 전설'과 다른 점이다.

106 부계를 하늘과 연결하는 것은 신화에서 보편적으로 나타나는 요소다. 한편 모계를 하늘과 바로 연결하는 내용은 거란의 원주지인 동몽골의 신화에서 보인다. 이전에 흉노의 공주를 모계로 설정했던 고차를 제외하고는 대부분 모계가 분명하지 않은데, 천녀를 영매로 설정한 것은 북위를 세운 선비 탁발 신화에서 빌려온 것이라고 추정된다.『魏書』卷1「序紀」, pp. 2~3.

에는 5명의 사내아이 중 가장 어린아이가 뵈귀 카간이 되었다는 내용만 있을 뿐 다른 4명에 대한 언급이 없다. [기록 B]에는 모태에 대한 자세한 묘사와 함께 "가장 나이가 많은 아이를 손쿠르 테긴, 다음을 코투르 테긴, 셋째를 튀켈 테긴, 넷째를 오르 테긴, 다섯째를 부쿠 테긴이라고 했다"라며 구체적 이름이 등장하지만, 다른 네 형의 행적에 관한 설명은 없다. 뵈귀 카간에 초점을 맞춘 신화이기 때문에 더 이상의 설명은 필요 없었던 것이다. 신화에서는 이들 간의 관련성을 설명하는 일이 전혀 중요하지 않다. 너무 오래전 시점의 기억이기 때문에 정확히 서술하기도 어려울뿐더러 그렇게 하는 것이 의미 있는 일도 아니었다. 그보다는 형제 관계를 '5'라는 숫자로 설정한 것이 더 중요한 부분이다. 숫자 표현은 신화를 기록한 사람들의 고유한 관념을 반영한 것이기 때문이다. 신화에 나오는 숫자는 시조와 관련된 족속이나 시조와의 관계 등을 설명하는 **성수聖數**인 경우가 많다. 예를 들어 돌궐은 신화에서 '7'을 매개로 족적 결합 관계를 설명했다.[107] 위구르를 포함한 철륵은 '9'를 중요하게 여겨 자신을 '토쿠즈 오구즈'라고 했고, 몽골의 성수도 '9'였다. 거란은 8부를 구성했던 데서 알 수 있듯 '8'을 중요하게 생각했고, 거란에 인접해 있던 해는 5부였다는 점에서 '5'를 성수로 삼았음을 알 수 있다.

그렇다면 '9'를 중시했던 위구르와 달리 복고의 신화에서는 왜 '5'를 중요하게 다루었을까? 먼저 종교와 관련된 역사적 경험을 생각해볼 수 있다. 앞서 지적한 것처럼 마니교에서는 나무를 생명을 상징하는 모태로 여겼고, '5'를 성스러운 숫자로 중시했다.[108] 복고의 신화에

107 제1편 주156 참조.

108 林悟殊, 「回鶻奉摩尼教的社會歷史根源」, 『摩尼教及其東漸』, 中華書局, 1987, pp. 12~34.

출처: wikimedia commons

(그림 15) 고창 위구르 왕 공양자상(베제클릭 제31호 석굴, 왼쪽)과
명왕明王상(베제클릭 제21호 석굴, 오른쪽)

서 이를 수용하여 '**생명수生命樹**'가 5명의 아이를 잉태한 것으로 표현했을 수 있다. 위구르는 762년에 마니교를 처음 받아들인 이래로 840년 멸망 이후 고창으로 이주한 다음에도 약 100년 정도 마니교를 신봉했기 때문에 이러한 연관 관계가 충분히 가능하다.[109] 특히 '성스러운 숫자'라는 측면에서 마니교가 복고 신화의 형성에 영향을 미쳤을 가능성을 생각해볼 수 있다.[110]

숫자 '5'는 복고 자체의 역사적 경험과도 관련 지어볼 수 있다. 앞

109 정재훈, 「위구르의 摩尼敎 受容과 그 性格」, 『역사학보』 168, 2000, pp. 151~187.

110 10세기 후반 고창 위구르가 불교로 개종하면서 마니교를 강하게 탄압하긴 했지만, 영향력이 약해졌다고 해서 차입된 신화 모티브까지 없어졌다고 보기는 어렵다. 신화는 그 자체가 역사적 경험의 응축이라, 오랫동안 영향을 미쳤던 마니교 관련 모티브는 화석처럼 오래 남아 있었을 것이다.

서 정리한 것처럼 복고는 5세기에 처음 연합체를 만들었던 투르크계 유목 부락의 총칭인 고차의 일원이었고, 당시 고차는 '**오부고차五部高車**'라고 불리는 정치 체제였다. 복고는 고차의 지배 집단은 아니었으나 그 일원으로서 역사적 전통을 공유했다. 따라서 복고가 고차에서 자신의 역사가 비롯되었다고 인식하는 것은 전혀 이상한 일이 아니다. 위구르도 고차를 계승했다는 의식이 강했던 만큼 복고는 아마 더욱 그러했을 것이다. '5'가 반드시 성수가 아니더라도 이를 통해 복고의 시작을 5세기 고차에까지 끌어올림으로써 유구한 역사를 가질 수 있었다. 특히 고창왕은 다섯 형제 중에서도 출중한 능력을 갖춘 막내인 '복고의 임금' 뵈귀 카간의 후예로서 영광스러운 역사를 계승한 왕이 될 수 있었다. 이와 같이 가공의 기억 속에 남아 있는 '뵈귀 카간'을 통해 고창왕은 자신의 권위를 정당화할 수 있었다.

고창왕의 기억 조작은 5세기부터 시작된 투르크의 오랜 역사를 모두 자기 것으로 만들어 퇴뤼를 확보하기 위해서였다. 이는 과거 위구르 초기에 카를륵 카간이 비문에서 돌궐의 권위를 부정하고 위구르 역사의 부활을 주장한 것이나, 795년 에디즈의 역성혁명을 정당화하기 위해 《구성회골가한비문》을 세운 것과 일맥상통하는 일이다. 고창왕은 과거 몽골 초원에서 번성했던 위구르의 역사를 나름의 **기억** 방식인 신화를 통해 정리했다.

14세기 몽골제국의 지배를 받던 위구르의 후예 고창왕에게 과거 몽골 초원을 지배했던 조상이 남긴 역사적 경험은 너무나 중요했다. 조상의 원주지를 새로운 세력인 몽골계 이주민에게 넘겨주고, 대제국을 건설한 그들에게 지배당하며 하서에 머물던 그는 과거의 기억을 되새기며 다시 영광스러운 역사를 꽃피우고자 했다. 몽골 초원을 무대로 유

출처: wikimedia commons

(그림 16) 고창 위구르 시기의 왕을 그린 벽화(베제클릭 제9호 석굴)

목제국을 건설했던 선주민으로서의 자의식을 드러내고, 당대의 지배 세력인 몽골제국과는 다른 역사 인식을 보여주며 새로운 역사를 쓰고자 했다.

고창왕은 신화 기록을 통해 과거 투르크의 퇴뤼를 자산으로 삼았다. 고창왕뿐만 아니라 9세기 중반 위구르의 **'빅뱅'** 이후 세력 재편 과정에서 위구르의 후예를 자처하는 다양한 세력이 과거의 역사와 자신을 연결하려 했다. 거란과 결합했던 위구르 출신 **소씨蕭氏**,[111] 그리고 더 서쪽으로 이주한 카를룩과 이후 **카라한조**의 건국에 중요한 역할을 한

---

111 주55 참조.

위구르의 다른 일파도 마찬가지였다.[112] 이들은 몽골 초원의 원주지를 떠난 뒤 여러 곳으로 흩어져 새로운 역사를 만들었는데, 모두 과거 유목제국 위구르가 남긴 '**퇴뤼**'를 자신의 역사를 설명하는 중요한 기초로 삼았다.

몽골 초원에서 투르크 유목민이 만들어온 유목제국의 역사는 위구르에 의해 계승되었고, 9세기 중반 위구르의 멸망 이후에는 초원을 떠나 다른 곳에서도 면면히 이어졌다. 위구르가 남긴 유산은 오래도록 사라지지 않고 넓은 영역에 걸쳐 다양한 흔적을 남겼다. 지금까지도 '**위구르**'라는 이름을 그대로 잇는 이들의 땅이 존재하고, 그곳에 사는 주민들은 자신들의 역사 인식의 근거로 위구르 유목제국을 소환한다. 유목제국을 건설한 위구르, 위구르 멸망 이후 그 **유산**을 가지고 각지로 흩어진 투르크 유목민의 역사는 이후 중앙아시아 지역 전반에, 나아가 세계사의 흐름에 막대한 영향을 남겼다는 점에서 주목을 요한다. 따라서 이 책에서 정리한 위구르 유목제국의 역사는 이후 세계사와의 연관성 속에서 계속해서 검토되고 논의되어야 할 것이다.

---

112 Dilnoza Duturaeva, *Qarakhanid roads to China*, Brill, 2022.

맺음말

위구르의 막북 초원 고립 극복 노력과 그 유산

740년대 초 돌궐 유목제국이 계승 분쟁으로 약화한 틈을 타 봉기한 위구르는 이를 주도한 세력인 바스밀마저 몰아내고 744년에 유목국가를 건설했다. 이들은 과거 돌궐의 지배를 받던 투르크계 유목 세력의 하나였으나 지배 집단인 야글라카르의 군장이 카간을 칭하고 건국하면서 앞선 200여 년간 유목 세계의 패자였던 돌궐의 권위를 대체했다.

건국 초기인 747년에 창업자인 쿠틀룩 빌게 퀼 카간이 갑작스럽게 사망한 다음 그 뒤를 이은 카를륵 카간은 군사 원정을 통해 국가를 성장시키고, 위구르 고유의 '**퇴뤼**'를 분명히 밝혀 국가의 정통성을 확립하려 했다. 그는 돌궐과는 다른 위구르의 역사를 설명하기 위해 세운 기공비에서 "**1000개의 일(국가)과 300년 된 일(국가)**"을 확보했다고 밝혔다. 이는 돌궐이 단절시킨 위구르의 퇴뤼를 회복했다는 선언이자, 돌궐을 대체한 위구르의 '**혁명**'을 정당화하는 내용이었다. 또한 그는 이 기공비에서 자신이 텡그리의 명령을 받았으며, 카라 숩(성스러운 물)의 인정과 카라 보둔(성스러운 백성)의 추인을 통해 정통성을 확보했다는 설명도 더했다. 그런 다음 카를륵 카간은 원정의 성공을 통해 자신의 능력을 보여주었다. 그는 원정 과정에서 3개의 기공비(2개만 발견됨)를 세웠고 사후에 묘비를 남겼다. 이 비문 기록들을 통해 747년 부왕의 사망 이전인 건국 초기부터 753년 퇴뤼와 보둔을 확보해 일의 건설을 선언할 때까지 발생한 유목 세계의 동요와 내적 갈등, 주변 세력의 도전을 자신이 모두 해소했음을 누누이 강조했다.

카를륵 카간은 확보한 보둔을 일의 구조 속에 넣어 지배 체제를 구축했다. 먼저 카간을 배출한 지배 집단인 야글라카르에게 보둔을 나누어 주어 '핵심 집단'을 구성했다. 그리고 원래는 자신과 동등했던 위구르 내의 다른 여러 추장들을 도독으로 우대하며 '연맹 집단'을 확보해 중추 세력으로 삼았다. 또한 과거 투르크계 유목민의 연합체인 토쿠즈 오구즈와 토쿠즈 타타르 등을 보둔으로 확보하고, 이들과의 관계를 수직적 관계로 바꿔 군사적 동원도 가능한 '종속 집단'으로 삼았다. 그동안 경쟁 관계였던 카를룩과 바스밀마저 격파해 그 일부를 객부락으로 삼아 종속 집단에 집어넣었다. 여기서 끝나지 않고 주변에 있는 다른 세력까지 '부용附庸 집단'으로 편입해 규모를 확대했다.

카를륵 카간은 이렇게 만든 일을 통제하기 위해 자신의 권력을 뒷받침할 '친병 집단'을 구성했다. 유목국가의 관료 조직이기도 한 친병 집단은 중추적 군사 조직이자 국가 운영의 핵심이었다. 확보한 보둔을 효율적으로 통치하기 위해 중부에는 카간정을 두어 카간이 직접 통제하고, 나머지 영역은 좌부(퇼리스 샤드)와 우부(타르두쉬 야브구)로 '분봉'해 두 아들이 통제하도록 했다. 위구르 부족이나 그 연합체를 의미했던 위구르 일의 이름인 '구성회흘'이 계속 사용되긴 했으나, 지배 범위가 확대되면서 이제는 그 의미가 야글라카르가 이끄는 일 전체를 의미하는 초부족적인 성격을 띠게 되었다.

753년 카를륵 카간이 체제 정비에 성공했음을 선언했지만, 750년대 중반까지 위구르는 과거 돌궐보다 취약한 상태에 있었다. 지배 영역은 **막북 초원**의 일부에 한정되었고, 동몽골이나 서북부 초원까지는 아직 영향력을 행사하지 못했다. 유목 세계 전체의 지배자라는 관념적 천하관을 내세웠지만 현실은 **셀렝게강 유역의 초원**을 차지하는 정도에 그쳤다. 이런 상황을 타개하기 위해 위구르는 유목 세계의 중심인 **외튀켄 산지**를 근거지로 확보하고, 계절 이동 거점에 도시를 건설해 **교역 국가**로의 발전을 준비했다. 또한 서방의 경쟁 상대와 대결을 벌이면서 지속적으로 압박을 가해오는 키르기스와도 계속해서 싸웠다.

다른 한편으로 위구르는 당의 책봉을 받아 유목 세계 내에서 독점적인 위상을 갖고자 했다. 그러나 당은 위구르를 돌궐 붕괴 이후 남하한 항호를 처리해 막남을 안정시켜줄 세력, 즉 이이제이의 수단 정도로만 보았다. 이 무렵 당은 위구르보다는 서부의 토번과 동북방의 거란의 공세를 막는 데 주력했다. 건국 초기의 취약한 상황에 있던 위구르로서는 당과의 관계 개선이 절실했으나, 이 부분이 줄곧 여의치 않아 발전에 어려움을 겪었다.

755년 말 중국을 10여 년간 격동 속으로 몰아넣은 안녹산의 봉기로 위구르는 상황을 반전시킬 기회를 맞았다. 처음에는 당의 반대로 개입하지 못하다가, 숙종의 요청을 계기로 돌궐의 부흥 움직임을 제압하기 위한 군사적 원조를 시작했다. 안녹산이 장안을 함락한 이후 그 중추 세력의 하나였던 돌궐 항호가 이탈하여 부흥 운동을 일으켰기 때문에 위구르가 개입할 여지가 생긴 것이다. 위구르는 당을 원조한 대가로 약탈의 기회와 막대한 공납을 얻었을 뿐만 아니라 카간과 영국공주의 혼인까지 성사시켰다. 이제 위구르는 초원의 유일한 패자로서 당의 공식적 인정을 받았을 뿐만 아니라, 키르기스나 카를룩 등의 위협 세력을 제압하면서 내적인 안정도 확보했다.

3대 뵈귀 카간은 762년 사조의의 요청에 따라 직접 군대를 이끌고 당을 공격했다. 이는 카를륵 카간 사후 영국공주가 임의로 귀국하는 등 여러 요인으로 양국 관계가 악화되었기 때문이다. 당을 공격하려던 위구르는 카간의 장인 복고회은의 설득에 태도를 바꾸어 사조의 등을 진압하는 데 협조했다. 이를 통해 당에 대한 약탈과 공납, 호시 무역 허가 등 발전을 위한 물적 토대를 마련했다. 763년 위구르는 복고회은의 봉기에 개입했다가 별다른 성과 없이 철수했다. 그러나 중국에서 발생한 오랜 내전의 결과로 동아시아 세계의 '세력 재편'이 이루어지면서 당을 사이에 두고 토번과 대결을 벌일 만큼 성장했다. 이는 10여 년 전 내전 과정에서 기존의 막남 투르크계 유목민(돌궐 잡호)과 돌궐 붕괴 이후 남하한 집단(돌궐 항호)이 완전히 몰락한 결과였다.

위구르는 이후 당으로부터 독점적 위상을 인정받아 견마무역을 하면서 교역에 필요한 물자를 확보했다. 770년대에 본격화된 양국의 무역은 소그드 상인의 중개로 이루어졌는데, 교역량의 균형이 깨지면서 점차 당에게 큰 부담이 되었다. 위구르의 지원을 받던 소그드 상인은 당이 제공한 비단을 교역해 많은 이익을 얻었다. 한편 이는 국가 내부의 분배 구조를 장악한 카간의 권력을 강화하여 '**권위주의 체제**'의 기초가 되었다. 이 과정에서 유목국가의 경영에 참여한 소그드 상인뿐만 아니라 당과의 혼인 관계에 따라 거주하게 된 정주민이 많아지면서 초원의 겨울 수도인 카라발가순을 비롯한 여러 곳에 **도시**가 건설되었다. 건국 초기부터 이루어진 활발한 도시 건설은 위구르가 교역 국가를 지향하며 이를 뒷받침할 조건들을 미리부터 준비했음을 보여준다. 뵈귀 카간 시기에는 **소그드 상인이 믿던 마니교**도 받아들였다. 마니교의 수용은 국제 상인이자 위구르의 관료로서 카간의 권위를 강화하는 데 중요한 역할을 한 소그드 상인의 활동을 지원하기 위함이었다.

770년대 말 견마무역은 심각한 무역 역조를 일으켜 당에 재정적 어려움을 안겼다. 여기에 당에 머물던 소그드 상인들의 불법 행위까지 더해져 견마무역은 당의 제재를 받게 되었다. 이 과정에서 발생한 여러 사건으로 양국 관계는 냉각되었고, 이를 해결하기 위해 위구르는 당에 군사적 위협을 가했다. 780년 위구르 내부에서 당에 대한 공격을 둘러싸고 충돌이 발생했다. 그 결과로 정변이 일어나 소그드 상인의 이익을 지지하던 뵈귀 카간이 살해당했다. 정변을 이끈 뵈귀 카간의 숙부 톤 바가 타르칸이 알프 쿠틀룩 빌게 카간으로 즉위했다. 그는 뵈귀 카간을 지지했던 소그드 상인을 학살한 다음 당과의 관계 개선을 위해 노력했다. 정변으로까지 치달은 지배 집단 내부의 갈등을 해소하고 당의 경제적 지원을 받아내려는 목적이었다. 그러나 위구르에 대한 개인적 반감이 컸던 덕종은 위구르의 취약한 상황을 이용해 당에 살던 소그드 상인을 내쫓거나 죽이고 화친 요구를 거부했다. 나아가 그동안 대치 상태였던 토번과 회맹(783년 청수지맹)을 맺어 위구르를 외교적으로 '고립'시켰다. 위구르는 이런 상황을 타개하기 위해 내지에서 봉기한 번진 세력에 협조하기도 했으나 소기의 목적을 이루지 못했다. 오히려 내적 혼란을 틈타 도발한 키르기스의 공격에 직면했다. 위구르는 한동안 외교적 고립 상태에서 내부 문제를 해결하기 위해 노력했다.

787년 토번이 회맹을 깨고 공격하자 당은 토번의 진출로 끊긴 교통로를 대신해 회골로를 연결하고, 토번에 대한 연합 전선을 구축하기 위해 위구르와 다시 화의를 맺었다. 이를 통해 위구르는 비로소 당과 관계를 회복할 수 있었으나, 그 대가로 과거에 누렸던 교역상의 특혜와 형제국 지위는 포기해야 했다. 양국의 화의가 성립한 결과 교통로가 연결되면서 위구르는 북정 주변의 오아시스로 진출해 그곳의 군소 유목 세력들의 공납을 받을 수 있게 되었다. 위구르는 이렇게 동서 교역로로 진출하면서 당이 아닌 다른 곳에서도 재화를 얻을 수 있는 물자 구득 경로의 다변화를 이루었다.

그러나 위구르는 북정 진출 이후 현지 세력이 가렴주구에 반발해 토번을 끌어들이자 이곳에서 다시 밀려났다. 이후 몇 차례의 공방전을 치른 뒤에야 북정 주변 지역을 차지할 수 있었다. 이때 북정에 대한 원정을 이끌며 권력을 장악한 에디즈 출신 쿠틀룩은 795년 내분으로 약해진 지배 집단 야글라카르를 대신해 회신 카간으로 즉위했다. 왕조 교체 이후 위구르는 당과 냉랭한 관계를 유지하는 한편 서방 진출을 위해 노력했다. 이후 당과의 관계가 회복되기도 하나 810년대까지 오아시스 지역을 둘러싸고 토번과 대결을 벌이며 서방 진출을 계속해서 시도했다. 이를 통해 위구르는 '**유목제국**'으로 발전할 수 있었다. 그러나 교역에 필요한 물자를 당에서 원활하게 공급받지 못해 일정 수준 이상의 성장을 이루지는 못했다.

당은 위구르의 조공을 받아주긴 했으나 호시의 규모를 제한하거나, 화번공주의 파견을 늦추거나, 조공 사신의 숫자를 줄이는 식으로 위구르를 견제했다. 토번과도 등거리를 유지하며 위구르의 성장을 막았다. 당과의 화의를 위해 노력하던 위구르는 820년대가 되어서야 당의 대토번 정책이 변경됨에 따라 동서 교역에 필요한 물자를 대량으로 확보할 수 있었다. 이 시기에는 마니교도인 소그드 상인이 당에 진출하여 경제 및 선교 활동을 활발하게 전개했다. 위구르는 당과의 안정적인 관계를 바탕으로 서방으로 진출해 토번뿐만 아니라 카를룩, 동진하던 아랍(아바스 왕조), 북방의 키르기스 등과 경쟁을 벌였다. 이들과의 군사 대결에서 어느 정도 성공을 거두어 교역로를 안정적으로 확보하고, 나아가 과거 서돌궐 지역까지도 세력을 확대했다. 820년대 후반에 이르러 위구르는 마침내 당과 견마무역을 통해 활발한 경제 교류를 하고, 막북 초원의 유목적 기반에 오아시스의 공납까지 확보해 명실공히 거대 유목제국으로 자리 잡았다.

소례 카간은《구성회골가한비문》에서 야글라카르를 대체하고 카간이 된 에디즈의 정통성을 내세우며 위구르가 지향했던 일의 건설, 즉 막북 초원에 고립된 유목제국의 태생적 한계를 극복하고 제국을 건설한 성과를 자랑했다. 이러한 성과는 당과의 안정적인 관계를 바탕으로 한 동서 교역로 확보, 거기서 얻은 경제적 이익에 기초한 강력한 권위주의 체제 확립, 도시의 건설과 운영을 통한 교역망 안정화 등을 통해 가능했다. 비문에는 이 과정에서 활약한 소그드 상인과 그들의 종교인 마니교 수용에 대한 설명도 담겼다.

이렇게 발전을 구가하던 위구르는 830년대 말 내부에서 발생한 카간 계승 분쟁과 초원에서 지속적으로 발생한 자연재해(가뭄과 폭설), 전염병(탄저병) 창궐, 내부 세력과 연합한 키르기스의 기습 등으로 무너져버렸다. 이는 초원의 생태 환경에 맞춰 운영되던 유목제국의 취약성을 잘 보여주는 사례다. 840년 위구르의 허무한 붕괴는 초원 유목국가의 '태생적 한계'를 극복하지 못하고 자멸한 돌궐의 전철을 밟았다고도 볼 수 있다. 위구르는 몽골 초원에서 완전히 사라졌지만, 그 붕괴가 초래한 **'빅뱅'**은 주변 세계의 재편에 막대한 영향을 남겼다. 흩어진 위구르의 후예들은 여러 곳에서 정권을 만들었다. 과거 위구르가 막북 초원의 한계를 극복하고 제국을 운영했던 경험과 그 영광스러운 유산을 계승하고자 했다. 단명한 하서의 여러 위구르 정권과 달리 고창 위구르는 13세기 초까지 세력을 유지했다. 심지어 몽골에 패망한 다음 하서 지역에 옮겨 와 살던 고창왕은 14세기 초에도 위구르의 역사를 기억하며 자신의 '정체성'을 잃지 않으려 했다. 그는 뵈귀 카간 탄생 신화를 통해 복고 집단의 정체성을 내세우고, 위구르의 전통을 자신에게로 연결해 소유하고자 했다.

건국 이후 약 100년을 지속한 위구르는 **'막북 초원에 고립된 국가'**[1]의 한계를 극복하기 위해 개방적, 심지어는 친중국적 태도를 보이며 교역 국가를 지향했다. 교역을 매개하던 소그드 상인의 활동을 지원하기 위해 도시를 건설하고, 마니교와 같은 외래의 다양한 요소도 적극적으로 받아들였다. 군사적 장점이 있는 유목 권력과 경제 및 행정을 책임지는 소그드 상인 관료의 이종 결합은 **'권위주의적 상인 관료 체제'**를 바탕으로 한 유목제국을 낳았다. 과거 돌궐 역시 소그드 상인과 유목 권력의 결합을 바탕으로 한 교역 국가라는 비슷한 지향을 보였다.[2] 그러나 돌궐은 지배 집단의 분열로 붕괴한 이후 당의 기미 지배를 거치며 약화하고 말았다. 680년대의 부흥 이후에도 당의 견제로 결국 막북 초원에 고립된 처지에서 벗어나지 못했다. 이와 달리 위구르는 돌궐의 실패를 교훈 삼아 '거대한 유목제국'으로 성장할 수 있었다.

840년 위구르의 붕괴 이후 톈산산맥 주변으로 옮겨 가 위구르의 계승 국가를 자처한 고창 위구르는 13세기 초까지 세력을 유지하며 발전했다. 기존의 연구들에서는 고창 위구르가 톈산산맥 주변의 오아시스로 옮겨 가 유목 습속을 버리고 정주했다는 점에 주목했다. 즉 위구르가 과거 유목제국 시기에 초원에서 보였던 '정주적 경향'이 이후 오아시스에 정주하는 중요한 배경이 되었으며, 이것이 훗날 이른바 **'중앙**

---

1 서론 주18 참조.

2 서론 주51 참조.

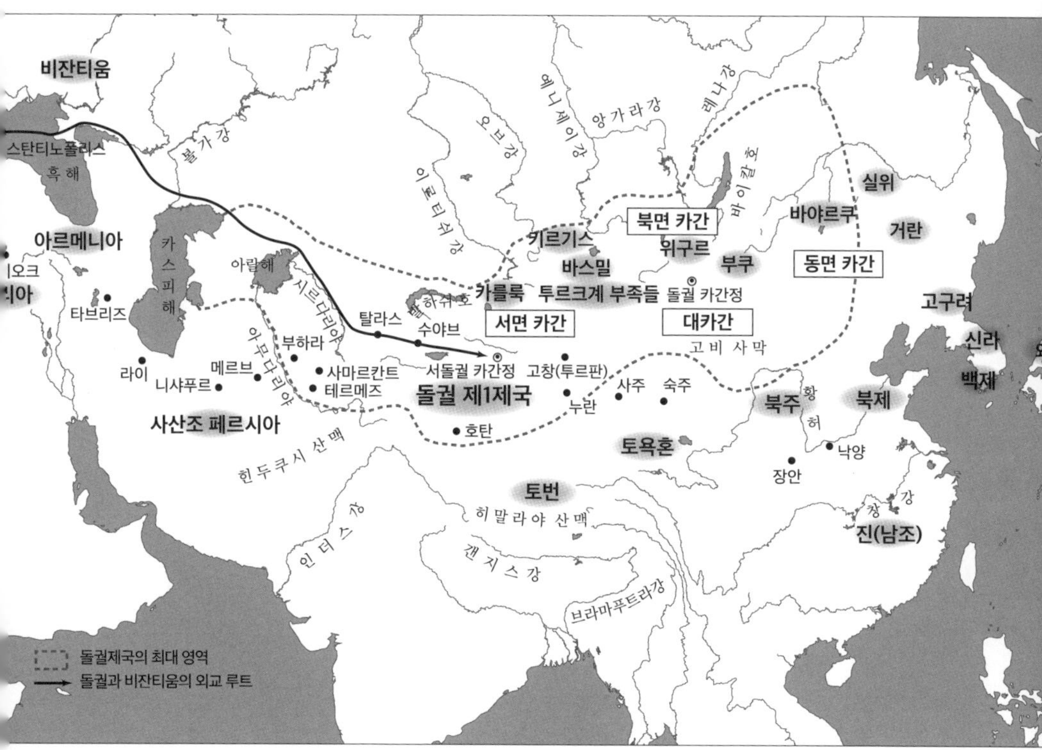

(그림 1) 6세기 말 돌궐 제1제국의 최대 판도

아시아의 투르크화'로도 연결되었다고 설명했다.[3] 위구르의 이주와 확산이 중앙아시아, 나아가 세계사에 가져온 변화가 너무나 컸기에 그 배경을 설명하는 일이 중요했기 때문이다.

그러나 고창 위구르가 톈산산맥 주변으로 이주한 이후 세력화한 과정을 살펴보면, 이들은 초원이 아닌 새로운 환경에 적응하면서도 유

3 서론 주33과 주36 참조.

(그림 2) 고창 위구르 시기 북정에 세워진 서대사의 〈왕자출행도〉 벽화

목 권력을 유지했던 자신들의 '장점'을 절대로 버리지 않았다. 고창 위구르의 군주는 고창과 북정을 오가는 계절 이동을 하면서 '**상무적 기풍**'을 유지했다. 정주 환경에 적응하면서도 권력의 기초인 군사적 능력을 유지하는 범위 안에서만 '변신'했다. 경제적인 면에서도 전형적인 유목에 종사하지 않았을 뿐 농목업을 비롯해 오아시스 주변의 교통로를 이용한 교역 등에 종사하며 경제적 기반을 다양하게 확대 발전시켰다. 다시 말해서 위구르가 '**유목 권력**'의 지향을 버렸다기보다는 제국을 갑작스러운 붕괴로 몰아넣은 초원의 한계를 극복하기 위해 더 나은 여건을 찾아 이주하고 적응한 것이라 볼 수 있다.

과거 몽골 초원에서 유목제국을 운영했던 것처럼, 고창 위구르는 다양한 외래 요소를 받아들이고 이들을 공존시키며 자신의 강점을 그대로 유지했다. 도시 네트워크를 운영하면서 고등 종교(마니교와 불교)[4]

4 고창 위구르는 오아시스로 이주한 후에도 마니교를 믿다가, 10세기 후반 불교로 개종했

를 더 적극적으로 받아들여 체제 강화에 이용했으며, 이 과정에서 다양한 문화가 폭넓게 발전할 수 있었다. 위구르 유목제국의 운영 방식이 고창 위구르 시기에도 국가 운영의 수단으로서 중요한 역할을 했던 것이다.

고창 위구르의 다양성 수용과 문화 변용 능력에 주목한다면, 유목제국 시기에 도시 네트워크와 고등 종교 같은 외래 요소가 깊숙이 침투했기 때문에 오아시스로 이주한 이후 완전히 정주할 수밖에 없었다는 결과론적 설명은 반성을 요한다. 이런 이해는 유목민은 초원에만 살아야 하고, 초원을 떠나면 정주할 수밖에 없다는 선입견에 따른 것이다. 또한 초원에서든 오아시스에서든 도시 네트워크[5]나 고등 종교 같은 정

다. 위구르 시기 종교의 발전과 변화를 보여주는 대표 유적인 투르판의 베제클릭 석굴에는 다양한 불교사원뿐만 아니라, 과거 마니교 사원으로 개축되었다가 불교사원으로 재개축된 흔적도 남아 있다. 고창 위구르는 또한 북정에도 왕성 서쪽에 서대사西大寺라는 거대한 불교사원을 세웠다. 薛宗正, 『北庭歷史文化研究 — 伊·西·庭三州及唐屬西突厥左廂部落』, 上海古籍出版社, 2010; 조성금, 『실크로드의 대제국 천산 위구르 왕국의 불교회화』, 진인진, 2019.

5 많은 연구자들이 거대 유목제국으로 발전한 위구르가 만든 '**도시 네트워크**'가 이후의 역사 전개에 큰 영향을 남긴 것으로 이해했고, 위구르의 '정주 지향' 내지는 '문명화'를 설명하는 중요한 근거라고 여겼다(서론 주34와 주36 참조). 외래 요소의 수용은 앞 시기보다 질적으로도 양적으로도 두드러졌으나 이 자체는 막북 초원의 변화와 무관했다. 840년 위구르의 붕괴로 유목 권력이 사라지자 막북 초원은 '공동화'되었고, 10세기 거란이 이곳을 지배한 다음에도 초원은 결코 정주 세계로 바뀌지 않았다. 거란이 도시 네트워크를 재건한 것도 '**교역**'을 위한 거점을 복원한 것에 불과했다. 더욱이 12세기 초 거란의 몰락과 함께 막북 초원이 다시 유목민의 세계로 편입되자 도시 네트워크는 버려지고 말았다. 이후 이 네트워크는 13세기 몽골제국의 등장 이후 유라시아 대륙을 아우르는 교통망을 연결하는 '**역참驛站**(Jamchi)'의 기초가 되면서 다시 살아났지만, 초원 자체의 성격을 바꾸지는 못하고 제국의 붕괴와 함께 다시 사라지고 말았다. 이는 초원의 도시 네트워크가 유목민이 이곳을 떠나 오아시스 등지에 정주하기 위해 했던 준비가 아니라 교역 국가를 지향하며 제국을 운영하는 하나의 방식이었음을 보여준다([그림 3] 참조).

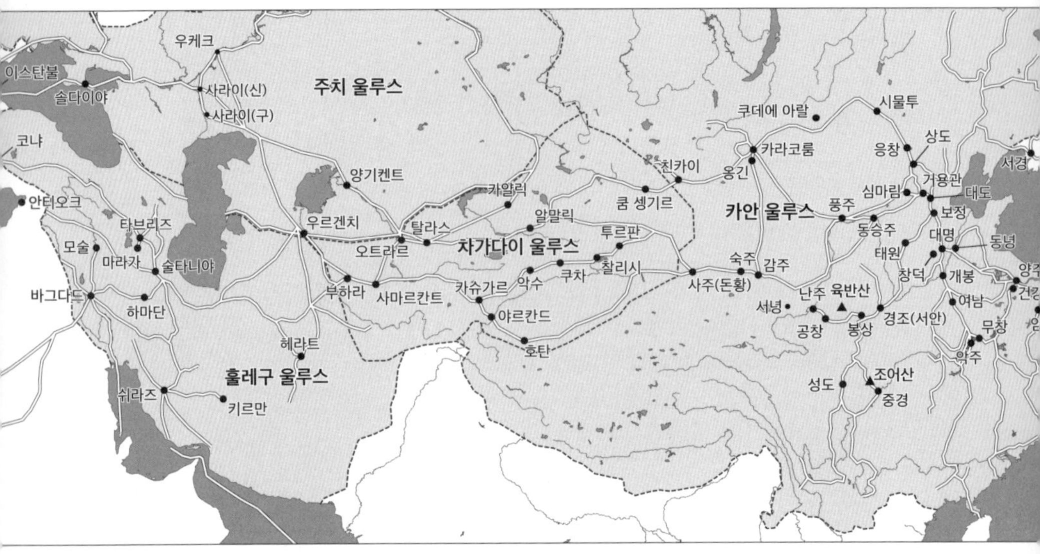

(그림 3) 몽골제국 시기의 역참 네트워크

주적 성격의 외래 요소는 위구르의 국가 운영과 권력 유지 수단으로서 지속적으로 중요한 역할을 했음을 제대로 평가하지 못한 결과였다. 몽골 초원의 위구르뿐만 아니라 그 후예인 고창 위구르 역시 외래문화를 적극적으로 받아들이고 이를 변용할 수 있는 '**탄력성**'을 가지고 있었음에 주목해야 한다.

동시에 이른바 '중앙아시아 투르크화'의 주요 전제인 투르크어의 확산도 위구르가 자신의 정체성을 지키면서도 다른 문화와 공존하려 했던 움직임과 연결해볼 필요가 있다. 위구르는 자신의 언어를 유지하고, 이를 효과적으로 사용하기 위해 과거 초원에서 빌려 썼던 고대 투르크 문자를 쓰지 않고, 소그드 문자를 변용한 '위구르 문자'를 새롭게 만들었다. 이는 이후 고창 위구르가 인도유럽어 사용자이자 문화적 측

(그림 4) 고창 위구르 시기에 위구르 문자로 쓴 『미륵회견기彌勒會見記』 잔엽

면에서 더 발전했던 오아시스 토착민을 일부 동화시키며 공존할 수 있는 배경이 되었고, 나아가 '**위구르**'라는 역사적 전통을 만드는 중요한 기초가 되었다.

이질적인 요소를 적극 수용한 것은 이후에 등장한 거란이나 몽골 같은 거대 유목제국도 마찬가지였다. 거란과 몽골은 몽골 초원과 오아시스를 넘어 중국을 비롯한 정주 농경 지역까지 차지했는데, 이를 효과적으로 조직하고 운영하기 위해 다양한 외래 요소를 더 적극적으로 받아들였다. 과거의 유목제국에 비해 영역이 확대된 만큼 다양성도 더 커졌기 때문에 중국의 통치 방식이나 경제 체제까지 이용했다. 이는 권위주의적 유목 권력이 항상성을 유지하며 제국을 안정적으로 발전시키는 방법이었다.

기존 연구에서는 이런 측면을 간과하고 유목 권력이 중국 제도를 받아들여 한화漢化되었다거나, 선진적인 중국 문화와 융합을 이루었다는 식의 설명이 많았다. 이는 유목국가를 정주 농경을 기반으로 한 중국에 비해 열등한 문화로 보려는 '문명사관文明史觀'에 따른 것이었다. 또한 여기에는 유목국가의 역사 전개를 위구르와 같은 '고대 유목국가'[6]와 정복 왕조로 발전해간 '이원적인 국가'[7]로 한정해 설명하려는 관점도 작용했다. 즉 유목국가는 초원 유목에 기초하거나, 그게 아니라면 유목과 정주의 이원적 체제인 이른바 '정복 왕조'의 특징을 보일 수밖에 없다는 고정 관념에 따른 것이었다.

그러나 유목국가는 초원에서든 정주 지역에서든 군사적 장점을 유지하면서 외래 요소와의 '**선택적 공존**'을 통해 다양성을 확보하고, 이를 바탕으로 '교역 국가'를 지향했다.[8] 흉노 이래 모든 유목제국이 이런 방식으로 성장하고 발전했다. 따라서 위구르를 비롯한 유목국가를 바라볼 때 '유목 아니면 정주'라는 이분법이나 '유목과 정주만 있는' 이원적 성격이라는 관점보다는 '**다원성**'이라는 관점이 필요하다. 이렇게 관점을 바꾼다면 유목국가에 대한 기존의 편견이나 선입견을 교정하고, 몽골 초원을 무대로 전개된 유목제국사를 세계사의 흐름 속에서 새롭게 바라볼 수 있을 것이다.

---

6 서론 주45 참조.

7 서론 주39 참조.

8 서론 주49 참조.

부록 1

고대 투르크 비문 연구[1]

6세기 후반 돌궐은 중앙아시아 상인의 문자인 소그드 문자를 빌려 쓰다가 7세기 말에 이른바 '오르콘 룬 문자Orkhon Runic script'라고 불리는 '**고대 투르크 문자[古突厥文字]**'를 만들어 사용했다. 유목민이 최초로 만든 고대 투르크 문자는 돌궐을 시작으로 위구르를 거쳐 예니세이강 상류 지역의 키르기스 등이 10세기 정도까지 사용했다. 이후 더 이상 쓰이지 않고 잊혔다가 19세기 말 유럽 열강의 탐사 과정에서 비문이 하나둘씩 발견되면서 그 존재가 세상에 알려졌다.[2] 발견 이후 문자 해독

1 이 글은 필자의 『위구르 유목제국사 744~840』(문학과지성사, 2005)의 [부록 1] 「위구르 유목제국 시기(744~840) 고대 투르크 비문의 연구와 전망」(2005)과 「위구르 유목제국(744~840) 시기 비문 解題」(2010)를 수정하고 보완한 것이다.

2 고대 투르크 문자, 소위 '룬 문자'로 쓰인 비문은 예니세이강 지역에서 핀란드 탐험대가 발견한 이후(Société Finlandaise d'Archéologie, *Inscriptions de l'Iénisséi, recueillies et publiées par la Société Finlandaise d'Archéologie*, Helsingfors, 1889), 1899년 러시아의 야드린체프가 몽골의 오르콘강 유역에서 비문을 발견·보고하면서 연구가 시작되었다(N. M. Yadrintsev, *Anciens caractères trouvés sur des pierres et des ornements au bord de l'Orkhon*, St. Petersburg, 1890). 이후 핀란드 답사대가 1892년에 오르콘강 유역을 조사해 비문의 완전한 사본을 발간하자, 러시아의 라들로프 역시 학술 조사를 실시했다(В. В. Радлов, *Атрас древностей Монголин*, Сант-Петербург, 1892; W. Radloff, *Arbeiten der Orchon Expedition: Atlas der Altertümer der Mongolei*, St. Petersburg, 1892). 이때 카라발가순의 파손된 비문에서 발견한 한문 면을 해독하여 위구르 시기의 비문이라는 사실을 알게 되었고, 호쇼 차이담에서 발견한 비문의 한문 면을 통해 주인공이 돌궐 제2제국의 왕자 퀼 테긴Kül tegin과 그의 형 빌게 카간Bilge qaγan이며 비문의 제작 연대가 732년과 735년이라는 사실이 확인되었다. 처음에는 '오르콘 룬 문자'라고 불리던 이 문자가 게르만의 룬 문자와 모양은 유사하나 전혀 다른

이 경쟁적으로 시작되면서[3] 많은 연구가 축적되었다.[4]

돌궐의 문자, 즉 고대 투르크 문자라는 사실도 밝혀졌다. 이를 토대로 문자를 해독하려는 시도가 경쟁적으로 이루어졌다.

3 덴마크의 톰센이 1893년 12월 15일 코펜하겐의 학술원 모임에서 고대 투르크 문자를 해독했음을 공표했고, 이는 엄청난 학술적 반향을 일으켰다(V. Thomsen, "Déchiffrement des inscriptions de l'Orkhon et de l'Iénisséi, Notice préliminaire", *Bulletin de l'Académie Royale des Sciences et des Lettres de Danemark*, Copenhague, 1893). 이에 경쟁자였던 라들로프 역시 나름대로 비문을 해독하고 주석을 달아 1894년과 1895년에 출판했으나 오류투성이라는 비판을 받았다. 톰센은 신중하게 비문을 다시 해독해 1896년에 출간했다. 이 내용은 비문에 대한 올바른 이해를 가능하게 했다(V. Thomsen, *Inscription de l'Orkhon déchiffrées*, Helsingfors, 1896). 이후 라들로프도 자신의 오류를 수정해 1897년과 1899년에 새로운 번역을 출간했다(W. Radloff, *Die alttürkischen Inschriften der Mongolei*, Neue Folge, St. Petersburg, 1897; *Die alttürkischen Inschriften der Mongolei*, Zweite Folge, St. Petersburg, 1899). 이후 100여 년에 걸쳐 계속된 탐사와 조사를 통해 새로운 비문에 대한 연구가 이루어지면서 많은 연구 성과가 축적되었다.

4 고대 투르크 문자로 된 다양한 비문을 해독하여 소개하고 연구한 성과로는 다음을 참조. L. Bazin, *Les Calendriers Turcs Anciens et Medievaux*, Universite de Lille III, 1974; Д. Д. Васильев, *Графический фонд памятников тюркской рунической письмености азиатского ареала*, Москва, 1983; Л. Болд, *БНМАУ-ын нутаг дахь хадны бичээс*, Улаанбаатар, 1990; O. F. Sertkaya, "Köl tigin'in ölümünün 1250. yıl dönümü dolayısı ile Mogolistan Halk Cumuriyeti'ndeki köktürk harfli metinler üzerinde yapılan arkeolojik ve filolojik çalışmalara toplu bir bakış", *GökTürk tarihinin meseleri*, Ankara, 1995, pp. 313~334; 耿世民, 『維吾爾族古代文化和文獻概論』, 新疆人民出版社, 1983, pp. 55~79; 張鐵山, 「我國古代突厥文文獻研究現況及其發展設想」, 『西北民族研究』 1990-2, pp. 117~121; 劉戈, 「鄂爾渾突厥文碑銘與鄂爾渾回鶻史」, 『新疆文物』 1991-3, pp. 109~125; 張公瑾, 『民族古文獻概覽』, 民族出版社, 1997, pp. 338~364; 牛汝極, 『維吾爾古文字與古文獻導論』, 新疆人民出版社, 1997, pp. 53~77; 芮傳明, 『古突厥碑銘研究』, 上海古籍出版社, 1998; 森安孝夫·オチル (編), 『モンゴル國現存遺蹟·碑文調査研究報告』, 中央ユーラシア學研究會, 1999; Osman Mert, *Ötüken Uygur Dönemi Yazıtlarından Tes Tariat Şine Us*, Ankara: Belen Yayıncılık Matbaacılık, 2009; Mehmet Ölmez, *Orhon-Uygur Hanlığı Dönemi Moğolistan'daki Eski Türk Yazıtları,Metin-çeviri-Sözlük*, Ankara: BilgeSu, 2012; 洪勇明, 『回紇汗國古突厥文碑銘考釋』, 世界圖書出版公司, 2012; Mehmet Ölmez, *Uygur Hakanlığı yazıtları*, Ankara: BilgeSu, 2018; 米熱古麗·黑力力, 『鄂爾渾文回鶻碑銘研究』, 中國社會科學出版社, 2022.

한국의 고대 투르크 비문에 대한 개괄적인 소개는 다음을 참조. 김호동, 「內陸아시아 諸

이 비문 자료는 그동안 한문 위주의 2차 자료에만 의존했던 유목사 연구의 한계를 일부 극복하게 해주었다. 다만 현존 비문은 그 양이 적어 돌궐과 위구르 역사의 전모를 밝히기는 어렵고, 한문 자료와의 비교와 상호 보충을 통해 다각적인 접근을 해볼 수 있다. 비문 자료와 한문 자료의 비교 연구는 돌궐뿐만 아니라 위구르에 대한 이해에서도 아주 중요했다.[5] 위구르는 100여 년 동안 이 문자를 사용했고,[6] 9세기 중반 서방으로 이주한 다음에도 한동안 사용한 흔적을 남겼다. 또한 840년 위구르를 멸망시켰던 키르기스 역시 이 문자를 이용해 많은 기

民族의 文字製作·使用과 그 역사적 背景」, 구결학회 (편), 『아시아 諸民族의 文字』, 태학사, 1997, pp. 437~468; 송기중, 「突厥文字의 表記體系와 東北亞細亞 文字史의 傳統」, 같은 책, pp. 57~100; 이등룡, 「고돌궐 비문(Turkic runic inscriptions)에 대하여」, 『한·몽 국제학술회의논문집』, 1996, pp. 85~89.

5 위구르 시기의 비문을 소개한 국내 자료로는 다음을 참조. 정재훈, 「위구르 遊牧帝國時期(744-840) 古代 튀르크 碑文의 研究와 展望」, 『歷史學報』 160, 1998, pp. 245~265(『위구르 유목제국사 744-840』, 문학과지성사, 2005). 다른 연구로는 위의 주4에서 인용한 연구와 함께 다음을 참조. 大澤孝, 「テス碑文: Tes Inscription」, 森安孝夫·オチル (編), 『モンゴル國現存遺蹟·碑文調査研究報告』, 中央ユーラシア學研究會, 1999, pp. 158~167; 片山章雄, 「タリアト碑文: Tariat Inscription」, 같은 책, pp. 168~176; 森安孝夫, 「シネウス遺跡·碑文: Site and Inscription of Šine-Usu」, 같은 책, pp. 177~198; 林俊雄·森安孝夫, 「カラ=バルガスン宮城と都市遺址: Palace and City of Qara-Balgasun」, 같은 책, pp. 199~208; 耿世民 (譯), 「回紇突厥文碑銘譯文」, 林幹·高自厚, 『回紇史』, 內蒙古人民出版社, 1994, pp. 374~408.

6 돌궐 시기 비문에 관한 국내 연구는 탈랴트 테킨Talat Tekin의 연구서를 번역한 것이 대표적이다. 김영일·이용성 (역), 『고대 튀르크 비문의 연구』, 부산교육대학교출판부, 1993; 「번역: 투뉴쿡 비문」, 『한국전통문화연구』 10, 1995, pp. 175~300; 『고대 튀르크 비문의 연구 II — 투뉴쿡 비문』, 중문출판사, 1996, pp. 11~13, pp. 132~134; 이용성, 『돌궐 비문 연구 — 퀼 티긴 비문, 빌개 카간 비문, 투뉴쿠크 비문』, 제이앤씨, 2008. 이 자료들은 새로운 독법과 연구 내용을 반영한 충실한 번역과 역자의 자세한 주석을 통해 돌궐 시기의 세 비문을 이해하는 데 큰 도움을 주었다. 정재훈, 『돌궐 유목제국사 552~745』, 사계절, 2016에 수록된 돌궐 세 비문에 대한 번역도 참고.

록을 남겼다.[7]

위구르 시기의 비문은 돌궐 시기 퀼 테긴, 빌게 카간, 그리고 톤유쿠크의 비문에 비해 상대적으로 양이 적어 관심을 덜 받았다. 또한 발견 당시에 이미 심하게 파괴되거나 마모되어 판독이 어려웠기 때문에 한문 자료와의 상호 비교 연구 역시 활발하게 이루어지지 못했다. 다만 건국기 카를륵 카간의 비문은 한문 기록이 많지 않은 시기의 상황을 복원하는 데 결정적 자료가 되어 주목을 받았다. 만족스러운 수준은 아니었지만, 그럼에도 이 비문들은 2차 사료인 한문 자료의 한계를 보완하며 위구르 나름의 모습을 구성하는 유일한 대안이 되었다.

위구르 비문 가운데 처음으로 발견된 것은 19세기 말 핀란드 조사대가 돌궐 비문인 《퀼 테긴 비문》, 《빌게 카간 비문》과 같이 찾아낸 '**오르콘의 세 번째 비문**'이다.[8] 발견된 장소는 몽골제국의 수도 카라코룸 서북쪽의 호쇼 차이담에서 서쪽으로 20킬로미터 정도 떨어진 오르

---

7 키르기스의 주요 활동 무대였던 예니세이강 상류 지역에서 발견된 비문들은 내용이 파편적이지만 중요한 의미가 있다. 이에 대해서는 발굴 성과를 기초로 연구가 진행되었는데, 대표적인 연구로는 다음을 참조. Д. Д. Васильев, *Графический фонд памятников тюркской рунической письмености азиатского ареала*, Москва, 1983; С. Е. Малов, *Енисейская письменость Тюрков*, Москва-Ленинград, 1952; И. В. Кормушин, *Тюркские Енисейские Эпитафии — Тексты и исследования*, Москва, 1997; *Тюркские Енисейские Эпитафии: грамматика, текстология*, Москва, 2008. 위구르는 古代 투르크 문자로만 된 비문과 함께 투르크 문자와 소그드 문자, 한자를 혼용한 비문을 남기는 등 문화적 다양성을 보여주었다. 이런 다양성은 9세기 중반 서방으로 이주해 정주한 이후 소그드 문자를 개량해 새로운 위구르 문자를 만드는 바탕이 되었다. 위구르 문자는 이후 몽골 문자와 만주 문자의 원형이 되는 등 중앙아시아의 문자 발전 과정에서 큰 역할을 했다. 牛汝極, 『維吾爾古文字與古文獻導論』, 新疆人民出版社, 1997.

8 A. O. Heikel, *Inscriptions de l'Orkhon, Recueillies par l'expédition finnoise 1890 et publiées par la Société Finno-Ougrienne*, Hesinfors: Société Finno-Ougrienne, 1892, pp. 27~38.

콘강 서안의 카라발가순 유적이었다. 비문은 한자, 고대 투르크 문자, 소그드 문자 등 모두 세 가지 문자로 기록되어 있다. 정확한 명칭을 복원하기는 어려우나 이수 부분에 남아 있는 고대 투르크문 기록을 통해 "이 텡그리켄 아이 텡그리데 쿠트 볼미쉬 알프 빌게 텡그리 위구르 카간의 비문bu teŋriken ay tengride qut bolmïš alp bilge tengri Uyγur qaγanïn bitigi"이었음을 알 수 있다. 한문 명칭은《구성회골애등리라골몰밀시합비가가한성문신무비九姓回鶻愛登里囉汨沒蜜施合毗伽可汗聖文神武碑》이고, 소그드문 명칭은 한센Olaf Hansen이 복원한 바에 따르면 '아이 텡그리데 쿠트 볼미쉬 알프 빌게 텡그리 위구르 카간Ay teŋride qut bolmïš alp bilge teŋri Uyγur qaγan의 비문'[9]이다.

이 비문은 발견된 지명을 따서《카라발가순 비문》이라고 하거나 한문 명칭을 줄여《**구성회골가한비문**》또는《구성비문》이라고 한다. 비문의 주인공은 여러 논의 끝에 12대 카간 아이 텡그리데 쿠트 볼미쉬 알프 빌게 카간Ay teŋride qut bolmïš alp bilge Qaγan(구성회골애등리라골몰밀시합비가가한九姓回鶻愛登里囉汨沒蜜施合毗伽可汗, 재위 824~832), 즉 소례 카간임이 밝혀졌다. 비문의 한 면은 전체에 걸쳐 고대 투르크 문자가 새겨져 있고, 다른 쪽 면은 반을 나눠 소그드 문자와 한자가 새겨져 있다. 제3편 [그림 6]의 복원도에서 확인할 수 있듯이 원래 규모는 높이 약 3.38미터, 넓은 면의 폭 1.77미터, 두께 0.97미터 정도였을 것으로 추정된다. 호쇼 차이담 비문의 크기에 버금가는 규모이다(참고로《퀼 테긴 비문》의 높이는 3.75미터이고,《빌게 카간 비문》은 파손으로 정확한 규모

9 Olaf Hansen, "Zur soghdischen Inschrift auf dem dreisprachigen Denkmal von Karabalgasun", *Journal de la Société Finno-Ougrienne* v.44, 1930, p. 149.

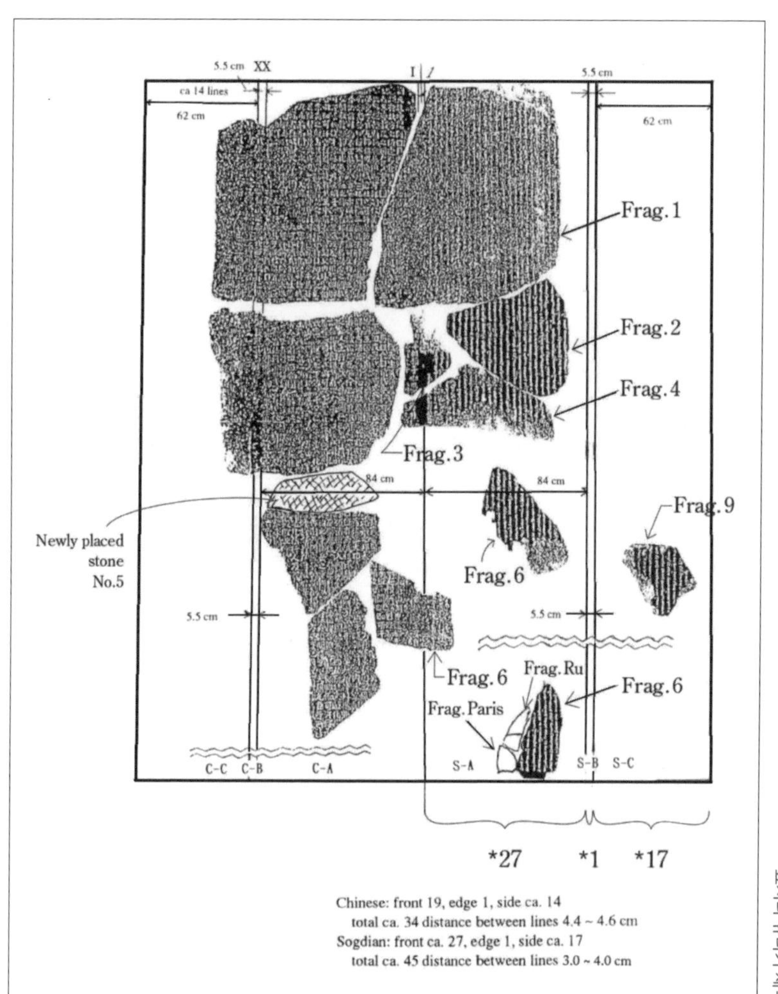

요시다 유타카 제작

〔그림 1〕《구성회골가한비문》 탁본과 파편 조립도

를 확인할 수는 없지만 추정에 따르면《퀼 테긴 비문》보다 몇 센티미터 더 크다).[10] 이 비문은 파손 정도도 심하고 파편 역시 많이 없어져 복원이 어렵지만, 요시다 유타카吉田豊의 조립도([그림 1])를 통해 현존 한문 면과 소그드문 면 부분의 파편 결합을 확인할 수 있다.[11]

발견 초기에 많은 내용이 남아 있었던 한문 면은 현재 주요 부분이 원래 위치에 있지 않다(제2편 [그림 7] 참조). 이수와 몇 개의 파편 조각 이외의 주요한 비문 파편 두 덩어리를 이곳을 탐사했던 러시아의 대좌가 상트페테르부르크의 에르미타주박물관으로 옮겨 갔다는 내용이 왕궈웨이王國維의 기록[12]으로 남아 있고, 러시아의 야드린체프가 가장 큰 두 부분을 러시아로 가지고 갔다는 사실을 1990년에 제임스 해밀턴

10 1997년 8월에서 9월에 걸쳐 몽골과 일본이 연합 조사를 벌인 결과, 이 비문은 위구르 시대에 궁성에서 약 500미터 떨어진 마니교 사원 근처에 건립된 것으로 확인되었다. 비문의 높이는 352센티미터 혹은 360센티미터, 정면의 폭은 176센티미터, 측면의 폭은 70센티미터, 꺾어지는 면의 폭은 5.5센티미터였다. 한문은 직서로 비문의 정면 좌측에 새겨져 있는데, 정면은 19행, 꺾어지는 면은 1행, 좌측은 14행으로 총 34행이며 매 행은 78~80자로 이루어져 있다. 소그드문은 직서로 비문의 정면 우측에 새겨져 있는데, 정면은 27행, 꺾어지는 면은 1행, 우측은 17행 등 총 45행이다. 고대 투르크문은 횡서로 비문의 뒷면에 대략 116행 정도 새겨져 있고, 한 행에 70~75자 정도가 새겨져 있다. 파괴된 부분이 위구르의 키르기스 원정 내용임을 고려한다면 파괴 시점은 키르기스가 위구르를 멸망시킨 840년 정도로 추정된다. 林俊雄·森安孝夫, 「カラ=バルガスン宮城と都市遺址: Palace and City of Qara-Balgasun」, 森安孝夫·オチル (編), 『モンゴル國現存遺蹟·碑文調查研究報告』, 中央ユーラシア學研究會, 1999, pp. 199~208; 森安孝夫·吉田豊, 「カラバルガスン碑文漢文版の新校訂と訳註」, 『内陸アジア言語の研究』 34, 2019.

11 Yutaka Yoshida, "Some New Readings of the Sogdian Version of the Karabalgasun Inscription", Haneda Akira (ed.), *Document et archives provenant de l'Asie Centrale*, Association franco-japonaise des études orientales, 1990, p. 122; Yutaka Yoshida, "Studies of the Karabalgasun Inscription: Edition of the Sogdian Version", *Modern Asian Studies Review*(『新たなアジア研究に向けて』) 2020-03, p. 111.

12 王國維, 「九姓回鶻可汗碑跋」, 『觀堂集林』 4, 中華書局, 1959, pp. 989~990.

James Hamilton이 말했다는 정도만 알려졌을 뿐이다.[13] 고대 투르크문 면도 발견 당시에 이미 거의 훼손되어 초기의 문자 해독 경쟁에서 별다른 관심을 끌지 못했다. 초기 탁본을 보면, 현지에 남아 있는 이수 부분의 고대 투르크 문자와 그 밖의 몇몇 파편에 남은 문자 몇 개 정도를 확인할 수 있을 뿐이다(서론 [그림 7]의 탁본 참조). 이 역시 유적에는 남아 있지 않고, 탁본을 통해 일부를 확인할 수 있는 정도이다.

소그드문 면에 해당하는 6개 정도의 작은 비문 파편 덩어리는 카라발가순 유적에 남아 있다가 현재 인근의 카라코룸박물관으로 이전 보관되어 있다. 소그드문 면 역시 훼손이 심해 일부 내용만을 확인할 수 있을 뿐이다. 이런 파편 중의 하나가 프랑스로 유출되어 파리의 아시아도서관에 보관되었다고 한다. 이는 다른 탐험대의 보고서에는 나와 있지 않은 파편 하나로 추정된다.[14] 소그드문 면은 모두 31행으로 1909년 뮐러가 이에 최초로 주목했고[15] 이후에 1930년 한센이 복원 연구를 했다.[16] 이후 요시다 유타카가 한센의 전사 몇 부분을 새롭게 해독

---

13 Haneda Akira (ed.), *Document et archives provenant de l'Asie Centrale: Actes du Colloque franco-japonais*, Association franco-japonaise des études orientales, 1990.

14 이 비문 파편은 1902년 프랑스 여행가 라코스테Bouillane de Lacoste가 발견해 프랑스로 갖고 간 것으로 알려졌다. B. de Lacoste, *Au Pays sacré des Anciens Turcs et des Mongols*, Paris, 1911, pp. 74~76 et Pl. 17; 牛汝極, 「法國所藏維吾爾學文獻文物及其硏究綜覽」, 『西域硏究』 1994-2, pp. 81~89.

15 F. W. K. Müller, "Ein iranisches Sprachdenkmal aus der nördlichen Mongolei", *Sitzungsberichte der Königlich Preussischen Akademie der Wissenschaften zu Berlin*, 1909, pp. 726~730.

16 Olaf Hansen, "Zur soghdischen Inschrift auf dem dreisprachigen Denkmal von Karabalgasun", *Journal de la Société Finno-Ougrienne* v.44, 1930, pp. 1~39(耿世民 譯, 「回紇突厥文碑銘譯文」, 林幹·高自厚, 『回紇史』, 內蒙古人民出版社, 1994, pp. 395~401).

하기도 했으나[17] 내용이 적어 한문 면을 보충해주는 정도에 그쳤다.

이와 달리, 발견 당시 내용이 확인된 한문 면은 주요한 연구 대상이 되었다. 최초로 발견한 핀란드 탐험대가 소개한 이후 야드린체프[18]를 거쳐 라들로프가 그 탁본과 사진을 소개했다.[19] 라들로프의 탁본과 사진을 통해 내용 판독이 시작되었다. 한문 면은 비문 제목과 제작자에 대한 기록을 포함해 모두 23행으로 본문이 21행이고 한 행에는 75자 정도가 새겨져 있다. 훼손되는 과정에서 5개 이상으로 쪼개진 데다가 없어진 부분도 상당히 많다. 그래서 내용을 완전하게 판독하기는 어려우나, 다행히 남아 있는 면이 땅바닥에 깔려 있던 덕분에 글자를 확인할 수 있는 부분이 꽤 많다. 한문 면에 관한 연구는 남아 있는 글자를 판독하고, 파괴되어 없어진 부분을 복원하는 것을 중심으로 이루어졌다. 라들로프는 처음에 핀란드의 한학자인 구스타프 슐레겔Gustaaf Schlegel에게 부탁하여 복원을 시도했다.[20] 그의 치밀한 연구는 탁본을 기초로 한 초기의 연구로서 이후 연구의 기초가 되었다. 중국에서는 금석학 연구

17 요시다 유타카는 야글라카르의 기록, 파편 7과 9의 위치 문제, 둔황 문서와의 비교를 통한 투르크어 숙어의 복원, 마니교와 연관이 있는 'jacob'이라는 단어의 존재에 관해 새로운 주장을 했다. Yutaka Yoshida, "Some New Readings of the Sogdian Version of the Karabalgasun Inscription", Haneda Akira (ed.), *Document et archives provenant de l'Asie Centrale*, Association franco-japonaise des études orientales, 1990, pp. 117~122.

18 N. M. Yadrintsev, *Anciens caractères trouvés sur des pierres et des ornements au bord de l'Orkhon*, St. Petersburg, 1890; Н. М. Ядринцев, *Отцет экспедиции на Орхон Сборник Трудов Орхонской Экспедиции*, Сант-Петербург, вып I, 1892, p. 51.

19 В. В. Радлов, *Атрас древностей Монголин*, Сант-Петербург, 1892(W. Radloff, *Arbeiten der Orchon Expedition: Atlas der Alterthümer der Mongolei*, St. Petersburg, 1892), p. 51.

20 G. Schlegel, *Die Chinesische Inschrift auf dem Uigurischen Denkmal in Kara Balgassun*(*Mémoires de la Société Finno-Ougrienne* IX), Hesinfors: Société Finno-Ougrienne, 1896.

전통 속에서 한문 면의 탁본에 관한 체계적 연구를 시도했다. 선쩡즈沈曾植가 1895년에 러시아 공사였던 아르투르 P. 카시니Artur P. Cassini가 제공한 라들로프의 보고서를 입수해 발문을 썼고, 왕궈웨이도 이를 바로 소개했다. 이후 리원톈李文田이 《퀼 테긴 비문》과 《빌게 카간 비문》의 한문 면과 함께 이 비문의 한문 면을 라들로프의 책에서 가져와 교정하고 소개했다.[21] 또한 1910년 몽골에 파견된 중국 외교관 산둬三多가 직접 탁본한 것을 기초로 선쩡즈, 뤄전위羅振玉, 루허주陸和九 등이 연구를 진행했다. 왕궈웨이가 이 탁본을 기초로 발문을 작성했으나 이때 만들어진 탁본은 러시아로 가지고 간 것으로 추정되는 2개의 중요한 덩어리가 빠진 상태였다. 왕궈웨이 역시 이런 한계를 지적하며 다른 탁본과의 비교 연구를 진행했다.[22]

한문 면의 주요 내용은 약 80년에 걸친 위구르 역사를 간략히 정리한 것이었다. 역대 위구르 카간의 호칭과 마니교 수용 문제, 에디즈 위구르로의 왕조 교체는 다른 기록에 없는 내용이다. 작성자로 추정되는 마니교 승려가 자신의 입장을 강조하면서 795년 에디즈 위구르의 성립이 갖는 정당성을 주장한 점이 기존의 한문 기록을 보충하며 위구르 내부의 상황을 보여준다. 이를 바탕으로 에두아르 샤반느Edouard Chavannes와 폴 펠리오가 위구르와 중국에서의 마니교 유행에 대한 연구를 시작할 수 있었다.[23] 두 사람이 함께 쓴 책은 마니교 연구의 중요

21 李文田 (撰),《回鶻毗伽可汗聖文神武碑》,『和林金石錄』(羅振玉 校定,『遼居雜著』, 1933, pp. 4~7).

22 王國維,「九姓回鶻可汗碑跋」,『觀堂集林』4, 1959, pp. 989~990.

23 Edouard Chavannes · Paul Pelliot, *Un Traité Manichéen Retrouvé En Chine*, Imprimerie Nationale, Paris, 1914(馮承鈞 (譯),「摩尼敎流行中國考」,『西域南海史地考證譯叢』2, 商務印書館, 1995).

한 저작 가운데 하나로 손꼽히며 이후 다른 연구의 기초가 되었다.

이후 한문 면을 복원한 또 다른 시도로는 하네다 도루가 슐레겔의 복원을 재구성해 마모 부분을 복원하고 새롭게 해석한 것이 있다.[24] 또한 청쑤뤄程溯洛가 리원톈의 초기 연구와 중앙민족대학에 보관된 초기 탁본을 비교해 빠진 내용을 재해석했고, 이를 바탕으로 중국과의 관계를 정리했다.[25] 해밀턴은 과거 라코스테가 가지고 온 15건의 탁본 중에서 6건을 비교 연구했다.[26] 1997년 모리야스 다카오森安孝夫와 요시다 유타카를 중심으로 일본 조사대가 몽골에 산재한 위구르 비문을 재조사하고 연구하는 과정에서 복원 연구를 전체적으로 정리했다.[27] 린메이춘林梅村도 중국에 있는 탁본을 정리하고 관련 연구를 전체적으로 개괄하며 그동안 알려지지 않았던 톈진시역사박물관과 베이징도서관, 베이징대학도서관 소장 탁본을 소개했다. 특히 베이징대학도서관에 소장된 10개의 탁본을 소개한 내용과 한문 면의 교록校錄에는 기존의 연구 성과가 충분히 반영되었다.[28]

한편 1909년에 시베리아를 거쳐 몽골 초원을 답사하던 핀란드의

---

24 羽田亨, 「九姓回鶻愛登里囉汨沒蜜施合毗伽可汗聖文神武碑考」, 『羽田博士史學論文集 上』(歷史篇), 京都大學文學部內東洋史硏究會, 1957, pp. 303~324.

25 程溯洛, 「釋漢文《九姓回鶻毗伽可汗碑》中有關回鶻和唐朝的關係」, 『唐宋回鶻史論集』, 人民出版社, 1994, pp. 102~114.

26 J. Hamilton, "L'inscription trilingue de Qara Balgasun d'après les estampages de Bouillane de Lacoste", Haneda Akira (ed.), *Document et archives provenant de l'Asie Centrale*, Association franco-japonaise des études orientales, 1990, pp. 125~133.

27 주10 참조.

28 林梅村·陳淩·王海城, 「九姓回鶻可汗碑硏究」, 『歐亞學刊』 1, 1999, pp. 151~171; 林梅村, 「九姓回鶻可汗碑硏究」, 『古道西風 — 考古新發現所見中西文化交流』, 2000, pp. 285~320.

출처: wikimedia commons

(그림 2) 1909년 몽골 탐험 당시의 람스테트

구스타프 욘 람스테트Gustaf John Ramstedt가 셀렝게강 유역에서 가까운, 현재의 볼간아이막 샤한솜 모곤 시네 우수에서 새로운 비문을 발견했다. 이 비문은 《셀렝게 비문》, 《시네 우수 비문》, 《마연철磨延啜 비문》, 《우르구투 비문》 등으로 알려졌다. 일반적으로 **《시네 우수 비문》**이라 불리는데, 이는 발견된 곳의 지명을 딴 것이다. 시네 우수는 '뱀의 물'이란 뜻으로 나지막한 구릉으로 둘러싸인 저습지에 있는 작은 호수를 가리킨다. 비문은 이 호수에서 약 1킬로미터 정도 떨어진 분지의 중앙부에 있다. 위구르의 2대 카간인 카를륵 카간의 묘비로 카간의 무덤으로 추정되는 적석총 옆에 서 있었다. 카를륵 카간 사후인 759~760년경에 제작된 것으로 보이는데,[29] 고대 투르크 문자로만 되어 있다. 카를륵

29 林俊雄,「モンゴル高原における古代テュルクの遺跡」,『東方學』81, 1992, pp. 166-179; 林俊雄,「ウイグル可汗國初期の石碑遺跡」, 片山章雄 等 (編),『迴紇タリアト·シネ=ウス兩碑文(八世紀中葉)のテキスト復原と年代記載から見た北·東·中央アジア』, 1993年度東海大學文學部研究助成金による研究成果報告書, 1994, pp. 6~9; Mehmet Ölmez, *Orhon-Uygur Hanlığı*

[그림 3] 2005년 당시의 《시네 우수 비문》 유적(왼쪽)과 비문의 탐가(오른쪽)

카간의 생애를 전체적으로 다루고 있으며 부정확한 한문 기록과 달리 위구르 나름의 입장을 알 수 있어 사료적 가치가 크다.

비문은 부러진 두 부분과 귀부까지 모두 세 부분으로 발견되었다. 윗부분은 길이가 125센티미터 정도, 아랫부분은 250센티미터 정도로 전체 길이는 약 380센티미터이다. 귀부는 거북이의 머리가 사라진 채 둥근 모양을 하고 있으며 비면 상부에는 탐가(문장紋章 또는 인장印章)가 새겨져 있다. 비석은 정제된 돌로 완전한 사각형이 아니라 면마다 넓이에 조금씩 차이가 있으며, 남아 있는 네 면에 각각 문자가 12행(북), 12행(동), 15행(남), 10행(서)씩 새겨져 있다. 폭 역시 북면은 38~50센티미터(아래로 갈수록 넓어짐, 이하 동일), 동면은 36~40센티미터, 남면은 38~50센티미터, 서면은 27~31센티미터 등으로 차이가 있다. 원래 비문에 새겨진 것은 총 51행으로 추정되는데 현재 판독이 가능한 것은 49행 정도이다. 《시네 우수 비문》은 발견된 곳인 원래의 유적지에 방치되어 있다가 최근 울란바토르의 박물관으로 옮겨져 전시되고 있다.

《시네 우수 비문》은 1913년에 람스테트가 학계에 소개하면서 본

Dönemi Moğolistan'daki Eski Türk Yazıtları, Metin-çeviri-Sözlük, Ankara : BilgeSu, 2012.

격적으로 연구되기 시작했다.[30] 그가 찍은 최초의 사진이 현재까지 중요한 자료로 사용되고 있다. 이 비문이 발견되고 해독된 이후 '토쿠즈 오구즈'와 '온 위구르'의 해석 문제가 제기되면서 위구르 부족연합체나 국가의 부족 구성에 대한 논의가 시작되었다.[31] 초기에는 한문 자료와의 비교 대조 연구가 초보적 수준에서 이루어졌고, 이후《타리아트 비문》이 발견되면서 비교 연구[32]가 많이 진행되었다. 이후 정확한 탁본을 확보하면서 카를륵 카간이 남긴 다른 두 비문과 내용을 연결하고 한문 자료와 대조하는 연구를 더욱 심화할 수 있었다.[33] 최근에는 비문을 새롭게 조사하는 공동 연구 역시 활발하게 진행되었다.[34]

1970년 세르게이 클랴시토르니Sergei Klyashtorny가 몽골의 발굴대와 함께《**타리아트 비문**》을 발견하면서《시네 우수 비문》과의 비교 연구가 시작되었다.《타리아트 비문》은 카를륵 카간이 753년에 세운 기공비로 타리아트솜의 테르힌 호수 근처 차간 누르에서 발굴되어《테르힌 비문》 또는《차간 누르 비문》이라고도 한다. 이 비문은《시네 우수

---

30 G. J. Ramstedt, "Die inschriften des grabsteins am Sine-usu : Zwei Uigurische Runeninschriften in der Nord-Mongole", *Journal de la Société Finno-Ougrienne* v.30, 1913, pp. 10~63.

31 관련 연구는 제1편 주123 참조.

32 Bahaeddin Ögel, "Şine Usu Yazıtının Tarihi Önemi — Kutluk Bilge Kül Kagan ve Moyunçur", *Belleten* v.59, 1951, pp. 361~379; 片山章雄 等 (編),『迴紇タリアト·シネ=ウス两碑文(八世紀中葉)のテキスト復原と年代記載から見た北·東·中央アジア』, 1993年度東海大學文學部研究助成金による研究成果報告書, 1994.

33 森安孝夫,「シネウス遺跡·碑文 : Site and Inscription of Šine-Usu」, 森安孝夫·オチル (編),『モンゴル國現存遺蹟·碑文調査研究報告』, 中央ユーラシア學研究會, 1999, pp. 177~198.

34 森安孝夫·鈴木宏節·齊藤茂雄·田村健·白玉冬 (共譯),「シネウス碑文訳注」,『内陸アジア言語の研究』24, 2009, pp. 1~92.

주36의 시네후(M. Шинэхүү, 1974)에서 인용

(그림 4)《타리아트 비문》발굴 당시의 모습

비문》과 비슷한 석질로 정제된 사각형의 비면에 고대 투르크 문자로만 새겨져 있다. 현재 남아 있는 부분의 높이는 229센티미터이고, 위에 탐가가 있던 20센티미터 정도가 깨져 없어져 전체 높이를 250센티미터 정도로 추정한다.《시네 우수 비문》보다 작으나 모양은 유사하다. 발견 당시 세 부분으로 부러져 있었는데 각각 길이가 63, 89, 77센티미터이며 기단부와 연결되는 부분은 24센티미터, 둘레는 가로 39센티미터, 세로 26센티미터 정도이다. 동면 9행, 남면 6행, 서면 9행, 북면 6행 등 총 30행이 새겨져 있다. 그 옆면에도 몇 개의 투르크 문자와 함께《시네 우수 비문》에 보이는 탐가가 작게 새겨져 있다. 이 비문은 현재 울란바토르 몽골과학아카데미 역사연구소에 보관되어 있다.

《타리아트 비문》은 위구르 건국 초기부터 753년까지 건국기의 활동과 관련된 내용을 담고 있는데,《시네 우수 비문》의 기록과 거의 일치한다. 카를륵 카간의 계절 이동 경로와 원정 내용, 카간정 내에서 일하는 관리 등 국가 구조와 관리의 명칭 등을 기록하고 있어 건국기의 상황을 더 정확히 파악할 수 있는 실마리를 제공했다.[35] 비문의 내용이 알려진 이후[36] 세르게이 클랴시토르니가 1980년에 영어와 러시아어로 정식 번역 소개하면서 학계에 알려졌다.[37] 탈랴트 테킨도 역주를 했는데, 비문의 원본은 얻지 못하고 몽골의 자료를 받아서 했다.[38] 이 비문의 내용을 통해 『신당서』와 『구당서』의 기록 차이를 고증해 돌궐 제2제국 말기의 상황을 재구성할 수 있었다.[39] 한문 자료와 비문 자료를 연결하여 돌궐 말기와 위구르 초기를 재구성하는 연구[40]는 이후 공동 연구를 통해 더욱 심화되었다.[41] 일본 답사대의 공동 연구를 비롯해 다양한 연구

---

35 Osman Fikri Sertkaya, "Göktürk harfli Uygur kitabelerinin Türk kültür tarihi içerindeki yeri", *Göktürk Tarihinin Meseleleri*, Ankara, 1995, pp. 303~312.

36 M. Шинэхүү, "Пармтник рунической письменности из Тариата", *Роль кочевых народов в цивилизации Центральной Азии*, Улаанбаатар, 1974, pp. 327~331; M. Шинэхүү, "Тариатын орхон бичгийн шинэ дурсгал", *Studia Archaelogica*, Tom. VI, Fasc 1-15, 1975, pp. 1~219; M. Шинэхүү, "Орхон-Сэлэнгийн руни бичгийн шинэ дурсгал", *Studia Archaelogica*, Tom. VIII, Fasc 1, 1980, pp. 22~35, pp. 44~54; Б. Базылхан, "Тэрхийн түрэг бичээс", *Studia Mongolica*, Tom. VII, Fasc 1-15, 1980. pp. 163~175.

37 С.Г. Кляшторный, "Терхинская Надпись (предварительная публикация)", *Советская Тюркология* 1980-3, pp. 82~95; S. G. Klyashtorny, "The Terkhin Inscription," *Acta Orientalia Academiae Scientiarum Hungaricae* v.36-1/3, 1982, pp. 335~366.

38 Talat Tekin, "The Tariat (Terkhin) Inscription", *Acta Orientalia Academiae Scientiarum Hungaricae* v.37-1/3, 1983, pp. 43~68; Talat Tekin, "Kuzey Moğolistan'da yeni bir Uygur Anıtı: Taryat (Terhin) Kitabesi", *Belleten* v.46 no.184, 1982, pp. 795~838.

39 片山章雄, 「突厥第二可汗國末期の一考察」, 『史朋』 17, 1984, pp. 25~38.

40 片山章雄, 「シネ=ウス碑文における「748年」」, 片山章雄 等 (編), 『迴紇タリアト·シネ=ウス両碑文(八世紀中葉)のテキスト復原と年代記載から見た北·東·中央アジア』, 1993年度東海大學文學部研究助成金による研究成果報告書, 1994, pp. 10~14; 石見清裕·北條祐英, 「ウイグル初期(744~750年)の碑文史料と漢文史料」, 같은 책, pp. 15~21.

41 片山章雄, 「タリアト碑文 : Tariat Inscription」, 森安孝夫·オチル (編), 『モンゴル國現存遺蹟·碑文調査研究報告』, 中央ユーラシア學研究會, 1999, pp. 168~176.

(그림 5) 《테스 비문》 서면과 동면

가 활발하게 이루어졌다.[42]

1976년에 클랴시토르니가 카를륵 카간이 남긴 2개의 비문과 관련된 다른 비문 파편을 몽골의 북서부 테스강 유역에서 발견했다. 이는 《**테스 비문**》이라고 불리는데, 클랴시토르니는 비문의 주인공을 3대 카간인 뵈귀 카간이라고 보았다.[43] 그러나 세르트카야Osman Fikri Sertkaya

---

42 이후의 연구 성과는 주4와 주5의 정리 참고.

43 С. Г. Кляшторный, "Тэрхинская стела (Предварительная публикация)", *Советская тюркология* 1980-3, pp. 82~85(S. G. Klyashtorny, "The Tes Inscription of the Uighur BÖGÜ Qaghan", *Acta Orientalia Academiae Scientiarum Hungaricae* v.34-1, 1985, pp. 137~156; S. G. Klyashtorny, F. S. Bozkurt (tr.), "Tes Abidesi (İlk Neşri)", *Türk Kültürü Araştırmaları* 24-2, 1986, pp. 151~171).

등이 750년경 카를륵 카간이 세운 것으로 본 이후[44]로는 그 견해를 따르고 있다. 같은 화강암 석질인데도 앞의 두 비문이 하얀빛이 감도는 것과 달리 엷은 붉은 빛을 띤다. 《테스 비문》에는 고대 투르크 문자만 새겨져 있고, 총 22행 정도가 있었던 것으로 추정한다. 비문은 부러진 채 발견되었는데, 윗부분은 없어지고 아랫부분 21행만 남아 있다. 아랫부분 비면의 길이는 77센티미터이고, 기단과 연결되는 부분은 12센티미터, 둘레는 가로 33센티미터, 세로 20센티미터이다. 윗부분이 있었다면 길이가 약 150센티미터였을 것으로 추정한다. 기록은 서면 6행, 북면 5행, 동면 6행, 남면 4행으로 남면의 최하단에 카를륵 카간의 탐가가 남아 있어 앞의 두 비문과의 관계를 알 수 있다. 이 비문 역시 몽골과학아카데미 역사연구소에 보관되어 있다.

《테스 비문》은 750년에 제작된 것으로 추정되는 만큼 《시네 우수 비문》, 《타리아트 비문》에 앞선 가장 초기의 비문이다. 《시네 우수 비문》과 《타리아트 비문》에서 카를륵 카간이 세웠다고 언급된 비문이 바로 이 비문이다. 이 세 비문을 연결하면 건국기 카를륵 카간의 원정 경로와 그 영역을 알 수 있다.[45] 관련 연구가 많기는 하나[46] 판독할 수 있

---

44 Osman Fikri Sertkaya, "Göktürk harfli Uygur kitabelerinin Türk kültür tarihi içerindeki yeri", *Göktürk Tarihinin Meseleleri*, Ankara, 1995, p. 305.

45 정재훈, 「위구르 카를륵 카간(747-759)의 季節的 移動과 그 性格」, 『중앙아시아연구』 11, 2006.

46 С. Г. Кляшторный, *Эпиграфические исследования в Монголий АО ия 1976 года*, Москва, 1977, pp. 588~589; М. Шинэхүү, "Орхон-Сэлэнгийн руни бичгийн шинэ дурсгал", *Studia Archaelogica*, Tom. VIII, Fasc 1, 1980, pp. 36~42, pp. 53~55; С. Харжаубай·А. Очир, "Тэсийн гэрэлт хөшөөний тухай", *ШУА мэдээ*, Улаанбаатар, 1977, p. 75; С. Харжаубай, "Тэсийн гэрэлт хөшөө", *Хэл зохиол судлал*, Tom. VIII. fasc. 1-25, УБ., 1979, pp. 117~124; Talat Tekin, "Nine notes on the Tes inscription", *Acta*

(그림 6) 타이하르 촐로

는 내용이 적어 다른 두 비문과 비교하거나 내용을 연결하는 연구가 주를 이루었다. 중요한 것으로는 일본 답사대의 공동 연구와 앞서 다룬 여러 가지 연구가 있다.[47]

이상의 초기 세 비문 이외에 고대 투르크 문자로 된 것은 크기가 작거나 사료적 가치가 없는 명문銘文이 대부분이다. 이 중에서 그나마 규모가 큰 것으로는 **타이하르 촐로Taikhar chuluu**에서 발견된 10줄 정도의 고대 투르크 문자이다. 이는 타미르강 유역인 호이투 타미르에 있는 높이 18미터 정도의 거대한 바위 덩어리(거석巨石)에 새겨진 것이다. 주로 관직이나 원정에 대한 것 등 간단한 내용이 적혀 있다. 1893년에 클

Orientalia Academiae Scientiarum Hungaricae v.37/1, 1988, pp. 111~118; Talat Tekin, "Tes yazıtı hakkında dokuz not", *Erdem: Atatürk Kültür Merkezi Dergisi* 5-14, 1989, pp. 391~398.

47 이후의 연구 성과는 주4와 주5의 정리 참고.

레멘츠가 발견한 이 명문은 1894년 라들로프가 학술 보고를 하며 알려졌으며, 이후 관련 연구가 몇 가지 나왔다.[48]

이 밖에 작은 돌에 새겨진 명문도 있는데, 위구르 시기 것으로 인정된 것으로는 《**구르발진 명문**》이 있다. 이 명문은 1968년 볼간아이막의 구르발진솜에서 린첸Byambyn Rinchen이 발견했다. 70센티미터 정도의 돌에 1행 15개의 문자가 새겨져 있고, 2개의 탐가가 찍혀 있다. 관련 연구로는 클랴시토르니와 몽골 학자의 간단한 소개가 있다.[49] 이외에 몽골 지역에서 작은 명문들이 발견되기도 했으나 제작 시기를 정확하게 파악할 수 없는 경우가 대부분이다.

《**수지 비문**》은 1900년경 람스테트가 울란바토르에서 동북쪽으로 약 160킬로미터 떨어진 수지Sudzi에서 발견했다. 1913년 람스테트의 소개로 11줄의 고대 투르크 문자가 새겨진 비문으로 알려졌다.[50] 이것은

---

48 W. Radloff, "Die Inschriften am Choito Tamir", *Die Alttürkischen Inschriften der Mongolei, Erste Lieferung*, St. Petersburg, 1894, pp. 260~268; G. J. Ramstedt · J. G. Granö · P. Aalto, "Materialien zu den Alttürkischen inschriften der Mongolei", *Journal de la Société Finno-Ougrienne* v.60, 1958, pp. 62~76; H. N. Orkun, *Eski Türk Yazıtları*, Ankara, 1994, pp. 105~117; Х. Пэрлээ, "Тайхир чулуу", *Studia archaeologica*, Tom. 1, Fasc 4, 1960, pp.10-25; Б. Ринчен, *Монгол нутаг дахь хадны бичээс, гэрэлт хөшөөний зүйл*. Улаанбаатар, 1968(*Les dessigns pictographiques et les inscriptions sur les rochesrs et sur les steles en Mongolie*), pp. 34~36.

49 С. Г. Кляшторный, "Наскалъные рунические надпичи Монголии", *Тюркологическая Сборник*, 1975, p. 155; Б. Базылхан, "Гурвалжин уулын түрэг бичээс", *Шинжлэх ухааны академиин мэдээ*, Улаанбаатар, No. 4, 1969, pp. 14~15; О. Намнандорж, "Арван Өдрийн шинжилгээний аялал", *Шинжлэх ухаан амьдрал* No. 5, 1966, pp. 38~41; Б. Ринчен, *Монгол нутаг дахь хадны бичээс, гэрэлт хөшөөний зүйл*. Улаанбаатар, 1968(*Les dessigns pictographiques et les inscriptions sur les rochesrs et sur les steles en Mongolie*), p. 37.

50 G. J. Ramstedt, "Die inschriften des grabsteins am Sine-usu : Zwei Uigurische Runeninschriften in der Nord-Mongole", *Journal de la Société Finno-Ougrienne* v.30, 1913, pp. 1~9.

람스테트 촬영

(그림 7)《수지 비문》

키르기스 시기의 것으로 보기도 하나 모리 마사오는 위구르 시기의 것으로 보았다.[51] 세르게이 말로프Sergey Malov와 그 아이다로프Gh Aĭdarov가 이를 번역했고,[52] 루이 바쟁Louis Bazin은 역주 작업을 했다. 제작 시기에 대해 정확한 입장을 아직 정리하지 못한 상태다.[53]

이와 같이 위구르 비문은 돌궐 비문에 비해 상태가 좋지 않고 수량도 적기 때문에 관련 연구가 적다. 향후에는 기존의 비문 자료를 좀 더 면밀하게 분석해 상대적으로 양이 많은 한문 자료와 접목하고, 이를 바탕으로 위구르의 사적 전개를 새롭게 이해해보려는 시도가 필요할 것

---

51 護雅夫,「スージ碑文の一解析 ― とくに最初の三行について」, 榎博士環暦記念東洋史論叢編纂委員會 (編),『榎博士環暦記念東洋史論叢』, 山川出版社, 1975.

52 Г. Айдаров, *Язык орхонского памятников древнетюркской письмености VIII века*, Алма-ата, 1971, pp. 353~354; С. Е. Малов, *Памятники древнетюркской письменности*, Москва, 1951, pp. 76~77.

53 L. Bazin, "L'inscription Kirghize de Suji", Haneda Akira (ed.), *Document et archives provenant de l'Asie Centrale*, Association franco-japonaise des études orientales, 1990, pp. 135~146.

이다.[54] 마지막으로 새로운 연구의 계기가 될 수 있는 또 다른 비문의 발견을 기대해본다.

54 카자흐스탄의 고대 투르크 비문 자료 사이트(http://bitig.kz)에서 위구르 시기 비문에 대한 자세한 정보를 제공하고 있다.

비문 원문 자료

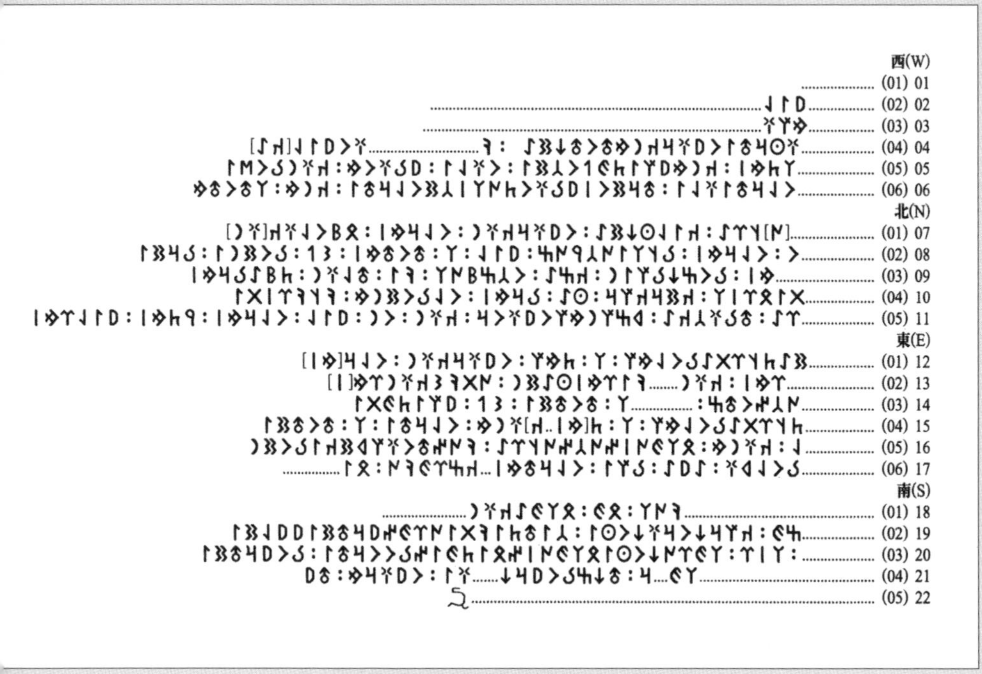
西(W)
(01) 01
(02) 02
(03) 03
(04) 04
(05) 05
(06) 06
北(N)
(01) 07
(02) 08
(03) 09
(04) 10
(05) 11
東(E)
(01) 12
(02) 13
(03) 14
(04) 15
(05) 16
(06) 17
南(S)
(01) 18
(02) 19
(03) 20
(04) 21
(05) 22

《테스 비문》 고대 투르크문 면

	01020304050607080910111213141516171819202122232425262728293031323334
I	九姓迴鶻愛登里囉汨沒蜜施合毗伽可汗聖文神武碑并序
II	莫賀達干頡紆伽哩伽思　頡紆伽哩伽思
III	聞夫乾坤開闢日月照臨受命之君光宅天下德化昭明四方幅湊刑罰峭峻八表歸信
IV	襲國於北方之隅建都於嗢昆之野以明智治國積有歲年子　骨力可汗嗣位天性英
V	史那革命數歲之間復得我舊國于時九姓廻鶻卌姓拔悉密三姓葛祿諸異姓僉曰前
VI	囉沒蜜施頡翳德蜜施毗伽可汗嗣位英智雄勇表正萬邦子　愛登里囉汨沒蜜施頡
VII	便幣重言甘乞師并力欲滅唐社　可汗忿彼孤恩竊弄神器親逞驍雄與王師犄角合
VIII	帥將睿息等四僧入國闡揚二祠洞徹三際況法師妙達明門精通七部才高海岳辯若
IX	曰今悔前非崇事正教奉　旨宣示此法微妙難可受持再三懇惻往者無識謂鬼爲佛
X	而受明教熏血異俗化爲蔬飯之鄉宰殺邦家變爲勸善之國故聖人之官人上行下效
XI	賀可汗襲位雄才勇略內外修明子　登里囉沒蜜施俱錄毗伽可汗嗣位治化國俗頗
XII	前合毗伽可汗當龍潛之時於諸王中最長都督剌史內外宰相司馬官等奏曰　天
XIII	可汗宰衡之時與諸相殊異爲降誕之際禎祥可特自幼及長英雄神武坐籌帷幄之下
XIV	自幼英雄智勇神武威力一發便中堅昆可汗應弦殂落牛馬穀量仗械山積國業蕩盡
XV	□北庭半收半圍之次　天可汗親統大軍討滅元兇却復城邑食土黎庶含氣之類
XVI	□□□遺棄後吐蕃大軍圍攻龜兹　天可汗領兵救援吐蕃落荒奔入于術四面合
XVII	□□□百姓與狂寇合縱有毀職貢　天可汗窮總師旅大敗賊兵奔逐至眞珠河作
XVIII	□□□自知罪咎哀請祈訴　天可汗矜其至誠赦其罪戾遂與其王令百姓復業自
XIX	繼承□□□軍將供奉官并皆親覩睹至于賊境長驅橫入自將數騎發號施令取其必
XX	□□□□□攻伐葛祿吐蕃搴旗斬馘追奔逐北西至拔賀那國俘獲人民及其畜産葉
XXI	□□□□□□□九姓毗伽可汗復與歸順葛祿冊眞珠智慧葉護爲主又一箭三
XXII	□□□□□□□□□□宇內僧徒寬泰聽士安樂自開法來□□□□未曾降伏
XXIII	□□□□□□□□□□□□有□□□□□□之土中外國□□□委付□□里

《구성회골가한비문》 한문 면(흐리게 쓴 부분은 구스타프 슐레겔이 복원한 것이다.)

383940414243444546474849505152535455565758596061626364656667686970717273747475

合伊難主莫賀達干撰

□□□□□□□□□□□□□□□□□□□**制平了表里山河中建都**當先骨力悲囉之父 護輸

賓服□□□□□□□□□□□□□□□□□□□**可汗在位撫育百姓若**抱鷄卵自 拔悉密可汗阿

可汗并得□□□□□□□□□□□□ **至高祖 闕毗伽可汗**□□□□ 崩後子 登里

施合俱綠毗伽可汗繼承英偉傑**特異常宇內諸邦欽伏自** 大唐玄宗帝蒙**塵史思明**之子朝義

剋復京洛 皇帝與回紇約長**爲兄弟之邦永爲**舅甥之國 **可汗乃頓軍東都因觀風**俗敗民弗

能開正教於廻鶻以茹葷屏湩酪**爲法立大功績乃**曰汝**傒悉德于時都督剌史內外宰相**司馬僉

眞不可復非特望□□□□□**曰旣有志誠往卽持賚應有刻畵魔形悉令焚熱祈神拜鬼并**擯斥

聞受正教沈贊虔誠□□□□愿**領諸僧尼入國闡揚自**道令**慕闍徒衆東西循環往來敎化**頓莫

子 汨咄祿毗伽可汗嗣位天性**康樂崩後 登里囉羽**錄**沒蜜施合汨咄祿胡祿毗伽可汗繼承**

拱寶位輔弼須得今合可汗有邦**治之才海岳之量國家體**大**法令須明特望 天恩允臣等所請**

里之外溫柔惠化撫育百姓因**世作則爲國經營筭莫能紀初北方堅昆之國控弦卌餘萬彼**可汗

人復葛祿與吐蕃連入寇跌跌偏師于匀曷戶對敵智謀弘遠□□□□□□□□□□□□□□

撫育悖戾者屛除遂甘言以娬**媚磧凡諸行人及撫育**百姓崩後 滕里野合俱錄毗伽可汗嗣位

撲滅尸骸臭穢非人所堪遂築**京觀敗沒餘燼**崩後 登里囉汨沒蜜施合毗伽可汗繼承□□□

萬萬有餘馳馬畜乘不可勝計**餘衆來歸**□□□□□□□□□□□□□□□□□□□□□□

王自 朝覲進貢方物餘左右**廂沓實力**□□□□崩後 登里囉羽錄沒蜜施句主綠毗伽可汗

果摧追奔逐北直至大敗殺萬人**有餘**

受教令離其土壤

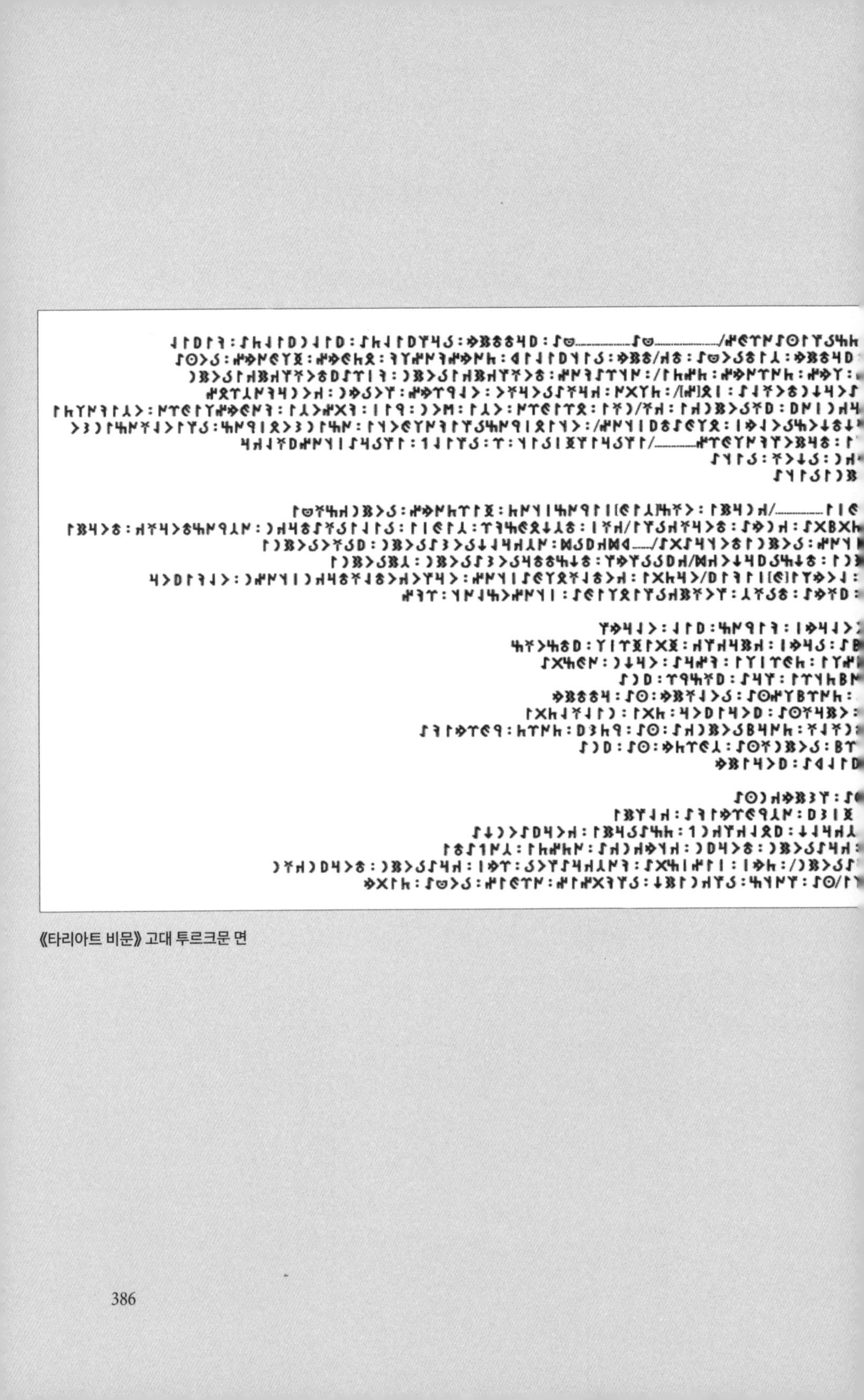

《타리아트 비문》 고대 투르크문 면

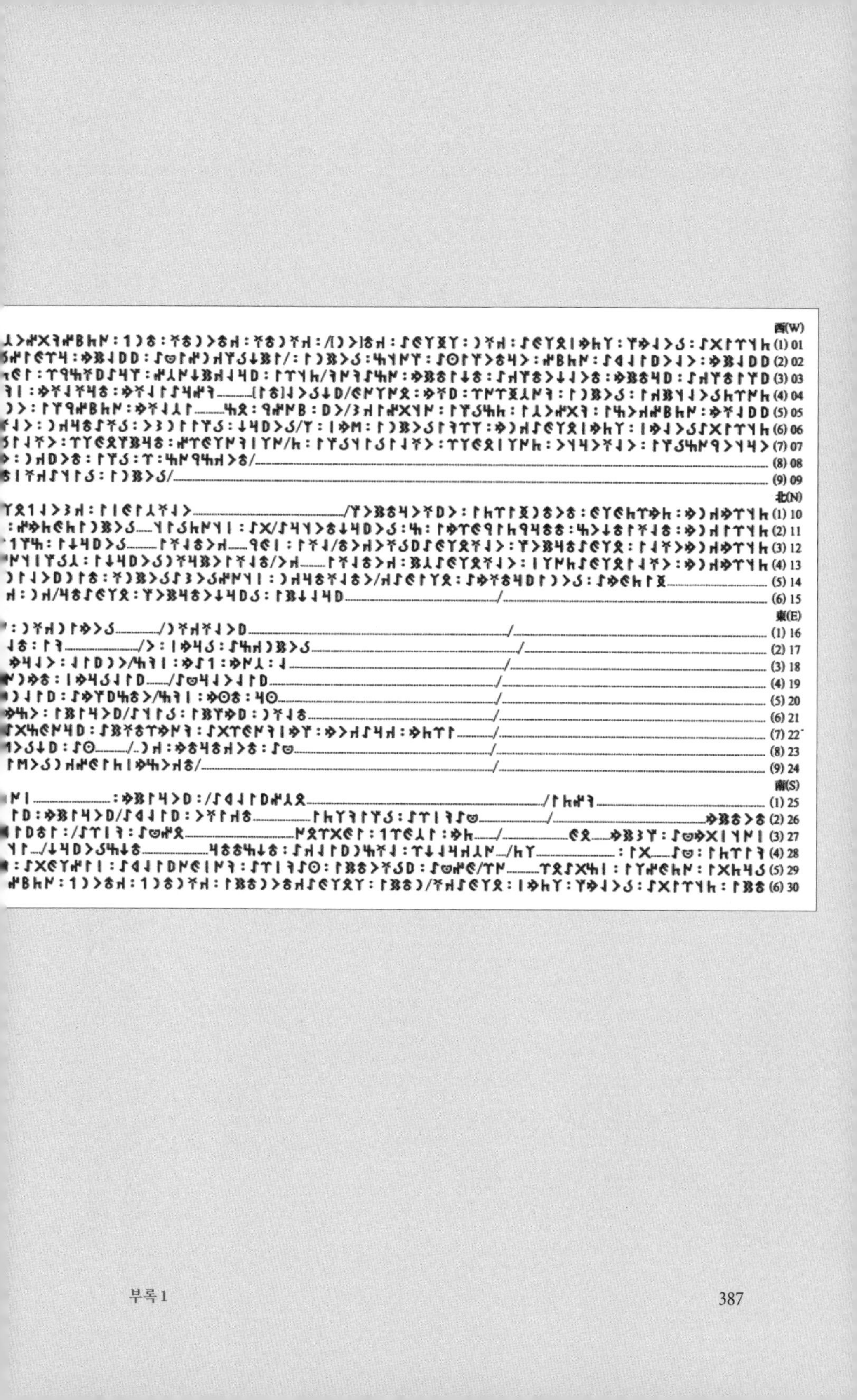

西(W)

(1) 01
(2) 02
(3) 03
(4) 04
(5) 05
(6) 06
(7) 07
(8) 08
(9) 09

北(N)

(1) 10
(2) 11
(3) 12
(4) 13
(5) 14
(6) 15

東(E)

(1) 16
(2) 17
(3) 18
(4) 19
(5) 20
(6) 21
(7) 22
(8) 23
(9) 24

南(S)

(1) 25
(2) 26
(3) 27
(4) 28
(5) 29
(6) 30

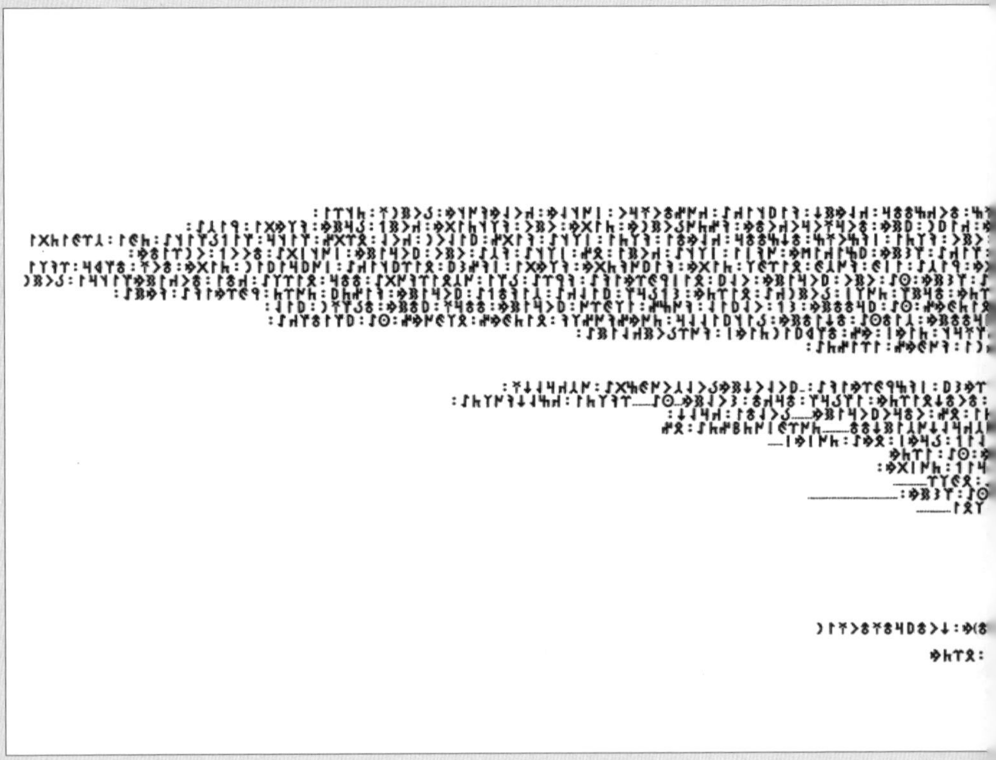

《시네 우수 비문》 고대 투르크문 면

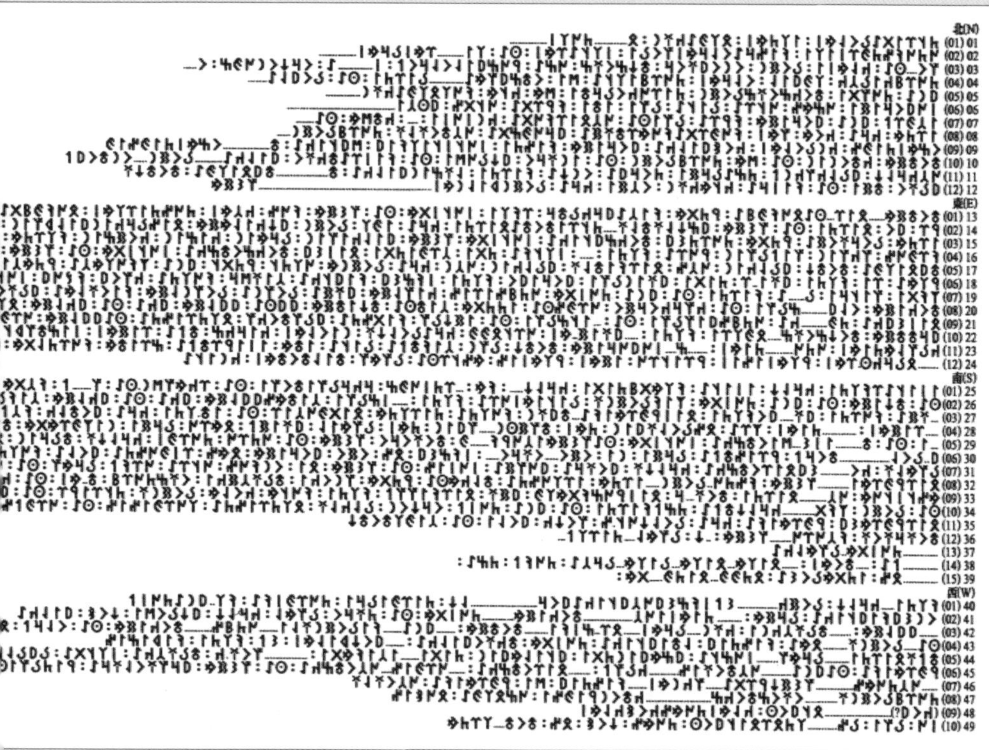
北(N)
東(E)
南(S)
西(W)

부록 2

고대 투르크 비문 번역[1]

《테스 비문》, 《타리아트 비문》, 《시네 우수 비문》

《테스 비문》

서면:01	……
서면:02	…… 해에 ……
서면:03	…… 다 한다. 오르게 했다. ……
서면:04	…… 오르게 했다. 나의 위구르 카간이 잡은 곳에서…… 토끼 해에
서면:05	…… 일(국가)을 세우신 나의 칸이 나이가 들어서 돌아가셨다. 그의 아들인 나 야브구가 카간이 되었다.
서면:06	……· 되었다. 아들이 타르두쉬 야브구[葉護], 퇼리스 샤드[設]가 되었다. 나 칸이 일을 잡았다 한다.
북면:01	…… 앞쪽으로 만들어진 곳에서 위구르 카간이 되었다 한다. 현명하고 위대한 카간
북면:02	…… 되었다 한다. 1000개의 일과 300년 [동안] 일을 잡았다 한다. 이렇게 하여 그의 보둔(백성)이 [그에게로] 갔다.
북면:03	……다는 부죽 바쉬[長]의 딸에게 많은 쿨(사내종)과 두 [무리의] 기병을 [그가] 끝장내고 있었다고 한다.
북면:04	…… [베]디 베르실, 카디르, 카사르가 그렇게 있었다고 한다. 그들 나의 보둔이 멀리서 서로 싸웠다.

1 마모로 판독되지 않는 부분에는 ……를 넣어 표시했고, [ ] 안의 내용은 문맥을 보충하거나 고대 투르크 단어의 뜻을 표시한 것이다.

북면:05	…… [앞]으로 타브가치(당, 중국)로 빼앗으려 했다 한다. 위구르 카간이 10년간 [카간으로] 있었다고 한다. 70년 있었다고 한다.
동면:01	……에서 텡그리데 볼미쉬 일 에트미쉬 위구르 카간이 되었다 한다.
동면:02	…… 있었다 한다. 카간이 …… [둘?] 있었다 한다. 이로부터 나이가 젊은 카간이 있었다고 한다.
동면:03	……를 위하여 [그가] 30 …… 일을 잡았다. 이렇게 하고 [그가] 나이가 들었다.
동면:04	…… 텡그리데 볼미쉬 일 에트미쉬 …… [나의] 카간이 재위에 올랐다. [그가] 일을 잡았다.
동면:05	…… 나의 카간이 그의 문장을 위하여 앞으로 해가 뜨는 곳의 보둔……
동면:06	…… 볼 큭 아야 바쉬가 되게 했다고 한다. …… 카즈 에르게퀴 비……
남면:01	…… 퀼 벡 빌게 카간……
남면:02	…… 즈를 카사르 코룩[에] 그가 자리를 잡았다. [그가] 천막을 세우고, 옥좌를 맞추었다. [그가] 하영했다.
남면:03	……엘세르의 앞쪽에 자리를 잡았다. 그의 문장과 비문, 이것을 [그가] 적었다. 이것을 [그가] 세웠다.
남면:04	……를 ……로 9명의 부의룩 ……기 나의 위구르 타이
남면:05	……
귀부	탐가tamγa

《타리아트 비문》

동면:01	…… 욜룩 카간…… 부믄 카간 [등] 3명의 카간이 [카간 자리에] 앉아 있었다고 한다. 200년 동안 [카간 자리에] 앉아 있었다고 한다.
동면:02	…… 보둔이 방황(?)하며 있었다고 한다. …… [그의] 이 100명의 기병이 끝장났다고 한다. 카디르 카사르, 베디 베르실, 야티즈 오구즈
동면:03	…… 일 나의 조상님들이 80년간 [카간 자리에] 앉아 있었다 한다. 외튀켄 일과 그 주변의 일 둘 사이에 있는 오르콘 외귀즈[江]에서
동면:04	……년 [카간 자리에] 앉아 있었다고 한다. 이렇게 ……년이 있었다고 한다. 나의 이름은 위로 푸른 텡그리(하늘 또는 신)와 아래로 누런 예르(땅)가 다시
동면:05	…… 이렇게 내가 이름을 지었다. [내가] 스물여덟 살 뱀의 해(신사辛巳, 741)에 투르크 일을 이렇게 흩으려 놓았다. 이렇게 내가 부숴버렸다.
동면:06	…… [그들은 와서] 나의 기병들과 서로 합쳤다. 1000명이 갔다. "오즈미쉬 테긴이 우두르간으로부터 [진군해] 나아갔다"라고 했다. "그를 잡아라!"라고 말했다.
동면:07	…… [나는 그들을] 따라갔다. 카라 쿰[黑沙]을 넘었다고 한다. 쾨귀르에서, 쾨뮈르탁(봉우리)에서, 야르 외귀즈[黃河]에서 위춰 툭 투르크 보둔에게 이렇게 7월 14일에 [공격했다].
동면:08	…… 이렇게 [그들을] 내가 격파했다. 칸이…… 이렇게 없게 되었다. 투르크 보둔을 이렇게 안으로 들어오게 했다. 이렇게 다시
동면:09	…… 오즈미쉬 테긴이 칸이 되었다. 양의 해(계미癸未, 743)에 내가 [싸우기 위해] 나아갔다.
남면:01	두 번째로…… 원숭이의 해(갑신甲申, 744)에 내가 [싸우기 위해] 나아갔다. …… 내가 원정해 갔다. 이렇게 내가 승리했다. 칸을 이렇게
남면:02	내가 잡았다. [카툰을 이렇게 잡았다] 이런 후에 그들의 바쉬가 왔다. …… 닭의 해(을유乙酉, 745)에 내가 [싸우기 위해] 나아가 [그해를 다] 보냈다. 5월 13일에 그들이 다시 반란을 일으켰다.
남면:03	내가 원정했다. 이렇게 내가 승리를 했다. …… 벡…… 내가 했다. 복속시키고 이그디르의 빌릭…… 내가 이 후에 개의 해(병술丙戌, 746)에 위춰[三姓] 카를룩이 적이 되어 도망갔다. 뒤쪽으로 온 오크[十箭]에게로

남면:04	갔다. 이렇게 복속하고…… 했다. ……. 했…… 위춰 카를룩이 돼지의 해(정해丁亥, 747)에 토쿠즈 타타르[九姓達靼]…… 토쿠즈 부의룩[梅錄]…… (1000명의) 셍귄[將軍]들, 카라 보둔이 일어나 나의 아버지 칸에게로 돌아왔다. [그들은] "조상의 이름을
남면:05	줄지어다!"라고 했다. 또한 "[그들이] 외튀켄 일은 당신의 손에 있소이다"라고 했다. 이렇게 야브구의 이름을 주었다. 이후에 쥐의 해(무자戊子, 748)에 [나의 조상들의] 무덤에서 힘이 있는 카라 보둔이 말했다고 한다. "[조상들의] 무덤은 당신의 것입니다. 힘은 분명 카라 숩에 있다고 합니다." [이렇게 말한 다음] 카라 보둔이 일어서서 [나에게] 카간
남면:06	의 이름을 붙였다. 텡그리데 볼미쉬 일 에트미쉬 빌게 카간과 일 빌게 카툰은 카간의 이름을, 카툰의 이름을 갖고, 외튀켄 안쪽에 있는 아스 욍귀즈 봉우리와 칸 으둑 봉우리의 뒤편에 카간정을 이곳에 내가 세웠다.
서면:01	텡그리데 볼미쉬 일 에트미쉬 빌게 카간, 일 빌게 카툰이 카간의 이름을 카툰의 이름을 얻어 외튀켄의 먼 서쪽에 있는 에티즈 봉우리에 정권을, 옥좌를 [세우게 했다]. 울타리를…… 이렇게…… 이렇게 내가 만들게 했다. 호랑이의 해(병인丙寅, 750)와 뱀의 해(기사己巳, 754) 2년 [이곳에서]
서면:02	내가 여름을 보냈다. 용의 해(무진戊辰, 753)에 외튀켄의 영지에 있었다. 보둔이 사는 으둑 봉우리에서 내가 여름을 보내고 있었다. 내가 옥좌를 이곳에 맞추게 했다. 내가 천막을 이곳에 만들게 했다. 1000년 동안, 만 일 동안 있을 나의 기록과 문장을 이곳에 있는
서면:03	둥근 돌에 내가 맞추게 했다. 평평한 돌에 내가 쓰게 했다. 위로는 푸른 텡그리가 명령해, 아래로는 누런 예르가 길러 나의 일이, 나의 퇴뤼가 마련되었다. 앞으로는 해가 떠오르는 쪽에 있는 모든 보둔을, 뒤로는 달이 떠오르는 쪽에 있는 보둔을
서면:04	사방에 있는 모든 보둔을 [정령의] 힘으로 둘러싸고 있다. 내가 생각하는 방향은 없다. (?) 그 둘 사이에 있는 나의 목초지는 셀렝게강의 8개 지류인 오르콘, 토글라, 세빈, 텔레뒤, 카라가, 부라구에 있다. 그 나의 땅과 나의 물에서 야영하고 이동했다, 내가.
서면:05	나의 하영지는 외튀켄의 서쪽 끝 테즈(강)의 봉우리이고 동에는 쿤츄이 남에는 비즈…… 내 안에 있는 땅, 외튀켄 이쉬[山地]의 오른쪽에 타르칸, 군대, 살찐 보둔, 카간이 있고, 왼쪽 끝은 알타이 이쉬[金山]이고, 뒤쪽 끝은 쾨그멘[貪汗山]이고, 앞쪽 끝은 쾰티이다.

서면:06	내가 텡그리데 볼미쉬 일 에트미쉬 빌게 칸이다. [카간정] 안에 있는 보둔을 [다음과 같이] 잡았다 한다. 이취 부의룩의 바쉬는 으난추 바가 타르칸이고, [그의 장은] 울룩 부의룩인데, [그의 관칭은] 토쿠즈 볼미쉬 빌게 타이 생귄[大將軍]이다. 옹으는 베쉬 위즈 바쉬인데, [그의 장은] 퀼뤽 옹으이다. 외즈 으난추는 베쉬 위즈 바쉬인데 [그의 장은] 울룩 외즈 으난추이다.
서면:07	우룽구는 위즈 바쉬인데, [그의 장은] 울룩 우룽구이다. 툍리스 벡들의 아들인 븡 바쉬인데 [그의 장은] 툍리스 퀼뤽 에렌이다. 타르두쉬 벡들의 아들은 븡 바쉬인데, [그의 장은] 타르두쉬 퀼뤽 에렌이다. 타르두쉬…… 이쉬바라쉬이다. 베쉬 븡 에르 바쉬는 알프 이쉬바라 생귄 야글라카르……
서면:08	……
서면:09	…… 보둔들, 븡아의 카가쉬, 아타축 보둔들, 븡아의……
북면:01	나의 텡그리, 나의 칸이 강철같이 일을 잡아서 주었다. 위구르 타르두쉬…… 울룩 칙시[刺史], 칸츄 알프 빌게 칙시, …… 칸 아르드 오구즈 칙시, 100명의 생귄들과 만 명의 보둔을 얻었다.
북면:02	텡그리 카간의 기병들은 토쿠즈 타타르와 예티 이기르미(17성) 아즈이고, 부의룩은 통라와 에데이다. 생귄들과 븡 [바쉬]의 보둔, [그리고] 나의 테긴들이, 이 [비문을] 기록할 때, 나의 칸의 투르각 바쉬인 카가쉬 아타축 벡 아즈 에케르 칙시 빌라(보일라?) 바가 타르칸, [그리고] 300명의 투르각[과 함께] 서 있었다.
북면:03	텡그리 카간의 아들은 빌게 타르두쉬 울룩 빌게 야브구이다. 쿠틀룩 이식 예르 쿠틀룩…… 그의 부의룩, 오즈스의 아파 타이 생귄의 보둔인 통라, 에데, …… 카르트(?), 카이(?), 바르트(?), 위취 카를룩, 이들이 야브구의 보둔이다.
북면:04	텡그리 카간의 아들은 빌게 툍리스 울룩 빌게 샤드이다. 쿠틀룩…… 쿠틀룩 우두르간 부의룩 챠브쉬 생귄의 보둔인 토쿠즈 바이르쿠, 카르트(?), 카이(?), 압(?), 바스밀(?), 토쿠즈 타타르, 이 보둔이 샤드의 보둔이다.
북면:05	…… 기록한 것은 이것을 새긴 사람인 빌게 쿠틀룩 타르칸 생귄이다. 이런 보둔을, 그의 이름을, 그의 명예를 말한 것은 알룸츠의 두 처남이라고 한다. 쿠틀룩 빌게 생귄과 쿠틀룩 타르칸 생귄은 그의 두 처남이다.
북면:06	…… 명령했다. 바이르쿠 타르두쉬 빌게 타르칸, 축복을 한 것은 타브가취, 소그닥[粟特] 바쉬 빌게 생귄 우잘 욍 이르킨[俟斤]이다.
귀부	이를 세운 것은 나의 뵈케 투트다.

《시네 우수 비문》

북면:01	텡그리데 볼미쉬 일 에트미쉬 빌게 카간…… 틸리스……
북면:02	외튀켄 [일과] 그 주변에 [있는] 일의 둘 사이에 앉아 있었다고 한다. 그의 물은 셀렝게였다 한다. 그곳에 그의 일이…… 있었다 한다. 그가 있었다고 한다. ……
북면:03	군사…… 그곳에 [투르크가] 남아 있는 보둔인 온 위구르와 토쿠즈 오구즈 위에 100여 년을 통치했고, 스…… 아 오르콘 외귀즈 오……
북면:04	투르크가 불행하게 [나의] 일을 50여 년을 앉아 있었다 한다. 투르크 일에 스물여섯 살에…… 주었다. 그곳에서 보일라……
북면:05	다시 쇠락했다. 토쿠즈 오구즈[九姓鐵勒] 보둔을 내가 살려서 모았고, 잡았다. 나의 아버지 퀼 빌게 카간……
북면:06	군대가 나아갔다. 나 자신이 앞으로 바쉬[千戶長]를 보냈다. 케이레로부터 앞쪽에 있는 곳에서 돌아가려고……
북면:07	복종시키고, 다시 내가 나아갔다. 케이레 바쉬에서, 위취 비르퀴에서 카간의 군대와…… 내가 만나게 되었다. 그곳에서……
북면:08	내가 쫓았다. 그들이 카라 쿰을 넘었다 한다. 쾨귀르에서, 쾨뮈르 탁에서, 야르 외귀즈에서 위취 툭의 투르크 보둔. ……
북면:09	오즈미쉬 테긴이 칸이 되었다고 한다. 양의 해(계미癸未, 743)에 내가 나아갔다. 두 번째의 전투는 앙이(?) 일을 2월 6월 앙이로…… 오즈미쉬 테긴을……
북면:10	내가 [그를] 잡았다. 내가 그의 카툰을 그곳에서 잡았다. 투르크 보둔은 이로부터 없어지게 되었다. 그 후에 닭의 해(을유乙酉, 745)에…… 보둔…… 느끼고
북면:11	위취 카를룩이 적이 되어 도망갔다. 뒤(서)쪽으로 온 오크에게로 갔다. 돼지 해(정해丁亥, 747)에 트…… 타이 빌게 투툭[都督]을……
북면:12	야브구라 이름을 지었다. 그 후에 나의 칸인 카간이 돌아가셨다. 카라 보둔이 동요하게 되었다고 한다. …… 내가 승리했다.
동면:01	내가 잡았다. …… 1[일日에]…… 그렇게 뷔퀴귁에 도달했다. 저녁에 해가 지려고 할 때 내가 싸웠다. 그곳에서 내가 승리했다. [그들이] 낮에 도망해서 밤에 모였다 고 한다. 뷔퀴귁에서 세키즈 오구즈와 토쿠즈 타타르의 남아 있는 사람들이 2일에 해가 뜰 때까지 싸웠다. 나의 쿨과 나의 퀑(계집종), 그리고 보둔을 텡그리와

동면:02	예르가 명령해주었다. 그곳에서 내가 승리했다. 포로를, 기병을…… 텡그리가 잡아 주었다. 나는 카라 이길 보둔이 없어지지 않게 했다. 그들의 천막, 영지, 가축들을 빼앗지 않았다. 내가 형벌을 명령했다. 내가 "살게 해라! 나 자신의 보둔을!"이라고 말했다. 내가 "따라와라!"라고 말하고, 내가 [그들을] 놓아두고 갔다. [그들은] 오지 않았다. 다시
동면:03	내가 [그들을] 쫓아갔다. 내가 부르구에 도착했다. 내가 4월 9일에 싸움을 했고, 승리했다. 내가 그들의 가축과 재물, 그리고 그의 딸과 부인들을 오게 만들었다. 5월 그들이 따라왔다. 세키즈[八姓] 오구즈와 토쿠즈 타타르가 남지 않았다. 그들이 왔다. 내가 셀렝게의 뒤(서)쪽 일룬 콜의 오른쪽 방향으로 쉽 봉우리까지 군대를 보냈다.
동면:04	[그들이] 케륵과 사크쉬, [그리고] 쉽 봉우리에 있던 곳을 거쳐서 왔다. …… 셀렝게로 그들이 군대를 보냈다. 5월 29일에 내가 싸웠다. 내가 그곳에서 승리했다. 셀렝게 쪽으로 쉽 쪽으로 내가 승리했다. 내가 [그들을] 흩어지게 만들었다. 그의 많은 사람이 셀렝게 아래로, 내가 셀렝게를 지나 따라 나아갔다. 싸움에서 [그들을] 잡아 10명을 보냈다.
동면:05	"타이 빌게 투툭이 나빠서 하나둘의 기병이 나빠서 나의 카라 보둔을 [너희가] 죽였고, 없어지게 했다. [너희는] 다시 [이 말을] 받아들여라! 죽지 말아야 하고, 없어지지 말아야 한다, 너희들!"이라고 내가 말했다. "다시 마음과 힘을 바쳐라!"라고 내가 말했다. 내가 두 달을 기다렸는데, 그들이 오지 않았다. "8월 1일에 군대를 보내자!"라고 내가 말했다. 독을 옮기는 용사로
동면:06	앞장선 사람이 왔다. [그들은] "적……"이라고 말했다. 적의 바쉬가 진군해 왔다. 8월 2일에 아침 알트르 퀼[湖]에서 카수이를 가로질러 내가 싸웠다. 그곳에서 내가 승리했다. 그곳에서 내가 [그들을] 따라서 나아갔다. 그달 15일에 케이레 바쉬, 위츠 비르퀴에서 내가 타타르와 함께 연합해서 [그들을] 쳤다. 저편의 보둔이
동면:07	투항했다. 저편의 보[둔]…… 왔다. 그곳에서 다시 내가 돌아왔다. 외튀켄 땅에서 나는 겨울을 보냈다. 적들로부터 자유롭게 되었다. 나의 두 아들에게 야브구와 샤드의 이름을 주었다. 내가 타르두쉬와 퇼리스 보둔에게 [그들을] 주었다. 이렇게 하고 호랑이의 해(경인庚寅, 750)에 치크까지 내가 나아갔다. 2월 14일에 켐에서
동면:08	내가 [적을] 쳤다. 그 이…… 즈 바쉬 그곳에 하얗고 황금색 오르두, 옥좌를 그곳에 세우게 했다. 천막을 그곳에 치게 했다. 여름을 그곳에서 보냈다. 경계를 그곳에서 내가 찍게 했다. 나의 문장과 비문을 내가 그곳에 맞추게 했다. 이렇게 하고 그해 가을에 앞쪽으로 진군했다. 내가 타타르를 존중하도록 만들었다. 토끼의 해(신묘辛卯, 751)
동면:09	5월에 도착하여…… 로 외튀켄 이쉬 봉우리, 그곳에서…… 잉이의 봉우리, 그곳에서 으둑 봉우리의 뒷편에 있는, 아이 봉우리와 토쿠쉬가 만나는 곳 그곳에서 내가 하영했다. 옥좌를 그곳에 내가 맞추게 했다. 천막을 그곳에 내가 세우게 했다. 1000년 동안, 만 일 동안 [있을] 나의 비문과 문장을 이곳에 있는 둥근 돌에

동면:10	내가 맞추게 했다. 토쿠즈 오구즈…… 벡들이 왔다. …… 적이었…… 다 한다. [그들이] 머리를 든 벡들을, 카라 불룩을, 그들을 다스리고 있다는 키르기스[堅昆]까지 [사람을] 보냈다 한다. [그가] "너희는 멀리 떠나라! 치크를 멀리 떠나게 해라!"라고 말했다 한다. [그들이] "나도 멀리 떠나련다!"라고 말했다 한다. [그들이] "보아라! 보드를 남겨라! 숲에서
동면:11	모이자!"라고 말했다 한다. "외튀……"라고 말했다 한다. …… 즈…… 군대와 내가 진군했다. …… 투툭 바쉬가 치크까지 1000명을 보냈다. 이스 땅까지 몇 사람을 내가 보냈다. 내가 [그들을] 보기를 원했다. 키르기스 칸이 있는 쾨그멘 남쪽에서
동면:12	…… 영지 안에 있었다 한다. 그의 선봉대를 이스 땅 쪽으로 보냈다 한다. 그의 선봉대가 나의 사람들을 그곳에서 패배시켰다고 하는 말을 들었다 한다. 칸에게
남면:01	이스로 사람이 왔다. 카를룩이 이스로 오지 않는다고 말했다. 카를룩…… 켐[을 지나서]…… 에르티시 외귀즈를 건너 상류의 끝, 그곳에서 사람이 남았다 한다. 알툰…… 그곳에서 …… 하고 내가 지났다. 11월 18일에 내가…… 를 감행했다. 볼추 외귀즈에서 위춰 카를룩을
남면:02	그곳에서 내가 쳤다. 그곳에서 다시 내가 내려갔다. 치크 보둔을 나의 1000명의 [군대가] 몰아왔다. …… 시즈 봉우리에서 내가 천막을 치고 하영했다. 경계를 그곳에 내가 찍게 했다. 치크 보둔에게 내가 투툭을 주었다. 이쉬바라와 타르칸들을 내가 존중하게 했다. 그곳에서…… 사람이 왔다. 카즈룩 쾰에서
남면:03	…… 그에서 [그들이] 보았다. 적이…… 하며 왔다. 15일에…… 타이간 쾰에 모여 모이게 되었다. 서기를 맡고 있는 사람을 그곳에서 보냈…… 했다. [그가] 카라 요타릭을 건너서 오게 했다. 나도 상대해서 진군했다. …… 되었다. 카를룩
남면:04	"…… 사람을 보냈다. ……"라고 말했다 한다. "안에서 내가 될 것이다!"라고 말했다 한다. "밖에서도 ……다!"라고 말했다 한다. 바스밀이 적이 되어서 나의 영지로 갔다. 그들을 내가 안에 들어오게 할 수 없었다. 밖으로부터 위춰 카를룩, 위춰 으둑 타타르…… 튀르기쉬가 외튀켄으로부터 내가
남면:05	……를 그곳에서…… 5월 26일 내가 싸웠다. 그곳에서 내가 승리했다. 해가 뜰 때 내가 승리했다. 그 뒤에 튀르기쉬가 카를룩을, 그의 재화, 붉은 것(?), 영지를 빼앗아 갔다고 한다. 나의 영지로 [그들이] 내려왔다 한다. ……
남면:06	[또] 되어 …… [그들이] 살다가 그들의 땅까지 갔다. 그를 따라…… 우그루…… 8월 내가 따라 나아갔다. 나의 영지를 에르세귄과 율라 쾰에 내가 두었다. 그곳에서 지냈다.
남면:07	바스밀을…… 월 21일에 카를룩을 욕라 야라쉬에서 그의 군대를 그곳에서 내가 승리했다. 그가 영지를 10일 전까지 두었다가 갔다고 한다. 그곳에서 다시 내가 진군하여 내려갔다. ……

남면:08	11일…… 내가 승리했다. 내 자신의 보둔을…… 보냈다. 이를륀에서, 탈라킴에서 내가 도착했다. 처음부터 [원래?] 타브가치들로 오구즈와 튀르크가…… 다고 한다. 그곳에서 합쳐졌다고 한다. 그곳에서 벡들이……
남면:09	나의 군대 세…… 주었다. 기…… 사람 500명의 갑옷을 입은 보병 하나둘씩 떨면서 왔다. 나의 사내종과 계집종, 그리고 보둔을 텡그리와 예르가 그곳에서 나아…… 있다. 그곳에서 내가 승리했다. ……
남면:10	그곳에서 보둔을 복속하고…… 카를룩까지 쫓아가니 둘이 되었다. 그곳에서 다시 빠져서 오르콘(강)과 발릭이 만나는 곳에서 일과 옥좌를, 그곳에 옥좌를 놓고 내가 정리했다. 일과 영지……
남면:11	11월 20일에 카라 불룩이 앞쪽에 있는 쇼칵 길, 그곳에서 치길 투툭……
남면:12	톡룩을 지나서…… 내가 승리했다. …… [카를]룩 바스밀을…… 모이게 하여……
남면:13	…… 내가 떨어졌다. …… 바스밀로……
남면:14	…… 아파…… 잡았다 한다. …… 알……
남면:15	…… 내가 보냈다. 이렇게 비문을…… 쓴 것을 내가…… 했다.
서면:01	[그들이] 왔다. …… 카를룩 보드 크…… [승리]하고, 8월 3일에 나아가…… [카를]룩이 모여 있다가 튀르기쉬에게로 왔…… 다시 떨어져서
서면:02	10월 2일에 내가 갔다. …… 내가 말한 것은 위치…… 내가 쳤다. …… 내가 내려왔다. 그곳에서 북으로 바스밀, 카를룩이 없게 되었다. 양의 해(을미乙未, 755)에
서면:03	…… 내가 하영했다. …… 타브가치의 칸이 카간이…… 갔다고 한다. …… 하나의…… 여덟 ……을 내가 잡았다. …… 다시…… 두 보둔을 얻어…… 외튀켄…… 내가 쳤다. 그곳에서 앉았다가 나의 영지로 [사람을] 보냈다. 성스럽게 펄럭이는 깃발이
서면:04	그곳에서…… 보둔을…… 나의 영지로 2월 6일에 내가 내려왔다. 닭의 해(정유丁酉, 757)에…… 없게 되었다 한다. 그렇게 한 이후에 [그들이] 왔다. 2명의 딸을……
서면:05	존경을 주었다. …… 갔다고 한다. …… "말실수를 하지 마라!"라고 [그들이] 말했다. "잘못하지 마라!"라고 말했다. …… [그들이] 투항하지 않았다. …… 쇼그닥과 타브가치에게 셀렝게(강가)에 바이 발릭[富貴城]을 내가 만들어주었다. ……

서면:06	20일에 그곳에서 다시…… 삼기…… 모여서…… 21일에…… 옥좌…… 23일에 그곳에서 내가 승리했다. 야르쉬와 아굴룩 사이에 (있는) 이트 봉우리 그곳으로……
서면:07	…… 삼만…… 승리한 땅에서…… 라고 생각했다 한다. …… 2월 16일에 3명의 아들을
서면:08	투르크 보둔을…… 오구즈와 토쿠즈…… 카툰의 조카 외즈 빌게 뷔닌
서면:09	…… 1000마리의 말이 남았다 한다. 만 마리의 양이 남았다 한다.
서면:10	군대의 지휘관, 나…… 엘테베르가 1000마리의 말, 만 마리의 양을 잡아…… 가지고 오게 했다.

부록 3

카간의 계보와 호칭

	재위 기간	카간의 호칭(당의 책봉명 포함)	즉위 이전 호칭
1	744~747	쿠틀룩 빌게 퀼 카간 Qutluγ bilge kül qaγan 골돌록비가궐가한 骨咄祿毗伽闕可汗 책봉冊封 - 회인懷仁(744)	쿠틀룩 보일라 Qutluγ boyla 골력배라 骨力裴羅 야글라카르 yaγlaqar (약라갈藥羅葛) 출신
2	747~759	텡그리데 볼미쉬 일 에트미쉬 빌게 카간 Teŋride bolmïš il etmïš bilge qaγan 등리라몰밀시힐예덕밀시비가가한 登里囉沒蜜施頡翳德蜜施毗伽可汗 카를륵 카간Qarlïγ qaγan 갈륵가한葛勒可汗 책봉 - 영무위원英武威遠(758)	바얀 초르 Bayan čor 마연철 磨延啜
3	759~780	(아이) 텡그리데 쿠트 볼미쉬 일 투트미쉬 알프 퀼뤽 빌게 카간 (Aγ) teŋride qut bolmïš il tutmiš alp külüg bilge qaγan (애)등리라몰밀시힐돌등밀시합구록비가가한 (愛)登里囉汨沒蜜施頡咄登蜜施合俱錄毗伽可汗 뵈귀 카간Bögü qaγan 모우가한牟羽可汗 책봉 - 영의건공英義建功(763)	이르킨 뵈귀 Irkin bögü 이지건모우 移地健牟羽

4	780~789	알프 쿠틀룩 빌게 카간 Alp qutluɣ bilge qaɣan 합골돌록비가가한 合骨咄祿毗伽可汗 책봉 - 무의성공武義成功(780), 장수천친長壽天親(788)	톤 바가 타르칸 Ton baɣa tarqan 돈막하달간 頓莫賀達干
5	789~790	텡그리데 볼미쉬 퀼뤽 빌게 카간 Teŋride bolmïš külüg bilge qaɣan 등리라몰밀시구록비가가한 登里囉沒蜜施俱錄毗伽可汗 책봉 - 충정忠貞(789)	탈라스Talas 다라사多邏斯
6	790.3~4	?	탈라스의 동생(?)
7	790~795	쿠틀룩 빌게 카간 Qutluɣ bilge qaɣan 골돌록비가가한 汨咄祿毗伽可汗 책봉 - 봉성奉誠(790)	아 초르A čor 아철阿啜
지배 집단 교체; 에디즈ediz(협질跌跌) 출신			
8	795~805	텡그리데 울룩 볼미쉬 알프 쿠틀룩 퀼뤽 빌게 카간 Teŋride uluɣ bolmïš alp qutluɣ külüg bilge qaɣan 등리라우록몰밀시합골돌록호록비가가한 登里囉羽錄沒蜜施合汨咄祿胡祿毗伽可汗 책봉 - 회신懷信(795)	쿠틀룩Qutluɣ 골돌록骨咄祿
9	805~808	아이 텡그리데 알프 퀼뤽 빌게 카간 Ay teŋride alp külüg bilge qaɣan 애등리야합구록비가가한 愛登里野合俱錄毗伽可汗 책봉 - ? (805)	퀼뤽 빌게 Külüg bilge 구록비가 俱錄毗伽

10	808~821	아이 텡그리데 쿠트 볼미쉬 알프 빌게 카간 Ay teŋride qut bolmïš alp bilge qaγan 애등리라골몰밀시합비가가한 愛登里囉汨沒蜜施合毗伽可汗 책봉 - 보의保義(808)	?
11	821~824	퀸 텡그리데 울룩 볼미쉬 알프 퀴췰뤽 빌게 카간 Kün teŋride uluγ bolmïš alp küčlüg bilge qaγan 군등리라우록몰밀시합구주록비가가한 君登里邏羽錄沒蜜施合句主錄毗伽可汗 책봉 - 숭덕崇德(821)	?
12	824~832	아이 텡그리데 쿠트 볼미쉬 알프 빌게 카간 Ay teŋride qut bolmïš alp bilge qaγan 애등리라골몰밀시합비가가한 愛登里囉汨沒蜜施合毗伽可汗 책봉 - 소례昭禮(825)	카사르 테긴 Qasar tegin 갈살특근 曷薩特勤
13	832~839	아이 텡그리데 쿠트 볼미쉬 알프 퀼뤽 빌게 카간 Ay teŋride qut bolmïš alp külüg bilge qaγan 애등리라골몰밀시합구록비가가한 愛登里囉汨沒蜜施合句錄毗伽可汗 책봉 - 창신彰信(833)	퀼 테긴 Kül tegin 호특근 胡特勤
14	839~840	?	카사르 테긴 Qasar tegin 합삽특근 廅馺特勤

찾아보기

ㅂ

ㅅ

ㅇ

ㅈ

ㅊ

ㅋ

ㅌ

ㅍ

ㅎ

위구르 유목제국사 744~840

2024년 9월 6일 1판 1쇄

지은이 정재훈

편집 이진·이창연·조연주 **디자인** 박다애
제작 박흥기 **마케팅** 김수진·강효원 **홍보** 조민희
인쇄 천일문화사 **제책** J&D바인텍

펴낸이 강맑실 **펴낸곳** (주)사계절출판사
등록 제406-2003-034호 **주소** (우)10881 경기도 파주시 회동길 252
전화 031)955-8588, 8558 **전송** 마케팅부 031)955-8595 편집부 031)955-8596
홈페이지 www.sakyejul.net **전자우편** skj@sakyejul.com
블로그 blog.naver.com/skjmail **페이스북** facebook.com/sakyejul
트위터 twitter.com/sakyejul

사계절출판사는 성장의 의미를 생각합니다.
사계절출판사는 독자 여러분의 의견에 늘 귀기울이고 있습니다.

ISBN 979-11-6981-331-0 93910